Betreuung und Prozessrecht

Europäische Hochschulschriften Recht

European University Studies in Law

Publications Universitaires Européennes de Droit

Band/Volume **6086**

Franziska Gesche

Betreuung und Prozessrecht

Die Auswirkungen der Betreuerbestellung im Zivilprozess, im Strafverfahren sowie im Verwaltungsverfahren und Verwaltungsprozess

PETER LANG

Bibliografische Information der Deutschen Nationalbibliothek
Die Deutsche Nationalbibliothek verzeichnet diese Publikation in der Deutschen Nationalbibliografie; detaillierte bibliografische Daten sind im Internet über http://dnb.d-nb.de abrufbar.

Zugl.: Rostock, Univ., Diss., 2018

28
ISSN 0531-7312
ISBN 978-3-631-78516-4 (Print)
E-ISBN 978-3-631-79192-9 (E-PDF)
E-ISBN 978-3-631-79193-6 (EPUB)
E-ISBN 978-3-631-79194-3 (MOBI)
DOI 10.3726/b15715

Diese Publikation wurde begutachtet.

www.peterlang.com

Vorwort

Die vorliegende Arbeit wurde im Dezember 2015 bei der Juristischen Fakultät der Universität Rostock eingereicht. Dies entspricht dem Stand der berücksichtigten Rechtsprechung und Literatur. Im Jahr 2018 wurde die Arbeit von der Juristischen Fakultät der Universität Rostock als Dissertation angenommen. Der Weg bis zur Abgabe war mühsam, aber auch lohnend – in menschlicher wie inhaltlicher Hinsicht. An dieser Stelle möchte ich mich bei den Menschen bedanken, die auf die eine oder andere Art dazu beigetragen haben, mein Promotionsvorhaben zum Abschluss zu bringen.

Mein großer Dank gilt zunächst meinem Doktorvater Prof. Dr. Hubertus Gersdorf für die wissenschaftliche Betreuung der Arbeit sowie die Bereitschaft und Offenheit für ein auch fachgebietsübergreifendes Thema.

Dank gebührt auch Prof. Dr. Jörg Benedict für die Erstellung des Zweitgutachtens.

Mein besonderer Dank gilt meinen Eltern, ohne deren durchgehende Unterstützung auf meinem Lebensweg diese Arbeit nicht begonnen und vollendet worden wäre.

Von Herzen danken möchte ich auch meinen Großeltern, besonders meiner Oma für ihre aufbauenden Telefonate.

Meinen Schwestern möchte ich ganz besonders herzlich für ihre liebevolle und vielseitige Unterstützung während der gesamten Phase des Promotionsvorhabens danken.

Mein ganz besonderer Dank gilt meinem Ehemann für seine stete Diskussionsbereitschaft und emotionale Unterstützung.

Flensburg, Januar 2019

Gliederung

A. Einleitung

1 Diese Arbeit macht die prozessualen Folgen der Betreuung zum Gegenstand der Betrachtung. Die Anordnung einer Betreuung führt vielfach dazu, dass sich die Komplexität des Verfahrensrechtsverhältnisses erhöht. Hierfür ist schon allein der Umstand verantwortlich, dass ein weiterer Akteur, der Betreuer, mit zu bedenken ist. Darüber hinaus modifiziert die Betreuerbestellung vielfach auch die bestehenden prozessualen Handlungsbefugnisse. Ob der Betreute selbst wirksam handeln oder ob ihm gegenüber wirksam gehandelt werden kann, ist klärungsbedürftig.

2 Analysiert werden wesentliche Fragestellungen in verschiedensten Prozess- und Verfahrensordnungen. Dabei ist Selbstbeschränkung notwendig. Nicht Gegenstand dieser Untersuchung ist das betreuungsgerichtliche Verfahren selbst, da das Erkenntnisinteresse bei den Auswirkungen auf die nicht-betreuungsrechtlichen Verfahren liegt. Aber auch insoweit ist eine Selektion notwendig. Betrachtet werden die „großen“ Verfahrensordnungen. Ausgeklammert sind besondere Gerichtsordnungen (ArbGG, FGO, SGG etc.) als auch spezielle Verwaltungsverfahrensordnungen (SGB X, AsylVfG etc.). Die Analysen erschöpfen dabei auch nicht alle denkbaren Fragestellungen. Es werden die essentiellen Problemfälle der Praxis abgehandelt.

3 Am Anfang werden die Grundlagen des Betreuungsrechts dargestellt, da dies notwendig ist, um die Funktion der betreuungsbezogenen Verfahrensvorschriften zu verstehen. Insoweit wird die Schutzfunktion des Betreuungsrechts bestimmt, die sich im Prozessrecht fortsetzt. Daran schließt sich die Verortung des Instituts der Betreuung im Verfassungsgefüge an, da insoweit maßgebliche Impulse für die Auslegung und Anwendung des einfachen Rechts zu gewinnen sind. Die verfassungsrechtliche Betrachtung und Bewertung zeigt dabei par excellence das im Institut der Betreuung angelegte Spannungsverhältnis von Schutz und Beschränkung des Betroffenen. Daran schließt sich die Analyse der einzelnen Verfahrensordnungen an. Betrachtet werden der Zivilprozess, der Strafprozess, das verwaltungsbehördliche Verfahren und das Verwaltungsgerichtsverfahren.

B. Grundlinien des Rechtsinstituts der Betreuung

Die Betreuung als Rechtsinstitut lässt sich holzschnittartig und für eine erste Annäherung kennzeichnen als staatlich geordnete Fürsorge für Erwachsene, die im Bereich der eigenständigen und eigenverantwortlichen Erledigung ihrer Angelegenheiten Defizite aufweisen. Das Institut der Betreuung ist relativ jungen Datums, es besteht erst seit 1992. Der zu regelnde Lebenssachverhalt ist jedoch keine Erscheinung der modernen Gesellschaft. Dass erwachsene Menschen ihre eigenen Angelegenheiten allein nicht mehr angemessen bewältigen können, ist ein seit alters bekanntes Phänomen. Schon immer gab es erwachsene Menschen, die infolge ihres geistigen und/oder körperlichen Zustandes auf den Schutz und die Unterstützung anderer angewiesen waren. Neu ist lediglich die stetig steigende Dichte der Anwendungsfälle infolge des medizinischen Fortschritts. Dieser führt zu einer erheblichen Verlängerung der durchschnittlichen Lebenserwartung – aber auch zu den damit einhergehenden Beeinträchtigungen. Da es sich um eine altbekannte Problemlage handelt, verwundert es nicht, dass das Institut der Betreuung Vorläufer hat. Da die Betreuung als Rechtsinstitut gerade zur Beseitigung der Schwächen der Vorläuferinstitute eingeführt wurde, sollen diese in einem kurzen Abriss vorgestellt werden. Vor diesem Hintergrund ist dann das Betreuungsrecht selbst zu entfalten. 4

I. Die Vorgängerinstitute: Vormundschaft und Gebrechlichkeitspflegschaft

Das BGB stellte bei seinem Inkrafttreten am 01.01.1900 bis zum Inkrafttreten des Betreuungsgesetzes am 01.01.1992 zwei Institute für die Hilfe für fürsorgebedürftige Volljährige bereit: die Erwachsenenvormundschaft (§§ 1896–1908 BGB a.F.) und die Gebrechlichkeitspflegschaft (§§ 1910, 1915, 1919, 1920 BGB a.F.).[1] Leitbild der Regelungen zur Vormundschaft über Erwachsene und der Gebrechlichkeitspflegschaft waren die Bestimmungen des Rechts der elterlichen Sorge.[2] Dies zeigte sich gesetzestechnisch an dem Verweis beider Institute auf die Regelungen über die Vormundschaft über Minderjährige (vgl. § 1897 S. 1 BGB a.F. sowie § 1915 Abs. 1 i.V.m. § 1897 S. 1 BGB a.F.). Die Vormundschaft erstreckte sich auf *alle* Angelegenheiten des Betroffenen; die Gebrechlichkeitspflegschaft auf *einzelne* Angelegenheiten, die der Betroffene infolge eines Gebrechens nicht zu besorgen vermochte.[3] Schon unter diesem Gesichtspunkt wird unmittelbar einsichtig, dass die Vormundschaft das eingriffsintensivere Institut war. 5

---

1 Vgl. *Gessaphe*, Betreuer, S. 11; *Zimmermann/Damrau*, NJW 1991, 538.

2 Zu den entsprechenden Verweisungen nur *Gessaphe*, Betreuer, S. 11 m.w.N.

3 *Zimmermann/Damrau*, NJW 1991, 538.

1. Die Vormundschaft

6 Die Anordnung der (endgültigen)[4] Vormundschaft setzte gemäß § 1896 BGB a.F. die vorgängige Entmündigung des Betroffenen voraus. Die Voraussetzungen der Entmündigung regelte § 6 BGB a.F., die Wirkungen ergaben sich aus den §§ 104 ff. BGB a.F. und das Verfahren bestimmte sich nach §§ 645 ff. ZPO a.F.[5]

7 Materielle Grundlage der Entmündigung war § 6 Abs. 1 BGB a.F. Dieser regelte, wegen welcher Gründe ein Erwachsener (und auch ein Minderjähriger[6]) entmündigt werden konnte.[7] Danach konnte entmündigt werden, wer infolge von Geisteskrankheit oder von Geistesschwäche seine Angelegenheiten nicht zu besorgen vermochte (Nr. 1), durch Verschwendung sich oder seine Familie der Gefahr des Notstandes aussetzte (Nr. 2), wer infolge der Trunksucht oder Rauschgiftsucht seine Angelegenheiten nicht zu besorgen vermochte oder sich und seine Familie der Gefahr des Notstandes aussetzte oder die Sicherheit anderer gefährdete (Nr. 3). Die Anordnung der Entmündigung wurde als rechtsgestaltender Staatsakt gedeutet, der den Wegfall oder die Beschränkung der Geschäftsfähigkeit zur Folge hatte.[8] Die Entmündigung bewirkte die konstitutive Aufhebung oder Beschränkung der Geschäftsfähigkeit. Während die Entmündigung wegen Geisteskrankheit die Geschäftsunfähigkcit zur Folge hatte (§ 104 Nr. 3 BGB a.F.), bewirkte die Entmündigung aus den anderen genannten Gründen eine Beschränkung der Geschäftsfähigkeit, indem nach § 114 BGB a.F. der Betroffene seinem rechtsgeschäftlichen Status nach einem Minderjährigen gleichgestellt wurde, der das siebten Lebensjahr vollendet hat.[9] Die Entmündigung bewirkte die Testierunfähigkeit des Entmündigten (§ 2229 Abs. 3 S. 1 BGB a.F.). In den Fällen der Entmündigung wegen Geisteskrankheit folgte aus der Geschäftsunfähigkeit die Eheunfähigkeit (vgl. § 2 EheG a.F.[10]). In der aus anderen Gründen angeordnete Entmündigung bedurfte der Betroffene hingegen der Einwilligung seines Vormundes (§ 3 Abs. 1 EheG a.F.). Weiter war der Entmündigte vom aktiven und passiven Wahlrecht ausgeschlossen (§§ 13, 15 BWahlG a.F.). Die Entmündigung wurde überdies sowohl in das Bundeszentralregister (§ 9 Abs. 1 BZRG a.F.) als auch in das Führungszeugnis (§ 32 Abs. 1 BZRG a.F.) eingetragen.[11]

8 Die Entmündigung konnte nur auf Antrag erfolgen. Der Betroffene selbst konnte den Antrag nicht stellen.[12] Die Antragsberechtigung war differenziert nach den

---

4 Zu den Voraussetzungen der vorläufigen Vormundschaft: *Gessaphe*, Betreuer, S. 98.

5 *H.P. Westermann*, in: Erman, BGB, 8. Aufl. (1989), § 6 Rn. 1.

6 Vgl. *H.P. Westermann*, in: Erman, BGB, 8. Aufl. (1989), § 6 Rn. 1.

7 Hierzu umfassend *Gessaphe*, Betreuer, S. 97.

8 *H.P. Westermann*, in: Erman, BGB, 8. Aufl. (1989), § 6 Rn.1.

9 Vgl. statt aller *Gessaphe*, Betreuer, S. 97; *Bienwald*, in: Staudinger, Vorb. zu §§ 1896 ff Rn. 5.

10 Das Ehegesetz trat zum 01.07.1998 außer Kraft.

11 *Bienwald*, in: Staudinger, Vorb. zu §§ 1896 ff Rn. 7; *Müller*, Betreuung, S. 36.

12 Für die Entmündigungsgründe des § 6 Abs. 1 Nr. 1 BGB a.F. folgte das Antragserfordernis aus § 645 Abs. 2 ZPO a.F., für die anderen aus § 680 Abs. 2 ZPO a.F.

Entmündigungsgründen ausgestaltet (vgl. § 646 ZPO a.F.). Vollumfänglich antragsberechtigt waren der Ehegatte, Verwandte und der sorgeberechtigte gesetzliche Vertreter. Die Staatsanwaltschaft war hinsichtlich § 6 Nr. 1 BGB a.F. antragsberechtigt und die nach Landesrecht bestimmte zuständige Behörde hinsichtlich des § 6 Nr. 3 BGB a.F. Zuständig für das Entmündigungsverfahren war das Prozessgericht, nicht das Vormundschaftsgericht.[13] Auf das Entmündigungsverfahren fand das streitige ZPO-Verfahren Anwendung.[14]

Da die Entmündigung zur Geschäftsunfähigkeit oder beschränkten Geschäfts- 9 fähigkeit führte, mussten flankierende Regelungen getroffen werden, damit der Betroffene als Rechtssubjekt handlungsfähig blieb. Dies erfolgte über das Institut der Vormundschaft, mit dem eine Person zum Vormund des Betroffenen bestellt wurde. Das Vormundschaftsgericht hatte zur Überwindung der aufgehobenen bzw. beschränkten Geschäftsunfähigkeit von Amts wegen die endgültige Vormundschaft anzuordnen und dem Entmündigten einen Vormund zu bestellen.[15] Rechtsfolge der Entmündigung war mithin nicht, dass kraft Gesetzes eine Vormundschaft als Folge der Entmündigung entstand. Die Vormundschaft bedurfte vielmehr eines eigenständigen Rechtsaktes des Vormundschaftsgerichts.[16] Entsprechend dem Leitbild der elterlichen Sorge hatte der Vormund die umfassende gesetzliche Vertretungsmacht für alle Angelegenheiten und das tatsächliche Sorgerecht für die Person und das Vermögen des Mündels (§§ 1897, 1793, 1626 Abs. 2 BGB a.F.).[17] Dies bedeutete, dass der Vormund zum (volljährigen) Mündel in einem Überordnungsverhältnis stand, welches ihn dazu befugte, Anordnungen ohne Rücksicht darauf zu treffen, ob das Mündel damit einverstanden war oder nicht.[18]

2. Die Gebrechlichkeitspflegschaft

Neben der Erwachsenenvormundschaft gab es als Form der Erwachsenenfürsorge 10 noch die Gebrechlichkeitspflegschaft. Die materiellen Anordnungsvoraussetzungen regelte § 1910 BGB a.F.

Die Anordnung der Gebrechlichkeitspflegschaft setzte voraus, dass der Betroffe- 11 ne nicht bereits unter Vormundschaft stand und infolge körperlicher oder geistiger Gebrechen einzelne seiner Angelegenheiten oder einen bestimmten Kreis seiner Angelegenheiten nicht zu besorgen vermochte (§ 1910 Abs. 2 BGB a.F.). Im Unterschied zur Vormundschaft durfte sich die Pflegschaft nur auf diejenigen Angelegenheiten erstrecken, für die ein Fürsorgebedürfnis bestand. Dabei konnte die Pflegschaft für

13 *Gessaphe*, Betreuer, S. 97; *Müller*, Betreuung, S. 37.

14 *Bienwald*, in: Staudinger, Vorb. zu §§ 1896 ff Rn. 9; *Gessaphe*, Betreuer, S. 97; *Müller*, Betreuung, S. 37.

15 Hierzu *Gessaphe*, Betreuer, S. 11, 97.

16 *Bienwald*, in: Staudinger, Vorb. zu §§ 1896 ff Rn. 9.

17 BGH, NJW 1967, 2402 (2405); *Gessaphe*, Betreuer, S. 11; *Müller*, Betreuung, S. 35.

18 BGH, NJW 1967, 2402 (2405).

geistig Gebrechliche im Gegensatz zur Pflegschaft für körperlich Gebrechliche keine Totalpflegschaft sein. Die Gebrechlichkeitspflegschaft durfte gemäß § 1910 Abs. 3 BGB a.F. nur mit Einwilligung des Gebrechlichen angeordnet werden, es sei denn, dass eine Verständigung mit diesem nicht möglich war. Dabei wurde die Anordnung der Pflegschaft ohne Einwilligung des Gebrechlichen (sog. Zwangspflegschaft) von der Rechtsprechung nicht nur für zulässig gehalten, wenn eine Verständigung mit dem Gebrechlichen tatsächlich unmöglich war, sondern auch dann, wenn diese infolge seiner (partiellen) Geschäftsunfähigkeit rechtlich unmöglich war.[19] Nach der überwiegend vertretenen Ansicht erforderte die Anordnung einer Gebrechlichkeitspflegschaft über die tatbestandlichen Voraussetzungen des § 1910 BGB hinaus ein Schutz- und Fürsorgebedürfnis aus der Sicht des Betroffenen.[20] Die Anordnung musste zumindest auch im Interesse des Pfleglings selbst liegen; eine ausschließlich drittnützige Anordnung kam nicht in Betracht.[21]

12 Die Anordnung der Gebrechlichkeitspflegschaft setzte keinen Antrag voraus, sondern erfolgte von Amts wegen.[22] Im Unterschied zur Vormundschaft erfolgte die Anordnung der Gebrechlichkeitspflegschaft in einem einheitlichen Verfahren der freiwilligen Gerichtsbarkeit.[23] Zuständig war das Vormundschaftsgericht.[24] Lagen die Voraussetzungen der Gebrechlichkeitspflegschaft vor, hat das Vormundschaftsgericht die Pflegschaft angeordnet und einen Pfleger unter gleichzeitiger Bestimmung des Aufgabenkreises bestellt.[25]

13 Die Anordnung der Gebrechlichkeitspflegschaft, insbesondere auch in Form der Zwangspflegschaft, hatte keine Auswirkungen auf die Geschäftsfähigkeit des Betroffenen.[26] Selbiges galt im Unterschied zur Entmündigung auch für die Testierfähigkeit und Ehefähigkeit des Pfleglings.[27] Die Gebrechlichkeitspflegschaft wurde nicht im Bundeszentralregister oder Führungszeugnis aufgenommen.[28] Lediglich im Falle der angeordneten Zwangspflegschaft war der Pflegling ebenso wie der Entmündigte vom aktiven und passiven Wahlrecht ausgeschlossen (§§ 13, 15 BWahlG a.F.).

14 Das Verhältnis zwischen Pfleger und Pflegebefohlenem betrachtete die Rechtsprechung differenziert. Sie unterschied dabei zwischen der Gebrechlichkeitspflegschaft über geschäftsfähige und geschäftsunfähige Pflegebefohlene. Da im Falle des geschäftsfähigen Gebrechlichen dessen Willen die ausschlaggebende

---

19 BGH, Beschluss vom 07. November 1984 – IVb ZB 830/81 –, Rn. 8 (juris); vgl. im Übrigen die Nachweise bei *Müller*, Betreuung, S. 37; *Gessaphe*, Betreuer, S. 105.
20 BGH, Beschluss vom 07. November 1984 – IVb ZB 830/81 –, Rn. 9 m.w.N. (juris).
21 BGH, Beschluss vom 07. November 1984 – IVb ZB 830/81 –, Rn. 9 (juris).
22 *Müller*, Betreuung, S. 38; *Gessaphe*, Betreuer, S. 103.
23 *Gessaphe*, Betreuer, S. 102; *Müller*, Betreuung, S. 58.
24 *Müller*, Betreuung, S. 58.
25 *Gessaphe*, Betreuer, S. 103.
26 *Müller*, Betreuung, S. 37.
27 *Müller*, Betreuung, S. 37.
28 *Müller*, Betreuung, S. 37.

Bedeutung zukam (§ 1910 Abs. 3 BGB a.F.), verneinte die Rechtsprechung das Element der Gewaltunterworfenheit, welches die Vormundschaft charakterisierte.[29] Der geschäftsfähige Pflegebefohlene brauchte Maßnahmen des Pflegers, mit denen er nicht einverstanden war, nicht hinzunehmen; er blieb im Wirkungskreis des Pflegers nach außen voll handlungsfähig.[30] Handelten Pfleger und geschäftsfähiger Pflegebefohlener gleichzeitig in unterschiedlichem Sinn, so war die Handlung des Pflegebefohlenen maßgeblich; handelten sie zeitlich nacheinander, so durfte der Pflegebefohlene das vom Pfleger vorgenommene Rechtsgeschäft widerrufen.[31] Die Rechtsprechung sah § 53 ZPO a.F., nach der es im Zivilprozess nicht auf den Willen des Pflegebefohlenen, sondern auf den des Pflegers ankam, als Ausnahmeregelung an.[32] Dem Pfleger eines geschäftsfähigen Pflegebefohlenen wurde aufgrund dieser Wesensverschiedenheit nicht die Rechtsstellung eines gesetzlichen Vertreters wie dem Vormund eingeräumt, sondern die Stellung als staatlich bestellter Bevollmächtigter im Sinne der §§ 166 f. BGB.[33] Der Verweis im Pflegschaftsrecht auf die Rechtsstellung des Vormundes (§§ 1915, 1793, 1626 Abs. 2 BGB a.F.) wurde nur für die Gebrechlichkeitspflegschaft über geschäftsunfähige Pflegebefohlene für anwendbar gehalten. In ihrem Bereich hatte der Pfleger die tatsächliche Gewalt über den Gebrechlichen und war zugleich dessen gesetzlicher Vertreter.[34]

II. Rechtsinstitut der Betreuung

Mit Inkrafttreten des Betreuungsgesetzes wurde das Recht der Entmündigung, der Vormundschaft über Volljährige und der Gebrechlichkeitspflegschaft durch das Rechtsinstitut der Betreuung (§§ 1896–1908i BGB) abgelöst.[35] Der nachfolgende Überblick befasst sich mit den Grundgedanken der Reform, stellt das materielle und formelle Betreuungsrecht dar und erörtert die Betreuungsentscheidung als solche. 15

1. Grundgedanken des Betreuungsgesetzes

Grundlegend reformiert wurde das Recht der Erwachsenenfürsorge durch das Gesetz zur Reform des Rechts der Vormundschaft und Pflegschaft für Volljährige – Betreuungsgesetz (BtG) – vom 12.09.1990 (BGBl. I, S. 2002). Das Betreuungsgesetz ist 16

29 BGH, NJW 1967, 2404 (2406).
30 BGH, NJW 1967, 2404 (2406).
31 BGH, NJW 1967, 2404 (2406).
32 BGH, NJW 1967, 2404 (2406).
33 BGH, NJW 1967, 2404 (2406).
34 BGH, NJW 1967, 2404 (2406).
35 Die Vormundschaft über Minderjährige gemäß §§ 1773–1895 BGB sowie die Pflegschaft (§§ 1909, 1911 f. BGB) blieben als Rechtsinstitute bestehen.

ein Artikelgesetz, das zu einer Änderung einer erheblichen Anzahl anderer Gesetze führte. Es trat am 01.01.1992 in Kraft. Vorausgegangen waren langjährige Reformbemühungen.[36]

17 Grundanliegen der Reform war es, die Rechtsstellung psychisch kranker und körperlich, geistig oder seelisch behinderter Menschen durch eine grundlegende Reform des Rechts der Vormundschaft und Pflegschaft über Volljährige zu verbessern.[37] Dies betraf sowohl die materiell-rechtliche Ausgestaltung als auch die verfahrensrechtliche Stellung der Betroffenen.[38] Die bestehenden Institute wurden als defizitär empfunden. Die Hauptkritik am alten Recht richtete sich gegen die mit der Entmündigung einhergehende weitgehende Entrechtung des Entmündigten.[39] Insbesondere wurde mit der Entmündigung eine unnötige Diskriminierung und Stigmatisierung des Betroffenen verbunden, da der Entmündigte im Hinblick auf die unabwendbare Rechtsfolge der Geschäftsunfähigkeit bzw. Beschränkung der Geschäftsfähigkeit einem Kind oder Minderjährigen gleichgestellt wurde.[40] Überdies habe die Entmündigung die verbliebenen Fähigkeiten des Betroffenen unberücksichtigt gelassen und Rehabilitationsmöglichkeiten gestört.[41] Auch die Gebrechlichkeitspflegschaft führe, jedenfalls soweit die Zwangspflegschaft angeordnet würde, zu einer ähnlich weitgehenden Entrechtung des Betroffenen wie die Entmündigung. Ziel der Reform war es, die mit der Fürsorge verbundenen Rechtseingriffe auf das unvermeidbare Minimum zu reduzieren und den Wünschen und Vorstellungen der Betroffenen mehr Geltung zu verschaffen.[42] Mit anderen Worten, die Reform sollte die Maßnahmen staatlicher Fürsorge für den Betroffenen auf das im Einzelfall erforderliche Maß beschränken und die verbliebenen Selbstbestimmungsmöglichkeiten des Betroffenen achten und fördern.[43]

18 Nach der Grundkonzeption des Betreuungsgesetzes wird daher das gesamte Betreuungsrecht vom Erforderlichkeitsgrundsatz beherrscht.[44] Besondere Bedeutung erlangt der Erforderlichkeitsgrundsatz bei der Entscheidung, ob und für welche Angelegenheiten dem Betroffenen ein Betreuer zu bestellen ist. Im Unterschied zur Vormundschaft darf eine Betreuung nur für die Aufgabenkreise angeordnet werden, in denen auch ein Betreuungsbedarf gegeben ist (§ 1896 Abs. 2 S. 1 BGB). Der Erforderlichkeitsgrundsatz hat auch zur Folge, dass eine Betreuung nicht notwendig

---

36 Vgl. hierzu *Schwab*, in: MüKo, BGB, Vorb. zu §§ 1896 bis 1908i Rn. 2; *Bienwald*, in: Staudinger, Vorb. zu §§ 1896 ff Rn. 34.

37 BT-Drs. 11/4528, S. 1.

38 *Bienwald*, in: Staudinger, Vorb. zu §§ 1896 ff Rn. 38.

39 Zur Kritik am früheren Recht, BT-Drs. 11/4528, S. 49 f.; umfassend *Gessaphe*, Betreuer, S. 12 f.

40 BT-Drs. 11/4528, S. 49.

41 BT-Drs. 11/4528, S. 49; vgl. zu dem Ziel der Rehabilitation des Betroffenen *Kollmer*, Selbstbestimmung im Betreuungsrecht, S. 39.

42 Vgl. *Bienwald*, in: Staudinger, Vorb. zu §§ 1896 ff Rn. 38.

43 BT-Drs. 11/4528, S. 52, 58.

44 BT-Drs. 11/4528, S. 52, 58.

ist, soweit die Angelegenheiten durch einen Bevollmächtigten oder durch andere Hilfen, bei denen kein gesetzlicher Vertreter bestellt wird, ebenso gut wie durch einen Betreuer besorgt werden können (§ 1896 Abs. 2 S. 2 BGB).[45]

Das Selbstbestimmungsrecht des Betroffenen wird darüber hinaus insbesondere 19
durch die Beachtung seiner Wünsche und Anträge verwirklicht. § 1901 Abs. 3 BGB statuiert die Pflicht des Betreuers, Wünschen des Betreuten zu entsprechen, soweit dies dessen Wohl nicht zuwiderläuft und dem Betreuer zuzumuten ist. Die Wünsche des Betroffenen sind auch dann beachtlich, wenn der Betreute geschäftsunfähig ist.[46]

2. Grundzüge des geltenden Betreuungsrechts

Über die Betreuung wird durch eine „Einheitsentscheidung" entschieden.[47] Es gibt 20
also keine Zweistufigkeit des Verfahrens mehr wie zur Zeit vor dem Betreuungsgesetz, in der selbstständige Entscheidungen über die Anordnung der Vormundschaft bzw. Pflegschaft und der Bestellung des Vormundes bzw. Pflegers ergingen.[48] Es ergeht nur eine Entscheidung, in der ein Betreuer für einen bestimmten Aufgabenkreis bestellt wird.

a. Materiell-rechtliche Voraussetzungen der Betreuerbestellung

Das materielle Betreuungsrecht ist in den §§ 1896 bis 1908i BGB geregelt. Die Grund- 21
norm des materiellen Betreuungsrechts ist § 1896 BGB, der die materiellen Anordnungsvoraussetzungen normiert.

Nach § 1896 Abs. 1 BGB kann eine Betreuung angeordnet werden, wenn ein Voll- 22
jähriger aufgrund einer psychischen Krankheit oder einer körperlichen, geistigen oder seelischen Behinderung seine Angelegenheiten ganz oder teilweise nicht besorgen kann. Gegen den freien Willen des Volljährigen darf kein Betreuer bestellt werden (§ 1896 Abs. 1a BGB). Ein Betreuer darf nur für Aufgabenkreise bestellt werden, in denen die Betreuung erforderlich ist (§ 1896 Abs. 2 S. 1 BGB). Damit ergeben sich folgende materiellen Anordnungsvoraussetzungen:

- der Betroffene ist volljährig
- der Betroffene kann seine Angelegenheiten ganz oder teilweise nicht besorgen aufgrund einer psychischen Krankheit oder einer körperlichen, geistigen oder seelischen Behinderung
- die Betreuung ist erforderlich
- der Betreuerbestellung steht nicht der freie Wille des Betroffenen entgegen

Diese Voraussetzungen sollen im Folgenden näher dargestellt werden.

---

45 Dazu ausführlich unter Rn. 33.
46 BT-Drs. 11/4528, S. 53; vgl. *Schellhammer*, Familienrecht, S. 727.
47 *Bienwald*, in: Staudinger, Vorb. zu §§ 1896 ff Rn. 41.
48 Vgl. *Bienwald*, in: Staudinger, Vorb. zu §§ 1896 ff Rn. 46.

aa. Medizinische Voraussetzungen

23 Die Bestellung eines Betreuers setzt den medizinischen Befund einer psychischen Krankheit oder einer körperlichen, geistigen oder seelischen Behinderung voraus.[49] Man spricht insoweit auch von den „medizinischen Eingangsvoraussetzungen des § 1896 Abs. 1 Satz 1 BGB".[50] Die gesetzlichen Begriffe „psychische Krankheit" und „körperliche, geistige oder seelische Behinderung" werden im BGB nicht legaldefiniert.[51] Auch wenn es keine allgemein anerkannte Definition gibt, sind die Kernbereiche dieser Begriffe unstreitig:[52]

24 Eine psychische Krankheit liegt bei den anerkannten Krankheitsbildern der Psychiatrie vor.[53] Hierunter fallen die körperlich nicht begründbaren (endogenen) Psychosen wie beispielsweise die unterschiedlichen Formen der Schizophrenien und der affektiven Psychosen (Depressionen, Schuldwahn, Manien).[54] Weiter sind als psychische Krankheiten die körperlich begründbaren (exogenen) Psychosen, d. h. seelische Störungen als Folge von Krankheiten oder Verletzungen des Gehirns, von Anfalls- oder anderen Krankheiten.[55] Abhängigkeitskrankheiten (insbesondere Drogen- und Alkoholabhängigkeiten) fallen ebenfalls hierunter, wenn die Sucht zu einer psychischen Erkrankung geführt hat.[56] Neurosen und Persönlichkeitsstörungen kommt nur dann ein Krankheitswert zu, wenn schwerste Auffälligkeiten und Störungen vorliegen. Geringe Abweichungen von einem „normalen" menschlichen Verhalten rechtfertigen hingegen keine Betreuungseinrichtung.[57]

25 Geistige Behinderungen sind angeborene oder erworbene Intelligenzdefizite unterschiedlicher Schweregrade.[58] Nach der üblichen internationalen Klassifizierung wird zwischen leichter (IQ 50 bis 69), mittelgradiger (IQ 35 bis 49) und hochgradiger (IQ 20 bis 35) Intelligenzminderung unterschieden.[59]

---

49 *Müller*, in: BeckOK, BGB, § 1896 Rn. 9.
50 Vgl. BGH, Beschluss vom 18. Dezember 2013 – XII ZB 460/13 –, Rn. 4 (juris).
51 *Jürgens*, in: Jürgens, Betreuungsrecht, § 1896 Rn. 3.
52 *Jürgens*, in: Jürgens, Betreuungsrecht, § 1896 Rn. 3.
53 *Müller*, in: BeckOK, BGB, § 1896 Rn. 11.
54 *Müller*, in: BeckOK, BGB, § 1896 Rn. 11; *Jürgens*, in: Jürgens, Betreuungsrecht, § 1896 Rn. 4.
55 *Müller*, in: BeckOK, BGB, § 1896 Rn. 11; *Jürgens*, in: Jürgens, Betreuungsrecht, § 1896 Rn. 4.
56 *Müller*, in: BeckOK, BGB, § 1896 Rn. 11; *Jürgens*, in: Jürgens, Betreuungsrecht, § 1896 Rn. 4.
57 *Müller*, in: BeckOK, BGB, § 1896 Rn. 11; *Jürgens*, in: Jürgens, Betreuungsrecht, § 1896 Rn. 4.
58 *Müller*, in: BeckOK, BGB, § 1896 Rn. 12; *Jürgens*, in: Jürgens, Betreuungsrecht, § 1896 Rn. 7.
59 *Müller*, in: BeckOK, BGB, § 1896 Rn. 12; *Jürgens*, in: Jürgens, Betreuungsrecht, § 1896 Rn. 7.

Als seelische Behinderung gelten psychische Beeinträchtigungen, welche als Folge einer psychischen Erkrankung zurückbleiben oder jedenfalls lang anhalten.[60] 26

Die Einrichtung einer Betreuung kommt auch bei einer (lediglich) körperlichen Behinderung des Betroffenen in Betracht. Der Begriff der körperlichen Behinderung ist weit zu verstehen und erfasst insbesondere dauerhafte Funktionsstörungen am Stütz- und Bewegungsapparat, Funktionsstörungen der Sinnesorgane sowie der inneren Organe.[61] 27

Ob die medizinischen Eingangsvoraussetzungen vorliegen, hat das Betreuungsgericht im Wege der Amtsermittlung festzustellen (vgl. § 26 FamFG). Der BGH verlangt vor dem Hintergrund des erheblichen Eingriffs in die Freiheitsrechte des Betroffenen, der mit einer Betreuerbestellung verbunden ist,[62] eine sorgfältige Sachverhaltsaufklärung zu den medizinischen Voraussetzungen einer Betreuerbestellung (vgl. auch § 280 FamFG).[63] 28

bb. Betreuungsbedürftigkeit

Der medizinische Befund von Krankheit oder Behinderung rechtfertigt für sich alleine nicht die Betreuungseinrichtung. Vielmehr muss diese Beeinträchtigung nach § 1896 Abs. 1 S. 1 BGB zur Folge haben, dass der Betroffene „seine Angelegenheiten ganz oder teilweise nicht besorgen" kann.[64] Das Unvermögen des Betroffenen kann dabei auf körperlichen und/oder geistigen bzw. seelischen Umständen beruhen.[65] Die Unfähigkeit zur Besorgung der eigenen Angelegenheiten muss auf die Krankheit bzw. Behinderung des Betroffenen zurückzuführen sein (Kausalität).[66] 29

Der Begriff der „Angelegenheiten" ist dabei umfassend zu verstehen.[67] Als zu regelnde Angelegenheiten kommen nicht nur Rechtsgeschäfte sondern auch rechtsgeschäftsähnliche Handlungen und Realakte in Betracht.[68] Gegenstand der Angelegenheiten können sowohl solche der Vermögenssorge als auch solche der Personensorge sein.[69] 30

Bei psychischen Krankheiten, seelischen oder geistigen Behinderungen ist die Unfähigkeit zur Besorgung der eigenen Angelegenheiten dann gegeben, wenn der Betroffene unfähig ist, in dem betreffenden Bereich eigenständig und 31

---

60 *Müller*, in: BeckOK, BGB, § 1896 Rn. 13; Jürgens, in: Jürgens, Betreuungsrecht, § 1896 Rn. 6.

61 *Müller*, in: BeckOK, BGB, § 1896 Rn. 14; Jürgens, in: Jürgens, Betreuungsrecht, § 1896 Rn. 8.

62 Hierzu noch ausführlich unter Rn. 90.

63 BGH, Beschluss vom 21. November 2012 – XII ZB 114/12 –, Rn. 8 (juris).

64 *Schwab*, in: MüKo, BGB, § 1896 Rn. 20.

65 *Müller*, in: BeckOK, BGB, § 1896 Rn. 17.

66 *Jürgens*, in: Jürgens, Betreuungsrecht, § 1896 Rn. 11; *Müller*, in: BeckOK, BGB, § 1896 Rn. 18.

67 *Müller*, in: BeckOK, BGB, § 1896 Rn. 16.

68 *Jürgens*, in: Jürgens, Betreuungsrecht, § 1896 Rn. 10.

69 *Jürgens*, in: Jürgens, Betreuungsrecht, § 1896 Rn. 10.

selbstverantwortlich zu handeln (Betreuungsbedürftigkeit).[70] Die Krankheit oder Behinderung muss einen derartigen Schweregrad erreicht haben, dass die Fähigkeit des Betroffenen zur Wahrnehmung seines Selbstbestimmungsrechts ausgeschlossen oder so erheblich beeinträchtigt ist, dass er zu eigenverantwortlichen Entscheidungen im betreffenden Aufgabenkreis nicht (mehr) in der Lage ist.[71]

32 Eine Betreuungsbedürftigkeit kann nicht allein deswegen angenommen werden, weil der Betroffene auf die Hilfe Dritter zurückgreifen muss, um die eigenen Angelegenheiten sachgerecht zu erledigen. Auch gesunde Volljährige bedienen sich vielfach der Hilfe eines sachkundigen Dritten (z.B. eines Arztes, Rechtsanwaltes, Krankenpflegers, Steuerberaters).[72] Eine Betreuungsbedürftigkeit kann sich jedoch aus der fehlenden Einschaltung solcher Hilfspersonen ergeben, wenn der Betroffene solche übliche Dritthilfe aus psychischen oder körperlichen Gründen nicht von sich aus in Anspruch nimmt oder deren Notwendigkeit nicht erkennen kann.[73]

cc. Erforderlichkeit der Betreuung

33 Die Betreuung darf gemäß § 1896 Abs. 2 S. 1 BGB nur für Aufgabenkreise bestellt werden, „in denen die Betreuung erforderlich ist“. Angesprochen ist damit der betreuungsrechtliche Erforderlichkeitsgrundsatz, der das gesamte Betreuungsrecht beherrscht.[74] Er zielt darauf ab, die mit der Betreuung verbundene Intervention in die Privatautonomie des Betroffenen auf das unerlässliche Maß zu beschränken. Zu beachten ist, dass der Erforderlichkeitsgrundsatz nicht nur die Frage betrifft, für welche Aufgaben ein Betreuer bestellt werden soll („Wie“ der Betreuung), sondern auch, ob überhaupt eine Betreuung zulässig ist („Ob“ der Betreuung).[75]

34 Der betreuungsrechtliche Erforderlichkeitsgrundsatz hat zunächst „lediglich“ einfachgesetzlichen Rang. Soweit die Betreuung oder weitere mit ihr verbundene Anordnungen sich als Eingriff in die Freiheitssphäre des Betroffenen darstellen, hat der Erforderlichkeitsgrundsatz als Ausfluss des Rechtsstaatsprinzips und der grundrechtlichen Schutzwirkung auch eine verfassungsrechtlich überformte Dimension.[76] Dies bedeutet, dass in diesen Fällen die verfassungsrechtlichen Direktiven bei der Auslegung und Anwendung des einfachgesetzlichen betreuungsrechtlichen Erforderlichkeitsgrundsatzes zu berücksichtigen sind.

35 Unter dem Gesichtspunkt der betreuungsrechtlichen Erforderlichkeit werden verschiedenste Gesichtspunkte untersucht. Maßgebliche Aspekte sind dabei insbesondere das Bestehen eines konkreten Betreuungsbedarfs und das Fehlen hilfsbereiter Dritter.

---

70 *Schwab*, in: MüKo, BGB, § 1896 Rn. 20.
71 *Schwab*, in: MüKo, § 1896 Rn. 20; *Müller*, in: BeckOK, BGB, § 1896 Rn. 17.
72 *Götz*, in: Palandt, BGB, § 1896 Rn. 9.
73 *Götz*, in: Palandt, BGB, § 1896 Rn. 9.
74 *Bienwald*, in: Staudinger, BGB, §§ 1896 Rn. 240; *Diekmann*, BtPrax 2011, 185 (185).
75 Vgl. BT-Drs. 11/4528, S. 120.
76 Vgl. *Diekmann*, BtPrax 2011, 185 (185); BayObLG, BayObLGZ 1994, 209 (211).

Kein relevanter Gesichtspunkt der Erforderlichkeitsprüfung, dies sei vorab festgehalten, ist die Geschäftsfähigkeit des Betroffenen. Die Erforderlichkeit lässt sich nicht mit dem Argument verneinen, dass der Betroffene geschäftsfähig und damit materiell-rechtlich selbst vollumfänglich handlungsfähig ist. Der Gesetzgeber hat die Voraussetzungen der Betreuerbestellung bewusst von der Frage der Geschäftsunfähigkeit bzw. -fähigkeit des Betroffenen gelöst.[77] Die Bestellung eines Betreuers setzt also gerade nicht voraus, dass der Betroffene im natürlichen Sinne geschäftsunfähig (§ 104 Nr. 2 BGB) ist.[78] Dies kann auch nicht gegen den klaren Willen des Gesetzgebers[79] „durch die Hintertür" über eine entsprechende Auslegung des Erforderlichkeitsgrundsatzes ausgehebelt werden. 36

i. Bestehen eines konkreten Betreuungsbedarfs

Der Erforderlichkeitsgrundsatz verlangt, dass die Betreuung unter Beachtung der Verhältnismäßigkeit notwendig ist, der Betroffene daher auf entsprechende Hilfen angewiesen und weniger einschneidende Maßnahmen nicht in Betracht kommen.[80] Dies erfordert zumindest einen konkreten Handlungsbedarf für die Bestellung eines Betreuers.[81] Diese Frage ist nicht schon mit der Bejahung der Betreuungsbedürftigkeit entschieden. Es wäre verfehlt Betreuungsbedürftigkeit und Betreuungsbedarf in eins zu setzen; es handelt sich um unterschiedliche Kategorien.[82] Die Betreuungsbedürftigkeit nimmt die individuellen Fähigkeiten des Betroffenen in den Blick, um zu klären, ob er seine Angelegenheiten verantwortlich regeln kann.[83] Die Prüfung der Betreuungsbedürftigkeit analysiert die individuellen Eigenschaften des Betroffenen. Demgegenüber zielt die Bedarfsprüfung darauf ab, welche Angelegenheiten im Leben des Betroffenen tatsächlich anfallen (werden). 37

Zur Betreuungsbedürftigkeit muss daher stets ein konkreter Betreuungsbedarf für die Angelegenheiten des Betroffenen hinzukommen.[84] Unter dem Gesichtspunkt des Betreuungsbedarfs wird der Blick darauf gerichtet, ob in dem betreuungsbedürftigen Lebensbereich in absehbarer Zeit tatsächlich Handlungsbedarf besteht. Dabei ist auf die konkrete, gegenwärtige Lebenssituation des Betroffenen abzustellen.[85] Im Rahmen dieser Analyse kann nach einem zeitlichen und einem sachlichen Moment unterschieden werden. 38

---

77 *Müller*, in: BeckOK, BGB, § 1896 Rn. 19.

78 *Bienwald*, in: Staudinger, BGB, § 1896 Rn. 19.

79 Vgl. BT-Drs. 11/4528, S. 107: „Zum Schutz des unter Betreuung stehenden geschäftsfähigen Volljährigen (...)."

80 BGH, NJW-RR 2011, 1506 (1506).

81 BGH, NJW-RR 2011, 1506 (1507).

82 Vgl. OLG Zweibrücken, Beschluss vom 08. Dezember 2004–3 W 187/04 –, Rn. 6 (juris).

83 OLG Zweibrücken, Beschluss vom 08. Dezember 2004–3 W 187/04 –, Rn. 6 (juris).

84 *Jürgens*, in: Jürgens, Betreuungsrecht, § 1896 Rn. 9.

85 *Schwab*, in: MüKo, BGB, § 1896 Rn 41.

39 In zeitlicher Hinsicht besteht keine Begrenzung auf akute und dringende Angelegenheiten, vielmehr ist auch der absehbare Betreuungsbedarf einzubeziehen, um den Betroffenen vor wiederholten Gerichtsverfahren und der damit einhergehenden Belastung zu schützen.[86] Das bedeutet, dass auch künftigen Entwicklungen und Bedarfslagen, die sich gegenwärtig bereits konkret abzeichnen, vorausschauend Rechnung zu tragen ist.[87] Diese Beurteilung hat sich indes an den konkreten Gegebenheiten und nicht an abstrakten Wahrscheinlichkeiten oder Möglichkeiten zu orientieren.[88] Ausgeschlossen ist jedoch in jedem Fall die Übertragung von Aufgabenkreisen „auf Vorrat".[89]

40 Welche Angelegenheiten innerhalb dieser zeitlichen Dimension sachlich-konkret zur Besorgung anstehen, beurteilt sich nach der jeweiligen konkreten Lebenssituation des Betroffenen.[90] Die nach der konkreten Lebenssituation des Betroffenen zu erledigenden Angelegenheiten bestimmen sich dabei im Wesentlichen nach seiner sozialen Stellung, seinem biographischen Hintergrund und seiner bisherigen Lebensgestaltung.[91] Besteht danach ein Betreuungsbedarf nur für einzelne Angelegenheiten, kann der Betreuer auch nur in den entsprechenden Aufgabenkreisen bestellt werden.[92] Wichtig ist in diesem Zusammenhang, dass keine „atomisierende" Betrachtungsgweise geboten ist. Der konkrete Betreuungsbedarf ist abstrakt-generell bzw. typisierend zu bestimmen, und nicht nach einzelnen Rechtsgeschäften oder Handlungen.

Mit der Prüfung des Betreuungsbedarfs wird zugleich bestimmt, welcher Aufgabenkreis auf den Betreuer (maximal) zu übertragen ist.

ii. Fehlen hilfsbereiter Dritter: Subsidiaritätsgrundsatz

41 Eine Betreuung ist nicht erforderlich, wenn die Angelegenheiten des Betroffenen durch einen Bevollmächtigten oder durch andere Hilfen, bei denen kein gesetzlicher Vertreter bestellt wird, ebenso gut wie durch einen Betreuer besorgt werden können, § 1896 Abs. 2 S. 2 BGB (Grundsatz der Subsidiarität der Betreuung).[93] Mit dieser angeordneten Nachrangigkeit der Betreuung wird insbesondere das Ziel verfolgt, die Selbstbestimmungsmöglichkeiten des Hilfsbedürftigen zu stärken (*autonomiewahrende Funktion*) und zugleich Eingriffe in seine Freiheitsrechte durch staatliche Betreuungsmaßnahmen zu vermeiden (*freiheitsschonende Funktion*).[94]

---

86 *Müller*, in: BeckOK, BGB, § 1896 Rn. 22.
87 *Schwab*, in: MüKo, BGB, § 1896 Rn. 42.
88 *Schwab*, in: MüKo, BGB, § 1896 Rn. 42.
89 *Götz*, im: Palandt, BGB, § 1896 Rn. 11.
90 *Jürgens*, in: Jürgens, Betreuungsrecht, § 1896 Rn. 9.
91 Vgl. *Jürgens*, in: Jürgens, Betreuungsrecht, § 1896 Rn. 9.
92 *Müller*, in: BeckOK, BGB, § 1896 Rn. 21.
93 *Müller*, in: BeckOK, BGB, § 1896 Rn. 24.
94 *Gessaphe*, in: FS Bienwald 2006, 273 (275).

Können die Angelegenheiten des Betroffenen ebenso gut durch einen Bevollmächtigten besorgt werden, kommt eine Betreuungseinrichtung nicht in Betracht (§ 1896 Abs. 2 S. 2 BGB). Dieser Vorrang der Bevollmächtigung dient neben der bereits erwähnten Stärkung des Selbstbestimmungsrechts des Betroffenen und der Vermeidung staatlicher Eingriffe auch der Entlastung des Staates, insbesondere der Gerichte und der Landeshaushalte.[95] Die wichtigste Rolle spielt in der Praxis die Vorsorgevollmacht (vgl. § 1901c BGB). Diese wird im Hinblick auf die künftige Geschäftsunfähigkeit bzw. Betreuungsbedürftigkeit erteilt.[96] Sie kann die Betreuungseinrichtung indes nur dann entbehrlich machen, wenn sie wirksam ist.[97] Überdies muss der Bevollmächtigte geeignet und bereit sein, die erforderlichen Angelegenheiten des Betroffenen zu besorgen.[98] Die Bevollmächtigung verdrängt die Bestellung eines Betreuers indes nur insoweit sie inhaltlich reicht. Ist lediglich für einen Teilbereich der betreuungsbedürftigen Angelegenheiten eine Vollmacht erteilt worden, kommt für die übrigen Angelegenheiten weiterhin eine Betreuungsbestellung in Betracht.[99] 42

Eine Betreuungsanordnung trotz (Vorsorge-)Vollmacht kommt überdies auch dann in Betracht, wenn ein Einwilligungsvorbehalt erforderlich ist[100] oder die erteilte Vollmacht im Rechtsverkehr nicht anerkannt wird.[101] Selbiges gilt auch, wenn der Betroffene eine Person bevollmächtigt hat, welche in einem Abhängigkeitsverhältnis bzw. einer anderen engen Beziehung zu einer Anstalt, einem Heim oder einer sonstigen Einrichtung steht, in welcher er wohnt oder untergebracht ist (§§ 1896 Abs. 2 S. 2, 1897 Abs. 3 BGB). 43

Andere Hilfen, bei denen kein gesetzlicher Vertreter bestellt wird, sind insbesondere die soziale Hilfe durch Familienangehörige, Bekannte, Nachbarn, aber auch die Hilfe von Verbänden sowie der öffentlichen Hand.[102] Hierunter fallen indes lediglich Hilfen *tatsächlicher* Art.[103] Weder Angehörige noch Mitarbeiter sozialer Dienste können den Betroffenen wirksam rechtlich vertreten.[104] Ist eine rechtsgeschäftliche Vertretung des Betroffenen notwendig, beispielweise für den Abschluss eines Pflegedienstvertrages, bedarf es der Bestellung eines Betreuers, sofern keine Vorsorgevollmacht vorliegt.[105] Mithin besteht der Vorrang der „anderen Hilfen" faktisch nur dann, wenn die Besorgung der Angelegenheiten des 44

95 Vgl. *Müller*, in: BeckOK, BGB, § 1896 Rn. 26.
96 Vgl. *Müller*, in: BeckOK, BGB, § 1896 Rn. 26.
97 Vgl. *Müller*, in: BeckOK, BGB, § 1896 Rn. 29.
98 Vgl. *Müller*, in: BeckOK, BGB, § 1896 Rn. 29.
99 Vgl. *Müller*, in: BeckOK, BGB, § 1896 Rn. 29.
100 *Götz*, in: Palandt, BGB, § 1896 Rn. 12.
101 *Müller*, in: BeckOK, BGB, § 1896 Rn. 30.
102 *Müller*, in: BeckOK, BGB, § 1896 Rn. 25; *Jürgens*, in: Jürgens, Betreuungsrecht, § 1896 Rn. 21.
103 *Jürgens*, in: Jürgens, Betreuungsrecht, § 1896 Rn. 21.
104 *Jürgens*, in: Jürgens, Betreuungsrecht, § 1896 Rn. 21.
105 *Jürgens*, in: Jürgens, Betreuungsrecht, § 1896 Rn. 21.

Betroffenen generell keine rechtsgeschäftliche Vertretung voraussetzt.[106] Dies ist jedoch in den seltensten Fällen möglich.

dd. Kein entgegenstehender freier Wille

45 Die Bestellung eines Betreuers gegen den freien Willen des Betroffenen ist nach § 1896 Abs. 1a BGB unzulässig.[107] Diese durch das 2. BtÄndG eingefügte Regelung entspricht dem Grundrecht der allgemeinen Handlungsfreiheit aus Art. 2 Abs. 1 GG, wonach jeder das Recht hat, sein Leben nach seinen Vorstellungen zu gestalten, soweit nicht Rechte Dritter oder andere mit Verfassungsrang ausgestattete Rechtsgüter betroffen sind.[108] Die amtliche Begründung führt hierzu weiter zutreffend aus, dass der Staat nicht das Recht hat, den zur freien Willensbestimmung fähigen Betroffenen zu erziehen, zu bessern oder zu hindern, sich selbst zu schädigen.[109] Der ablehnende Wille des Betroffenen steht indes nur dann der Betreuerbestellung entgegen, wenn diese Haltung auf seinem *freien* Willen beruht. Hinderungsgrund ist mithin nicht der entgegenstehende *natürliche* Wille, sondern der entgegenstehende *freie* Wille des Betroffenen. Der Begriff des freien Willens im Sinne des § 1896 Abs. 1a BGB steht in keinem Zusammenhang zu dem Problem, ob der Mensch an sich einen freien Willen hat. Der Begriff hat einen rein rechtsgeschäftlichen Bezugspunkt. Er deckt sich im Kern mit der Begriffsbestimmung des § 104 Nr. 2 BGB („in einem die freie Willensbestimmung ausschließenden Zustand").[110] Die beiden entscheidenden Kriterien sind die Einsichtsfähigkeit des Betroffenen und die Fähigkeit, nach dieser Einsicht zu handeln.[111] Fehlt eine dieser Fähigkeiten, liegt kein freier, sondern lediglich ein natürlicher Wille vor.[112]

46 Der Betroffene ist einsichtsfähig, wenn er im Grundsatz die für und wider eine Betreuerbestellung sprechenden Gesichtspunkte zu erkennen und gegeneinander abzuwägen vermag.[113] Dabei dürfen jedoch keine überspannten Anforderungen an die Auffassungsgabe des Betroffenen gestellt werden.[114] Es ist jeweils auf das konkrete Krankheitsbild abzustellen: So kann beispielsweise ein an einer Psychose Erkrankter die Bedeutung der Betreuung eher erfassen, als der an Demenz Leidende.[115] Wichtig ist das Verständnis des Betroffenen, dass ein gesetzlicher Vertreter bestellt

---

106 *Müller*, in: BeckOK, BGB, § 1896 Rn. 25.

107 Zur Kritik an der vorhergehenden Rechtslage: *Henn-Baier*, Die rechtliche Betreuung im Spannungsfeld zwischen Hilfe und Bevormundung, S. 64 f.

108 *Jürgens*, in: Jürgens, Betreuungsrecht, § 1896 Rn. 13; BT-Drs. 15/2494, S. 28.

109 BT-Drs. 15/2494, S. 28.

110 BGH, Beschluss vom 26. Februar 2014 – XII ZB 577/13 –, Rn. 13 (juris); NJW-RR 2012, 773 (773); BT-Drs. 15/2494, S. 28; vgl. *Jürgens*, in: Jürgens, Betreuungsrecht, § 1896 Rn. 13.

111 BT-Drs. 15/2494, S. 28; Gernhuber/*Coester-Waltjen*, Familienrecht, § 76 III Rn. 30.

112 BT-Drs. 15/2494, S. 28.

113 BT-Drs. 15/2494, S. 28; vgl. *Jürgens*, in: Jürgens, Betreuungsrecht, § 1896 Rn. 13.

114 BGH, NJW-RR 2012, 773 (773).

115 BT-Drs. 15/2494, S. 28.

wird, der eigenständige Entscheidungen in den ihm übertragenen Aufgabenbereichen treffen kann.[116] Der Betroffene muss in der Lage sein, den Grund, die Bedeutung und die Tragweite einer Betreuung intellektuell zu erfassen.[117] Die Einsichtsfähigkeit in den Grund der Betreuung setzt voraus, dass der Betroffene seine Defizite wenigstens im Wesentlichen zutreffend einschätzen kann.[118]

Ist der Betroffene einsichtsfähig, steht dessen entgegenstehender Wille einer Betreuungseinrichtung entgegen, wenn er in der Lage ist, eine dieser Einsicht entsprechende Entscheidung zu treffen.[119] Dies setzt eine eigene, unabhängige Entscheidung voraus: Das Vorliegen bestimmender Einflüsse Dritter kann mithin zur Bewertung einer Willensäußerung als „unfrei" führen.[120] 47

Der krankheitsbedingte Mangel des freien Willens muss durch ein Sachverständigengutachten belegt sein.[121] Dabei muss der Sachverständige die Tatsachen darlegen, die den Schluss auf eine unfreie Willensbildung zulassen.[122] 48

Es ist darauf hinzuweisen, dass auch ein unbeachtlicher entgegenstehender Wille (= unfreier Wille iSd § 1896 Abs. 1a BGB) der Anordnung einer Betreuung entgegenstehen kann, nämlich unter dem Aspekt der Erforderlichkeit der Betreuung. Ist der Betroffene unter keinen Umständen gewillt zu kooperieren – ist er also betreuungsunfähig –, kann eine Betreuungsanordnung nicht erforderlich sein.[123] Dies setzt jedoch voraus, dass eine erfolgreiche Betreuung in jedem Fall ausgeschlossen ist. Dies wird bei der (erstmaligen) Anordnung einer Betreuung nur in seltenen Ausnahmefällen anzunehmen sein.[124] 49

b. Rechtsfolge: Der Betreuer als gesetzlicher Vertreter des Betreuten

Infolge seiner Bestellung ist der Betreuer gesetzlicher Vertreter des Betreuten, soweit die übertragenen Aufgabenkreise reichen. Hierüber besteht Einigkeit, auch wenn es an einer expliziten gesetzlichen Anordnung fehlt. 50

Die Stellung des Betreuers als gesetzlicher Vertreter folgt aus § 1902 BGB.[125] 51
Zwar wird auf der Ebene des Wortlauts der Terminus der gesetzlichen Vertretung

116 BGH, NJW-RR 2012, 773 (773)
117 BT-Drs. 15/2494, S. 28; BGH, NJW-RR 2012, 773 (773).
118 BGH, NJW-RR 2012, 773 (773).
119 *Müller*, in: BeckOK, BGB, § 1896 Rn. 35.
120 BT-Drs. 15/2494, S. 28.
121 *Jürgens*, in: Jürgens, Betreuungsrecht, § 1896 Rn. 13.
122 BT-Drs. 15/2494, S. 28.
123 Vgl. LG Bielefeld, Beschluss vom 26. März 2013–23 T 180/13 –, Rn. 10 (juris); *Dodegge*, NJW 2013, 2639 (2642).
124 Vgl. BGH, Beschluss vom 10. September 2014 – XII ZB 305/14 –, Rn. 9 (juris).
125 *Schwab*, in: MüKo, BGB, § 1902 Rn. 1; *Müller*, in: BeckOK, BGB, § 1902 Rn. 1; *Bienwald*, in: Staudinger, BGB, § 1902 Rn. 1; a.A. *Jürgens*, in: Jürgens, Betreuungsrecht, § 1902 Rn. 1, der in den Normen § 1902 und § 1896 Abs. 2 S. 2 BGB die Stellung des Betreuers als gesetzlichen Vertreter verankert sieht.

in § 1902 BGB nicht ausdrücklich verwendet, jedoch wird sie der Sache nach dort beschrieben, indem per Gesetz – im Umfang des Aufgabenkreises – eine umfassende gerichtliche und außergerichtliche Vertretungsmacht zugeteilt wird.[126] Dieses Ergebnis impliziert auch die Bestellungsvorschrift des § 1896 Abs. 2 S. 2 BGB. Danach ist eine Betreuung nicht erforderlich, soweit andere Hilfen ausreichen, bei denen *kein gesetzlicher Vertreter* bestellt wird. Hieraus ist ersichtlich, dass jede Betreuerbestellung mit einer gesetzlichen Vertretung verbunden ist.[127]

52 Die Rechtsstellung des Betreuers als gesetzlicher Vertreter des Betreuten ist unabhängig von dem Schweregrad der Behinderung oder Krankheit des Betreuten und seinem rechtsgeschäftlichen Status.[128] Der Betreuungsgesetzgeber hat sich für ein einstufiges Rechtsinstitut des Betreuers als gesetzlichen Vertreter entschieden und eine Zweistufigkeit der Betreuung abgelehnt. Das im Gesetzgebungsverfahren erörterte Zweistufenmodell differenzierte zwischen leichten (1. Stufe) und schwereren Betreuungsfällen (2. Stufe).[129] Im Rahmen der 1. Stufe sollte dem Betreuer lediglich die Beratung und andere tatsächliche Hilfen zugewiesen werden und nicht die Stellung als Vertreter des Betreuten.[130] Begründet hat der Gesetzgeber die bewusste Entscheidung für die Einstufigkeit damit, dass der „Betreuer ohne Rechtsmacht" in Konkurrenz zu einem breiten Spektrum an anderen Hilfen (insbesondere der sozialen Dienste) treten und die Effektivität dieser Dienste zurückgedrängt werden würde ohne gleichzeitige Sicherstellung einer ebenso effektiven tatsächlichen Hilfe durch den Betreuer.[131]

53 Die Rechtsstellung des Betreuers als gesetzlicher Vertreter des Betreuten ist auch unabhängig von der Geschäftsfähigkeit des Betreuten.[132] Die gesetzliche Vertretungsmacht des Betreuers führt auch nicht dazu, dass die Geschäftsfähigkeit des Betreuten verdrängt oder eingeschränkt wird.[133] Vielmehr stehen Vertretungsmacht und Geschäftsfähigkeit des Betreuten selbstständig nebeneinander.[134] Im Aufgabenkreis des Betreuers besteht mithin eine *Doppelkompetenz* von geschäftsfähigem Betreuten und dem Betreuer; beide können mit Wirkung für den Betreuten handeln.[135] Insoweit kommt der gesetzlichen Vertretung des Betreuten nicht allein eine Kompensationsfunktion zu, sie dient nicht ausschließlich dem Ausgleich einer

---

126 Vgl. *Bienwald*, in: Staudinger, BGB, § 1902 Rn. 13.
127 Vgl. *Schwab*, in: MüKo, BGB, § 1902 Rn. 2.
128 *Schwab*, in: MüKo, BGB, § 1902 Rn. 2; *Bienwald*, in; Staudinger, BGB, § 1902 Rn. 28.
129 BT-Drs. 11/4528, S. 57.
130 BT-Drs. 11/4528, S. 57.
131 BT-Drs. 11/4528, S. 57.
132 *Müller*, Betreuung und Geschäftsfähigkeit, S. 55.
133 *Bienwald*, in: Staudinger, BGB, § 1902 Rn. 21; *Müller*, Betreuung, S. 55; *Damrau/ Zimmermann*, Betreuungsrecht, § 1902 Rn. 28.
134 Dazu *Müller*, Betreuung und Geschäftsfähigkeit, S. 55.
135 *Bienwald*, in: Staudinger, BGB, § 1902 Rn. 21; *Müller*, Betreuung, S. 55, 64; *Bauer*, in: Prütting/Wegen//Weinreich, BGB, § 1902 Rn. 1; dieser Grundsatz wird gemäß § 53 ZPO eingeschränkt (hierzu noch ausführlich unter Rn. 203 ff.)

fehlenden materiell-rechtlichen Handlungsfähigkeit wie der Fall des geschäftsfähigen Betreuten zeigt.

Die Rechtsstellung des Betreuers als gesetzlicher Vertreter kann rechtsgeschäftlich weder durch den Betreuten selbst noch durch einen Dritten aufgehoben bzw. verändert werden; der Betreute kann sie auch nicht durch Erteilung von Vollmachten gegenüber Dritten beschränken oder beseitigen.[136] Der Betreuer kann auf die Rechtsstellung des gesetzlichen Vertreters auch nicht verzichten.[137] 54

aa. Beginn, Ende und Umfang der gesetzlichen Vertretung

Der Betreuer erlangt die Stellung als gesetzlicher Vertreter des Betreuten mit der Wirksamkeit seiner Bestellung.[138] Beschlüsse über den Umfang, Inhalt oder Bestand der Bestellung eines Betreuers werden grundsätzlich gemäß § 287 Abs. 1 FamFG mit der Bekanntgabe an den Betreuer wirksam. Ist die Bekanntgabe an den Betreuer nicht möglich oder ist Gefahr im Verzug, kann das Gericht gemäß § 287 Abs. 2 FamFG die sofortige Wirksamkeit des Beschlusses anordnen. In diesem Fall wird der Beschluss wirksam, wenn der Beschluss mit der Anordnung der sofortigen Wirksamkeit dem Betroffenen oder dem Verfahrenspfleger bekannt gegeben werden (§ 287 Abs. 2 Nr. 1 FamFG) oder der Geschäftsstelle zum Zwecke der Bekanntgabe nach Nummer 1 übergeben werden (§ 287 Abs. 2 Nr. 2 FamFG). 55

Die Bestellungsurkunde (Betreuerausweis), welche der Betreuer bei seiner Verpflichtung nach § 289 Abs. 1 FamFG erhält, wirkt weder konstitutiv, noch entfaltet sie eine Rechtsscheinwirkung über die Wirksamkeit der Bestellung.[139] 56

Die gesetzliche Vertretung des Betreuers endet mit dem Wirksamwerden eines Beschlusses, durch den die Betreuung aufgehoben, der Aufgabenkreis des Betreuers eingeschränkt oder der Betreuer entlassen wird.[140] Überdies endet die gesetzliche Vertretung auch durch den Tod des Betroffenen selbst bzw. seines Betreuers.[141] 57

Aus § 1902 BGB ergibt sich, dass der Gegenstand und der Umfang der Vertretungsmacht mit dem gerichtlich zugewiesenen Aufgabenkreis des Betreuers zusammenfallen:[142] „*In seinem Aufgabenkreis* vertritt der Betreuer den Betreuten gerichtlich und außergerichtlich." Hat das Betreuungsgericht entgegen § 286 Abs. 1 Nr. 1 FamFG dem Betreuer keinen Aufgabenkreis zugewiesen, kann der Betreuer den Betroffenen auch nicht gesetzlich vertreten.[143] Kurzum: Die Vertretungsmacht des 58

136 *Bienwald*, in: Staudinger, BGB, § 1902 Rn. 39; *Damrau/Zimmermann*, Betreuungsrecht, § 1902 Rn. 28.

137 *Bienwald*, in: Staudinger, BGB, § 1902 Rn. 39.

138 Vgl. *Bienwald*, in: Staudinger, BGB, § 1902 Rn. 93.

139 *Müller*, Betreuung, S. 58; *Kretz*, in: Jürgens, Betreuungsrecht, § 290 FamFG Rn. 1.

140 *Bienwald*, in: Staudinger, BGB, § 1902 Rn. 97.

141 *Bienwald*, in: Staudinger, BGB, § 1902 Rn. 97.

142 Vgl. *Bienwald*, in: Staudinger, BGB, § 1902 Rn. 9; *Schwab*, in: MüKo, BGB, § 1902 Rn. 2; LG Kleve mit Anmerkung *Bienwald*, FamRZ 2014, 1228 (1229).

143 *Bienwald*, in: Staudinger, BGB, § 1902 Rn. 42.

Betreuers wird durch den gerichtlich bestimmten Aufgabenkreis begrenzt.[144] Außerhalb des zugewiesenen Aufgabenkreises kann der Betreuer nicht als gesetzlicher Vertreter tätig werden.[145] Der vom Gericht zugewiesene Aufgabenkreis ergibt sich aus der Beschlussformel des Bestellungsbeschlusses (§ 286 Abs. 1 Nr. 1 FamFG).[146]

bb. Abgrenzung zum Innenverhältnis

59 Von der gesetzlichen Vertretungsmacht, die das rechtliche „Können" des Betreuers für den Betreuten bestimmt, ist das Innenverhältnis zwischen dem Betreuten und seinem Betreuer zu unterscheiden. Betrachtungsebene dieses Verhältnisses sind die Rechte und Pflichten im Verhältnis zwischen Betreuer und Betreutem. Es ist ein Rechtsverhältnis eigener Art.[147] In der Literatur wird dieses Innenverhältnis auch als Betreuungsrechtsverhältnis bezeichnet.[148] Gegenstand dieses Betreuungsrechtsverhältnisses ist eine Geschäftsbesorgung, nämlich die Besorgung der Angelegenheiten für den Betreuten.[149] Das Rechtsverhältnis wird bestimmt durch den im Bestellungsbeschluss festgelegten Aufgabenkreis des Betreuers, die der Führung der Betreuung dienenden Vorschriften, insbesondere § 1901 BGB sowie den vom Gericht erlassenen Anordnungen (§1837 BGB in Verbindung mit § 1908i Abs. 1 BGB).[150] Maßgebliche Bedeutung hat das Betreuungsverhältnis für das rechtliche „Dürfen" des Betreuers, welches entscheidend bestimmt wird durch den Willen und das Wohl des Betreuten (vgl. § 1901 Abs. 2 und 3 BGB).

c. Die materiell-rechtlichen Voraussetzungen eines Einwilligungsvorbehaltes

60 Das materielle Betreuungsrecht sieht als besonders eingriffsintensive Maßnahme die Anordnung eines Einwilligungsvorbehaltes (§ 1903 BGB) vor. Der Einwilligungsvorbehalt ist akzessorisch zur Bestellung eines Betreuers und Übertragung eines Aufgabenkreises.[151]

61 Die Betreuungseinrichtung hat im Unterschied zur Entmündigung nach altem Recht grundsätzlich keine Auswirkungen auf die Geschäftsfähigkeit des Betroffenen.[152] Ist der Betroffene im natürlichen Sinne geschäftsfähig (§ 104 Nr. 2 BGB), kann er daher auch in Angelegenheiten, in denen ein Betreuer bestellt ist, weiterhin

---

144 *Bienwald*, in: Staudinger, BGB, § 1902 Rn. 41.
145 LG Kleve mit Anmerkung *Bienwald*, FamRZ 2014, 1228 (1229).
146 *Müller*, Betreuung, S. 58; *Bauer*, in: Prütting//Wegen/Weinreich, BGB, § 1902 Rn. 1.
147 *Bienwald*, in: Staudinger, BGB, § 1902 Rn. 36.
148 *Bienwald*, in: Staudinger, BGB, § 1902 Rn. 36.
149 *Bienwald*, in: Staudinger, BGB, § 1902 Rn. 36.
150 *Bienwald*, in: Staudinger, BGB, § 1902 Rn. 36.
151 Vgl. *Müller*, in: BeckOK, BGB, § 1903 Rn. 2.
152 *Müller*, in: BeckOK, BGB, § 1903 Rn. 1.

wirksame Willenserklärungen abgeben.[153] Das Rechtsinstitut des Einwilligungsvorbehaltes ermöglicht eine einzelfallbezogene Einschränkung der Teilnahme des Betroffenen am Rechtsverkehr.[154] Im Anwendungsbereich des Einwilligungsvorbehaltes bedarf der Betreute zu einer Willenserklärung der Einwilligung seines Betreuers (vgl. § 1903 Abs. 1 S. 1 BGB).

Die Anordnung eines Einwilligungsvorbehaltes gehört nicht zu den Rechtsfol- 62
gen, die das Gericht schon bei bloßem Vorliegen der Betreuungsvoraussetzungen anordnen darf. Die Anordnung ist vielmehr an weitere Voraussetzungen gebunden. Sie darf nur angeordnet werden, wenn dieser zur Abwendung einer erheblichen Gefahr für die Person oder das Vermögen des Betroffenen erforderlich ist (§ 1903 Abs. 1 S. 1 BGB).

Bei der vorausgesetzten Gefahrenlage muss es sich um eine hinreichend konkrete 63
Gefahr handeln.[155] Es müssen konkrete Anhaltspunkte für eine Selbstschädigung von persönlichen oder wirtschaftlichen Gütern vorliegen.[156] Die bloße abstrakte Befürchtung, dass der Betroffene möglicherweise künftig gefahrenträchtig handeln wird, genügt hingegen nicht.[157] Die Erheblichkeit der Gefahr bezieht sich auf den Umfang des drohenden Schadens: Im Bereich der Vermögenssorge ist eine erhebliche Gefahr gegeben, wenn eine weitere oder größere Verschuldung droht; die Gefahr geringfügiger Vermögensschäden genügt hingegen nicht.[158] Erhebliche Gefahren für die Person des Betroffenen sind anzunehmen, wenn durch die vom Betroffenen abgegebenen Willenserklärungen negative Auswirkungen auf wichtige personenbezogene Rechtsgüter, wie Leben, Gesundheit, Freiheit zu befürchten sind.[159]

Die Gefahrenlage muss auf die Behinderung oder Krankheit des Betroffenen 64
zurückzuführen sein.[160] Dies folgt aus der Schutzrichtung des Betreuungsrechts, welches an Selbstbestimmungsdefizite nur insoweit anknüpft, als sie krankheitsbezogen verursacht sind (vgl. § 1896 Abs. 1 BGB). Das Betreuungsrecht dient allein der Abwehr krankheitsbedingter Selbstbestimmungsdefizite.

Unklar ist, ob die Anordnung eines Einwilligungsvorbehaltes – ungeschrie- 65
ben – voraussetzt, dass der Betroffene über keinen freien Willen (mehr) verfügt, ob also ein Einwilligungsvorbehalt trotz vorhandenen freien Willens angeordnet werden kann. Eine Anordnung bei vorhandenem freien Willen wird von *Schwab*, jedoch ohne nähere Begründung, abgelehnt.[161] Es ist nicht zu verkennen, dass die Anordnung bei vorhandenem freien Willen des Betroffenen zu Lasten des

153 *Jürgens*, in: Jürgens, Betreuungsrecht, § 1903 Rn. 1.
154 *Müller*, in: BeckOK, BGB, § 1903 Rn. 1.
155 *Jürgens*, in: Jürgens, Betreuungsrecht, § 1903 Rn. 2.
156 *Jürgens*, in: Jürgens, Betreuungsrecht, § 1903 Rn. 2.
157 *Müller*, in: BeckOK, BGB, § 1903 Rn. 3.
158 *Müller*, in: BeckOK, BGB, § 1903 Rn. 4, 5.
159 *Jürgens*, in: Jürgens, Betreuungsrecht, § 1903 Rn. 3.
160 *Müller*, in: BeckOK, BGB, § 1903 Rn. 4.
161 Ebenso *Schwab*, in: MüKo, BGB, § 1903 Rn. 6 f.

Rechtsverkehrs ginge, da der Betroffene einem beschränkt Geschäftsfähigen gleichgestellt und den für diese Personengruppe geltenden Schutzvorschriften unterstellt würde. Insoweit ist es auch unerheblich, ob der Betroffene dem Einwilligungsvorbehalt zustimmt oder diesen gar anregt, da dessen Zustimmung die Benachteiligung des Rechtsverkehrs nicht beseitigt. Diese Ansicht ist gleichwohl abzulehnen. Im Wortlaut des § 1903 BGB findet sich keine Stütze für eine derartige Einschränkung. Auch die Entstehungsgeschichte spricht dagegen. Der Gesetzgeber wollte, dass die Anordnung eines Einwilligungsvorbehaltes auch bei Zweifeln an der Geschäftsunfähigkeit möglich sein sollte, um die Betroffenen vor Beweisschwierigkeiten zu schützen.[162] Er hat damit implizit in Kauf genommen, dass auch Geschäftsfähige, also Personen, die über einen freien Willen verfügen, unter Einwilligungsvorbehalt gestellt werden können.

66 Eine andere Frage ist, ob ein Einwilligungsvorbehalt gegen den freien Willen des Betroffenen angeordnet werden kann. Dies ist mit Blick auf § 1896 Abs. 1a BGB zu verneinen. Da ein entgegenstehender freier Wille die gesamte Betreuungsanordnung zu Fall bringen kann, ist es nicht einsichtig, warum der entgegenstehende Wille nicht auf den ohnehin akzessorischen Einwilligungsvorbehalt beschränkt werden können sollte.

67 Für den Einwilligungsvorbehalt gilt ebenso wie für die Betreuungseinrichtung der Erforderlichkeitsgrundsatz.[163] Mithin muss der Einwilligungsvorbehalt zunächst geeignet sein, um erhebliche Gefahren abzuwenden.[164] Da Gegenstand des Einwilligungsvorbehaltes Willenserklärungen bzw. geschäftsähnliche Handlungen sind, ist der Einwilligungsvorbehalt nur dann geeignet, wenn die Gefahr aus unkontrolliertem rechtsgeschäftlichen Handeln des Betroffenen herrührt.[165] Der Einwilligungsvorbehalt kann keine Risiken deliktischen Handelns verhindern.[166]

68 Wie oben bereits angesprochen, kann auch für einen geschäftsunfähigen Betroffenen der Einwilligungsvorbehalt erforderlich sein.[167] Der Einwilligungsvorbehalt kommt insbesondere dann in Betracht, wenn nicht offensichtlich ist, ob der Betroffene geschäftsfähig oder geschäftsunfähig ist oder die Auswirkungen seiner Krankheit oder Behinderung so unterschiedlich sind, dass Momente der Geschäftsfähigkeit mit solchen der Geschäftsunfähigkeit ständig wechseln.[168] In diesen Fällen ist trotz der bestehenden Geschäftsunfähigkeit des Betroffenen die Anordnung eines Einwilligungsvorbehaltes sinnvoll, da anderenfalls der Betroffene seine Geschäftsunfähigkeit nachweisen und dementsprechend das Risiko der Beweislast tragen müsste.[169] Der Gesetzgeber hat die Notwendigkeit

---

162 Vgl. BT-Drs. 11/4528, S. 137.
163 *Jürgens*, in: Jürgens, Betreuungsrecht, § 1903 Rn. 6.
164 *Schwab*, in: MüKo, BGB, § 1903 Rn. 15.
165 *Schwab*, in: MüKo, BGB, § 1903 Rn. 14, 19.
166 *Schwab*, in: MüKo, BGB, § 1903 Rn. 14.
167 Statt aller *Jürgens*, in: Jürgens, Betreuungsrecht, § 1903 Rn. 4.
168 *Jürgens*, in: Jürgens, Betreuungsrecht, § 1903 Rn. 4.
169 *Jürgens*, in: Jürgens, Betreuungsrecht, § 1903 Rn. 4.

des Einwilligungsvorbehaltes auch für Geschäftsunfähige zutreffend damit begründet, dass der Einwilligungsvorbehalt den Betroffenen davor schützen kann, seine Geschäftsunfähigkeit im Zeitpunkt der Abgabe der streitgegenständlichen Willenserklärung beweisen zu müssen.[170] Der Einwilligungsvorbehalt schützt den Geschäftsunfähigen davor, dass er wegen der Beweisschwierigkeiten, welche mit Zeitablauf zunehmen, an einer für ihn nachteiligen Willenserklärung festgehalten wird.[171] Insbesondere wird dieses Schutzbedürfnis nicht dadurch aufgehoben, dass im Rahmen des Betreuungsverfahrens inzident festgestellt wird, dass der Betroffene geschäftsunfähig ist.[172] Dieser Feststellung kommt keine Bindungswirkung für Streitigkeiten über die Wirksamkeit vom Betreuten vorgenommener Willenserklärungen im Rahmen gerichtlicher Verfahren zu.[173] Überdies betrifft es in der Regel auch vor der Einrichtung der Betreuung vorgenommene Willenserklärungen. Kurzum: Die Anordnung eines Einwilligungsvorbehaltes setzt ebenso wenig wie die Betreuerbestellung weder die Geschäftsfähigkeit der betreuten Person noch deren Geschäftsunfähigkeit voraus.[174]

Auf bestimmte höchstpersönliche Willenserklärungen kann sich nach § 1903 69
Abs. 2 BGB der Einwilligungsvorbehalt hingegen nicht erstrecken. Die wichtigsten seien hier überblicksartig genannt: Ein Einwilligungsvorbehalt kann sich nicht auf Willenserklärungen erstrecken, die auf die Eingehung einer Ehe oder die Begründung einer Lebenspartnerschaft gerichtet sind, Verfügungen von Todes wegen, Antrag auf Aufhebung einer Ehe, Anfechtung der Vaterschaft durch Vater oder Mutter, Antrag auf Beistandschaft durch die werdende Mutter, Einwilligung der Kindeseltern und des Ehegatten des Annehmenden in die Adoption sowie die Anfechtung des Erbvertrages.[175]

Das Gesetz sieht Ausnahmen vom Einwilligungserfordernis des angeordneten 70
Einwilligungsvorbehaltes vor: Auch nach Anordnung eines Einwilligungsvorbehaltes bedarf der Betreute nicht der Einwilligung seines Betreuers, wenn ihm die Willenserklärung einen lediglich rechtlichen Vorteil bringt (§ 1903 Abs. 3 S. 1 BGB). Dies entspricht der in § 107 BGB enthaltenen Regelung für die beschränkte Geschäftsfähigkeit.[176] Neben den rechtlich vorteilhaften Geschäften sind gemäß § 1903 Abs. 3 S. 2 BGB auch solche Willenserklärungen einwilligungsfrei, die geringfügige Angelegenheiten des täglichen Lebens betreffen, es sei denn, das Gericht hat etwas anderes angeordnet. Durch die Verweisung auf §§ 112, 113 BGB kann der Betreuer die von ihm betreute Person auch ermächtigen (im Fall des § 112 BGB mit Genehmigung des Betreuungsgerichtes), ein selbstständiges Erwerbsgeschäft zu

170 BT-Drs. 11/4528, S. 137; der Ansicht des Gesetzgebers ausdrücklich folgend: *Gessaphe*, Betreuer, S. 471.
171 BT-Drs. 11/4528, S. 137.
172 *Gessaphe*, Betreuer, S. 471.
173 *Gessaphe*, Betreuer, S. 471, 472.
174 *Bienwald*, in: Staudinger, BGB, § 1903 Rn. 66; *Gessaphe*, Betreuer, S. 471.
175 Hierzu *Schwab*, in: MüKo, BGB, § 1903 Rn. 23.
176 BT-Drs. 11/4528, S. 139.

betreiben oder in Dienst oder Arbeit zu treten. Dadurch ermöglicht der Betreuer seiner von ihm betreuten Person in diesen Bereichen eine eigenverantwortliche Teilnahme am Rechtsverkehr ohne die mit dem Einwilligungsvorbehalt einhergehenden Einschränkungen.[177] Dies gilt indes nur dann, wenn der Betreute auch im natürlichen Sinne geschäftsfähig ist. Die Ermächtigung hebt keinesfalls die natürliche Geschäftsunfähigkeit im Sinne des § 104 Nr. 2 BGB auf.

71 Die Entscheidung über die Anordnung eines Einwilligungsvorbehaltes erfolgt ausschließlich von Amts wegen. Dritte, der Betreuer, die Betreuungsbehörde oder auch der Betreuer selbst können lediglich die Anordnung eines Einwilligungsvorbehaltes anregen.[178]

d. Die formell-rechtlichen Voraussetzungen der Betreuungsanordnung

72 Sachlich zuständig für die Durchführung des betreuungsrechtlichen Verfahrens ist das Amtsgericht als Betreuungsgericht (vgl. § 23a Abs. 1 Nr. 1 i.V.m. Abs. 2 Nr. 2 i.V.m. § 23c GVG).

73 Das Verfahren zur Betreuerbestellung wird eingeleitet durch einen entsprechenden Antrag oder von Amts wegen durch das Betreuungsgericht (§ 1896 Abs. 1 S. 1 BGB). Antragsberechtigt ist nach § 1896 Abs. 1 S. 1 BGB nur der Betroffene selbst: „auf seinen Antrag“. Anträge Dritter sind keine Anträge im Sinne des § 1896 Abs. 1 S. 1 BGB, sondern sog. Anregungen an das Betreuungsgericht von Amts wegen tätig zu werden.[179] Die Unterscheidung von Antragsverfahren iSd § 1896 Abs. 1 S. 1 Alt. 1 BGB und dem Amtsverfahren iSd § 1896 Abs. 1 S. 1 Alt. 2 BGB hat rechtliche Folgen für die Notwendigkeit der Begutachtung (vgl. § 281 Abs. 1 Nr. 1 FamFG). Außerhalb des BGB sehen einige wenige öffentlich-rechtliche Verfahrensvorschriften, u. a. § 16 VwVfG,[180] § 15 SGB X, § 81 AO ein Antragsrecht der Behörde vor.[181] Soweit der Betroffene seine Angelegenheiten lediglich aufgrund einer körperlichen Behinderung nicht besorgen kann, darf ein Betreuer ausschließlich auf Antrag des Betroffenen bestellt werden, es sei denn, dieser kann seinen Willen nicht kundtun (§ 1896 Abs. 1 S. 3 BGB). Die Wirksamkeit des Antrages setzt nicht voraus, dass der Betroffene geschäftsfähig ist (§ 1896 Abs. 1 S. 2 BGB). Mithin genügt der natürliche Wille des Betroffenen, der auf die Bestellung eines Betreuers gerichtet ist.[182]

74 Das Betreuungsgericht hat vor der Bestellung eines Betreuers oder der Anordnung eines Einwilligungsvorbehaltes eine förmliche Beweisaufnahme durch Einholung eines Gutachtens durchzuführen, § 280 Abs. 1 FamFG. Das Gutachten muss sich dabei auf das Krankheitsbild einschließlich der Krankheitsentwicklung des Betroffenen, die durchgeführten Untersuchungen und die diesen zugrunde gelegten

177 BT-Drs. 11/4528, S. 63.
178 *Schwab*, in: MüKo, BGB, § 1903 Rn. 21.
179 Vgl. statt aller *Jürgens*, in: Jürgens, Betreuungsrecht, § 1986 Rn. 12.
180 Hierzu noch ausführlich unter Rn. 525 ff.
181 Vgl. statt aller *Jürgens*, in: Jürgens, Betreuungsrecht, § 1986 Rn. 12.
182 Statt aller *Jürgens*, in: Jürgens, Betreuungsrecht, § 1986 Rn. 13.

Forschungserkenntnissen, den körperlichen und psychiatrischen Zustand des Betroffenen, den Umfang der Aufgabenkreise sowie die voraussichtliche Dauer der Maßnahme erstrecken, § 280 Abs. 3 FamFG. Neben dieser förmlichen Beweisaufnahme ist die persönliche Anhörung des Betroffenen durch den Betreuungsrichter ein weiterer Grundpfeiler des Betreuungsverfahrens.[183] Das Gericht hat den Betroffenen vor der Bestellung eines Betreuers oder der Anordnung eines Einwilligungsvorbehaltes persönlich anzuhören, § 278 Abs. 1 S. 1 FamFG. Es hat sich hierdurch einen persönlichen Eindruck zu verschaffen, § 278 Abs. 1 S. 2 FamFG.

Überdies ist der Betroffene in dem Betreuungsverfahren eigenständiger Ver- 75
fahrensbeteiligter und nicht bloßes „Verfahrensobjekt".[184] Aus diesem Grund hat der Betreuungsgesetzgeber als Kernstück der Verfahrensvorschriften die Verfahrensfähigkeit des Betroffenen unabhängig von dessen Geschäftsfähigkeit ausdrücklich geregelt.[185] In Betreuungssachen ist der Betroffene ohne Rücksicht auf seine Geschäftsfähigkeit verfahrensfähig, § 275 FamFG. § 275 FamFG trifft insoweit eine gegenüber § 51 ZPO abweichende Regelung.

Der Schutz des Betroffenen wird weiter dadurch verstärkt, dass dem Betroffe- 76
nen ein Verfahrenspfleger zu bestellen ist, wenn dies zur Wahrnehmung seiner Interessen erforderlich ist, § 276 Abs. 1 S. 1 FamFG. Der Verfahrenspfleger soll den Betroffenen im Verfahren unterstützen, nicht verdrängen oder ersetzen.[186] Er soll die Belange des Betroffenen im Betreuungsverfahren wahren und hat dementsprechend dessen Willen zu beachten; er ist aber an diesen nicht gebunden, sondern hat die objektiven Interessen des Betroffenen wahrzunehmen.[187] Der Verfahrenspfleger sorgt auch dafür, dass dem Betroffenen Gehör verschafft wird; er nimmt eine Mittlerrolle zwischen Gericht und dem Betroffenen ein.[188]

e. Die Betreuungsentscheidung

Die Entscheidung des Betreuungsgerichts ergeht durch Beschluss (vgl. §§ 38 und 77
286 FamFG). § 286 FamFG regelt dabei die inhaltlichen Mindestanforderungen der Beschlussformel im Fall einer Betreuerbestellung. Die wesentlichen Entscheidungen neben dem „Ob" einer Betreuung sind die Auswahl des Betreuers und die Benennung der zu übertragenden Aufgaben. Die Anordnung der Betreuung und die Bestellung des Betreuers fallen dabei – anders als zu Zeiten der Entmündigung – in einem gerichtlichen Akt zusammen (Einheitsentscheidung).[189]

---

183 Vgl. hierzu *Müther*, FÜR 2012, 1 (1).
184 BT-Drs. 11/4528, S. 89.
185 BT-Drs. 11/4528, S. 89.
186 BT-Drs. 11/4528, S. 89.
187 *Schmidt-Recla*, in: MüKo, FamFG, § 276 Rn. 3.
188 *Schmidt-Recla*, in: MüKo, FamFG, § 276 Rn. 3.
189 *Schwab*, in: MüKo, BGB, § 1896 Rn. 1; *Müller*, Betreuung, S. 173.

aa. Auswahl des Betreuers

78 Die wichtigsten Grundsätze für die Auswahl des Betreuers regeln die Vorschriften des §§ 1897, 1900 BGB. Das Betreuungsrecht unterscheidet zwischen der Betreuung durch natürliche Personen (Einzelbetreuung, § 1897 Abs. 1 BGB) und der Betreuung durch Institutionen (Vereinsbetreuung und Behördenbetreuung, § 1900 BGB).[190] Das Gesetz räumt der Einzelbetreuung Vorrang gegenüber der Institutionsbetreuung ein, wobei im Verhältnis Verein und Behörde wiederum der Verein vorrangig zu bestellen ist (vgl. § 1900 Abs. 1, 4 BGB).[191]

79 Innerhalb der Einzelbetreuung wird zwischen dem ehrenamtlichen Betreuer, dem freiberuflichen Berufsbetreuer, dem Vereinsbetreuer und dem Behördenbetreuer unterschieden. Innerhalb dieser als natürliche Personen in Betracht kommende Betreuer kommt dem ehrenamtlichen Betreuer der Vorrang zu (§ 1897 Abs. 6 BGB).[192]

80 Hinsichtlich der Betreuerwahl enthält § 1897 BGB sowohl positive als auch negative Auswahlkriterien.[193] Nach § 1897 Abs. 4 BGB kommt es grundsätzlich auf den Willen des Betroffenen an: Schlägt dieser eine Person vor, die zum Betreuer bestellt werden kann, so hat das Betreuungsgericht diesem Vorschlag zu entsprechen, wenn es dem Wohl des Betroffenen nicht zuwiderläuft (S. 1). Dabei kommt es nicht darauf an, dass der Betroffene geschäftsfähig ist; auch der auf einem natürlichen Willen beruhende Wunsch des Betroffenen ist grundsätzlich bindend.[194] Diese Bindungswirkung wird durch das Wohl des Betroffenen begrenzt.[195] Dabei ist entscheidend, dass die natürliche Person geeignet ist, in dem gerichtlich bestimmten Aufgabenkreis die Angelegenheiten des Betreuten rechtlich zu besorgen und ihn in dem hierfür erforderlichen Umfang persönlich zu betreuen (§ 1897 Abs. 1 BGB). Mögliche Interessenkonflikte beseitigen nur dann die Eignung, wenn diese erheblich sind und konkret drohen.[196] Der Vorschlag des Betroffenen ist auch dann nicht bindend, wenn die vorgeschlagene Person zu einer Anstalt, einem Heim oder einer sonstigen Einrichtung, in welcher der Betroffene wohnt oder untergebracht ist, in einem Abhängigkeitsverhältnis oder einer sonstigen engen Beziehung steht, vgl. § 1897 Abs. 3 BGB.[197] Der Betroffene kann auch vorschlagen, eine bestimmte Person nicht zum Betreuer zu bestellen. Hierauf hat das Gericht ebenfalls Rücksicht zu nehmen, § 1897 Abs. S. 2 BGB. Hat der Betroffene bereits vor dem Betreuungsverfahren Vorschläge für die Person des Betreuers abgegeben, so sind diese entsprechend der innerhalb des Betreuungsverfahren geäußerten Vorstellungen zu behandeln, es sei

190 *Müller*, in: BeckOK, BGB, § 1896 Rn. 1.
191 *Schwab*, in: MüKo, BGB, § 1896 Rn. 3.
192 *Müller*, in: BeckOK, BGB, § 1896 Rn. 1; *Schwab*, in: MüKo, BGB, § 1896 Rn. 4.
193 *Schwab*, in: MüKo, BGB, § 1896 Rn. 4.
194 Vgl. *Müller*, in: BeckOK, BGB, § 1896 Rn. 14.
195 *Müller*, in: BeckOK, BGB, § 1896 Rn. 14.
196 *Müller*, in: BeckOK, BGB, § 1896 Rn. 14.
197 *Schwab*, in: MüKo, BGB, § 1897 Rn. 27.

denn, dass der Betroffene an diesen erkennbar nicht mehr festhalten will, § 1897 Abs. 4 S. 3 BGB.

Schlägt der Betroffene niemanden vor, der zum Betreuer bestellt werden kann, ist bei der Auswahl des Betreuers auf die verwandtschaftlichen und sonstigen persönlichen Bindungen des Betroffenen, insbesondere auf die Bindungen zu Eltern, zu Kindern, zum Ehegatten und zum Lebenspartner, sowie auf die Gefahr von Interessenkonflikten Rücksicht zu nehmen, § 1897 Abs. 5 BGB. 81

bb. Bezeichnung der Aufgabenkreise (§ 286 Abs. 1 Nr. 1 FamFG)

Nach § 286 Abs. 1 Nr. 1 FamFG muss die Beschlussformel den Aufgabenkreis des Betreuers bezeichnen. Der Erforderlichkeitsgrundsatz (§ 1896 Abs. 2 S. 1 BGB) verlangt keine gesonderte Aufführung der einzelnen Angelegenheiten, sondern gestattet typisierende Bezeichnungen.[198] Zu den in der Praxis üblichsten Aufgabenkreisen gehören die Vermögenssorge, die Gesundheitssorge, die Aufenthaltsbestimmung sowie die Vertretung vor Ämtern und Behörden.[199] § 286 Abs. 2 FamFG schreibt zudem vor, dass der Kreis der einwilligungsbedürftigen Willenserklärungen in der Beschlussformel aufzuführen ist. 82

198 *Müller*, in: BeckOK, BGB, § 1896 Rn. 21.
199 *Müller*, in: BeckOK, BGB, § 1896 Rn. 21.

C. Die verfassungsrechtlichen Determinanten des Betreuungsrechtsverhältnisses

Im Folgenden werden wesentliche verfassungsrechtliche Grundlagen des Betreuungsrechts beleuchtet. Dies ist für den Fortgang der Untersuchung notwendig, da die verfassungsrechtlichen Determinanten des Betreuungsrechts für Auslegung und Anwendung des einfachen Gesetzesrechts von eminenter Bedeutung sind. Im Zentrum steht dabei die Ambivalenz der staatlichen Fürsorge für Erwachsene, die daraus erwächst, dass sie dem Schutz des Erwachsenen vor „sich selbst" dient. Insoweit ist dieselbe Maßnahme zugleich Hilfestellung und Beschränkung, was ihre verfassungsrechtliche Bewertung in besonderem Maße erschwert. 83

Ausgangspunkt der verfassungsrechtlichen Analyse ist die Einordnung der Erwachsenenfürsorge als sozialstaatlich gebotenem Regelungsauftrag. In weiteren Schritten wird untersucht, ob und inwieweit die dem Schutz des Erwachsenen dienenden Regelungen Eingriffe in dessen grundrechtliche Freiheitsphäre darstellen und welche Begrenzungen sich hieraus für die Ausgestaltung der Erwachsenenfürsorge ergeben. Zu erörtern ist ferner, ob sich auch der Betreuer selbst auf Grundrechte berufen kann, soweit es seine Tätigkeit im Rahmen des Betreuungsrechtsverhältnisses betrifft. 84

I. Fürsorgeauftrag des Staates

Der Gesetzgeber ist nicht nur dazu legitimiert, gesetzliche Regelungen zum Schutz von Erwachsenen zu schaffen, die ihr Leben nicht in eigenverantwortlicher Selbstbestimmung gestalten können, er ist hierzu von Verfassungs wegen verpflichtet. Grundlage dieses Schutzauftrages ist primär das Sozialstaatsprinzip (Art. 20 Abs. 1, 28 GG). Dies hat das Bundesverfassungsgericht wiederholt bestätigt: „Gewiß gehört die Fürsorge für Hilfsbedürftige zu den selbstverständlichen Pflichten eines Sozialstaates."[200] Daneben ergibt sich die Schutzverpflichtung aber auch aus den Grundrechten in ihrer objektiv-rechtlichen Dimension.[201] 85

Anknüpfungspunkt innerhalb des Sozialstaatsprinzips ist die öffentliche Fürsorge für hilfsbedürftige Personen. Zur öffentlichen Fürsorge zählt auch die verantwortliche, aufgrund gerichtlicher Beauftragung und unter staatlicher Aufsicht 86

---

200 BVerfG, NJW 1975, 1691 (1692); vgl. BVerfG, NJW 1982, 691 (693); *Gessaphe*, Betreuer, S. 55.

201 Vgl. *Lipp*, Freiheit und Fürsorge, S. 142, der jedoch zwischen tatsächlicher und rechtlicher Fürsorge differenziert; vgl. allgemein zu grundrechtlichen Schutzpflichten: *Dietlein*, Die Lehre von den grundrechtlichen Schutzpflichten; *Unruh*, Zur Dogmatik der grundrechtlichen Schutzpflichten.

vorgenommene Besorgung fremder Angelegenheiten für eine hilfsbedürftige (volljährige) Person.[202] Die Besorgung fremder Angelegenheiten für eine hilfsbedürftige volljährige Person soll im Folgenden als Erwachsenenfürsorge bezeichnet werden. Die Erwachsenenfürsorge gehört zu den obersten Aufgaben der staatlichen Wohlfahrtspflege, deren Anlass und Grundlage das öffentliche Interesse an der Fürsorge für den schutzbedürftigen Einzelnen ist.[203] Diese allgemeine Schutzpflicht umfasst die Hilfe für die Bürger, die wegen körperlicher oder geistiger Krankheiten an ihrer persönlichen und sozialen Entfaltung gehindert sind; die staatliche Gemeinschaft muss ihnen die Mindestvoraussetzung für ein menschenwürdiges Dasein einräumen und sich darüber hinaus bemühen, sie soweit möglich in die Gesellschaft einzugliedern, ihre angemessene Betreuung in der Familie oder durch Dritte zu fördern sowie die notwendigen Pflegeeinrichtungen zu schaffen.[204]

87 Bei der näheren Ausgestaltung steht dem Gesetzgeber ein weiter Gestaltungsspielraum zu. Das Verfassungsrecht schreibt keine Ausgestaltung im Sinne des aktuellen Betreuungsrechts der §§ 1896 ff. BGB vor. Es bestehen vielmehr vielfältige Möglichkeiten, den gebotenen Schutz zu verwirklichen, sodass der Gesetzgeber den ihm geeignet erscheinenden Weg bestimmen darf.[205]

88 Die Ausgestaltungsbefugnis liegt von Verfassungs wegen nicht exklusiv beim Bund, da die Gesetzgebungskompetenz dem Art. 74 Abs. 1 GG zu entnehmen ist. Nicht unmittelbar klar ist allerdings, welcher konkrete Kompetenztitel des Art. 74 GG einschlägig ist. Aufgrund der hergebrachten Regelung im Bürgerlichen Gesetzbuch liegt es nahe, den Art. 74 Abs. 1 Nr. 1 GG („bürgerliche Recht") als Kompetenztitel heranzuziehen.[206] In Betracht kommt aber auch der Kompetenztitel nach Art. 74 Abs. 1 Nr. 7 GG („öffentliche Fürsorge").[207] Zwar sind beide Kompetenztitel Gegenstand der konkurrierenden Gesetzgebungskompetenz, gleichwohl ist die Einordnung von erheblicher praktischer Relevanz, da für Art. 74 Abs. 1 Nr. 1 GG die Erforderlichkeit iSd Art. 72 Abs. 2 GG keine Ausübungsvoraussetzung für

---

202 So ausdrücklich das Bundesverfassungsgericht für die Vormundschaft über Volljährige, BVerfG, NJW 1960, 811 (812); *Bienwald*, in: Staudinger, BGB, § 1896 Rn. 1.

203 So ausdrücklich das Bundesverfassungsgericht für die Vormundschaft über Volljährige, BVerfG, NJW 1980, 2179 (2179).

204 BVerfG, NJW 1975, 1691 (1692); *Gessaphe*, Betreuer, S. 55.

205 BVerfG, NJW 1975, 1691 (1692): „Jedoch bestehen vielfältige Möglichkeiten, den gebotenen Schutz zu verwirklichen. Es liegt grundsätzlich in der Gestaltungsfreiheit des Gesetzgebers, den ihm geeignet erscheinenden Weg zu bestimmen, besonders zwischen den verschiedenen Formen finanzieller Hilfe für den Unterhalt und die Betreuung gebrechlicher Menschen zu wählen und entsprechend die Anspruchsberechtigung festzulegen."; *Gessaphe*, Betreuer, S. 55.

206 Vgl. *Bürgle*, NJW 1988, 1881 (1882).

207 Hierfür wohl *Degenhart*, in: Sachs, GG, Art. 74 Rn. 35 Fn. 152.

eine bundesgesetzliche Regelung ist. Einschlägig ist der Kompetenztitel für das bürgerliche Recht (Art. 74 Abs. 1 Nr. 1 GG). Zwar sind Elemente der öffentlichen Fürsorge nicht zu verkennen[208], jedoch ist bei der Auslegung der Kompetenztitel des Grundgesetzes der historischen Auslegung erhebliche Bedeutung beizumessen.[209] Dies gilt insbesondere bei normativ-rezeptiven Zuweisungen wie dem „bürgerlichen Recht", bei denen der Verfassungsgeber einen vorgefundenen Normbereich als zu regelnde Materie den Kompetenztiteln zugeordnet hat. Hier ist maßgeblich auf das traditionelle, herkömmliche Verständnis von Inhalt und Reichweite dieses Normbereichs abzustellen.[210] *Degenhardt* spricht insoweit prägnant von „normative(n) Traditionen"[211]. Jedenfalls seit 1900 wird die Erwachsenenfürsorge – soweit sie dem Betreuungsrecht entspricht – als bürgerlich-rechtliche Materie begriffen, was ihre Kodifizierung im BGB als Teil des Familienrechts belegt.[212]

Für die Auslegung des einfachgesetzlichen Betreuungsrechts lässt sich damit aus 89
dem Vorgenannten ableiten, dass es durch den Gedanken der öffentlichen Fürsorge bestimmt ist.[213]

II. Betreuung als Eingriff in die Freiheitsgrundrechte des Betroffenen

Die nun folgenden grundrechtlichen Untersuchungen legen die aktuelle Ausgestal- 90
tung der Erwachsenenfürsorge in Gestalt des Betreuungsrechts (§§ 1896 ff. BGB) zugrunde. Dabei wird die Grundrechtsrelevanz zunächst abstrakt untersucht und dann vertieft für die gerichtliche Anordnung der Betreuung und die Ausübung der Betreuungsbefugnisse durch den Betreuer. Dies bietet sich an, da lediglich die gerichtliche Anordnung offenkundig eine hoheitliche Maßnahme im Sinne des Art. 1 Abs. 3 GG ist.

1. Betreuungsrechtliche Maßnahmen als Grundrechtseingriff

Die Anordnung der Betreuung setzt nicht zwingend voraus, dass dem Betreuten die 91
Einsichtsfähigkeit fehlt, er also unfähig ist, eigenverantwortliche Entscheidungen zu treffen. Soweit sie ihm jedoch fehlt, stellt sich die Frage, wie sich dieser kognitive

208 Vgl. BVerfG, NJW 1982, 691 (293).
209 St. Rspr. des BVerfG; vgl. BVerfG, Beschluss vom 11. Juli 2013–2 BvR 2302/11, 2 BvR 1279/12 –, Rn. 55 (juris); BVerfGE 106, 62 (105); *Degenhart*, Staatsrecht I, Rn. 172.
210 BVerfG, Beschluss vom 11. Juli 2013–2 BvR 2302/11, 2 BvR 1279/12 –, Rn. 55 (juris).
211 *Degenhart*, Staatsrecht I, Rn. 174.
212 Vgl. BVerfG, NJW 1982, 691 (693).
213 Vgl. für das Vormundschaftsrecht: BVerfG, NJW 1960, 811 (812).

Mangel auf den Grundrechtsstatus des Betroffenen auswirkt. Selbstredend wird damit nicht der grundrechtliche Schutz des Betroffenen an sich klärungsbedürftig. Es kann vor dem Hintergrund der Entrechtung dieser Personengruppe im Dritten Reich nicht ernsthaft fraglich sein, dass sie grundrechtlich geschützt ist („Ob" des Schutzes). Zu analysieren sind jedoch die Feinheiten, wie dieser Schutz in seiner Ausübung ausgestaltet ist („Wie" des Schutzes). Denn die Situation von Betreuten, die nicht zu eigenverantwortlichen Entscheidungen befähigt sind, ist vergleichbar mit der von Minderjährigen. Bei den Minderjährigen ist es ein dogmatischer Allgemeinplatz, die Grundrechtsausübung vor dem Hintergrund des Reifegrades von Minderjährigen zu thematisieren bzw. zu problematisieren. Als Schlagwort fungiert dabei der Terminus der „Grundrechtsmündigkeit". Ein strukturell vergleichbares Problem stellt sich auch für das Betreuungsrecht: Der reifebedingten Unfähigkeit zu eigenverantwortlichem Handeln bei Minderjährigen entspricht die krankheitsbedingte Unfähigkeit zu eigenverantwortlichem Handeln bei einem Teil der betreuten Erwachsenen.

a. Die Grundrechtsfähigkeit der Betroffenen

92 Die Grundrechte sind in ihrem Kern zuvörderst subjektive Rechte, das heißt Rechtspositionen die bestimmten Rechtsträgern zur eigenständigen Wahrnehmung, Ausübung und Durchsetzung zustehen. Wem sie als subjektives Recht zustehen, beantwortet die Kategorie der Grundrechtsfähigkeit.[214] Mit ihr wird der personale Geltungsbereich der Grundrechte ausgeleuchtet[215] und bestimmt, welchem Rechtssubjekt die in den Grundrechtsnormen gewährleistete Rechtsposition zusteht.[216] Anstelle des Terminus Grundrechtsfähigkeit werden teils andere Begrifflichkeiten – Grundrechtsberechtigung, Grundrechtsträgerschaft, Grundrechtssubjektivität – verwandt[217], ohne dass damit ein Sinnunterschied verbunden ist.[218] So bedient sich das Bundesverfassungsgericht teilweise auch des Terminus der Grundrechtsberechtigung.[219]

93 Die Grundrechtsfähigkeit ist keine absolute Eigenschaft; sie kann nur relativ in Bezug auf das jeweils betrachtete Grundrecht bestimmt werden.[220] Dies zeigt sich deutlich am Beispiel von Nicht-EU-Ausländern, die nicht grundrechtsfähig

---

214 Präziser wäre es von der Grundrechtsrechtsfähigkeit zu sprechen. Aus sprachästhetischen Gründen wird jedoch der Kurzform der Vorzug gegeben.

215 Vgl. *Stern*, Staatsrecht, Band III, § 70 I 2, S. 1001; *Remmert*, in: Maunz/Düring, GG, Art. 19 Rn. 3.

216 *Stern*, Staatsrecht, Band III, § 70 I 2, S. 1001.

217 Vgl. *Remmert*, in: Maunz/Düring, GG, Art. 19 Abs. 3 Rn. 1 mwN.

218 *Stern*, Staatsrecht, Band III, § 70 I 2, S. 1000 f. zu den unterschiedlichen termini technici.

219 Vgl. exemplarisch BVerfG, NVwZ-RR 2009, 361, Rn. 4.

220 *Von Münch/Kunig*, in: von Münch/Kunig, GG, Vorb Art. 1–19 Rn. 27.

sind in Bezug auf die sogenannten Deutschen-Grundrechte wie beispielsweise das Grundrecht der Berufsfreiheit (Art. 12 GG) oder am Beispiel der öffentlich-rechtlichen Rundfunkanstalten, die in Bezug auf die Rundfunkfreiheit (Art. 5 Abs. 1 S. 2 GG) grundrechtsfähig sind, aber nicht in Bezug auf andere (materielle)[221] Grundrechte.[222]

Da nur natürliche Personen unter Betreuung gestellt werden können, ist unter dem Aspekt der „Organisationsform " (vgl. Art. 19 Abs. 3 GG) die Grundrechtsfähigkeit nicht beschränkt. Die Betreuung kann jedoch nicht nur für deutsche Staatsangehörige angeordnet werden (vgl. Art. 24 Abs. 1 S. 2 EGBGB), sodass für unter Betreuung gestellte Ausländer eine Beschränkung auf „Jedermann-Grundrechte" in Betracht kommt. 94

b. Die Grundrechtsmündigkeit der Betroffenen

Die Grundrechtsfähigkeit betrifft die Frage, welche Entitäten Träger des Grundrechts sein können: Wer ist berechtigtes Subjekt eines Grundrechts? Ist dies geklärt, lässt sich hierauf aufbauend fragen, ob das so bestimmte Rechtssubjekt das Recht tatsächlich ausüben kann und es rechtlich ausüben darf: Die Rechtsinhaberschaft impliziert nicht notwendig die Ausübungsmöglichkeit. Auf dieser Ebene wird das Problem der Grundrechtsmündigkeit angesiedelt. Der Terminus ist zwar geläufig, Inhalt und Existenzberechtigung dieser Kategorie sind weitgehend unklar.[223] Dieser Status ist nicht verwunderlich, da die Kategorie der Grundrechtsmündigkeit im positiven Verfassungsrecht keine textuelle Basis hat, das Grundgesetz „kennt" diese Kategorie auf der Textebene nicht.[224] 95

Soweit ersichtlich war Anlass zur Erörterung einer Grundrechtsmündigkeit die Frage der Grundrechtsstellung Minderjähriger.[225] Sachgrund für die Infragestellung der Grundrechtsausübung bei Minderjährigen ist das reifebedingte Defizit zu eigenverantwortlichem Handeln. Da ein vergleichbares Defizit bei betreuungsbedürftigen Personen bestehen kann, drängt es sich auf, den Grundrechtsstatus Betreuter vor dem Hintergrund dieser Kategorie zu thematisieren. 96

---

221 In Bezug auf die sogenannten „Prozessgrundrechte" (Art. 101 Abs. 1 S. 2 und Art 103 Abs. 1 GG) ist jeder grundrechtsfähig, der an einem Prozessrechtsverhältnis beteiligt sein kann (vgl. BVerfG, NVwZ 2015, 510, Rn. 57: Grundrechtsfähigkeit einer Behörde).

222 Vgl. BVerfG, Beschluss vom 23. März 1988–1 BvR 686/86 –, BVerfGE 78, 101–104, Rn. 1, Rn. 3 und 5, juris.

223 *Jestaedt*, in; BK-GG, Art. 6 Abs. 2 und 3 Rn. 133; *von Kielmansegg*, JuS 2009, 216, 219.

224 Vgl. *Hohm*, NJW 1986, 3107, 3110; *Müller-Franken*, in: Klein/Schmidt-Bleibtreu, GG, Vorb. Art. 1 Rn. 25; *Sachs*, in: Sachs, GG, Vor Art. 1 Rn. 75.

225 Vgl. exemplarisch *Krüger*, FamRZ 1956, 329 ff.; *Kästner*, DÖV 1977, 500, 502 f.; *Hohm*, NJW 1986, 3107; *Bleckmann*, Staatsrecht II, S 418.

aa. Die Grundrechtsmündigkeit in der Rechtsprechung des Bundesverfassungsgerichts

97 Soweit ersichtlich hat das Bundesverfassungsgericht bisher in keiner Entscheidung explizit auf den Begriff der Grundrechtsmündigkeit rekurriert.[226] Es thematisiert den materiell-rechtlichen[227] Grundrechtsstatus minderjähriger Beschwerdeführer in den wenigsten Fällen, soweit ersichtlich,[228] überhaupt nur in Bezug auf die Religionsfreiheit. Bei anderen Grundrechten ist, soweit ersichtlich, die Ausübungsbefugnis Minderjähriger bisher nicht erörtert worden.[229]

98 Das Bundesverfassungsgericht hat in einem Verfassungsbeschwerdeverfahren aus dem Jahr 1971 zur Verfassungsmäßigkeit der Kirchensteuerpflicht festgestellt, dass das Grundrecht des (volljährigen) Beschwerdeführers auf Religionsfreiheit und negative Vereinigungsfreiheit im religiösen Bereich nicht dadurch verletzt werde, dass die Kirchensteuerpflicht an die durch eine Kindestaufe begründete Mitgliedschaft anknüpfe[230]: „Daß damit nicht auf den Willen des noch unmündigen Kindes, sondern seiner sorgeberechtigten Eltern abgehoben wird, beeinträchtigt nicht das Grundrecht des Kindes auf Glaubens- und Bekenntnisfreiheit. Insoweit handeln die Eltern kraft ihrer Elternverantwortung für das Kind, das ihrer Hilfe bedarf, um sich zu einer eigenverantwortlichen Persönlichkeit innerhalb der sozialen Gemeinschaft zu entwickeln (...), und sein Grundrecht auf Glaubens- und Bekenntnisfreiheit noch nicht selbst ausüben kann."[231] Unausgesprochen lässt die Passage, was es ist, dass das Kind daran hindert, sein Recht selbst auszuüben. Dies ist jedoch von Interesse, um beurteilen zu können, welcher Umstand das „noch nicht" ausräumt. Weiter bleibt offen, warum konkret die Taufentscheidung der Eltern die Religionsfreiheit des Kindes nicht beeinträchtigt. Üben die Eltern die Religionsfreiheit des Kindes für das Kind aus, sodass über eine Zurechnung eine Entscheidung des Grundrechtsträgers vorliegt („handeln ... für das Kind")? Kann zum Taufzeitpunkt die Religionsfreiheit des Kindes nicht beeinträchtigt sein, weil das Kind zu einer diesbezüglichen Überzeugungsbildung nicht fähig ist („noch nicht selbst ausüben kann") oder weil die Eltern kraft ihres verfassungsrechtlichen Erziehungsauftrags ein Bestimmungsrecht haben („kraft ihrer Verantwortung für das Kind")?

99 Diese Fragen sind auch in der nachfolgenden Judikatur nicht deutlich beantwortet worden. Es lässt sich aber jedenfalls entnehmen, dass die religiös-weltanschauliche Erziehung des Kindes jedenfalls auch zum grundrechtlich geschützten Bereich

---

226 *Jarass*, in: Jarass/Pieroth, GG, Art. 19 Rn. 13; Landesarbeitsgericht Baden-Württemberg, Urteil vom 19. Juni 2009–7 Sa 84/08 –, Rn. 82, juris.

227 Zu den prozessualen Folgen bei Verfassungsbeschwerden Minderjähriger vgl. BVerfG, NJW 1986, 3129.

228 Vgl. BVerfG, NJW 1984, 969; NJW 1971, 931.

229 Vgl. exemplarisch: BVerfG, NJW 2012, 1062, Rn. 16 ff: gesetzliches Sonnenstudioverbot für Minderjährige; NJW 1986, 3129.

230 BVerfG, NJW 1971, 931; vgl. NJW 1984, 969.

231 BVerfG, NJW 1971, 931.

der Eltern gehört, der sowohl Art. 6 Abs. 2 GG als auch Art. 4 GG unterfällt.[232] Auch wird die Kategorie der Religionsmündigkeit weiter verwendet.[233]

bb. Die Grundrechtsmündigkeit in der Literatur

Die umstrittene Figur der Grundrechtsmündigkeit steht prima facie nicht im Zu- 100
sammenhang mit der Grundrechtsstellung Betreuter, da eine Betreuung nur für Volljährige[234] angeordnet werden kann, während die Grundrechtsmündigkeit (ganz überwiegend) allein hinsichtlich des Grundrechtsstatus Minderjähriger diskutiert wird.[235] Vielfach wird postuliert, mit der Volljährigkeit sei der Grundrechtsträger grundrechtsmündig.[236] Bedenkt man jedoch, dass die Grundrechtsausübung Minderjähriger nicht schlicht wegen ihres Alters fragwürdig sein kann, sondern allein wegen des mit dem Alter (typischerweise) verbundenen Verantwortungsdefizits, so liegt es nahe, auch die Grundrechtsausübung Betreuter vor dem Hintergrund der Debatte um die Grundrechtsmündigkeit zu thematisieren.[237]

Mit dem Schlagwort Grundrechtsmündigkeit umreißt man gemeinhin, ob die In- 101
anspruchnahme bzw. selbstständige Ausübung eines Grundrechts voraussetzt, dass ein bestimmtes Alter erreicht ist und damit ein gewisses Maß an Einsichtsfähigkeit besteht.[238] Über Geltung, Inhalt und dogmatische Relevanz der Kategorie der Grundrechtsmündigkeit ist im Schrifttum jedoch kein Konsens erzielt worden.[239] Als konsentiert darf gelten, dass damit kein Problem der Grundrechtsfähigkeit angesprochen wird: Die Grundrechtsträgerschaft wird vorausgesetzt, nicht in Frage gestellt.[240]

---

232 BVerfG NJW 1976, 947, 948.

233 BVerfG, Nichtannahmebeschluss vom 02. Juli 2008–1 BvR 3006/07 –, Rn. 41, juris.

234 § 1908a BGB, der betreuungsrechtliche Maßnahmen für Minderjährige ab dem 17. Lebensjahr ermöglicht, ist nur eine scheinbare Ausnahme, da nach dessen Satz 2 die Maßnahmen erst mit Eintritt der Volljährigkeit wirksam werden.

235 Vgl. *von Münch/Kunig*, in: von Münch/Kunig ,GG, Vorb Art.1–19 Rn. 31; *Pieroth/Schlink/Kingreen/Poscher*, StaatsR II, Rn. 138; *Bleckmann*, StaatsR II, S. 417 ff.; *von Mutius*, JURA 1987, 272, 273; *Hohm*, NJW 1986, 3107, 3109; *Reuter*, FamRZ 1969, 622 ff.

236 Vgl. *Roell*, Die Geltung der Grundrechte für Minderjährige, S. 24; *von Mutius*, JURA 1987, 272.

237 Vgl. zu diesem Zusammenhang schon *Stern*, StaatR III/1, § 70 V.2.a: „Auch für Geisteskranke kann eine Grundrechtsausübung nicht in gleicher Weise wie für gesunde in Betracht kommen".

238 Vgl. *Grabenwarter*, in: Maunz/Dürig, GG, Art. 5 Rn. 25; *von Münch/Kunig*, in: von Münch/Kunig, GG, Vorb Art. 1–19 Rn. 31; *Jestaedt*, BK-GG, Art. 6 Abs. 2 und 3 Rn. 133; *von Kielmansegg*, JuS 2009, 216, 219; *Kästner*, DÖV 1977, 500, 502; *Hohm*, NJW 1986, 3107, 3108; *von Mutius*, JURA 1983, 30, 31; *ders.* JURA 1987, 272.

239 Vgl. *Hohm*, NJW 1986, 3107, 3108 f.; *von Kielmansegg*, JuS 2009, 216, 219: dogmatisch fragwürdig und mehrdeutig.

240 Zweifelnd wohl allein *Bleckmann*, StaatsR II, S. 422: „Entgegen der wohl herrschenden Lehre ist nicht ohne weiteres anzunehmen, alle Grundrechte stünden schon einem einjährigem Baby zu".

102 Blaupause der Grundrechtsmündigkeit ist die zivilrechtliche Beschränkung der rechtlichen Handlungsfähigkeit Minderjähriger, insbesondere durch das Konzept der Geschäftsfähigkeit.[241] Der Minderjährige ist zwar rechtsfähig, kann aber je nach Alter sein Recht nicht[242] oder nur beschränkt[243] selbst ausüben. An seiner statt handeln die Eltern als gesetzliche Vertreter[244]. Dem Zivilrecht lässt sich daher eine Distinktion zwischen Rechtsinhaberschaft und Rechtsausübungsbefugnis, also dem Haben eines Rechts und der Möglichkeit, es selbst wahrzunehmen bzw. es eigenständig wirksam auszuüben, entnehmen.[245] Teile der Literatur übertragen dieses Distinktionsschema auf die Grundrechtsebene mit der Gegenüberstellung von Grundrechtsfähigkeit und Grundrechtsmündigkeit.[246] Die Befürworter des Konzeptes der Grundrechtsmündigkeit bilden jedoch keinen monolithischen Meinungsblock. Im Detail ist vieles streitig: so ist unklar, ob das Konzept der Grundrechtsmündigkeit auf jedes Grundrecht anzuwenden ist, ob die Altersschwelle für alle Grundrechte gleich ist oder ob sie grundrechtsspezifisch zu bestimmen ist, ob die Altersschwelle der Grundrechtsmündigkeit generell oder grundrechtsträgerindividuell zu bestimmen ist, ob die Sorgeberechtigten zu einer selbstständigen Grundrechtsausübung ermächtigen können sowie wer die Altersschwelle nach welchen Kriterien bestimmen darf.

103 Eine erhebliche Literaturströmung lehnt das Konzept der Grundrechtsmündigkeit ab.[247] Dies darf jedoch nicht zu dem Schluss verleiten, dass diese Autoren das Alter bzw. reifebedingte Verantwortungsdefizite für grundrechtsdogmatisch irrelevant erachten. Es lässt sich kaum ein Autor ausmachen, der Alter und Entwicklungsstand prinzipiell für unbeachtlich hält.[248] Diese Aspekte werden lediglich auf eine andere Weise verarbeitet. Während das Konzept der Grundrechtsmündigkeit gleichsam eine von außen angelegte Beschränkung ist – wer ein bestimmtes Alter noch nicht erreicht hat, *soll/darf* ein Grundrecht noch nicht ausüben – analysieren diese Autoren Alter und Einsichtsfähigkeit als *tatsächliche* Voraussetzungen, um

---

241 Vgl. *Roth*, Die Grundrechte Minderjähriger, S. 3: „Vorbild- und Modellcharakter"; *Stern*, StaatR III/1, § 70 V.1.: Parallele.

242 Vgl. § 104 Nr. 1 BGB.

243 Vgl. §§ 2, 108 ff. BGB.

244 § 1629 Abs. 1 BGB.

245 Neben dem Minderjährigenrecht finden sich eine Trennung von Rechtsinhaberschaft und Rechtsausübungsbefugnis unter anderem auch im Insolvenzrecht (vgl. § 80 Abs. 1 InsO).

246 *Kästner*, DÖV 1977, 500, 502 f.; *Bleckmann*, StaatsR II, S. 420.

247 Vgl. *Roell*, Die Geltung der Grundrechte für Minderjährige, S. 32 f.; *Sodan*, in: Sodan, GG, Vorb. Art.1 Rn. 39, *Hohm*, NJW 1986, 3107, 3108; wohl auch *Denninger*, in: AK-GG, vor Art. 1 Rn. 36 Fn. 38; *Reinecke*, Der Zugang des Minderjährigen zum Zivilprozess, S. 75.

248 Als Ausnahme wird teilweise auf *Hesse*, Verfassungsrecht, Rn. 285, verwiesen.

ein grundrechtlich geschütztes Verhalten an den Tag legen zu können.[249] Vielfach setze das jeweilige Grundrecht voraus, dass der Grundrechtsträger für dessen Ausübung über bestimmte geistig-psychische Eigenschaften verfüge.[250] Dies ergebe sich aus der Natur der Sache.[251] Schütze ein Grundrecht Freiheit im Sinne von Selbstbestimmung, so sei derjenige unfähig dieses Grundrecht auszuüben, der unfähig sei, über sich selbst zu bestimmen.[252] Ein Baby könne keine Meinung bilden.[253] *Stern* spricht insoweit von Grundrechtsausübungsfähigkeit[254], *Jestaedt* von Grundrechtsreife[255].

Die beiden eben vorgestellten Meinungsblöcke teilen, dass es sich um materiell-rechtliche Verarbeitungsansätze handelt. Teilweise wird aber auch dafür plädiert, den Begriff der Grundrechtsmündigkeit allein für die verfassungsprozessuale Frage der Geltendmachung von Grundrechten Minderjähriger zu verwenden[256], insoweit wird die mit der Grundrechtsmündigkeit verbundene Ausübungsfähigkeit als eine Kategorie des Verfassungsprozessrechts behandelt.[257] 104

cc. Eigene Position

Das Erkenntnisinteresse dieser Arbeit liegt nicht im Minderjährigenrecht, sondern im Betreuungsrecht. Insoweit können die altersbezogenen Streitfragen im Zusammenhang mit der Grundrechtsmündigkeit außer Betracht bleiben. Von Interesse ist jedoch, ob und wie ein Verantwortungsdefizit des Grundrechtsträgers grundrechtsdogmatisch zu berücksichtigen ist. Denn es kann keinen Unterschied machen, ob das Verantwortungsdefizit reifebedingt ist wie bei Minderjährigen oder sonstige Ursachen hat wie bei Betreuten. 105

Ausgangspunkt jeder normativen Analyse ist das positive Recht. Dem Text des Grundgesetzes lässt sich kein unmittelbarer Anknüpfungspunkt für die Kategorie der Grundrechtsmündigkeit oder die Beachtlichkeit von Entscheidungsdefiziten entnehmen. Gegen Altersschwellen spricht zunächst der normative Befund, da bestimmte Rechte, Pflichten und Fähigkeiten explizit von Altersgrenzen abhängig gemacht wurden (vgl. Art. 12a Abs.1 und 4, Art. 38 Abs. 2, Art. 54 Abs. 1 GG), ohne 106

---

249 Vgl. *Stern*, StaatsR III/1, § 70 V.2. (S. 106f ff.); *Jestaedt*, BK-GG, Art. 6 Abs. 2 und 3 Rn. 133. Germann, in: BeckOK-GG, Art 4. Rn. 27.

250 *Stern*, StaatsR III/1, § 70 V.2.a. (S. 1066); *Jestaedt*, BK-GG, Art. 6 Abs. 2 und 3 Rn. 133.

251 *Stern*, StaatsR III/1, § 70 V.2.a. (S. 1066).

252 *Jestaedt*, BK-GG, Art. 6 Abs. 2 und 3 Rn. 133.

253 *Stern*, StaatsR III/1, § 70 V.2.a. (S. 1066).

254 *Stern*, StaatsR III/1, § 70 V.2.a. (S. 1066).

255 *Jestaedt*, BK-GG, Art. 6 Abs. 2 und 3 Rn. 133.

256 Hierfür *Dreier*, in: Dreier, GG, Vorb. Rn. 114; wohl auch *Starck*, in: Mangoldt/Klein/Starck, GG, Art. 1 Abs. 3 Rn. 210.

257 Hierfür *Dreier*, in: Dreier, GG, Vorb. Rn. 114; *Starck*, in: Mangoldt/Klein/Starck, GG, Art. 1 Abs. 3 Rn. 210 m.w.N.

dass dies jedoch einen belastbaren Umkehrschluss zulässt. Mangels normativer Basis im Text des Grundgesetzes kann eine verfassungsrechtliche Geltungs- und Inhaltsbestimmung nur dadurch erbracht werden, dass für diese Kategorie ein nachvollziehbares Regelungsanliegen nachgewiesen wird, dass mit den anerkannten Kategorien der Grundrechtsdogmatik nicht befriedigt gelöst werden kann.

107 Die Berechtigung der Grundrechtsmündigkeit als (ungeschriebenes) Institut des Verfassungsrechts lässt sich nur bewerten, wenn deutlich ist, welches oder welche Probleme damit bewältigt werden sollen. Dies dürfte im Kern folgendes Anliegen sein: Ist es sinnvoll, dass der grundrechtliche Freiheitsgebrauch dem Minderjährigen selbst überlassen werden soll, obwohl er noch unreif ist und daher auch vor sich selbst geschützt werden muss?

108 Dieser Aspekt, der Schutz des Minderjährigen, hat auf den ersten Blick eine gewisse Plausibilität für sich – gerade vor dem Hintergrund der zivilrechtlichen Vorschriften. Diese beschränken die rechtliche Handlungsfähigkeit im Interesse des Minderjährigen, um ihn vor nachteiligen Folgen seines Handelns zu schützen; sie erfüllen eine Schutzfunktion.[258] Die grundsätzliche Berechtigung dieser Schutzfunktion ist, soweit ersichtlich, nie ernsthaft in Frage gestellt worden. Es ist daher durchaus nachvollziehbar, dass die Frage aufgeworfen wird, ob für diese einfachgesetzlichen Schutzmechanismen nicht Entsprechungen auf der Ebene des Verfassungsrechts zu postulieren sind: Was kann falsch daran sein, den Minderjährigen zu schützen – auch vor sich selbst?

109 Problematisch ist nicht der Schutzgedanke, sondern seine rechtstechnische Verwirklichung. Das Konzept der Grundrechtsmündigkeit führt dazu, dass der Grundrechtsträger selbst sein Grundrecht nicht mehr als Schutzposition geltend machen kann. Aus seiner Perspektive ist das Grundrecht damit zu einer „leeren Hülle" geworden, ein nudum ius. Aus grundrechtlicher und rechtsstaatlicher Perspektive wirft dies die Anschlussfrage auf, wer anstelle des Grundrechtsträgers ausübungsberechtigt ist. Denn offenkundig dürfte sein, dass ein „Leerlaufen" des Grundrechtsschutzes nicht eintreten darf. Aber wie soll eine „Stellvertretung" bei der Grundrechtsausübung zu denken sein: Sind Grundrechte nicht Exempel par excellence für höchstpersönliche Rechte[259]?

110 Der Schutzgedanke kann mit den hergebrachten Kategorien der Grundrechtsdogmatik ohne Weiteres verwirklicht werden. Insoweit sprechen schon Gründe der Einfachheit und der dogmatischen Ästhetik – „Ockhams Rasiermesser" – gegen die Einführung dieser Kategorie. Grundrechte begründen keinen absoluten Anspruch darauf, ein geschütztes Verhalten auch tatsächlich ausleben zu dürfen. Die

---

258 Vgl. *Schmitt*, in: MüKo-BGB, Vor § 104 Rn. 1; *Wendtland*, in: BeckOK-BGB, § 106 BGB Rn. 1; *Staudinger/Steinrötter*, JuS 2012, 97.

259 Vgl. BVerfG, NJW 2007, 351, Rn. 36.; vgl. zum grundsätzlichen Ausschluss der Prozessstandschaft: BVerfG, Beschluss vom 18. Juni 1986–1 BvR 857/85 –, BVerfGE 72, 122–141, Rn. 32, juris.

Grundrechtsadressaten (Art.1 Abs. 3 GG) dürfen vielmehr unter Beachtung der verfassungsrechtlichen Restriktionen die Verwirklichung der grundrechtlich geschützten Verhaltensweisen verhindern oder auf grundrechtliche Schutzgüter zugreifen, um ein überwiegendes Ziel zu verfolgen. Diese Beschränkungen sind weder normativer noch faktischer Ausnahmefall, sondern rechtsstaatlicher Alltag. Diese Beschränkbarkeit wird nach der heute herrschenden Ansicht nicht auf der Ebene des Schutzbereichs, also der Beschränkung dessen, was ein Grundrecht schützt, abgebildet (sog. Innentheorie bzw. Präformationsmodell), sondern als eine von außen an das Grundrecht herangetragene Realisierungsbegrenzung (sog. Außentheorie bzw. „Eingriffs-Schranken-Schema").[260] Es ist nicht ersichtlich, woran eine solche (außentheoretisch abzubildende) Beschränkung der Grundrechte Minderjähriger scheitern sollte, da der Schutz des Minderjährigen – auch vor den nachteiligen Folgen eigenen Handelns – ein legitimer Zweck ist.

Die hier vertretene Absage an das Konzept der Grundrechtsmündigkeit darf 111
nicht zu dem Schluss verleiten, dass damit postuliert würde, der Reifegrad bzw. die Einsichtsfähigkeit seien vollständig irrelevant für die Grundrechtsprüfung. Zurückgewiesen wird nur die These, dass die selbstständige Grundrechtsausübung trotz faktischen Könnens ausgeschlossen sein könne: Weil die hinreichende Einsichtsfähigkeit fehle, *solle* der Grundrechtsträger sein Grundrecht nicht selbst ausüben *dürfen* – obwohl er es an sich könne („Nicht-dürfen"). Nicht ausgeschlossen wird damit, dass dem Grundrechtsträger die selbstständige Ausübung aus tatsächlichen Gründen nicht möglich ist („Nicht-können"). Die Feststellung, dass die Grundrechtsausübung aus tatsächlichen Gründen unmöglich sein kann, ist trivial. Die Ursachen hierfür können in den äußeren Umständen – insbesondere Fehlen der notwendigen materiellen Ausübungsvoraussetzungen – oder in der Person des Grundrechtsinhabers – also dessen physischer oder psychischer Verfassung – begründet sein. Insoweit sind jedoch keine allgemeinen Aussagen möglich, da die faktischen Ausübungsvoraussetzungen, die an die Person des Grundrechtsträgers anknüpfen, nur grundrechtsspezifisch zu klären sind. Es ist jedoch darauf hinzuweisen, dass es grundsätzlich kein Grundrecht gibt, dass insoweit keinen Klärungsbedarf aufwirft. Soweit teilweise behauptet wird, dass die rechtsgutzentrierten Grundrechte – insbesondere der Schutz der körperlichen Unversehrtheit (Art. 2 Abs. 2 GG) – insoweit unproblematisch seien, da man das Rechtsgut nur haben könne[261], ist dem zu widersprechen. Spätestens bei der Frage des Grundrechtsverzichts bzw. der Einwilligung in Grundrechtseingriffe stellt sich die Ausübungsproblematik in unverminderter Deutlichkeit.[262]

---

260 Vgl. zu den Modellen *Borowski*, Die Glaubens- und Gewissenfreiheit des Grundgesetzes, S. 229 f.

261 Vgl. *exemplarisch Müller-Franken*, in: Schmidt-Bleibtreu/Klein, GG, Vorb. v. Art 1. Rn. 25.

262 Vgl. *Sachs*, in: Sachs, GG, Vor Art. 1 Rn. 75.

c. Elaborierte betreuungsrechtliche Position von Lipp

112 Näher eingegangen wird nunmehr auf die Auffassung *Lipp*s zur Frage des Grundrechtsschutzes bei fehlender Einsichtsfähigkeit psychisch Kranker oder Behinderter. *Lipp* selbst behandelt dies nicht (ausdrücklich) unter dem Aspekt der Grundrechtsmündigkeit, in der Sache kreisen seine Überlegungen jedoch um das Verhältnis von Einsichtsfähigkeit und Ausgestaltung des Grundrechtsschutzes.

113 *Lipp*s dogmatische Konstruktion ist durch folgende Kernaussagen gekennzeichnet: (1.) Es liege grundsätzlich kein Grundrechtseingriff in den betreuungsrechtlichen Maßnahmen, wenn dem Betroffenen die Fähigkeit zu selbstbestimmten Handeln fehle.[263] (2.) Dem Betreuten gehe der grundrechtliche Schutz nicht verloren, da das Grundrecht durch den Betreuer als Vertreter des Betreuten ausgeübt werde.[264]

114 Zur Begründung seiner Annahme, dass kein Grundrechtseingriff vorliege, führt *Lipp* aus: Personale Voraussetzung des grundrechtlichen Schutzes sei die tatsächliche Selbstbestimmungsfähigkeit des Betroffenen.[265] Fehle dem Betroffenen diese Fähigkeit, könne kein Grundrechtseingriff angenommen werden, da die Funktion der Freiheitsgrundrechte in dem Schutz dieser Selbstbestimmung liege.[266] Ihm fehle dann die Fähigkeit, sein Grundrecht selbstständig auszuüben.[267] Ausgeschlossen sei jedoch nur ein Eingriff, nicht die Betroffenheit des Schutzbereiches.[268] Die ausschließliche Überwindung des natürlichen Willens des Betroffenen begründe keinen Eingriff.[269] Soweit dem Betroffenen die Eigenverantwortlichkeit fehle, werde ihm seine Freiheit nicht genommen, wenn der Staat an seiner Stelle eine eigene Entscheidung in dessen Angelegenheiten treffe.[270] Dies gelte sowohl für die Anordnung der Betreuung durch das Gericht als auch für die einzelnen Maßnahmen des Betreuers.[271]

115 Die Kernthese, dass kein Grundrechtseingriff vorliege, wird flankiert durch die „Stellvertreterthese": Der Betreuer schütze den Freiheitsbereich des Betreuten gegenüber dem Staat, indem er die damit verbundenen Befugnisse einschließlich der Abwehrrechte als dessen Vertreter gegenüber dem Staat wahrnehme.[272] Diese

---

263 *Lipp*, Freiheit und Fürsorge, S. 130 f.
264 *Lipp*, Freiheit und Fürsorge, S. 135 f.
265 *Lipp*, Freiheit und Fürsorge, S. 131.
266 *Lipp*, Freiheit und Fürsorge, S. 130.
267 *Lipp*, Freiheit und Fürsorge, S. 134; Gerade diese Aussage zeigt die Nähe von *Lipp*s Überlegungen zur Kategorie der Grundrechtsmündigkeit.
268 *Lipp*, Freiheit und Fürsorge, S. 130 f.: „Jeder staatliche Zwang berührt den Schutzbereich des Freiheitsgrundrechts. Ein *Eingriff* in diese Freiheit liegt darin jedoch nur, wenn die eigenverantwortliche Entscheidung des Grundrechtsinhabers mißachtet wird."
269 *Lipp*, Freiheit und Fürsorge, S. 130.
270 *Lipp*, Freiheit und Fürsorge, S. 130.
271 *Lipp*, Freiheit und Fürsorge, S. 131.
272 *Lipp*, Freiheit und Fürsorge, S. 135.

Stellvertreterentscheidung des Betreuers müsse daher staatsfrei sein, da andernfalls die grundrechtliche Freiheit insgesamt aufgehoben werde.[273]

Die Konstruktion *Lipp*s ist zurückzuweisen. Sie leidet unter einer Übergeneralisierung des Erfordernisses der eigenverantwortlichen Entscheidungsfähigkeit für die Grundrechtsausübung. Zudem zeigt die Stellvertreterthese erhebliche Schwächen zur Gewährleistung eines effektiven Grundrechtsschutzes. 116

Die Anordnung der Betreuung stellt nach *Lipp* keinen Grundrechtseingriff dar, wenn dem Betroffenen die notwendige Einsichtsfähigkeit fehle. Eine *Schutzbereichs*eröffnung kann *Lipp* nicht ausschließen, da dies zum (untragbaren) Grundrechtsverlust führte. Auch gäbe es keinen Rechtsbereich, den der Betreuer stellvertretend ausüben könnte, da herkömmlicherweise eine Vertretung bestehende Rechtspositionen des Vertretenen voraussetzt. *Lipp*s Argumentation ist daher wohl dahin zu verstehen, dass dem Betroffenen die grundrechtliche Handlungsfähigkeit fehle, wenn er nicht zu eigenverantwortlichem Handeln fähig sei.[274] Insoweit ist es nachvollziehbar, dass eine staatliche Entscheidung, die die Handlungsfähigkeit (wieder-) herstellt, nicht als Grundrechtseingriff zu begreifen ist. 117

Die Postulation einer grundrechtlichen Handlungsfähigkeit im Sinne einer Anforderung, die erfüllt sein muss, damit der Grundrechtsträger sein Grundrecht nach eigenem Willen selbst ausüben darf, ist jedoch zurückzuweisen. Hierfür spricht zum einen der schlichte Verweis auf das Grundgesetz selbst, das einen solchen Vorbehalt nicht kennt. Es ist grundsätzlich fragwürdig, im Wege der Interpretation Beschränkungen einzuführen, die den Grundrechtsträger gegen den Wortlautbefund schlechter stellen. Es überzeugt auch nicht, in der Ausübung des Grundrechts durch Dritte einen stellvertretenen Grundrechtsgebrauch durch den Grundrechtsträger zu sehen. Auf der Ebene der Verfassung findet sich – ausgenommen allenfalls Art. 6 Abs. 2 GG für das Eltern-Kind-Verhältnis – keine den §§ 164 ff BGB vergleichbaren Zurechnungsnormen. Auf der Ebene des Verfassungsrechts ist damit gänzlich unklar, wer für den Betroffenen handeln darf, um dessen Handlungsunfähigkeit zu kompensieren. Damit bleibt nur eine Bestimmung durch den einfachen Gesetzgeber, mit den sich daraus ergebenden Problemen. Auch der Sache nach ist es widersinnig, den Freiheitsgebrauch eines Dritten dem Grundrechtsträger als Grundrechtsausübung zuzurechnen. Dies hätte folgende Absurdität zur Konsequenz: Wenn der Betreuer eine geschlossene Unterbringung zur medizinischen Zwangsbehandlung des Betreuten gegen dessen Willen – mit richterlicher Genehmigung[275] – veranlasste, dann hätte der Betreute von seiner Freiheit aus Art. 2 Abs. 1 und Art. 2 Abs. 2 GG Gebrauch gemacht. Im Übrigen bestünde auch die Gefahr, dass der Betreuer durch bloße Einwilligung den Grundrechtsschutz leerlaufen ließe, da seine Einwilligung einen Eingriff ausschließe. 118

273 *Lipp*, Freiheit und Fürsorge, S. 134.

274 Vgl. *Lipp*, Freiheit und Fürsorge, S. 237: „Herstellung der Handlungsfähigkeit im Rechtsverkehr“.

275 Zu diesem Erfordernis § 1906 BGB.

119 Entgegen der Ansicht von *Lipp* schirmen die Grundrechte auch nicht nur den eigenverantwortlich handelnden Grundrechtsträger gegen den Staat ab. Die Grundrechte schützen nicht nur die Lebensvorstellung mündiger Bürger. Zwar ist es im Kern zutreffend, dass die Freiheitsgrundrechte in ihrer klassischen Funktion als Abwehrrechte dem Schutz eines Bereiches privater Selbstbestimmung gegenüber dem Staat dienen.[276] Indes fordert die Selbstbestimmung nicht notwendig die Einsichts- und entsprechende Handlungsfähigkeit des Betroffenen. Vielmehr kann auch derjenige über sich selbst entscheiden, der lediglich einen natürlichen Willen besitzt.[277] Dass dieser natürliche Wille als Lebensentwurf generell weniger schutzwürdig und durch die Bestellung eines Vertreters überspielbar sein soll, ist nicht einsichtig. Der Betroffene kann aufgrund seines natürlichen Willens entscheiden, ob etwas getan oder unterlassen werden soll. Der Terminus der Selbstbestimmung lässt ein solches Verständnis ohne Weiteres zu. Die Fähigkeit, Entscheidungen anhand nachvollziehbarer, vernünftiger Erwägungen treffen zu können, ist dem Begriff der Selbstbestimmung nicht immanent. Ein solch weites Verständnis von Selbstbestimmung dürfte auch das Bundesverfassungsgericht in seiner Entscheidung zur Zwangsbehandlung zugrunde legen.[278] In dieser Entscheidung bejaht das Bundesverfassungsgericht einen Eingriff in Art. 2 Abs. 2 GG durch die medizinische Behandlung eines Untergebrachten gegen seinen natürlichen Willen und führt ausdrücklich aus: „Der in einer medizinischen Zwangsbehandlung liegende Eingriff berührt nicht nur die körperliche Integrität des Betroffenen als solche, sondern in besonders intensiver Weise auch das von Art. 2 II 1 GG mit geschützte Recht auf diesbezügliche Selbstbestimmung."[279] In dieser Entscheidung verwendet das Gericht auch den Begriff der *freien Selbstbestimmung*.[280] Es bietet sich zur Klarstellung an, terminologisch zwischen der freien und der natürlichen Selbstbestimmung zu unterscheiden. Der Terminus der *natürlichen Selbstbestimmung* erfasst die auf dem natürlichen Willen des Einzelnen beruhende Entscheidung. Die freie Selbstbestimmung geht darüber hinaus und verlangt, dass der Betroffene zu einer freien Willensbestimmung fähig ist. Hierfür sind die beiden entscheidenden Kriterien die Einsichtsfähigkeit des Betroffenen und dessen Fähigkeit, nach dieser Einsicht zu handeln.[281]

120 Aus dem Vorstehenden folgt nicht, dass die Einsichtsfähigkeit irrelevant für den grundrechtlichen Status ist. Bestimmte Grundrechte setzen Einsichtsfähigkeit voraus, damit überhaupt eine geschützte Grundrechtsbetätigung im jeweiligen Schutzbereich vorliegt. Die meisten Grundrechte verlangen dies jedoch nicht. Für das Grundrecht auf körperliche Unversehrtheit hat das Bundesverfassungsgericht

276 *Lipp*, Freiheit und Fürsorge, S. 125 m.w.N.
277 A.A. wohl *Gessaphe*, Betreuer, S. 55 f.
278 BVerfG, NJW 2011, 2113 (2114).
279 BVerfG, NJW 2011, 2113 (2114).
280 BVerfG, NJW 2011, 2113 (2116).
281 BGH, NJW-RR 2014, 772 (772).

ausdrücklich festgestellt, dass eine fehlende Einsichtsfähigkeit des Betroffenen den Schutz des Art. 2 Abs. 2 S. 1 GG nicht von vornherein entfallen lasse.[282] Die (krankheitsbedingte) Einsichtsunfähigkeit des Betroffenen ändere nichts daran, dass eine gegen seinen natürlichen Willen erfolgende Behandlung, die seine körperliche Integrität berührt, einen Eingriff in den Schutzbereich des Art. 2 Abs. 2 S. 1 GG darstelle.[283] Auch für das Grundrecht der Freiheit der Person (Art. 2 Abs. 2 S. 2 GG) gelte, dass ein Eingriff nicht schon dadurch ausgeschlossen sei, dass die betroffene Person nicht voll geschäftsfähig ist; maßgebend sei der tatsächliche, natürliche Wille des Betroffenen und nicht der rechtlich erhebliche Wille des gesetzlichen Vertreters.[284] Die Freiheit der Person ist „auch dem Geisteskranken und nicht voll Geschäftsfähigen" garantiert.[285] Demgegenüber hat das Bundesverfassungsgericht für die Testierfreiheit als Bestandteil der Erbrechtsgarantie (Art. 14 Abs. 1 GG) eine spezielle Ausübungsfähigkeit in Gestalt der Selbstbestimmungsfähigkeit gefordert.[286] Dies begründet es mit dem Charakter der Testierfreiheit als individuelles Selbstbestimmungsrecht:[287] Die Testierfreiheit diene der Selbstbestimmung des Einzelnen im Rechtsleben. Selbstbestimmung setze Selbstbestimmungsfähigkeit voraus. Der Einzelne müsse daher die für die Testamentserrichtung erforderliche Einsichts- und Handlungsfähigkeit besitzen.

Mit dem Bundesverfassungsgericht ist damit ein differenzierender Ansatz ge- 121
boten. Das Verhältnis von Grundrechtsschutz und Einsichtsfähigkeit ist anhand des jeweiligen Grundrechts zu bestimmen. Der notwendige Grad der Eigenverantwortlichkeit bestimmt sich dabei nach den Eigenarten des Schutzgutes. Es ist jeweils zu bestimmen, ob für eine geschützte Grundrechtsausübung der natürliche Wille ausreichend oder ob ein freier Wille erforderlich ist. Zur Klarstellung sei noch Folgendes angemerkt. Im Zentrum einiger Grundrechte steht nicht der Schutz bestimmter Verhaltensweisen, sondern der Schutz bestimmter Rechtsgüter. Paradigmatisch ist insoweit das Recht auf Leben und körperliche Unversehrtheit (Art. 2 Abs. 2 S. 1 GG). Für den Schutz der Rechtsgüter Leben und Gesundheit kommt es nicht auf die Einsichtsfähigkeit des Grundrechtsträgers an. Geschützt wird primär der Zustand bzw. Status, der unabhängig von einer willensgebundenen Ausübung besteht.

Festzuhalten bleibt damit, dass eine allgemeine Grundrechtsmündigkeit für Be- 122
treute abzulehnen ist.[288] Eine fehlende Einsichtsfähigkeit betrifft allein den sachlichen Schutzbereich und dabei die Frage, ob eine geschützte Verhaltensausübung das Bestehen einer bestimmten Einsichtsfähigkeit voraussetzt.

282 BVerfG, NJW 2011, 2113 (2114).
283 BVerfG, NJW 2011, 2113 (2114).
284 BVerfG, NJW 1960, 811 (811).
285 BVerfG, NJW 1982, 691 (692).
286 BVerfG, NJW 1999, 1853 (1853).
287 Dazu und zum Nachfolgenden BVerfG, NJW 1999, 1853 (1853).
288 So auch *Gassphe*, Betreuer, S. 58 m.w. N.

2. Die gerichtliche Anordnung der Betreuung als Grundrechtseingriff

123 Die durch die Betreuungsanordnung betroffenen Grundrechte lassen sich nicht abstrakt bestimmen. Je nach übertragenem Aufgabenkreis bestehen Berührungspunkte zu unterschiedlichen Grundrechten. Jede Betreuungsanordnung hat jedoch zumindest Auswirkungen auf die allgemeine Handlungsfreiheit (Art. 2 Abs. 1 GG) und das allgemeine Persönlichkeitsrecht (Art. 2 Abs. 1 i.V.m. Art. 1 Abs. 1 GG), sodass hierauf detaillierter einzugehen ist.

124 Um die Grundrechtsrelevanz zu verdeutlichen, ist kurz die Wirkung der Betreuerbestellung zu rekapitulieren: Mit der Einheitsentscheidung der Betreuerbestellung begründet das Betreuungsgericht das Betreuungsverhältnis zwischen Betreuer und Betreutem unter gerichtlicher Aufsicht und Mitwirkung.[289] Zu den wesentlichsten Auswirkungen dieser gerichtlichen Entscheidung gehört die Zuordnung eines Betreuers mit Fremdbestimmungsmacht. Der Betreuer erlangt innerhalb des ihm übertragenen Aufgabenkreises die Rechtsstellung eines *gesetzlichen Vertreters* (vgl. § 1902 BGB).[290] Hierdurch erhält der Betreuer die Rechtsmacht, mit bindender Wirkung für den Betreuten rechtsrelevant zu handeln, dessen Handeln zu ergänzen, ihn von eigenem Handeln zu verdrängen oder ein bestimmtes Tun, Dulden oder Unterlassen des Betroffenen zu veranlassen.[291] Der Betreuer kann die ihm durch die gerichtliche Betreuerbestellung eingeräumte Rechtsmacht jederzeit selbstständig aktualisieren.[292]

a. Allgemeine Handlungsfreiheit (Art. 2 Abs. 1 GG)

125 Die allgemeine Handlungsfreiheit schützt die Entfaltung nach eigenem Willen und als wesentlichen Teilaspekt die Privatautonomie.[293] Letztgenannter Aspekt umfasst die Gestaltung der Rechtsverhältnisse durch den Einzelnen nach seinem Willen[294], die „Selbstbestimmung des einzelnen im Rechtsleben“[295]. Jede (unfreiwillige)[296] Anordnung einer Betreuung greift daher in die allgemeine Handlungsfreiheit (Art. 2 Abs. 1 GG) des Betroffenen ein, da ihm ein Betreuer als gesetzlicher Vertreter mit

289 *Gessaphe*, Betreuer, S. 134.
290 *Gessaphe*, Betreuer, S. 181.
291 Hierzu mit Beispielsfällen *Gessaphe*, Betreuer, S. 137.
292 *Gessaphe*, Betreuer, S. 181 unter Hinweis darauf, dass diese Selbstständigkeit durch Genehmigungsvorbehalte eingeschränkt sein kann.
293 Vgl. zum sachlichen Schutzbereich des Art. 2 Abs. 1 GG nur *Lang*, in: BeckOK, GG, Art. 2 Rn. 2 ff.
294 BVerfG, NJW 1994, 36 (38).
295 *Erichsen*, in: Isensee/Kirchhof, HbStaatsR VI, S. 1210, Rn. 58.
296 Zur Auswirkung einer Einwilligung siehe unter Rn. 153 ff.

Fremdbestimmungsmacht zugeordnet wird.[297] Die Fremdbestimmungsmacht umfasst dabei sowohl tatsächliche wie auch rechtsgeschäftliche Aspekte. Das Bundesverfassungsgericht hat dies ausdrücklich für die Anordnung der früheren Zwangspflegschaft festgestellt: „Die Anordnung einer Zwangspflegschaft und die damit verbundene Bestellung eines Pflegers, die an sich die Geschäftsfähigkeit des Pfleglings nicht berührt, beschränkt die allgemeine Handlungsfreiheit des Betroffenen insoweit, als er die von dem Pfleger abgeschlossenen bürgerlichen Rechtsgeschäfte gegen sich gelten lassen muß."[298] Inzwischen hat das Bundesverfassungsgericht dies auch für die gerichtliche Bestellung eines Betreuers bestätigt: „Der Betreute wird in seiner Entscheidungsfreiheit aus Art. 2 I GG ganz oder teilweise in den vom Gericht bestimmten Angelegenheiten eingeschränkt. An seiner Stelle und für ihn entscheidet in den vom Gericht angeordneten Aufgabenkreisen der Betreuer, der den Wünschen des Betreuten nur insoweit zu entsprechen hat, als dies dessen Wohl nicht entgegensteht (§ 1901 II, III BGB). Auch in höchstpersönlichen Angelegenheiten kann es deshalb zu Entscheidungen gegen den ausdrücklichen Willen des Betreuten kommen."[299]

Wie oben bereits angesprochen, ist bei Personen, die nicht eigenverantwortlich handeln können, also über keinen freien Willen verfügen, zu klären, ob ihre Verhaltensweisen überhaupt dem Schutzbereich des jeweiligen Grundrechts unterfallen. Die allgemeine Handlungsfreiheit schützt auch die Entfaltung des natürlichen Willens. Soweit der Aspekt der Privatautonomie betroffen ist, liegt es nahe, einen freien Willen zu fordern, da die Entfaltung im Rechtsverkehr betroffen ist. Dies bedarf jedoch vorliegend keiner Entscheidung, da es nicht zu klären gilt, ob sich der Betreute bei der Vornahme eines Rechtsgeschäfts auf Art. 2 Abs. 1 GG als Ausprägung der Privatautonomie berufen kann. Art. 2 Abs. 1 GG schützt umfassend vor jeder Fremdverpflichtung, sei sie tatsächlicher, sei sie rechtsgeschäftlicher Art. Die Freiheit von Fremdbestimmung ist auch bei einem „nur" natürlichen Willen schutzwürdig. 126

Das Vorliegen eines Grundrechtseingriffs durch den Akt der Betreuerbestellung ist auch nicht deshalb zu verneinen, weil für die „faktische" Beeinträchtigung stets noch ein Tätigwerden des Betreuers, quasi als „Umsetzungsakt" notwendig ist. Bereits die Betreuerbestellung belastet den Betroffenen mit der Bestimmungsmacht eines Dritten. Auf eine erst kommende Aktualisierung kommt es nicht an. Insoweit 127

297 So auch *Gessaphe*, Betreuer, S. 78; vgl. *Bienwald*, in: Staudinger, BGB, § 1896 Rn. 3: „Im Hinblick auf die häufig ohne Einverständnis des Betroffenen vorgenommene oder von ihm als Zwangsmaßnahme empfundene, infolge der gesetzlichen Vertretung des Betreuers mit einer Rechtseinbuße verbundene Maßnahme stellt sich die Betreuung in der Regel als Eingriff in die Freiheitssphäre und das Selbstbestimmungsrecht des Betroffenen dar."

298 BVerfG, NJW 1965, 2051 (2051).

299 BVerfG, NJW 2002, 206 (206); vgl. BVerfG, BeckRS 2008, 40026; vgl. BVerfG, NJW 2010, 3360 (3361).

ist die Lage vergleichbar mit Gesetzen, die noch eines Umsetzungsaktes bedürfen; auch diese können schon in das Grundrecht eingreifen.[300]

128 Die relevante Eingriffswirkung der Betreuerbestellung liegt mithin darin, dass der Betroffene durch ein Betreuerhandeln, welches nicht auf seinem Willen beruht, gebunden werden kann.[301]

b. *Allgemeine Persönlichkeitsrecht (Art. 2 Abs. 1 i.V.m. Art. 1 Abs. 1 GG)*

129 Die (unfreiwillige) Einrichtung einer Betreuung greift auch stets in das allgemeine Persönlichkeitsrecht aus Art. 2 Abs. 1 in Verbindung mit Art. 1 Abs. 1 GG ein. Das Recht auf freie Entfaltung der Persönlichkeit schützt den Betroffenen vor verfälschenden oder entstellenden Darstellungen des eigenen Persönlichkeitsbildes.[302] Die Einrichtung einer Betreuung entfaltet für den Betroffenen eine stigmatisierende Wirkung im sozialen und beruflichen Umfeld.[303] Mit der Betreuungsanordnung ist zwangsläufig die Einschätzung verbunden, dass der Betroffene zumindest in einem bestimmten Rahmen nicht (mehr) in der Lage ist, seine Angelegenheiten selbstständig zu besorgen.[304] Dies ist mit einem Ansehens-, Vertrauensverlust und einer Abwertung des Betroffenen verbunden.[305] Die Betreuungseinrichtung gegen den Willen des Betroffenen ist überdies mit der Einschätzung verbunden, dass der Betroffene nicht mehr in der Lage ist, einen freien Willen zu bilden.[306] Hierdurch wird das Persönlichkeitsbild des Betroffenen negativ geprägt.[307]

130 Der Schutz durch das allgemeine Persönlichkeitsrecht ist unabhängig von der Einsichtsfähigkeit des Betroffenen gegeben. Selbst das Erfordernis eines natürlichen Willens ist mehr als fraglich, da die geschützten Aspekte (zumindest überwiegend) Rechtsgutscharakter haben, welche keiner Ausübung bedürfen.

c. *Sonstige Grundrechte*

131 Je nach übertragenem Aufgabenkreis können weitere Grundrechte betroffen sein. Die folgende Aufzählung ist nicht abschließend oder systematisierend. Sie soll vielmehr exemplarisch aufzeigen, wo grundrechtliche Gefährdungslagen bei regelmäßig übertragenen Aufgabenkreisen bestehen. Der Aufgabenkreis „Aufenthaltsbestimmungsrecht einschließlich Unterbringungsmaßnahmen“ berührt das Grundrecht der Freiheit der Person (Art. 2 Abs. 2 S. 2 GG), da er auch die Rechtsmacht umfasst,

---

300 Vgl. zur unmittelbaren Betroffenheit bei Gesetzen: *Pestalozza*, Verfassungsprozeßrecht, § 12 II Rn. 36.
301 Dazu umfassend *Gessaphe*, Betreuer, S. 182.
302 BVerfG, NJW 2010, 3360 (3361).
303 BVerfG, NJW 2010, 3360 (3360, 3361).
304 BVerfG, NJW 2010, 3360 (3361).
305 Vgl. BVerfG, NJW 2010, 3360 (3361).
306 BVerfG, NJW 2010, 3360 (3361).
307 BVerfG, NJW 2010, 3360 (3361).

den Betreuten in einer geschlossenen Einrichtung unterzubringen.[308] Der Aufgabenkreis „Entgegennahme und Öffnen von Post“ tangiert das Briefgeheimnis (Art. 10 GG). Der Aufgabenkreis „Gesundheitssorge“ berührt das Recht auf Leben und körperliche Unversehrtheit (Art. 2 Abs. 2 S. 1 GG), da der Betreuer in medizinische Eingriffe einwilligen kann. Der Aufgabenkreis „Vermögensangelegenheiten“ ist eigentumsverfassungsrechtlich bedeutsam (Art. 14 GG), da der Betreuer wirksam über die einzelnen Vermögensgegenstände verfügen kann.

3. Schutz vor sich selbst als legitimer Zweck eines Grundrechtseingriffs

Im Folgenden wird der Frage nachgegangen, inwieweit fürsorgerische Grundrechts- 132
eingriffe rechtfertigungsfähig sind. Unter einem fürsorgerischen Grundrechtseingriff ist dabei ein Grundrechtseingriff zu verstehen, der den Schutz des betroffenen Grundrechtsträgers (vor sich selbst) bezweckt.

Nach Auffassung von *Lipp* – der an sich vom fehlenden Eingriffscharakter aus- 133
geht,[309] sodass dies lediglich seine hypothetischen Erwägungen sind, – könne der mit einem Gesetz verfolgte fürsorgerische Schutz vor einer Selbstschädigung des Betroffenen keinen Grundrechtseingriff legitimieren.[310] Ein Grundrechtseingriff sei nur dann materiell gerechtfertigt, wenn das einschränkende Gesetz dem Schutze Dritter oder der Allgemeinheit diene.[311] Erfolge ein Eingriff jedoch ausschließlich zum Wohle des Betroffenen, diene dieser weder dem Schutz Dritter noch der Allgemeinheit.[312] Die grundrechtlich geschützte Autonomie könne auch nicht gegen den Träger der Autonomie geschützt werden, da dieser Schutz sich aufhebe.[313] Für die Betreuungseinrichtung bedeute dies, dass Rechte Dritter oder der Allgemeinheit keine verfassungsrechtliche Rechtfertigung für eventuelle Eingriffe in Freiheitsgrundrechte des Betreuten darstellen können, da die Betreuung allein dem Wohl des Betroffenen diene.[314] Mithin sei die Betreuung bei Annahme eines hierdurch erfolgten Eingriffs mangels einer materiellen Rechtfertigung verfassungsrechtlich unzulässig.[315]

Versucht man das aufgeworfene Problem in das herkömmliche grundrechts- 134
dogmatische Gerüst einzuordnen, geht es letztlich um die Frage, ob der legitime Zweck einer Grundrechtsbeschränkung allein im Schutz des Grundrechtsträgers (vor sich selbst) bestehen kann. Die Rechtsprechung des Bundesverfassungsgerichts hierzu ist eindeutig. Staatliche Eingriffe, die ausschließlich den Zweck verfolgen,

---

308 Vgl. BVerfG, NJW 1982, 691; *Gessaphe*, Betreuer, S. 183 mit weiteren Beispielen.
309 Hierzu bereits die obigen Ausführungen unter Rn. 113 f.
310 *Lipp*, Freiheit und Fürsorge, S. 121, 126, 129.
311 *Lipp*, Freiheit und Fürsorge, S. 126.
312 *Lipp*, Freiheit und Fürsorge, S. 124, 129.
313 *Lipp*, Freiheit und Fürsorge, S. 128.
314 *Lipp*, Freiheit und Fürsorge, S. 121.
315 *Lipp*, Freiheit und Fürsorge, S. 124, 129.

einen psychisch Kranken vor sich selbst in Schutz zu nehmen, sind nicht nur dann zulässig, wenn sie der Schutz der Allgemeinheit verlangt, sondern sie können sich auch durch den Schutz des Betroffenen rechtfertigen.[316] Dies hat das Bundesverfassungsgericht insbesondere in seiner Entscheidung zur Zwangsbehandlung Untergebrachter erneut bestätigt und ausgeführt, dass der Gesetzgeber unter engen Voraussetzungen berechtigt sei, Behandlungsmaßnahmen gegen den natürlichen Willen des Grundrechtsträgers zu ermöglichen, wenn dieser zur Einsicht in die Schwere seiner Krankheit und die Notwendigkeit von Behandlungsmaßnahmen oder zum Handeln gemäß solcher Einsicht krankheitsbedingt nicht fähig ist.[317] Die verfassungsrechtliche Zulässigkeit einer Zwangsbehandlung habe die krankheitsbedingte Einsichtsunfähigkeit des Betroffenen zur Voraussetzung.[318] Allein unter dieser Voraussetzung habe der Staat ausnahmsweise die Befugnis, den Einzelnen *vor sich selbst in Schutz* zu nehmen.[319] Eingriffslegitimierend sei die krankheitsbedingte Einsichtsunfähigkeit oder Unfähigkeit zu einsichtsgemäßem Verhalten.[320]

135 Diese Ausführungen überzeugen. Die Zulässigkeit eines Eingriffs mit dem Ziel, den Grundrechtsträger vor sich selbst zu schützen, ist untrennbar an die Voraussetzung einer krankheitsbedingten Einsichts- bzw. Handlungsunfähigkeit zu knüpfen. Es ist nicht generell Aufgabe des Staates seinen Bürgern „in ihrem wohlverstandenen Interesse" vorzuschreiben, wie sie ihr Leben zu führen haben. Der Staat hat keinen Erziehungsauftrag hinsichtlich seiner (erwachsenen) Bürger. Was das Beste für den Einzelnen ist, haben die Grundrechtsträger selbst zu entscheiden. Ist dies gerade die große Errungenschaft des Grundgesetzes, dass die Entwicklung des Einzelnen nicht auf ein staatlich festgelegtes Leitbild hin unter Schutz gestellt ist, sondern jeder Einzelne selbst entscheidet, in welche Richtung er seine Persönlichkeit entwickelt. Dabei unterliegt der Einzelne keiner Rechtfertigungspflicht, sodass auch nicht nach Rationalität der jeweiligen Lebensentwürfe zu fragen ist. Es gibt „keine ‚Vernunfthoheit' staatlicher Organe über den Grundrechtsträger dergestalt, dass dessen Wille allein deshalb beiseite gesetzt werden dürfte, weil er von durchschnittlichen Präferenzen abweicht oder aus der Außensicht unvernünftig erscheint".[321] Das Grundgesetz schützt die Lebensentfaltung nach dem eigenen Willen. Dabei darf jedoch nicht verkannt werden, dass das Grundgesetz vom Bild des „mündigen" Menschen ausgeht: Jeder soll von den Freiheitsoptionen nach eigenen Wertvorstellungen und Wertpräferenzen Gebrauch machen. Bedingung dieser Freiheitsentfaltung ist jedoch, dass derjenige zu einer eigenverantwortlichen Willensbildung fähig ist. Wo diese Fähigkeit fehlt, kann es von Verfassungs wegen nicht illegitim sein, dass der Staat schützend versucht, diese Defizite zu kompensieren.

---

316 BVerfG, NJW 1982, 691 (692, 693); vgl. BVerfG, NJW 1998, 1774 (1775).
317 BVerfG, NJW 2011, 2113 (2115).
318 BVerfG, NJW 2011, 2113 (2116).
319 BVerfG, NJW 2011, 2113 (2116).
320 BVerfG, NJW 2011, 2113 (2116).
321 BVerfG, NJW 2011, 2113 (2116).

Keine legitime staatliche Intervention liegt also vor bei bloß paternalistischer Bevormundung. Sie liegt jedoch vor, wenn (tatsächlich vorhandene) Defizite in der Willensbildung ausgeglichen werden sollen. Dies gilt in besonderem Maße, wenn die Einsichtsfähigkeit wiederherstellbar ist und durch die staatliche Intervention wiederhergestellt werden soll. Die Wiederherstellung der Einsichtsfähigkeit ist aber keine notwendige Voraussetzung für die Annahme eines legitimen Zwecks, andernfalls würden Grundrechtsträger, bei denen die Einsichtsfähigkeit irreparabel verloren ist (z. B. bei schwer Demenzkranken), nicht erfasst. Tragend ist stets der Gedanke, dass aktuell die Fähigkeit fehlt, einsichtsgebundene Entscheidungen zu treffen. Insoweit dient die staatliche Intervention dazu, sicherzustellen, dass die anfallenden notwendigen Entscheidungen getroffen werden und den einsichtsunfähigen Betroffenen nicht handlungsunfähig zu lassen. 136

Auch das Argument von *Lipp*, das sich wohl pointiert dahin zusammenfassen lässt, dass die Beschränkung der Freiheit nicht zugleich dem Schutz der Freiheit dienen kann, trägt vor diesem Hintergrund nicht. Greift der Staat zum Schutz des betroffenen Grundrechtsträgers ein, so will er nicht die Freiheit bzw. Entscheidungsautonomie, die in den Grundrechten enthalten ist, schützen, sondern den Grundrechtsträger vor den nachteiligen Auswirkungen nicht einsichtsgebundener Entscheidungen. Es geht also um den Schutz der Rechte bzw. der Rechtsgüter des Betroffenen vor dessen eigenen nicht einsichtsgetragenen Entscheidungen. 137

4. Grundrechtsbindung des Betreuers

Wurde bisher die betreuungsgerichtliche Entscheidung auf ihre grundrechtlichen Implikationen hin untersucht, so wird der Fokus nunmehr auf die grundrechtliche Stellung des Betreuers gerichtet. Die „faktischen“ Entscheidungen werden von diesem getroffen; die gerichtliche Entscheidung hat gleichsam nur vorbereitende Qualität. Insoweit stellt sich hinsichtlich des Betreuerhandelns ebenfalls die Frage, ob er bei der Ausübung der Betreuerbefugnisse grundrechtsgebunden agiert. Dabei ist spiegelbildlich auch die Möglichkeit einer Grundrechtsberechtigung des Betreuers in den Blick zu nehmen, wie sie für die Eltern bei der Ausübung der elterlichen Sorge ohne Weiteres besteht (vgl. Art. 6 Abs. 2 GG). 138

Inwieweit die einzelnen Maßnahmen des Betreuers selbst einen staatlichen Grundrechtseingriff darstellen, wird in Literatur und Rechtsprechung nicht einheitlich beantwortet. Teile der Literatur und Rechtsprechung sind der Ansicht, dass der Betreuer *kein* Organ staatlicher Gewalt sei.[322] Die Rechtsfürsorge für Erwachsene sei zwar eine öffentliche Aufgabe, welche jedoch mit den Mitteln und Formen des Privatrechts erfüllt werde.[323] Die rechtliche Ausgestaltung der Organisation der Betreuung bestimme den privatrechtlichen Charakter der Tätigkeit des 139

322 LG Berlin, BeckRS 2012, 11237; *Lipp*, FamRZ 2013, 913 (916); wohl auch *Ossenbühl/Cornils*, Staatshaftungsrecht, S. 19, die Amtshaftung beim Vormund verneinen.

323 *Lipp*, FamRZ 2013, 913 (916); *Wagenitz*, in: MüKo, BGB, Vor § 1773 Rn. 19, 21, 22.

Betreuers.[324] Der Betreuer übe wie auch der Vormund eines Kindes keine Staatsgewalt aus, sondern ein privates Amt.[325] Zur Einwirkung der Grundrechte auf die Regelungen der Rechtsverhältnisse Privater wird auf das Institut der mittelbaren Drittwirkung der Grundrechte[326] oder auf die aus den Grundrechten folgenden staatlichen Schutzpflichten verwiesen[327]. Demgegenüber hat der BGH in seinen Entscheidungen zur Zwangsbehandlung Maßnahmen des Betreuers gegen den Willen des Betreuten als staatliche Eingriffe gewertet.[328]

140 Dieser öffentlich-rechtlichen Charakterisierung der Tätigkeit des Betreuers ist zu folgen.[329] Maßgeblich ist insoweit Art. 1 Abs. 3 GG, der Gesetzgebung, vollziehende Gewalt und Rechtsprechung an die Grundrechte bindet. Der Betreuer übt vollziehende Gewalt im Sinne des Art. 1 Abs. 3 GG aus.

141 Art. 1 Abs. 3 GG bindet die Ausübung jeglicher (deutschen) öffentlichen Gewalt an die Grundrechte. Für die Grundrechtsbindung ist dabei die öffentliche Organisationsform nicht von entscheidender Bedeutung.[330] Art. 1 Abs. 3 GG liegt der Wille zu einer umfassenden Bindung der Staatsmacht an die Grundrechte zugrunde.[331] Ob der Staat und seine Untergliederungen nach dem öffentlich-rechtlichen oder dem privatrechtlichen Organisationsrecht verfasst sind, ist insoweit unerheblich. Der grundrechtsgebundenen Staatsgewalt steht es nicht frei, sich durch Wahl der Organisationsform der Grundrechtsbindung zu entziehen.[332] Weiter ist es einhellige Ansicht, dass der Staat sich seiner Grundrechtsbindung nicht dadurch entledigen kann, dass er sich Privater zur Erfüllung seiner Aufgaben bedient[333], sodass auch Private Grundrechtsverpflichtete sein können.[334]

142 Bevor konkret zu den Gründen der Grundrechtsbindung des Betreuers Stellung genommen wird, ist noch auf zwei „begriffliche“ Aspekte hinzuweisen. Zum einen gilt, dass Grundrechtsbindung und Grundrechtsberechtigung keine konträren Begriffe sind, die ein tertium non datur begründen: Es gibt durchaus Rechtspersonen, die weder grundrechtsgebunden noch grundrechtsverpflichtet sind, wie etwa die

---

324 *Lipp*, Freiheit und Fürsorge, S. 135.

325 *Lipp*, FamRZ 2013, 913 (916); vgl. *Olzen/Metzmacher*, BtPrax 2022, 233 (237); *Wagenitz*, in: MüKo, BGB, Vor § 1773 Rn. 19, 21, 22.

326 *Olzen/Metzmacher*, BtPrax 2011, 233 (237).

327 *Lipp*, FamRZ 2013, 913 (917); *Gessaphe*, Betreuer, S. 60.

328 BGH, NJW 2012, 2967 (2970); BGH, NJW 2006, 1277 (1279).

329 *Pardey*, FamRZ 1989, 1030 (1033); *Schumacher*, FamRZ 1991, 280 (282); *Schweitzer*, FamRZ 1996, 1317 (1321); LG Frankfurt/M., FamRZ 1994, 1617 (1617); LG Berlin, FamRZ 1996, 821 (822 f.).

330 Vgl. BVerfG, Urteil vom 22. Februar 2011–1 BvR 699/06 –, Rn. 46 (juris) = BVerfGE 128, 226–278.

331 BVerfG, Urteil vom 22. Februar 2011–1 BvR 699/06 –, Rn. 47 (juris) = BVerfGE 128, 226–278: „binden die staatliche Gewalt umfassend und insgesamt“.

332 Vgl. *Jarass*/Pieroth, GG, Art. 1 Rn. 39.

333 *Hofmann*, in: Schmidt-Bleibtreu/Hofmann/Hopfauf, GG, Art. 1 Rn. 75.

334 Vgl. *Dreier*, in: Dreier, GG Art. 1 III Rn. 38 ff.; *Jarrass*/Pieroth, GG, Art. 1 Rn. 41 f.

nicht inländischen juristischen Personen (vgl. Art. 19 Abs. 3 GG).[335] Aus einer fehlenden Grundrechtsbindung kann daher nicht ohne Weiteres auf die Grundrechtsberechtigung geschlossen werden, und vice versa. Zum anderen wird im Folgenden, wenn von „Privaten" die Rede ist, stets vorausgesetzt, dass es Privatpersonen im materiellen Sinn sind, also natürliche Personen oder juristische Personen des Privatrechts, an denen die öffentliche Hand nicht beteiligt ist. Es geht somit nicht um die Frage der Grundrechtsbindung juristischer Personen des Privatrechts, an denen die öffentliche Hand beteiligt ist.[336]

Die unmittelbare Grundrechtsbindung von Privaten ist zu unterscheiden von der 143
mittelbaren Drittwirkung[337] der Grundrechte (im Privatrechtsverhältnis). In beiden Fällen hat der Private die Grundrechte letztlich zu beachten, der „normative Hebel" ist jedoch ein anderer. Ist der Private durch Art. 1 Abs. 3 GG grundrechtsgebunden, sind die Grundrechte für ihn unmittelbare Verhaltensdirektive. Sein Handeln kann zum Gegenstand einer Verfassungsbeschwerde gemacht werden. Sein Handeln kann eine Amtshaftung auslösen. Bei der mittelbaren Drittwirkung besteht keine Bindung an die Grundrechte. Die Grundrechte sind „lediglich" Auslegungshilfe bei der Konkretisierung des Inhalts einfachgesetzlich bestimmter Rechtsverhältnisse. Locus classicus ist insoweit die *Lüth*-Entscheidung des Bundesverfassungsgerichts: „Der Rechtsgehalt der Grundrechte als objektiver Normen entfaltet sich im Privatrecht durch das Medium der dieses Rechtsgebiet unmittelbar beherrschenden Vorschriften. Wie neues Recht im Einklang mit dem grundrechtlichen Wertsystem stehen muß, so wird bestehendes älteres Recht inhaltlich auf dieses Wertsystem ausgerichtet; von ihm her fließt ihm ein spezifisch verfassungsrechtlicher Gehalt zu, der fortan seine Auslegung bestimmt. Ein Streit zwischen Privaten über Rechte und Pflichten aus solchen grundrechtlich beeinflußten Verhaltensnormen des bürgerlichen Rechts bleibt materiell und prozessual ein bürgerlicher Rechtsstreit. Ausgelegt und angewendet wird bürgerliches Recht, wenn auch seine Auslegung dem öffentlichen Recht, der Verfassung, zu folgen hat".[338]

Die Grundrechtsbindung Privater ist immer dann diskussionswürdig, wenn die 144
Tätigkeit des Privaten durch einen staatlichen Handlungsauftrag veranlasst ist, mit dem eine öffentliche Aufgabe erfüllt werden soll. Dies genügt jedoch für sich nicht zwingend, um eine Grundrechtsbindung anzuerkennen. So wird die Grundrechtsbindung Privater durchweg bejaht, soweit sie Beliehene sind,[339] die von Verwaltungshelfern jedoch größtenteils verneint[340]. Unter einem Beliehenen wird dabei

---

335 Ausgenommen sind freilich die „Justizgrundrechte" (vgl. *Jarrass*/Pieroth, GG, Art. 19 Rn. 48).

336 Hierzu exemplarisch BVerfG, Urteil vom 22. Februar 2011–1 BvR 699/06 –, BVerfGE 128, 226–278.

337 Vgl. hierzu *Guckelberger*, JuS 2003, 1151 ff.

338 BVerfG, Urteil vom 15. Januar 1958–1 BvR 400/51 –, Rn. 27 (juris) = BVerfGE 7, 198–230.

339 *Dreier*, in: Dreier, GG Art. 1 III Rn. 39; *Jarrass*/Pieroth, GG, Art. 1 Rn. 41.

340 *Dreier*, in: Dreier, GG Art. 1 III Rn. 40.

herkömmlicher Weise jemand verstanden, der mit der Wahrnehmung hoheitlicher Aufgaben im eigenen Namen betraut ist.[341] Bei Verwaltungshelfern handelt es sich um Private, die im Auftrag und nach Weisung eines Hoheitsträgers tätig werden, sodass deren Handeln dem grundrechtsgebundenen Hoheitsträger als eigenes Handeln zugerechnet wird.[342]

145 Der Betreuer erfüllt eine öffentliche Aufgabe, nämlich die der staatlichen Fürsorge im Bereich der Erwachsenenfürsorge.[343] Tätig wird er dabei aufgrund eines staatlichen Handlungsauftrages, da der Status eines Betreuers und die Definition des Aufgabenkreises durch den gerichtlichen Bestellungsbeschluss konstitutiv bestimmt werden.[344] Er verfügt über die Macht, verbindlich über die Angelegenheiten einer anderen, erwachsenen Person zu entscheiden, ohne dass diese sich dem entziehen könnte. Dass Fremdbestimmung über Erwachsene, die gerade keine Grundlage in einer privatautonomen Entscheidung des Betroffenen hat, der privatrechtlichen Gleichordnungssphäre angehören soll, ist nicht einsichtig. Zwar kennt auch die privatrechtliche Sphäre Fremdbestimmungsbefugnisse, diesen kann sich der Betroffene jedoch grundsätzlich durch bestimmte Verhaltensweisen entziehen, z.B. indem er keinen Vertrag schließt, es unterlässt eine andere Person deliktisch zu schädigen, eine erteilte Vollmacht widerruft oder einen Arbeitsvertrag kündigt. Wohl nur das elterliche Fürsorgerecht gegenüber dem Kind ist geprägt durch eine im Ansatz nicht vermeidbare Fremdbestimmungsmacht. Insoweit besteht jedoch eine „vorrechtliche Normalität“ der Fremdbestimmung.[345] Unabhängig von jeder Rechtsordnung entspricht es dem natürlichen Lauf der Dinge, dass die Erziehung des Kindes durch die Eltern erfolgt und dass die Eltern hierbei dem Willen des Kindes Grenzen setzen. Dies wird durch Art. 6 GG grundrechtlich abgesichert. Hieraus sind jedoch keine Parallelen zur Fremdbestimmung über Erwachsene zu ziehen.

146 Würde man dem Betreuer bei seiner Amtsausübung Grundrechtsschutz zugestehen, hätte dies zudem die Konsequenz, dass zwischen den Betreuern unterschieden werden müsste. Denn nicht in jedem Fall wird ein Privater als Betreuer bestellt. Nach § 1900 Abs. 4 BGB kann nämlich unter den dort genannten Voraussetzungen auch

---

341 Vgl. *Dreier*, in: Dreier, GG Art. 1 III Rn. 39.

342 Vgl. *Dreier*, in: Dreier, GG Art. 1 III Rn. 40.

343 Vgl. BGH, NJW 2012, 2967 (2970).

344 Vgl. BVerfG, Beschluss vom 10. Februar 1960–1 BvR 526/53, 1 BvR 29/58 –, Rn. 78 (juris) = BVerfGE 10, 302–331: Vormunschaft: „beruht also auf staatlichem Hoheitsakt“.

345 Vgl. BVerfG, Urteil vom 09. Februar 1982–1 BvR 845/79 –, Rn. 64 (juris) = BVerfGE 59, 360–392: „dieses ‚natürliche Recht‘ den Eltern nicht vom Staate verliehen worden ist, sondern von diesem als vorgegebenes Recht anerkannt wird“; Entscheidung vom 29. Juli 1968–1 BvL 20/63, 1 BvL 31/66 –, Rn. 70 (juris) = BVerfGE 24, 119): „Der Verfassunggeber geht davon aus, daß diejenigen, die einem Kinde das Leben geben, von Natur aus bereit und berufen sind, die Verantwortung für seine Pflege und Erziehung zu übernehmen“.

eine Behörde zum Betreuer bestellt werden (Behördenbetreuer). Dass Behördenbetreuer bei ihrer Amtsausübung grundrechtsverpflichtet sind, liegt auf der Hand.[346]

Die ablehnende Haltung gegenüber der Grundrechtsbindung des Betreuers ist wohl nur vor dem Hintergrund der überkommenen Einordnung des Betreuungsrechts in das bürgerliche Recht und der nicht statthaften Parallelisierung zur elterlichen Erziehungsgewalt erklärlich. Dabei ist es verfehlt aus dem Kompetenztitel (Art. 74 Abs. 1 Nr. 1 GG)[347] oder dem Kodifikationsort BGB etwas über die Grundrechtsbindung herzuleiten. Der Blick darf dabei auch nicht dadurch getrübt werden, dass die Handlungsinstrumente des Betreuers vielfach zivilrechtlicher Natur sind.[348] Im Rahmen der Fürsorge nimmt der Betreuer auch eine öffentliche Funktion wahr.[349] Der Staat kann sich von der Grundrechtsbindung nicht dadurch befreien, dass er eine Privatperson zur Wahrung einer öffentlichen Aufgabe bestellt und dieser die Entscheidung über den Einsatz staatlicher Machtmittel überlässt.[350] 147

Die Ausgestaltung des Instituts der Betreuung *orientiert* sich am Leitbild der elterlichen Sorge:[351] Das Betreuungsverhältnis steht entsprechend der elterlichen Sorge unter Mitwirkung und Kontrolle eines Gerichts. Während die elterliche Sorge unter Aufsicht des Familiengerichts steht (vgl. nur § 1632 BGB), kommt diese Funktion im Betreuungsrecht dem Betreuungsgericht zu. Wie die elterliche Sorge die Vertretung des Kindes (§§ 1626, 1629 BGB) umfasst, wird auch dem Betreuer die Rechtsmacht eines gesetzlichen Vertreters eingeräumt (§ 1902 BGB). Gemäß § 1927 BGB haben die Eltern die elterliche Sorge zum Wohle des Kindes auszuüben; ebenso hat auch der Betreuer den Wünschen des Betreuten zu entsprechen, soweit dessen Wohl nicht zuwiderläuft (§ 1901 Abs. 3 S. 1 BGB). Dieses Elternrecht dient nicht der Selbstbestimmung der Eltern, sondern dem Schutz des Kindes.[352] Der Staat darf in das Erziehungsrecht der Eltern grundsätzlich nur dann eingreifen, wenn 148

346 Vgl. BVerfG, Beschluss vom 10. Februar 1960–1 BvR 526/53, 1 BvR 29/58 –, Rn. 72 (juris) = BVerfGE 10, 302–331: „Läßt der Staat die Vormundschaft durch Beamte führen, dann handeln sie in Ausübung öffentlicher Gewalt".

347 Siehe hierzu oben unter Rn. 88.

348 Vgl. BVerfG, Beschluss vom 10. Februar 1960–1 BvR 526/53, 1 BvR 29/58 –, Rn. 72 und 74 (juris) = BVerfGE 10, 302–331.

349 BGH, NJW 2012, 2967 (2970); BGH, NJW 2006, 1277 (1279).

350 BGH, NJW 2012, 2967 (2970); vgl. für die Stellung des vormaligen Vormundes BVerfG, NJW 1060, 811 (813): „Es verbietet sich hiernach, die Unterbringung volljähriger Geisteskranker durch den Vormund rechtlich so zu würdigen, als ob die Freiheitsentziehung sich im Rahmen privatrechtlicher Beziehungen zwischen Staatsbürgern abspielte. Der Staat kann sich von der Grundrechtsbindung nicht dadurch befreien, daß er einen Privatmann zur Wahrung einer öffentlichen Aufgabe bestellt und ihm die Entscheidung über den Einsatz staatlicher Machtmittel überläßt."; vgl. *Pardey*, FamRZ 1989, 1030 (1033).

351 Dazu und zum Folgenden *Gessaphe*, Betreuer, S. 180.

352 Vgl. nur BVerfG, NJW 1982, 1375 (1376).

das dem Staat nach Art. 6 Abs. 2 S. 2 GG zukommende Wächteramt dies gebietet.[353] Oberste Richtschnur der elterlichen Pflege und Erziehung ist das Kindeswohl.[354] Komplementär zu diesem Elternrecht statuiert Art. 6 Abs. 2 S. 1 GG die Grundpflicht der Eltern.[355] Infolgedessen wird das Elternrecht als dienendes Grundrecht, als ein fiduziarisches Recht bzw. als eine im echten Sinne anvertraute treuhänderische Freiheit bezeichnet.[356] Als pflichtgebundenes Recht dient das Elternrecht dem Wohle des Kindes und muss seinem Wesen und Zweck nach zurücktreten, wenn das Kind ein Alter erreicht hat, in dem es eine genügende Reife zur selbstständigen Beurteilung der Lebensverhältnisse und zum eigenverantwortlichen Auftreten im Rechtsverkehr erlangt hat.[357] Das Elternrecht, als ein Recht, das um des Kindes und dessen Persönlichkeitsentfaltung willen besteht, wird in dem Maße, in dem das Kind in die Mündigkeit hineinwächst, überflüssig und gegenstandslos.[358] Selbiges gilt auch im Betreuungsrecht. Das Wohl des Betreuten ist Maßstab für das Verhalten des Betreuers und überdies Grundziel des Betreuungsrechts.[359] Ferner surrogiert der Betreuer ebenso wie die Eltern Selbstbestimmungsdefizite des Betroffenen.[360] Die verbliebenen Selbstbestimmungsmöglichkeiten des Betroffenen sind seitens des Betreuers zu achten und zu fördern.[361]

149 Gegen die Grundrechtsbindung des Betreuers können auch nicht Grundrechte des Betreuers, insbesondere nicht Art. 6 GG, ins Feld geführt werden. Zwar wäre eine Grundrechtsbindung in der Tat ausgeschlossen, wenn der Betreuer sich hinsichtlich der Ausübung seiner Betreuerbefugnisse auf Grundrechte berufen könnte, da ein Verhalten nicht zugleich in Ausübung grundrechtlicher Freiheit und in grundrechtlicher Bindung erfolgen kann (sog. Konfusionsargument[362]). Ein grundrechtlicher Schutz bei der Ausübung von Betreuerbefugnissen besteht jedoch nicht. Abgesehen von Art. 6 GG schützt kein Grundrecht die Fremdbestimmung über Dritte.

150 Auf Art. 6 GG kann sich der Betreuer grundsätzlich[363] nicht berufen.[364] Dass das einfachgesetzliche Betreuungsrecht sich am einfachgesetzlichen Recht der elterlichen Sorge orientiert, darf insoweit nicht zu falschen verfassungsrechtlichen

353 BVerfG, NJW 1982, 1375 (1376).
354 Vgl. nur BVerfG, NJW 1982, 1375 (1376).
355 BVerfG, NJW 1982, 1375 (1376).
356 BVerfG, NJW 1982, 1375 (1376) m.w.N.
357 BVerfG, NJW 1982, 1375 (1378).
358 BVerfG, NJW 1982, 1375 (1378).
359 BT-Drs. 11/4528, S. 52, 53.
360 *Gessaphe*, Betreuer, S. 59.
361 BT-Drs. 11/4528, S. 52, 58.
362 Zum Konfusionsargument mit weiteren Nachweisen *Storr*, Der Staat als Unternehmer, S. 188 ff.; *Goldhammer*, JuS 2014, 891 (894).
363 Einen Sonderfall bildet es, wenn die Eltern oder Familienangehörige zu Betreuern bestellt werden. Hierzu unter Rn.151.
364 Vgl. BVerfG, Beschluss vom 10. Februar 1960–1 BvR 526/53, 1 BvR 29/58 –, Rn. 77 (juris): zum Vormund.

Parallelisierungen verleiten. Bereits der persönliche Anwendungsbereich ist *nicht* eröffnet: Der Betreuer ist kein Familienmitglied, sondern „Vertrauensperson des fürsorgenden Staates".[365] Einer Ausdehnung steht weiter der eindeutige Wortlaut des Art. 6 Abs. 2 GG entgegen. Danach sind Pflege und Erziehung der Kinder das *natürliche Recht* der Eltern. Dieses „natürliche Recht" ist den Eltern nicht vom Staat verliehen worden, sondern wird von diesem als vorgegebenes Recht anerkannt.[366] Es beruht auf dem Grundgedanken, dass Eltern das Wohl ihres Kindes in aller Regel mehr am Herzen liegt als irgendeiner anderen Person oder Institution.[367] In diesem – dem Schutzbereich des Art. 6 Abs. 2 GG zugrunde liegenden – Rechtsgrund unterscheidet sich die Betreuung von der elterlichen Sorge.[368] Das Institut der Betreuung ist eine staatliche Einrichtung und wird auch erst durch die betreuungsgerichtliche Bestellung begründet.[369] Im Unterschied zur elterlichen Gewalt, welche auf dem natürlichen Verhältnis der Eltern zu ihren Kindern beruht und unmittelbar kraft Gesetzes eintritt, beruht die Rechtsmacht des Betreuers über den Betroffenen auf einem staatlichen Hoheitsakt.[370] Auch besteht zwischen der vom Betreuungsgericht als Betreuer auszuwählenden Person und dem Betroffenen nicht zwangsläufig eine verwandtschaftliche oder sonstige persönliche Bindung (vgl. § 1897 Abs. 5 BGB), welche Grundlage eines natürlichen Handelns zum Wohle des Betroffenen begründet. Die Gefahr des Missbrauchs der eingeräumten Befugnisse dürfte daher erheblich größer sein.[371]

Besonderheiten gelten hinsichtlich der Eltern und Familienangehörigen des Be- 151
troffenen. Soweit diese zu Betreuern des Betroffenen bestellt werden, sind sie in ihrer familienrechtlichen Fürsorge durch Art. 6 Abs. 1 GG geschützt.[372] Der Schutzbereich des Art. 6 Abs. 1 GG erfasst insbesondere auch das Verhältnis von Eltern zu ihren *volljährigen* Kindern.[373] Dabei garantiert Art. 6 GG den Eltern grundsätzlich den Vorrang bei der Verantwortung ihres hilfsbedürftigen Kindes.[374] Dieser

---

365 BVerfG, Beschluss vom 10. Februar 1960–1 BvR 526/53, 1 BvR 29/58 –, Rn. 77 (juris): zum Vormund; vgl. *Coester-Waltjen*, in: Münch/Kunig, GG, Art. 6 Rn. 74; *von Coelln*, in: Sachs, Art. 6 Rn. 54; *Gessaphe*, Betreuer, S. 180; *Uhle*, in: Epping/Hillgruber, BeckOK GG, Art. 6 Rn. 59 für den (früheren) Vormund für einen Volljährigen.

366 So ausdrücklich BVerfG, NJW 1982, 1375 (1376).

367 BVerfG, NJW 1982, 1375 (1376).

368 Vgl. BVerfG, NJW 1960, 811 (813) für die dem Institut der Betreuung vorausgegangene Vormundschaft.

369 Vgl. BVerfG, NJW 1960, 811 (813) für die dem Institut der Betreuung vorausgegangene Vormundschaft.

370 Vgl. BVerfG, NJW 1960, 811 (813) für die dem Institut der Betreuung vorausgegangene Vormundschaft.

371 Vgl. zur Missbrauchsgefahr BGH, NJW 1960, 811 (812).

372 *Lipp*, Freiheit und Fürsorge, S. 136.

373 BVerfG, NJW 1981, 1943 (1943); BayObLG, NJW-RR 2001, 1514 (1515) m.w.N.

374 BVerfG, NJW-RR 2006, 1009 (1010); BayObLG, NJW-RR 2001, 1514 (1515).

Verfassungsgrundsatz gebietet eine bevorzugte Berücksichtigung der Eltern bei der Auswahl von Betreuern für deren Kinder.[375] Entgegen der Auffassung des Bundesverfassungsgerichts ist der verfassungsrechtliche Anknüpfungspunkt hierfür jedoch nicht in Art. 6 Abs. 2 GG[376], sondern die durch Art. 6 Abs. 1 GG geschützte familiäre Verbundenheit. Dies folgt zum einen schon daraus, dass das Bundesverfassungsgericht den Anspruch nicht auf die Eltern begrenzt[377], die aber allein in Art. 6 Abs. 2 GG geschützt werden. Zum anderen endet die durch Art. 6 Abs. 2 GG geschützte elterliche Sorge mit der Volljährigkeit des Kindes.[378] Auch die Abwägungsfähigkeit der Elternbestellung spricht gegen die Verortung in Art. 6 Abs. 2 GG. Der Vorrang bei der Betreuerauswahl gilt nämlich nicht, sofern der Zweck der Fürsorgemaßnahme wegen einer konkreten Interessenkollision oder aus anderen Gründen die Bestellung eines Dritten verlangt.[379]

152 Werden Eltern oder Familienangehörige zu Betreuern bestellt, so ist auch deren Ausübung der Betreuerbefugnisse – nicht anders als bei nicht familiären Betreuern – Ausübung grundrechtsgebundener Staatsgewalt. Dies gilt auch für die Eltern des volljährigen Betreuten, da die Wahrnehmung der Betreuerbefugnisse nicht in Ausübung der Elternrechte des Art. 6 Abs. 2 GG erfolgt. Dies erscheint zunächst als eine unnatürliche Verkomplizierung, wenn man sich folgende, praktisch häufig vorkommende Sachlage vergegenwärtigt: Die Eltern eines minderjährigen, behinderten Kindes üben verantwortungsvoll die elterliche Sorge aus. In ihrem Tun sind sie grundrechtlich geschützt durch Art. 6 Abs. 2 S. 1 GG. Da das Kind volljährig wird, werden die Eltern zu dessen Betreuern bestellt. Im Alltag wird das Leben wie bisher fortgesetzt. Das Handeln der Eltern soll nunmehr aber nicht mehr grundrechtlich geschützt sein? Dies ist jedoch Folge davon, dass das Elternrecht aus Art. 6 Abs. 2 GG nur ein *auf Zeit gewährtes Fremdbestimmungsrecht* ist, das mit der Volljährigkeit des Kindes endet. Erwachsenenfürsorge ist gerade keine fortgesetzte Minderjährigenfürsorge. Dies zeigt sich schon daran, dass die Minderjährigenfürsorge mit einem Erziehungsauftrag verbunden ist, der der Erwachsenenfürsorge fremd ist.[380] Im Übrigen ergäbe sich andernfalls auch das kuriose Ergebnis, dass die Betreuungsausübung der Eltern über ihr volljähriges Kind grundrechtlich geschützt wäre, die Ausübung der Betreuung durch das volljährige Kind über ein Elternteil jedoch nicht. Denn insoweit dürfte es unstreitig sein, dass Art. 6 Abs. 2 S. 1 GG keine Fremdbestimmungsmacht des (erwachsenen) Kindes über seine Eltern verbürgt.

---

375 Zur einfachgesetzlich geregelten Betreuerauswahl bereits unter Rn. 78 ff.

376 BVerfG, NJW-RR 2006, 1009 (1010); NJW 2009, 1133.

377 Vgl. BVerfG, NJW-RR 2006, 1009 (1010): „bevorzugte Berücksichtigung von Familienmitgliedern"; NJW 2009, 1134: Anspruch der Großeltern.

378 BVerfGE 59, 360 (382); 72, 122 (138); *Jarass*/Pieroth, GG, Art. 6 Rn. 44.

379 BVerfG, NJW-RR 2006, 1009 (1010).

380 Vgl. BVerfG, Beschluss vom 10. Februar 1960–1 BvR 526/53, 1 BvR 29/58 –, Rn. 76 (juris) = BVerfGE 10, 302–331: „gegenüber dem volljährigen Mündel hat der Vormund im allgemeinen keine Erziehungsaufgaben".

5. Die Einwilligung des Betroffenen

153 In der Praxis sind die Betroffenen nach Erfahrung der Verfasserin überwiegend mit der Betreuerbestellung bzw. mit den anschließend vom Betreuer konkret veranlassten Maßnahmen einverstanden. Vielfach erfolgt die Betreuungseinrichtung auch auf Antrag des Betroffenen selbst. In diesen Fällen stellt sich die Frage, ob die im Einverständnis mit dem Betroffenen erfolgte Betreuerbestellung bzw. vom Betreuer veranlasste Maßnahme ebenso einen Grundrechtseingriff darstellt wie die gegen den Willen des Betroffenen eingerichtete Betreuung bzw. seitens des Betreuers vorgenommene Maßnahme.

154 Ob und inwieweit eine Einwilligung des Grundrechtsträgers in Beeinträchtigungen seiner Grundrechte zulässig ist, ist noch nicht abschließend geklärt.[381] Indes besteht inzwischen weitgehend Einigkeit darüber, dass der Grundrechtsträger in *konkrete* Beeinträchtigungen von Grundrechten einwilligen kann.[382] Ein derart verstandener Grundrechtsverzicht ist grundsätzlich durch das Selbstbestimmungsrecht in Art. 2 Abs. 1 GG gewährleistet und damit Ausdruck der Freiheitsbetätigung selbst.[383] Soweit danach eine Einwilligung in Grundrechtseingriffe grundsätzlich möglich ist, fragt sich, welche Wirksamkeitsvoraussetzungen an diese zu stellen sind. Neben dem Erfordernis der Einwilligungserklärung[384] und der Dispositionsbefugnis[385] bedarf es für die Wirksamkeit der Einwilligung der Einsichts- und Handlungsfähigkeit des Betroffenen.[386] Ist der Betroffene hingegen aufgrund seiner Krankheit oder Behinderung zur *freien* Selbstbestimmung nicht fähig (sog. krankheitsbedingte Einsichtsunfähigkeit oder Unfähigkeit zu einsichtsgemäßem Verhalten[387]), nimmt dessen erteilte Einwilligung der Maßnahme nicht den Eingriffscharakter.[388]

155 Ist der Betroffene zur Abgabe einer wirksamen Einwilligung aufgrund seiner krankheitsbedingten Einsichts- bzw. Steuerungsunfähigkeit nicht in der Lage, stellt sich die Frage, ob der Betreuer für den Betroffenen in Grundrechtseingriffe einwilligen kann, mit der Folge, dass diese die Eingriffsqualität der Maßnahme entfallen ließe. Diese Konstellation betrifft beispielsweise ärztliche Zwangsmaßnahmen.

---

381 *Gessaphe*, Betreuer, S. 63; *Bleckmann*, Staatsrecht II, § 15 I vor 1; *Sachs*, in: Sachs, GG, Vor Art. 1 Rn. 52; *Stern*, in: Stern, Staatsrecht III/2, § 86.

382 BVerfG, NJW 2011, 2113 (2114); *Bleckmann*, JZ 1988, 57 (58); *Jarass/Pieroth*, Vorb. vor Art. 1 GG Rn. 36a.

383 *Bleckmann*, Staatsrecht II, § 15 V; *Starck*, in: *Mangoldt/Klein/Starck*, Art. 1 GG Rn. 300; *Gessaphe*, Betreuer, S. 64; *Fischinger*, JuS 2007, 808 (809); vgl. *Lipp*, Freiheit und Fürsorge, S. 123.

384 Hiezu *Sachs*, in: Sachs, GG, Vorb. Art. 1 GG Rn. 55.

385 Hierzu umfassend *Stern*, in: Stern, Staatsrecht III/2, § 86 II 4 f., 5 lit. c; vgl. *Pieroth/Schlink*, Grundrechte, Rn. 152.

386 BVerfG, NJW 2011, 2113 (2114); *Gessaphe*, Betreuer, S. 64.

387 Diesen Begriff verwendend BVerfG, NJW 2011, 2113 (2114).

388 BVerfG, NJW 2011, 2113 (2114); *Lipp*, Freiheit und Fürsorge, S. 123, 124.

Das Bundesverfassungsgericht hat indes zutreffend festgestellt, dass die Einwilligung des für einen einsichtsunfähigen Betroffenen bestellten Betreuers in ärztliche Zwangsmaßnahmen nicht deren Eingriffscharakter beseitigt, da der Eingriffscharakter darin liegt, dass die Maßnahme gegen den natürlichen Willen des Betroffen erfolgt.[389] Insoweit ist nach oben zu verweisen auf die Feststellung, dass der Betreuer grundrechtsgebunden ist. Es wäre widersinnig, wenn man eine Grundrechtsbindung annähme und es gleichzeitig zuließe, dass er wirksam für den Betreuten in Grundrechtseingriffe einwilligen könnte. Die Grundrechtsbindung liefe faktisch leer, da in der Ausübung von Betreuerbefugnissen konkludent eine Einwilligung zu sehen wäre. Insoweit kann auf den allgemeingültigen Rechtsgedanken des § 181 BGB verwiesen werden, der auch im Verfassungsrecht trägt.

389 BVerfG, NJW 2011, 2113 (2114).

D. Die Betreuung im Zivilprozess

In diesem Abschnitt werden die Auswirkungen einer bestehenden Betreuung auf den Zivilprozess beleuchtet. Maßgebliche Bedeutung erlangt dabei die Frage, ob der Betreute prozessfähig im Sinne des § 52 ZPO ist. Da § 52 ZPO auf die Fähigkeit, sich durch Verträge zu verpflichten verweist, wird die Auswirkung der Betreuerbestellung auf diese Fähigkeit ausführlich dargestellt. In einem weiteren Schwerpunkt werden die prozessualen Folgen des § 53 ZPO herausgearbeitet, der die Vertretung von prozessfähigen Betreuten betrifft. Dieser Abschnitt wird abgerundet durch eine Darstellung der Rechte und Pflichten des Betreuers als gesetzlicher Vertreter des Betreuten im Sinne des Zivilprozessrechts. 156

I. Die Prozessfähigkeit des Betreuten

Der Zivilprozess wird üblicherweise durch den Eingang der Klageschrift in Gang gesetzt. Ihr kommt es zu, den Kläger und den Beklagten zu bestimmen. Der Betreute kann dabei auf jeder der beiden Seiten erscheinen, entweder als Kläger oder als Beklagter. Insoweit ist dann zu klären, ob der Betreute die parteibezogenen Sachurteilsvoraussetzungen erfüllt. Die Parteifähigkeit des Betreuten bedarf keiner näheren Erörterung. Er ist als natürliche Person rechtsfähig und damit parteifähig (§ 50 Abs. 1 ZPO i.V.m. § 1 BGB). Vertiefter Betrachtung bedarf dagegen die Prozessfähigkeit des Betreuten. 157

Die Prozessfähigkeit regelt § 51 ZPO. Prozessfähigkeit ist die „Fähigkeit einer Partei, vor Gericht zu stehen". Dies bedeutet über den rein formalen Akt vor Gericht zu stehen, das Vermögen, prozessrechtlich wirksame Erklärungen abgeben zu können.[390] Die Prozessfähigkeit beschreibt die prozessuale Handlungsfähigkeit, die persona legitima standi in judicio des gemeinen Zivilprozessrechts.[391] Sie ist das prozessuale Pendant zur Handlungsfähigkeit des bürgerlichen Rechts.[392] Es ist die Fähigkeit, einen Prozess als Partei selbst zu führen oder durch einen selbst bestellten Vertreter führen zu lassen.[393] Die Prozessfähigkeit ist von eminenter Bedeutung, da sie Prozessvoraussetzung[394] und zugleich Prozesshandlungsvoraussetzung ist.[395] Als 158

390 *Petersen*, ZZP 47 (1918), 377 (380); *Bork*, in: Stein/Jonas, ZPO, § 51 Rn. 1.
391 *Petersen*, ZZP 47 (1918), 377 (379); vgl. *Weth*, in: Musielak, ZPO, § 52 Rn. 1.
392 *Rosenberg/Schwab/Gottwald*, ZPO, § 44 Rn. 2.
393 *Bork*, in: Stein/Jonas, ZPO, § 51 Rn. 1; *Vollkommer*, in: Zöller, ZPO, § 52 Rn. 1.
394 BGH, NJW-RR 2011, 284 (284).
395 *Weth*, in: Musielak, ZPO, § 52 Rn. 1; Prozesshandlungen sind prozessgestaltende Betätigungen des Gerichts oder der Parteien. Sie wirken auf den Prozess ein, indem sie das Verfahren einleiten, fortsetzen und beenden (*Musielak*, in: Musielak, ZPO, Einleitung, Rn. 58).

Prozessvoraussetzung bedingt ihr Fehlen (im Zeitpunkt der Entscheidung) notwendig die Klageabweisung durch Prozessurteil.[396] Als Prozesshandlungsvoraussetzung ist sie Wirksamkeitsbedingung jeder einzelnen prozessualen Handlung.

159 Das Erfordernis der Prozessfähigkeit beschränkt den Zugang zu den Gerichten. Dies ist jedoch sachlich legitimiert durch den Schutz der nicht prozessfähigen Partei vor den nachteiligen Folgen unsachgemäßer Prozessführung.[397] Ergänzend soll auch das Interesse des Prozessgegners an einem geordneten und zielgerichteten Rechtsgang geschützt werden.[398]

1. Prüfung der Prozessfähigkeit im Verfahren

160 Die Prozessfähigkeit ist stets von Amts wegen in jeder Lage des Verfahrens zu prüfen (§ 56 Abs. 1 ZPO).[399] Da Störungen der Geistestätigkeit nach der Lebenserfahrung die Ausnahmeerscheinung bilden, ist im Allgemeinen von der Prozessfähigkeit einer Partei auszugehen.[400] Nur wenn konkrete Anhaltspunkte für eine Prozessunfähigkeit vorliegen, hat das mit der Sache befasste Gericht von Amts wegen zu ermitteln, ob eine Prozessunfähigkeit tatsächlich vorliegt.[401] Da insoweit der Amtsermittlungsgrundsatz gilt, ist das Gericht prozessual verpflichtet, alle in Frage kommenden Beweise von Amts wegen zu erheben.[402] Dabei ist es nicht an die förmlichen Beweismittel des Zivilprozesses gebunden, vielmehr gilt der Grundsatz des Freibeweises.[403] Verbleiben nach Erschöpfung aller erschließbarer Erkenntnisquellen Zweifel am Vorhandensein der Prozessfähigkeit, gehen diese nicht aufklärbaren Zweifel zu Lasten der betroffenen Partei.[404]

2. Geschäftsfähigkeit als Voraussetzung der Prozessfähigkeit

161 Um die Auswirkungen der Betreuung auf die Prozessfähigkeit zu beleuchten, gilt es zunächst, die Voraussetzungen der Prozessfähigkeit darzustellen. Zentralnorm ist insoweit § 51 Abs. 1 ZPO: „Die Fähigkeit einer Partei, vor Gericht zu stehen, [...] bestimmt sich nach den Vorschriften des bürgerlichen Rechts, soweit nicht die nachfolgenden Paragraphen abweichende Vorschriften enthalten". Bei isolierter Betrachtung geht dieser Verweis ins Leere, da das bürgerliche Recht keine allgemeine

---

396 *Hübsch*, in: BeckOK, ZPO, § 52 Rn. 7.

397 Vgl. *Lindacher*, in: MüKo, ZPO, § 52 Rn. 2; vgl. *Hübsch*, in: BeckOK, ZPO, § 51 Rn. 2; *Weth*, in: Musielak, ZPO, § 52 Rn. 1.

398 *Lindacher*, in: MüKo, ZPO, § 52 Rn. 2; *Weth*, in: Musielak, ZPO, § 52 Rn. 1.

399 *Bork*, in: Stein/Jonas, ZPO, § 51 Rn. 6.

400 BGH, NJW-RR, 157, (157); NJW 1996, 1059 (1060).

401 BGH, NJW 1996, 1059 (1060).

402 BGH, NJW 1996, 1059 (1060); a.A. *Vollkommer*, in: Zöller, ZPO, § 56 Rn. 4.

403 BGH, NJW-RR 2011, 284 (284).

404 BGH, NJW 1996, 1059 (1060).

Bestimmung zu dieser Fähigkeit trifft. Verständlich wird der Verweis jedoch vor dem Hintergrund des § 52 ZPO.[405] Nach § 52 ZPO ist eine Person insoweit prozessfähig, als sie sich durch Verträge verpflichten kann.

§ 52 ZPO verknüpft die Prozessfähigkeit mit der Fähigkeit, sich durch Ver- 162
träge zu verpflichten. Insoweit verweist er auf die Kategorie der Geschäftsfähigkeit.[406] Unerheblich ist, ob ein einzelnes Rechtsgeschäft bei Vorliegen bestimmter Voraussetzungen auch wirksam sein kann.[407] Nur wer *voll* geschäftsfähig ist, ist prozessfähig. Prozessunfähig ist daher zunächst jeder, der geschäftsunfähig ist. Die Geschäftsfähigkeit fehlt Kindern unter sieben Jahren (§ 104 Nr. 1 BGB) und Personen, die sich *nicht nur vorübergehend* in einem die freie Willensbildung ausschließenden Zustand krankhafter Störung der Geistestätigkeit befinden (§ 104 Nr. 2 BGB). Eine nur vorübergehende Geistesstörung hat keinen Einfluss auf die Geschäftsfähigkeit. Die auf einen Zustand der krankhaften Störung der Geistestätigkeit beruhende Geschäftsunfähigkeit muss sich nicht zwangsläufig auf alle Lebensbereiche erstrecken, sondern kann auch auf bestimmte Tatsachenkomplexe begrenzt sein (sog. partielle Geschäftsunfähigkeit).[408] So kommt es in der Praxis häufig vor, dass Betroffene ausschließlich in dem Bereich der Vermögensangelegenheiten keinen freien Willen (mehr) haben; in den übrigen Lebensbereichen ein solcher aber durchaus noch gegeben ist. In diesen Fällen ist der Betroffene lediglich partiell prozessunfähig.[409]

Grundsätzlich[410] führt auch die beschränkte Geschäftsfähigkeit zur Prozess- 163
unfähigkeit. Beschränkt geschäftsfähig sind Minderjährige über 7 Jahren (vgl. § 107 BGB). Sie können sich grundsätzlich nicht selbstständig durch Verträge verpflichten, da sie zu einer Willenserklärung, durch die sie nicht lediglich einen rechtlichen Vorteil erlangen, gemäß § 107 BGB der Einwilligung ihrer gesetzlichen Vertreter bedürfen. Dabei ist unerheblich, dass Willenserklärungen beschränkt Geschäftsfähiger dann wirksam sind, wenn es sich um ein lediglich rechtlich vorteilhaftes oder neutrales Rechtsgeschäft[411] handelt. Für die Frage der Prozessfähigkeit ist entscheidend, dass beschränkt Geschäftsfähige nach bürgerlichem Recht nicht einschränkungslos Verträge schließen können. Beschränkt Geschäftsfähige sind nicht fähig, sich selbst, d.h. ohne Mitwirkung eines Dritten, zu verpflichten.[412]

---

405 Vgl. *Rosenberg/Schwab/Gottwald*, ZPO, § 44 Rn. 3; zum Teil wird der Verweis in § 51 ZPO auf das bürgerliche Recht auch für *gegenstandslos* erachtet: so *Bork*, in: Stein/Jonas, ZPO, § 51 Rn. 2.

406 *Lindacher*, in: MüKo, ZPO, § 52 Rn. 3.

407 *Rosenberg/Schwab/Gottwald*, ZPO, § 44 Rn. 6.

408 Vgl. *Bier*, in: Schoch/Schneider/Bier, VwGO, § 62 Rn. 7.

409 Vgl. *Bier*, in: Schoch/Schneider/Bier, VwGO, § 62 Rn. 7.

410 Eine Ausnahme findet sich zum Beispiel in § 125 Abs. 1 FamFG.

411 Hierzu nur *Ellenberger*, in: Palandt, BGB, § 107 Rn. 2 f.

412 *Weth*, in: Musielak, ZPO, § 52 Rn. 4.

Überdies ist jede Prozessführung risikobehaftet[413] und damit nachteilhaft. Kurzum: Eine der beschränkten Geschäftsfähigkeit entsprechende beschränkte Prozessfähigkeit gibt es nicht.[414] Eine beschränkt geschäftsfähige Person erlangt auch nicht dadurch die Prozessfähigkeit, dass ihr gesetzlicher Vertreter in die Prozessführung einwilligt.[415]

164 Indes ist der Minderjährige nicht in jedem Fall in seiner Geschäftsfähigkeit beschränkt. Vielmehr ordnet das Gesetz für bestimmte gegenständlich begrenzte Bereiche die uneingeschränkte Geschäftsfähigkeit des Minderjährigen an (sog. partielle Geschäftsfähigkeit): Für den Fall, dass der gesetzliche Vertreter des Minderjährigen mit Genehmigung des Familiengerichts diesen zum selbstständigen Betrieb eines Erwerbsgeschäftes ermächtigt, ist der Minderjährige für solche Rechtsgeschäfte unbeschränkt geschäftsfähig, welche der Geschäftsbetrieb mit sich bringt (§ 112 Abs. 1 BGB). Selbiges gilt für Dienst- oder Arbeitsverhältnisse: Ermächtigt der gesetzliche Vertreter den Minderjährigen in Dienst oder in Arbeit zu treten, so ist der Minderjährige für solche Rechtsgeschäfte unbeschränkt geschäftsfähig, welche die Eingehung oder Aufhebung eines Dienst- oder Arbeitsverhältnisses der gestatteten Art oder die Erfüllung der sich aus einem solchen Verhältnis ergebenden Verpflichtungen betreffen (§ 113 Abs. 1 BGB). In diesen gegenständlich begrenzten Bereichen können sich Minderjährige selbstständig durch Verträge verpflichten. Mithin besitzen sie in diesem gegenständlich begrenzten Bereich auch die Prozessfähigkeit.[416] Diese auf ein bestimmtes Sachgebiet beschränkte Prozessfähigkeit wird zutreffend auch als *gegenständlich beschränkte Prozessfähigkeit* bezeichnet.[417]

Verknüpfungswirkung des § 52 ZPO:				
Materielles Recht	geschäftsfähig		beschränkt geschäftsfähig	geschäftsunfähig
	allgemein	partiell		
Prozessrecht	prozessfähig		prozessunfähig	
			Ausnahme: § 125 I FamFG	Ausnahme: § 275 FamFG

413 *Rosenberg/Schwab/Gottwald*, ZPO, § 44 Rn. 11; *Bier*, in: Schoch/Schneider/Bier, VwGO, § 62 Rn. 5.

414 *Lindacher*, in: MüKo, ZPO, § 52 Rn. 4; *Bier*, in: Schoch/Schneider/Bier, VwGO, § 62 Rn. 5.

415 *Petersen*, ZZP 47 (1918), 377 (380); *Lindacher*, in: MüKo, ZPO, § 52 Rn. 3.

416 *Bork*, in: Stein/Jonas, ZPO, § 52 Rn. 2; *Petersen*, ZZP 47 (1918), 377 (380).

417 *Hübsch*, in: BeckOK, ZPO, § 52 Rn. 2.

3. Folgen der Prozessunfähigkeit

Ist eine Partei prozessunfähig, so besteht ein materiell gültiges Prozessrechtsverhältnis nur, wenn ein gesetzlicher Vertreter vorhanden ist.[418] Die gesetzliche Vertretung der Partei ersetzt deren fehlende Prozessfähigkeit.[419] Es kann durch kein anderes Vertretungsverhältnis ersetzt werden.[420] Für die prozessunfähige Partei muss der gesetzliche Vertreter handeln.[421] Gibt es keinen gesetzlichen Vertreter ist eine Prozessführung nicht möglich.[422] Gegen eine prozessunfähige Partei, die keinen gesetzlichen Vertreter hat, kann daher – vorbehaltlich des § 57 ZPO[423] – eine Klage nicht gültig erhoben werden.[424] Die gesetzliche Vertretung Prozessunfähiger ist Sachurteilsvoraussetzung.[425] Sie muss spätestens im Zeitpunkt der letzten mündlichen Verhandlung vorliegen. Liegt sie nicht vor, ergeht kein Sachurteil, sondern ein klageabweisendes Prozessurteil. 165

Indes muss das Prozessgericht darauf hinwirken, dass ein nach Auffassung des Gerichts prozessunfähiger Kläger seine prozessualen Rechte wahrnehmen kann.[426] Ist eine Partei prozessunfähig, kann sie sich nicht eigenverantwortlich äußern; mithin kann ihr nur durch Anhörung des gesetzlichen Vertreters wirksam rechtliches Gehör gewährt werden.[427] Das Prozessgericht muss durch seine Verfahrensgestaltung dafür sorgen, dass dem Kläger rechtliches Gehör gewährt wird.[428] Das Gericht muss den Kläger darauf hinweisen, dass dieser selbst für eine ordnungsgemäße Vertretung zu sorgen hat und sich um die Bestellung eines Betreuers beim Betreuungsgericht bemühen muss.[429] Hierfür hat es dem Kläger – vor Erlass des Prozessurteils – die nötige Zeit einzuräumen.[430] Dabei hat das Prozessgericht in Rechnung zu stellen, dass selbst die Bestellung eines vorläufigen Betreuers durch einstweilige Anordnung nach § 300 FamFG stets eine ärztliche Stellungnahme sowie die persönliche Anhörung des Betroffenen durch das Betreuungsgericht voraussetzt, was eine gewisse Zeit in Anspruch nimmt.[431] Hat der Kläger entsprechend des Hinweises die Betreuungseinrichtung beim Betreuungsgericht beantragt, hat das 166

---

418 Vgl. RGZ 66, 240 (242).
419 *Gessaphe*, in: FS Bienwald 2006, 276 (280).
420 RGZ 66, 240 (242).
421 *Bork*, in: Stein/Jonas, ZPO, § 51 Rn. 23.
422 *Bork*, in: Stein/Jonas, ZPO, § 51 Rn. 23.
423 Nach § 57 ZPO kann auf Antrag des Klägers ein Prozesspfleger bestellt werden, wenn Klage gegen eine prozessunfähige Partei, die ohne gesetzlichen Vertreter ist, erhoben werden soll und Gefahr im Verzug ist.
424 RGZ 66, 240 (242).
425 Vgl. statt aller *Vollkommer*, in: Zöller, ZPO, § 51 Rn. 8.
426 BAG, FamRZ 2014, 1457 (1458).
427 BGH, NJW-RR 2011, 284 (285).
428 BGH, NJW-RR 2011, 284 (285).
429 BAG, FamRZ 2014, 1457 (1458).
430 BGH, NJW-RR 2011, 284 (285); BAG, FamRZ 2014, 1457 (1458).
431 BAG, FamRZ 2014, 1457 (1458).

Prozessgericht dem Kläger zur Behebung des Mangels der Prozessfähigkeit grundsätzlich auch die erforderliche Zeit einzuräumen.[432] Das Prozessgericht kann das Verfahren dann entweder vertagen oder entsprechend § 148 ZPO aussetzen.[433] Dies gilt auch dann, wenn der Kläger für den nach Ansicht des Prozessgerichts prozessunfähigen Beklagten das Betreuungsverfahren anregt. Im Übrigen bestehen für das Prozessgericht auch eigene Mitteilungspflichten gegenüber dem Betreuungsgericht (vgl. § 22a Abs. 1 FamFG).[434]

167 Der gesetzliche Vertreter ist nicht selbst Partei des Rechtsstreits. Partei ist allein der Vertretene.[435] Der gesetzliche Vertreter hat aber nach außen, d. h. gegenüber dem Prozessgegner und dem Gericht, die Befugnisse und Pflichten einer Partei, soweit nicht das Gesetz etwas anderes bestimmt.[436] Die Handlungen des Vertreters wirken nur in der Person des Vertretenen.[437] Sie müssen äußerlich als Handlungen für den Vertretenen hervortreten, d. h. im Namen des Vertretenen vorgenommen werden.[438]

4. Betreuungsanordnung und Geschäftsfähigkeit

168 Da die Prozessfähigkeit an die bürgerlich-rechtliche Geschäftsfähigkeit anknüpft, wirken sich die mit dem Betreuungsgesetz eingeführten Änderungen der Vorschriften über die Geschäftsfähigkeit auch auf die Prozessfähigkeit des Betroffenen aus. Wie bereits dargestellt, gab es bis zum Inkrafttreten des Betreuungsgesetzes die Entmündigung, welche wegen Geisteskrankheit die Geschäftsunfähigkeit und wegen eines anderen Grundes die beschränkte Geschäftsfähigkeit des Betroffenen zur Folge hatte.[439] Der Entmündigte konnte demzufolge nur durch seinen Vormund Prozesshandlungen im Zivilprozess vornehmen.[440] Demgegenüber hob die Bestellung eines Gebrechlichkeitspflegers die Geschäftsfähigkeit des Betroffenen nicht auf. Sofern der Pflegling nicht natürlich geschäftsunfähig war, war er prozessfähig.[441]

169 Der Gesetzgeber hat sich mit dem Betreuungsgesetz weder für ein Rechtsinstitut entschieden, welches wie bisher bei Entmündigungen die Teilnahme des Betreuten am Rechtsverkehr *automatisch* ausschließt oder einschränkt, noch für ein solches, welches in derartiger Hinsicht keinerlei Einschränkungen ermöglicht.[442] Vielmehr

432 Vgl. BGH, FamRZ 2010, 548 (550).
433 Vgl. BGH, FamRZ 2010, 548 (550).
434 Näher hierzu unter Rn. 315 ff.
435 So nur *Vollkommer*, in: Zöller, ZPO, § 51 Rn. 14.
436 RGZ 66, 240 (242).
437 *Rosenberg/Schwab/Gottwald*, ZPO, § 54 Rn. 7.
438 *Bork*, in: Stein/Jonas, ZPO, § 51 Rn. 24.
439 Hierzu bereits unter Rn. 7.
440 Vgl. für Verfahrenshandlungen im Verwaltungsverfahren *Laubinger/Repkewitz*, VerwArch 85 (1994), 86 (96).
441 Zu den Besonderheiten des § 53 ZPO noch unter Rn. 203 ff.
442 BT-Drs. 11/4528, S. 63.

soll entsprechend dem das gesamte Betreuungsrecht beherrschenden Erforderlichkeitsgrundsatz die Teilnahme des Betreuten im Rechtsverkehr nur im Einzelfall eingeschränkt werden können und auch nur dann, wenn dies erforderlich ist.[443] Diese Absicht hat der Gesetzgeber mit dem in § 1903 BGB normierten Institut des Einwilligungsvorbehaltes umgesetzt. Die wesentliche Rechtsfolge der Anordnung eines Einwilligungsvorbehaltes liegt in der Einschränkung der Teilnahme des Betreuten im Rechtsverkehr.

Daher bedarf es, um den Einfluss der Betreuungsanordnung auf die Geschäfts- 170
fähigkeit des Betreuten darzustellen, der Unterteilung zwischen der Betreuungsanordnung ohne Einwilligungsvorbehalt und der Betreuungsanordnung mit Einwilligungsvorbehalt.

a. *Geschäftsfähigkeit bei Betreuung ohne Einwilligungsvorbehalt*

Die Anordnung der Betreuung ohne Einwilligungsvorbehalt hat keine Auswirkung 171
auf die Geschäftsfähigkeit des Betreuten.[444] Die Betreuerbestellung bewirkt weder, dass eine bestehende Geschäftsunfähigkeit des Betroffenen aufgehoben wird,[445] noch dass eine im natürlichen Sinne geschäftsfähige Person geschäftsunfähig wird. Die Betreuungseinrichtung ohne Einwilligungsvorbehalt verhält sich vielmehr zur Geschäfts(un)fähigkeit neutral.[446] Die Geschäftsfähigkeit von unter Betreuung stehenden Personen beurteilt sich ebenso wie für Nichtbetreute nach der in § 104 Nr. 2 BGB geregelten „natürlichen Geschäftsfähigkeit".[447]

b. *Geschäftsfähigkeit bei Betreuung mit Einwilligungsvorbehalt*

Diffiziler beurteilt sich die Geschäftsfähigkeit des Betreuten, wenn er unter einem 172
Einwilligungsvorbehalt (§ 1903 BGB) steht. Nach § 1903 Abs. 1 S. 1 BGB kann das Betreuungsgericht anordnen, dass der Betreute zu einer Willenserklärung, die den Aufgabenkreis des Betreuers betrifft, dessen Einwilligung bedarf, soweit dies zur Abwendung einer erheblichen Gefahr für die Person oder das Vermögen des Betreuten erforderlich ist. § 1903 Abs. 1 S. 2 BGB verweist auf die Vorschriften für beschränkt geschäftsfähige Minderjährige nach §§ 108 bis 113, 131 Abs. 2, 210 BGB. Ausgenommen sind Willenserklärungen, die dem Betroffenen lediglich einen rechtlichen Vorteil bringen (§ 1903 Abs. 3 S. 1 BGB) und solche über geringfügige Angelegenheiten, soweit das Gericht nichts anderes anordnet (§ 1903 Abs. 3 S. 2 BGB). Weitere Ausnahmen kann der Betreuer durch Ermächtigung nach § 1903 Abs. 1 S. 2 i. V. m. §§ 112, 113 BGB begründen.

---

443 *Bienwald*, in: Staudinger, BGB, § 1903 Rn. 1.
444 *Müller*, Betreuung, S. 49; *Cypionka*, DNotZ 1991, 571 (575).
445 So noch § 104 Nr. 3 BGB a.F. (Geschäftsunfähigkeit als Rechtsfolge der Entmündigung).
446 Vgl. *Müller*, Betreuung, S. 49.
447 BT-Drs. 11/4528, S. 52; *Bienwald*, in: Staudinger, BGB, § 1903 Rn. 1.

173 Nach früherem Recht führte die Entmündigung wegen Geistesschwäche, wegen Verschwendung oder wegen Trunksucht zur beschränkten Geschäftsfähigkeit des Betroffenen: Der danach Entmündigte stand gemäß § 114 BGB a.F. in Ansehung der Geschäftsfähigkeit einem Minderjährigen gleich, der das siebente Lebensjahr vollendet hat.

Die Anordnung eines Einwilligungsvorbehaltes hat demgegenüber nicht zur Folge, dass der Betreute den Status eines beschränkt Geschäftsfähigen erhält.[448] Insoweit weicht das Betreuungsrecht vom Vorgängerinstitut der Erwachsenenvormundschaft deutlich ab. Der Rechtsstatus des unter Einwilligungsvorbehalt stehenden Betreuten unterscheidet sich von dem des beschränkt Geschäftsfähigen:[449] Die beschränkte Geschäftsfähigkeit ist nach geltendem Recht gegenständlich umfassend, d.h. sie umfasst stets alle Angelegenheiten. Eine partiell beschränkte Geschäftsfähigkeit kennt das Gesetz nicht.[450] Im Gegensatz dazu umfasst der Einwilligungsvorbehalt regelmäßig nur einen begrenzten Kreis der Angelegenheiten des Betroffenen, da der Einwilligungsvorbehalt nicht über den Aufgabenkreis des Betreuers hinausgehen kann und der Kreis der einwilligungsbedürftigen Willenserklärungen in aller Regel wegen des geltenden Erforderlichkeitsgrundsatzes kleiner sein wird, als die dem Betreuer übertragenen Aufgabenkreise.[451] Zudem besteht auch hinsichtlich eines umfassend angeordneten Einwilligungsvorbehaltes kraft Gesetzes ein substantieller Autonomiebereich. Nach § 1903 Abs. 2 BGB kann hinsichtlich der Eingehung einer Ehe, der Begründung einer Lebenspartnerschaft und für Verfügungen von Todes wegen kein Einwilligungsvorbehalt angeordnet werden.[452] Der Einwilligungsvorbehalt hat im Unterschied zur beschränkten Geschäftsfähigkeit (§§ 2229, 1303 BGB) also keinen Einfluss auf die Testierfähigkeit oder Ehefähigkeit des Betroffenen.

174 Damit lässt sich festhalten: Da der Einwilligungsvorbehalt den Betreuten nicht in den Zustand eines beschränkt Geschäftsfähigen versetzt, gibt es für Erwachsene den *Status* der beschränkten Geschäftsfähigkeit nicht mehr.[453] Erwachsene sind statusmäßig entweder geschäftsfähig oder geschäftsunfähig.[454] Dies gilt auch für Betreute unter Einwilligungsvorbehalt.

---

448 *Gessaphe*, Betreuer, S. 438; BT-Drs. 11/4528, S. 63; *Müller*, in: BeckOK, § 1903 Rn. 15; *Bienwald*, in: *Staudinger*, BGB, § 1903 Rn. 4; *Müller*, Betreuung, S. 70; vgl. *Cypionka*, DNotZ 1991, 571 (579); *Schmid*, in: Leipziger Kommentar, StGB, § 77 Rn. 44.

449 BT-Drs. 11/4528, S. 63.

450 BT-Drs. 11/4528, S. 63, 136.

451 BT-Drs. 11/4528, S. 63, 136; *Gessaphe*, Betreuer, S. 439; *Bienwald*, in: Staudinger, BGB, § 1903 Rn. 98.

452 Vgl. auch BT-Drs. 11/4528, S. 64; *Bienwald*, in: Staudinger, BGB, § 1903 Rn. 98; *Gessaphe*, Betreuer, S. 439; *Müller*, Betreuung, S. 71.

453 So ausdrücklich *Gessaphe*, Betreuer, S. 325, 439.

454 Vgl. *Gessaphe*, Betreuer, S. 325, 439.

Die Regelung der natürlichen Geschäftsunfähigkeit nach § 104 Nr. 2 BGB bleibt selbstverständlich von der Anordnung eines Einwilligungsvorbehaltes unberührt.[455] Die Willenserklärungen eines im natürlichen Sinn geschäftsunfähigen Betreuten sind nichtig; daran ändert sich auch nichts, wenn der Betroffene unter Einwilligungsvorbehalt steht und der Betreuer ggf. in diese eingewilligt hat.[456] 175 176

Auch wenn die Anordnung eines Einwilligungsvorbehaltes den Betreuten nicht in den allgemeinen Status eines beschränkt Geschäftsfähigen versetzt, so steht er diesem Personenkreis doch *im Umfang des angeordneten Einwilligungsvorbehaltes* in seinen Handlungsbefugnissen gleich. Aufgrund des Rechtsverweises in § 1903 Abs. 1 S. 2 BGB kann er gerade nicht mehr wie ein (voll) Geschäftsfähiger agieren[457]: Im Umfang des angeordneten Einwilligungsvorbehaltes ist er grundsätzlich auf die Mitwirkung des Betreuers angewiesen, um rechtsgeschäftlich wirksam handeln zu können.[458] Der Beschluss des Betreuungsgerichts, der einen Einwilligungsvorbehalt anordnet, mindert *konstitutiv* den rechtsgeschäftlichen Handlungsspielraum des Betroffenen.[459] Dieser „Verlust" ist jedoch nicht wie nach alter Rechtslage allgemeiner Art, sondern sub specie des betreuungsrechtlichen Erforderlichkeitsgrundsatzes sektoral begrenzt.[460] Insofern wird in der Literatur zutreffend davon ausgegangen, dass § 1903 BGB einen eigenständigen Geschäftsfähigkeitstypus regelt, nämlich die „flexibel sektoral begrenzbare Einschränkung der Geschäftsfähigkeit, welche im übrigen weitgehend wie die beschränkte Geschäftsfähigkeit wirkt (...)."[461] In der Rechtsprechung des BGH findet sich insoweit die prägnante Formulierung: „Im Aufgabenkreis des Betreuers und des Vorbehalts ist der Betreute einem *partiell beschränkt Geschäftsfähigen* (§§ 106 ff. BGB) gleichgestellt (...)."[462]

177 Die letztgenannte Kennzeichnung durch den BGH bringt die Auswirkung des Einwilligungsvorbehaltes auf den rechtsgeschäftlichen Status einprägsam zum Ausdruck. Der unter Einwilligungsvorbehalt stehende Betreute ist grundsätzlich allgemein geschäftsfähig, jedoch *partiell beschränkt geschäftsfähig* im Umfang des angeordneten Einwilligungsvorbehaltes. Er ist damit gleichsam das Gegenstück zum beschränkt geschäftsfähigen Minderjährigen, der im Anwendungsbereich der §§ 112, 113 BGB *partiell geschäftsfähig* ist.

455 BT-Drs. 11/4528, S. 137.
456 BT-Drs. 11/4528, S. 137; *Damrau/Zimmermann*, Betreuungsrecht, § 1903 Rn. 13.
457 Vgl. *Lipp*, Freiheit und Fürsorge, S. 89 f.: „Soweit das Zustimmungserfordernis reicht, wird (...) ihm daher eine im Vergleich zum Mündigen geminderte Rechtsstellung zugewiesen."
458 *Gessaphe*, Betreuer, S. 439; *Bienwald*, in: Staudinger, BGB, § 1903 Rn. 4.
459 *Gessaphe*, Betreuer, S. 439.
460 Vgl. *Bienwald*, in: Staudinger, BGB, § 1903 Rn. 4.
461 *Gessaphe*, Betreuer, S. 439.
462 BGH, Beschluss vom 11. April 2002 – BLw 33/01 – Rn. 4 (juris) – ohne Hervorhebung im Original.

5. Betreuungsanordnung und Prozessfähigkeit

178 Im Folgenden wird dargestellt, welche prozessualen Konsequenzen sich aus den im vorherigen Abschnitt herausgearbeiteten materiell-rechtlichen Aspekten ergeben. Wie bereits ausgeführt wurde, ist nach § 52 ZPO eine Person insoweit prozessfähig, als sie sich durch Verträge verpflichten kann.

179 Ist der Betreute im natürlichen Sinne geschäftsunfähig (vgl. § 104 Nr. 2 BGB), ist er, unabhängig von jeglichen betreuungsrechtlichen Erwägungen, auch stets prozessunfähig (vgl. § 52 ZPO i.V.m. § 104 Nr. 2 BGB). Der Anordnung der Betreuung kommt insoweit keine eigenständige Wirkung zu. Allein in praktischer Hinsicht kann die Betreuungsanordnung von Relevanz sein, soweit Beweisschwierigkeiten zu der Frage der natürlichen Geschäftsunfähigkeit bestehen.

180 Soweit der Betreute natürlich geschäftsfähig iSd § 104 Nr. 2 BGB ist, ist nach den materiell-rechtlichen Erwägungen (zumindest) eine differenzierte Betrachtung der Fälle danach geboten, ob der Betreute unter Einwilligungsvorbehalt steht oder nicht.

a. Prozessfähigkeit des nicht unter Einwilligungsvorbehalt stehenden Betreuten

181 Der Betreute ist, soweit er nicht unter einem Einwilligungsvorbehalt steht und nicht natürlich geschäftsunfähig (§ 104 Nr. 2 BGB) ist, (voll) geschäftsfähig. Er kann selbstständig alle Rechtsgeschäfte wirksam vornehmen, sich insbesondere durch Verträge verpflichten. Er erfüllt daher die Voraussetzung des § 52 ZPO und ist nach dieser Norm auch prozessfähig. Welche Auswirkungen die Regelung des § 53 ZPO auf die Prozessfähigkeit des Betroffenen hat, soll erst weiter unten analysiert werden.[463]

b. Prozessfähigkeit des unter Einwilligungsvorbehalt stehenden Betreuten

182 Steht der Betreute unter einem Einwilligungsvorbehalt, so ist dessen Geschäftsfähigkeit nicht monolithisch bestimmt. In den Bereichen, die nicht dem Einwilligungsvorbehalt unterfallen, ist er (voll) geschäftsfähig. In den Bereichen, die dem Einwilligungsvorbehalt unterfallen, ist er partiell beschränkt geschäftsfähig. Diese unterschiedliche rechtsgeschäftliche Handlungsfähigkeit legt nahe, beide Bereiche getrennt zu betrachten.

aa. Prozessfähigkeit bei nicht einwilligungspflichtigem Aufgabenkreis

183 Allein aus dem Umstand, dass der Betreute unter einem Einwilligungsvorbehalt steht, kann grundsätzlich nicht auf dessen gänzliche Prozessunfähigkeit geschlossen werden. Der Einwilligungsvorbehalt wird nämlich im Regelfall nicht für sämtliche Angelegenheiten des Betroffenen angeordnet; er wird unter dem Aspekt des

463 Siehe hierzu unter Rn. 203 ff.

betreuungsrechtlichen Erforderlichkeitsgrundsatzes im normativen Regelfall nicht einmal für sämtliche Aufgabenbereiche angeordnet, die dem Betreuer übertragen sind. Und nur im Umfang seiner Anordnung hebt er die Prozessfähigkeit grundsätzlich auf. Soweit ein Aufgabenkreis nicht unter den Einwilligungsvorbehalt fällt, ist der Betreute insoweit auch (voll) geschäftsfähig und damit sub specie des § 52 ZPO prozessfähig.

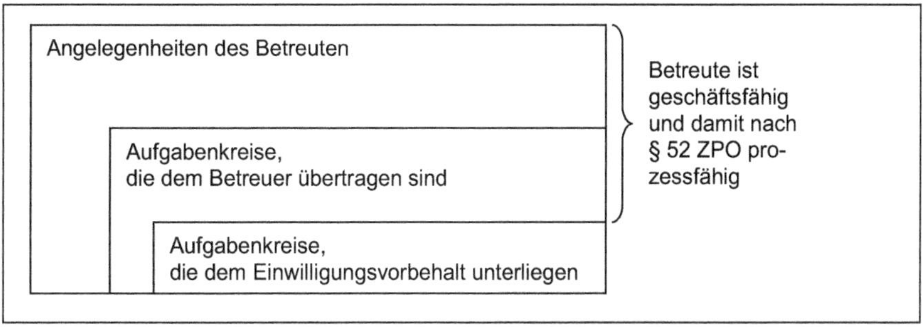

In terminologischer Hinsicht ist auf Folgendes hinzuweisen: Der Einwilligungsvor- 184
behalt bezieht sich notwendig auf einen übertragenen *Aufgabenkreis* (vgl. § 1903 Abs. 1 S.1 BGB: „die den Aufgabenkreis des Betreuers betrifft"). Bezugspunkt des Einwilligungsvorbehaltes ist stets ein bereits oder zugleich übertragener Aufgabenkreis (sog. akzessorischer Charakter des Einwilligungsvorbehaltes).[464] Dass eine einzelne Willenserklärung, die zu diesem Aufgabenkreis gehört, auch im Einzelfall der Einwilligung bedarf, steht damit jedoch nicht zwingend fest. Dies ist bedingt durch die gesetzlichen Ausnahmen vom Einwilligungserfordernis in § 1903 Abs. 3 BGB. Dort werden bestimmte Willenserklärungen (lediglich rechtlich vorteilhafte Willenserklärungen; geringfügige Angelegenheiten des täglichen Lebens) vom Einwilligungserfordernis ausgenommen. Es gilt damit: Auch wenn ein *Aufgabenkreis* einem Einwilligungsvorbehalt unterworfen ist, können *einzelne Angelegenheiten* innerhalb dieses Aufgabenkreises gleichwohl einwilligungsfrei sein. Dies sei an einem Beispiel illustriert: Ist für den Aufgabenbereich Vermögenssorge ein Einwilligungsvorbehalt angeordnet, so bedarf grundsätzlich jedes Rechtsgeschäft der Einwilligung des Betreuers. In einzelnen Angelegenheiten kann jedoch die Einwilligung entbehrlich sein, etwa wenn der Betreute sich zwei Brötchen kauft. Denn dies wäre eine geringfügige Angelegenheit im Sinne des § 1903 Abs. 3 S. 2 BGB. Dass im Einzelfall für eine Angelegenheit die Einwilligung entbehrlich ist, bedeutet aber nicht, dass diese Angelegenheit nicht zum Aufgabenkreis gehört, für welchen ein Einwilligungsvorbehalt angeordnet wurde. Diese Fälle werden unter dem nächsten Gliederungspunkt mitbehandelt.

464 Vgl. *Müller*, in: BeckOK, BGB, § 1903 Rn. 2.

bb. Prozessfähigkeit bei einwilligungspflichtigem Aufgabenkreis

185 Im Anwendungsbereich des angeordneten Einwilligungsvorbehaltes kann sich der Betroffene nicht selbstständig durch Verträge *verpflichten*, wie es § 52 ZPO verlangt. Für die Wirksamkeit seiner auf einen Vertragsschluss gerichteten Willenserklärungen bedarf er grundsätzlich der Einwilligung seines Betreuers (vgl. § 1903 Abs. 1 S. 1 BGB). Das Einwilligungserfordernis bewirkt daher eine gegenständlich begrenzte bzw. *partielle Prozessunfähigkeit* des (geschäftsfähigen) Betroffenen.[465] Die Prozessunfähigkeit betrifft grundsätzlich den Bereich des Aufgabenkreises, der dem Einwilligungsvorbehalt unterworfen ist. Zu beachten ist, dass das Betreuungsgericht den Einwilligungsvorbehalt für den Aufgabenkreis der „Führung von Prozessen aller Art" anordnen kann; in diesem Fall ist der Betreute überhaupt nicht mehr prozessfähig, soweit kein einwilligungsfreier Bereich betroffen ist.[466]

186 Klärungsbedürftig ist, ob diese (partielle) Prozessunfähigkeit entfällt, wenn der konkrete Streitgegenstand ein einwilligungsfreies Geschäft im Sinne des § 1903 Abs. 3 BGB oder ein Geschäft betrifft, das im Zusammenhang mit der Ermächtigung zum selbstständigen Betreiben eines Betriebes (§ 1903 Abs. 1 S. 2 i.V.m. § 112 BGB) oder zum Eintritt in ein Dienst- oder Arbeitsverhältnis steht (§ 1903 Abs. 1 S. 2 i.V.m. § 113 BGB), oder wenn der Betreuer seine Einwilligung in das Rechtsgeschäft des Betreuten oder die Prozessführung erklärt hat.

i. Prozessfähigkeit bei Einwilligungsfreiheit nach § 1903 Abs. 3 S. 1 BGB: lediglich rechtlich vorteilhafte Willenserklärungen

187 Dass der Streitgegenstand des Prozesses ein einwilligungsfreies Geschäft iSd § 1903 Abs. 3 S. 1 BGB zur Grundlage hat, hebt die partielle Prozessunfähigkeit des Betreuten nicht auf.[467] Für die Einwilligungsfreiheit nach § 1903 Abs. 3 S. 1 BGB (lediglich rechtlich vorteilhafte Willenserklärungen) ergibt sich dies schon durch den Verweis auf den eindeutigen Wortlaut von § 52 ZPO. Eine Person ist prozessfähig, „als sie sich durch Verträge *verpflichten* kann". Das Eingehen vertraglicher *Verpflichtungen* fällt nicht unter § 1903 Abs. 3 S. 1 BGB, da das Eingehen von Verpflichtungen nicht lediglich einen rechtlichen Vorteil bringt.[468]

ii. Prozessfähigkeit bei Einwilligungsfreiheit nach § 1903 Abs. 3 S. 2 BGB: geringfügige Angelegenheiten des täglichen Lebens

188 Nach § 1903 Abs. 3 S. 2 BGB bedarf der Betreute auch dann nicht der Einwilligung seines Betreuers, wenn die Willenserklärung eine *geringfügige Angelegenheit des*

---

465 Vgl. *Gessaphe*, Betreuer, S. 443; BGH, FPR 2002, 460 (460); *Lipp*, Freiheit und Fürsorge, S. 93; *Huber*, JuS 2010, 201(202).

466 Vgl. *Bier*, in: Schoch/Schneider/Bier, VwGO, § 62 Rn. 14.

467 Vgl. *Gessaphe*, Betreuer, S. 440; im Ergebnis auch *Bier*, in: Schoch/Schneider/Bier, VwGO, § 62 Rn. 14.

468 *Gessaphe*, Betreuer, S. 440 Fn. 38 und S. 443.

täglichen Lebens betrifft, soweit das Gericht nichts anderes angeordnet hat. Die amtliche Begründung selbst ging davon aus, dass sich nicht generell bestimmen lasse, was eine „geringfügige Angelegenheit des täglichen Lebens“ sei; die Praxis würde die Abgrenzungskriterien entwickeln.[469] Indes kämen in erster Linie alltägliche Bargeschäfte über geringwertige Gegenstände, beispielsweise der Kauf der zum alsbaldigen Verbrauch bestimmten Lebensmittel, wenn diese nach Menge und Wert das übliche Maß nicht übersteigen, in Betracht.[470] Die Formulierung des „täglichen Lebens“, so die amtliche Begründung, bedeute nicht, dass das entsprechende Rechtsgeschäft jeden Tag vorgenommen werden müsse; vielmehr sei maßgeblich, ob nach der Verkehrsauffassung das Rechtsgeschäft zu den Alltagsgeschäften zähle.[471] Letztlich ist es eine Frage des Einzelfalls, ob eine Angelegenheit geringfügig und eine solche des täglichen Lebens ist:[472] Kriterien hierfür sind der Preis eines Gegenstandes oder einer Dienstleistung sowie die finanziellen Verhältnisse des Betreuten.[473]

Inwieweit der Ausnahmetatbestand der geringfügigen Angelegenheiten des täg- 189
lichen Lebens eine partielle Prozessfähigkeit des Betroffenen bewirkt, ist umstritten. Ein Teil der Literatur ist der Ansicht, dass der Ausnahmetatbestand der geringfügigen Angelegenheiten dem (geschäftsfähigen) Betreuten keine Prozessfähigkeit verschaffe.[474] Die Prozessführung als solche sei keine geringfügige Angelegenheit des täglichen Lebens.[475] Überdies sei die Annahme einer sektoralen Geschäftsfähigkeit nicht mit dem Sinn und Zweck der Vorschrift vereinbar, da es sich wie bei den lediglich rechtlich vorteilhaften Geschäften um Ausnahmen für Einzelvorgänge handle, die die Prozessfähigkeit unberührt ließen.[476]

Nach anderer Ansicht begründet der Ausnahmetatbestand der geringfügigen 190
Angelegenheiten des täglichen Lebens eine auf diesen Bereich begrenzte (partielle) Prozessfähigkeit.[477] Für die Annahme einer sektoralen Prozessfähigkeit sei nach § 52 Abs. 1 ZPO maßgeblich, ob es dem Betroffenen im Geltungsbereich des einwilligungsfreien Tatbestandes möglich sei, sich selbstständig (ohne Einwilligung des

469 BT-Drs. 11/4528, S. 139.
470 BT-Drs. 11/4528, S. 139.
471 BT-Drs. 11/4528, S. 139.
472 *Gessaphe*, Betreuer, S. 441.
473 *Bienwald*, in: Staudinger, BGB, § 1903 Rn. 139; *Schwab*, in: MüKo, BGB, § 1903 Rn. 48.
474 So ausdrücklich *Bork*, MDR 1991, 97 (98); vgl. für die Handlungsfähigkeit im Verwaltungsverfahren *Laubinger/Repkewitz*, VerArch 85, 86 (97); vgl. *Bier*, in: Schoch/Schneider/Bier, VwGO, § 62 Rn. 14.
475 *Bork*, MDR 1991, 97 (98); vgl. *Laubinger//Repkewitz*, VerwArch 85, 86 (97); BVerwG, Beschluss vom 26. Januar 1996–5 B 219.95 –, Rn. 3 (juris).
476 *Bork*, MDR 1991, 97 (98); vgl. *Bier*, in: Schoch/Schneider/Bier, VwGO, § 62 Rn. 14.
477 So im Ergebnis *Gessaphe*, Betreuer, S. 445 f.; *Bienwald*, in: Staudinger, BGB, § 1903 Rn. 77.

Betreuers) durch Verträge zu *verpflichten.*[478] Dies sei im Gegensatz zum Ausnahmetatbestand des lediglich rechtlich vorteilhaften Rechtsgeschäfts (§ 1903 Abs. 3 S. 1 BGB) gerade bei den geringfügigen Angelegenheiten des täglichen Lebens der Fall: Handle es sich um eine derartige Angelegenheit, sei auch das Verpflichtungsgeschäft einwilligungsfrei.[479] Insoweit sei ein Vergleich mit der Ausnahme des § 1903 Abs. 3 S. 1 BGB und dem daraus folgenden Gleichlauf hinsichtlich der Prozessunfähigkeit unzutreffend.[480]

191 Im Ergebnis ist davon auszugehen, dass § 1903 Abs. 3 S. 2 BGB *keine* prozessfähigkeitsbegründende Funktion zukommt. Dabei ist jedoch einzuräumen, dass der Wortlaut des § 52 ZPO ein anderes Ergebnis nahelegt. Sinn und Zweck des § 1903 Abs. 3 S. 2 BGB gebieten jedoch eine restriktive Interpretation.

192 Nimmt man § 52 ZPO beim Wort, müsste der Betreute prozessfähig sein, wenn das Verfahren eine tägliche Angelegenheit iSd § 1903 Abs. 3 S. 2 BGB zum Gegenstand hat. Insoweit verfängt auf der Ebene des Wortlauts des § 52 ZPO auch nicht das Argument, eine Prozessführung sei keine geringfügige Angelegenheit. Hierauf stellt § 52 ZPO nicht ab. Nach der Gesetzestechnik des § 52 ZPO wird die Prozessfähigkeit durch die Fähigkeit begründet, sich selbst durch Verträge zu verpflichten. Kann der Betroffene sich (ggf. lediglich für einen bestimmten Bereich) selbstständig durch Verträge verpflichten, leitet der Gesetzgeber daraus die Fähigkeit ab, (in diesem Bereich) auch den (zugehörigen) Prozess führen zu können. Mithin betrifft die Prüfung der Fähigkeit, selbstständig Verträge zu schließen, den Sachverhalt in materiell-rechtlicher Hinsicht. In einem zweiten Schritt wird dann der Gleichlauf zwischen dieser Sachebene und der prozessrechtlichen Ebene angeordnet. Der Bezugspunkt einer Norm, welche die Fähigkeit, Verträge zu schließen, regelt, ist mithin auf die materiell-rechtliche Ebene begrenzt.

193 § 52 ZPO bedarf jedoch der teleologischen Restriktion. Es ist fernliegend, dass der Gesetzgeber durch § 1903 Abs. 3 S. 2 BGB dem Betreuten auch die Möglichkeit einräumen wollte, selbst zu prozessieren. Grundannahme des § 1903 Abs. 3 S. 2 BGB ist, dass dem Betreuten im Bereich der geringfügigen Angelegenheiten des täglichen Lebens keine signifikante Gefahr droht. Insoweit kann seine materiell-rechtliche Handlungsfähigkeit erhalten bleiben. Hierdurch wird zugleich das Ziel, dem Betreuten so viel Autonomie (vgl. Art. 2 Abs. 1 GG) zu belassen, wie es möglich und vertretbar ist, gewährleistet. Die geringe materiell-rechtliche Gefahrenlage findet jedoch keine entsprechende geringe Gefahrenintensität im Prozessrecht. Hierfür genügt schon der schlichte Hinweis auf das Kostenrisiko, dass mit einem Prozess verbunden ist. Dem Wert der Streitsache steht ein erhebliches Kostenrisiko in Form von Gerichtsgebühren und Rechtsanwaltsgebühren

478 *Gessaphe*, Betreuer, S. 444.

479 *Schwab*, in: MüKo, BGB, § 1903 Rn. 49; *Gessaphe*, Betreuer, S. 442; vgl. BT-Drs. 11/4528, S. 139.

480 Vgl. *Gessaphe*, Betreuer, S. 444.

des Prozessgegners gegenüber. Zudem könnte der Betreute Beweisanträge stellen. Soweit diese auf Einholung eines Sachverständigengutachtens gerichtet wären, bestünde aufgrund der im Regelfall hohen Sachverständigenkosten ein ganz erhebliches Kostenrisiko.

iii. Prozessfähigkeit bei Ermächtigungen nach §§ 112, 113 BGB

194 Ermächtigt der Betreuer den Betroffenen zum selbstständigen Betrieb eines Erwerbsgeschäftes bzw. in Dienst oder in Arbeit zu treten, so wird für solche Rechtsgeschäfte trotz angeordneten Einwilligungsvorbehaltes kein Einwilligungserfordernis ausgelöst, welche der Geschäftsbetrieb mit sich bringt bzw. welche die Eingehung oder Aufhebung eines Dienst- oder Arbeitsverhältnisses der gestatteten Art oder die Erfüllung der sich aus einem solchen Verhältnis ergebenden Verpflichtungen betreffen (vgl. §§ 1903 Abs. 1 S. 2, 112, 113 BGB).[481] Da das Einwilligungserfordernis mit der Ermächtigung des Betreuers für die oben genannten Rechtsgeschäfte entfällt, ist der Betroffene *partiell prozessfähig*.[482] Es besteht kein sachlicher Grund, einen nach den §§ 1903 Abs. 1 S. 2, 112, 113 BGB ermächtigten Betreuten anders zu behandeln als ermächtigte Minderjährige. Dass diese im Rahmen der §§ 112, 113 BGB partiell prozessfähig sind, ist ganz herrschende Ansicht.[483]

iv. Prozessfähigkeit bei Einwilligung des Betreuers

195 Steht der Betreute unter Einwilligungsvorbehalt, kann der Betreuer die durch das Zustimmungserfordernis ausgelöste Prozessunfähigkeit des Betreuten auch nicht im Voraus durch eine Einwilligung in die Prozessfähigkeit des Betroffenen aufheben und ihm dadurch (wieder) die Prozessfähigkeit verleihen.[484] Dies entspricht auch der herrschenden Auffassung zum Minderjährigenrecht: Die Prozessfähigkeit des Minderjährigen kann nicht durch eine Einwilligung der gesetzlichen Vertreter hergestellt werden.[485]

6. Zwischenergebnis

196 Zusammenfassend lässt sich zur Prozessfähigkeit des Betreuten sub specie des § 52 ZPO festhalten: Soweit ein Betreuter natürlich geschäftsunfähig ist, ist er auch prozessunfähig. Soweit ein Betreuter kein derartiges Defizit aufweist, muss hinsichtlich der Prozessfähigkeit differenziert werden: Außerhalb der dem Betreuer zugewiesenen Aufgabenkreise, ist er prozessfähig. Auch soweit dem Betreuer ein

481 Vgl. *Gessaphe*, Betreuer, S. 443.
482 *Gessaphe*, Betreuer, S. 443.
483 Vgl. nur *Knothe*, in: Staudinger, BGB, § 113 Rn. 25; *Lindacher*, in: MüKo, ZPO, § 52 Rn. 7; *Wendtland*, in: BeckOK, BGB, § 113 Rn. 15; AG Siegen, FamRZ 1991, 1046 (1047); LG Essen, NJW 1965, 2302 (2303); *Weimar*, MDR 1963, 651 (651).
484 *Lipp*, Freiheit und Fürsorge, S. 93.
485 Vgl. AG Siegen, FamRZ 1991, 1046 (1047); *Weth*, in: Musielak, ZPO, § 52 Rn. 4.

Aufgabenkreis übertragen ist, bleibt der Betreute – vorbehaltlich eines Einwilligungsvorbehaltes – prozessfähig. Soweit ein Aufgabenkreis unter Einwilligungsvorbehalt gestellt ist, ist der Betreute prozessunfähig, wenn nicht eine Ermächtigung nach §§ 112, 113 BGB besteht.

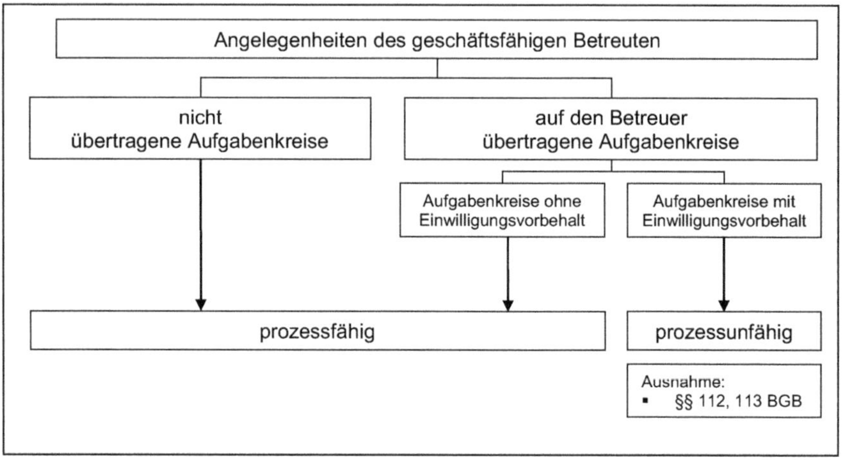

II. Der Betreuer als prozessualer Vertreter

1. Die Vertretung des iSd § 52 ZPO prozessunfähigen Betreuten

a. Notwendigkeit der Vertretung durch den Betreuer

197 Soweit der Betreute *nach § 52 ZPO prozessunfähig* ist, bedarf er eines gesetzlichen Vertreters, der für ihn handelt, um prozessual handlungsfähig zu sein (vgl. § 51 Abs. 1 S. 1 ZPO). Die fehlende Prozessfähigkeit der betreuten Partei wird durch die gesetzliche Vertretung derselben ersetzt.[486] Im Umfang des übertragenen Aufgabenkreises ist der Betreuer gesetzlicher Vertreter des Betreuten (vgl. § 51 Abs. 1 ZPO i.V.m. § 1902 BGB). Die Prozessführung liegt dann allein in den Händen des Betreuers. Aus der Konnexität von Umfang der gesetzlichen Vertretung und dem übertragenen Aufgabenkreis können sich begrenzte Probleme ergeben: Ist der Betreute natürlich geschäftsunfähig und ist dem Betreuer (bisher) nur ein begrenzter Aufgabenkreis zugewiesen, fehlt es an einem gesetzlichen Vertreter, wenn der Streitgegenstand eine Angelegenheit betrifft, die nicht unter einen dem Betreuer übertragenen Aufgabenkreis fällt. Insoweit bedarf es einer entsprechenden Erweiterung des Aufgabenkreises durch das Betreuungsgericht.

486 Vgl. *Gessaphe*, in: FS Bienwald 2006, 276 (280).

b. *Umfang der Amtsermittlungspflicht*

aa. *Hinsichtlich der Geschäftsfähigkeit des Betreuten*

Die Prozessfähigkeit ist in jeder Lage des Verfahrens von Amts wegen zu prüfen (§ 56 Abs. 1 ZPO).[487] Da Störungen der Geistestätigkeit nach der Lebenserfahrung die Ausnahmeerscheinung bilden, ist im Allgemeinen von der Prozessfähigkeit einer Partei auszugehen.[488] Die Pflicht zur Überprüfung der Prozessfähigkeit setzt erst dann ein, wenn konkrete Anhaltspunkte dafür bestehen, dass die Partei prozessunfähig sein könnte. Liegen solche konkreten Anhaltspunkte vor, hat das mit der Sache befasste Gericht von Amts wegen zu ermitteln, ob Prozessunfähigkeit vorliegt.[489] 198

Erlangt das Gericht Kenntnis davon, dass eine Partei unter Betreuung steht oder bereits ein Betreuungsverfahren eingeleitet wurde, dürften grundsätzlich solche die Amtsermittlungspflicht auslösenden konkreten Anhaltspunkte anzunehmen sein. Dies ist damit zu begründen, dass die Anordnung einer Betreuung nur dann zulässig ist, wenn der Betroffene aufgrund einer psychischen Krankheit oder einer körperlichen, geistigen oder seelischen Behinderung seine Angelegenheiten nicht besorgen kann (§ 1896 Abs. 1 BGB). Da die Betreuerbestellung wegen einer ausschließlich körperlichen Behinderung den Ausnahmefall der Betreuungseinrichtungen darstellt, liegen im Falle einer angeordneten Betreuung Störungen der Geistestätigkeit der Partei nahe. Diese Störungen lösen zumindest konkrete Zweifel am Vorliegen ihrer natürlichen Geschäftsfähigkeit (§ 104 Nr. 2 BGB) und damit auch an ihrer Prozessfähigkeit aus. Überdies kann die Betreuung zugleich mit einem Einwilligungsvorbehalt gemäß § 1903 BGB verbunden sein. In diesem Fall wäre die unter Betreuung stehende Partei im Geltungsbereich des Einwilligungserfordernisses prozessunfähig.[490] Insofern begründet auch die Möglichkeit des Vorliegens eines Einwilligungsvorbehaltes die konkreten Anhaltspunkte für die Amtsermittlungspflicht des Prozessgerichts. Selbiges dürfte auch dann anzunehmen sein, wenn das Betreuungsverfahren bereits eingeleitet, aber noch nicht abgeschlossen ist. Das Betreuungsverfahren kann auf Antrag des Betroffenen eingeleitet werden oder von Amts wegen. Die Anregung, eine Betreuung anzuordnen, kann zwar durch jedermann erfolgen,[491] in der Praxis geschieht dies jedoch überwiegend durch die Krankenhäuser bzw. Ärzte der Betroffenen oder durch deren Angehörige. Diese Anregungen erfolgen grundsätzlich nicht unbegründet; oftmals werden diesen Anregungen bereits ärztliche Atteste beigefügt, aus denen sich die diagnostizierten Krankheiten oder Behinderungen ergeben. 199

487 *Bork*, in: Stein/Jonas, ZPO, § 51 Rn. 6.
488 BGH, NJW-RR, 157, (157); NJW 1996, 1059 (1060).
489 BGH, NJW 1996, 1059 (1060).
490 Dazu bereits die Ausführungen unter Rn. 185.
491 *Damrau/Zimmermann*, Betreuungsrecht, § 1896 Rn. 20.

200 Wird demnach die Amtsermittlungspflicht des Prozessgerichts nach Kenntnis einer angeordneten Betreuung bzw. eines eingeleiteten Betreuungsverfahrens ausgelöst, ist das Prozessgericht prozessual verpflichtet, alle in Frage kommenden Beweise von Amts wegen zu erheben.[492] Es ist nicht an die förmlichen Beweismittel des Zivilprozesses gebunden, da der Grundsatz des Freibeweises gilt.[493] Zunächst bietet es sich an, die *Betreuungsakte beizuziehen.*[494] Ist die Betreuung angeordnet worden, befinden sich in der Akte das Gutachten des Sachverständigen, der gerichtliche Anhörungsvermerk sowie der Betreuungsbeschluss. Aus letzterem ergibt sich, für welche Aufgabenkreise eine Betreuung und ob ein Einwilligungsvorbehalt angeordnet wurde. Dem Gutachten sowie dem Anhörungsvermerk lassen sich die Krankheit bzw. Behinderung des Betroffenen sowie die entsprechenden Ermittlungen hierzu entnehmen. Weiter finden sich in dem Gutachten regelmäßig Angaben zur Frage, ob und inwieweit der Betroffene (noch) über einen freien Willen verfügt. Auch wenn das im Rahmen des Betreuungsverfahrens erstattete Sachverständigengutachten keine Bindungswirkung für das Prozessgericht entfaltet, bietet dieses für das Prozessgericht erste Anhaltspunkte zur Aufklärung der Prozessfähigkeit des Betroffenen. Inwieweit ein aktuelles Sachverständigengutachten zur Klärung der Prozessfähigkeit einzuholen ist, oder als entbehrlich gesehen wird, ist dann eine Frage der (weiteren) Aufklärungspflicht des Gerichts. Über die Rechtsfrage der Prozessfähigkeit entscheidet nicht der Sachverständige, sondern das Prozessgericht nach seiner freien Überzeugung unter Würdigung des gesamten Prozessstoffes und unter Berücksichtigung der allgemeinen Lebenserfahrung.[495] Das Prozessgericht erhält einen weiteren Eindruck hinsichtlich der Orientiertheit des Betroffenen durch die ggf. von ihm eingereichten Schriftsätze sowie seiner persönlichen Anhörung in der mündlichen Verhandlung. Art und Umfang der Beweiserhebung bestimmen sich im Freibeweisverfahren nach dem pflichtgemäßen Ermessen des Gerichts.[496] Auch kann das Prozessgericht den Betreuer zur Stellungnahme hinsichtlich seiner Einschätzung der Geschäftsfähigkeit des Betroffenen auffordern. Zweifelt das Gericht an der Prozessfähigkeit der Partei, wird es die der rechtlichen Beurteilung zugrunde zu legende medizinische Diagnose in der Regel nicht ohne ein (psychiatrisches) Sachverständigengutachten stellen können.[497] Kann hingegen auch ein medizinisch nicht vorgebildeter Laie den maßgeblichen Umständen des Falles eindeutig entnehmen, dass die tatsächlichen Voraussetzungen einer Geschäftsunfähigkeit offensichtlich vorliegen, bedarf es keiner weiteren Aufklärung durch Einholung eines Sachverständigengutachtens.[498]

---

492 BGH, NJW 1996, 1059 (1060); a.A. *Vollkommer*, in: Zöller, ZPO, § 56 Rn. 4.
493 BGH, NJW-RR 2011, 284 (284).
494 Vgl. AnwGH BaWü, BeckRS 2014, 04086.
495 Vgl. BVerwG, Beschluss v. 26. Januar1988 – AZ: 5 B 123/86 –, Rn. 14 (juris); OVG Münster, BeckRS 2012, 51124.
496 BGH, NJW 1990, 1734 (1736).
497 Vgl. OVG Münster, BeckRS 2012, 51124.
498 Vgl. OVG Münster, BeckRS 2012, 51124.

bb. Hinsichtlich der Reichweite der prozessualen Vertretungsmacht des Betreuers

201 Steht zur Überzeugung des Prozessgerichts fest, dass die unter Betreuung stehende Partei prozessunfähig iSd § 52 ZPO ist, fordert ein materiell gültiges Prozessverhältnis das Vorhandensein des Betreuers als gesetzlichen Vertreter des Betroffenen. Für die prozessunfähige Partei muss ihr Betreuer handeln.[499] Die Legitimation des Betreuers des prozessunfähigen Betroffenen ist mithin Prozessvoraussetzung.[500] Sie ist in jeder Lage des Verfahrens von Amts wegen zu berücksichtigen (vgl. § 56 Abs. 1 ZPO). Die Prüfungspflicht des Gerichts setzt grundsätzlich erst dann ein, wenn sich aufgrund des vorgetragenen Sachverhalts ausreichende Anhaltspunkte für das Fehlen einer ordnungsgemäßen Vertretung des Betroffenen ergeben.[501] Geht es indes um die Legitimation des Betreuers, hat das Prozessgericht stets den Umfang der Betreuung zu prüfen. Der Anlass zur diesbezüglichen Prüfung besteht schon deswegen, weil es – anders als beispielsweise bei den Eltern gemäß § 1626 Abs. 1 BGB – keinen gesetzlich definierten Aufgabenkreis gibt und somit in jedem Einzelfall zu klären ist, ob die konkrete Betreuung auch den jeweiligen Prozessgegenstand erfasst.

202 Im Rahmen der Prüfung des Umfangs der Betreuung kann das Prozessgericht die betreute Partei bzw. ihren Betreuer zur Vorlage der Ausfertigung des Bestellungsbeschlusses bzw. der Bestellungsurkunde auffordern.[502] In der Praxis fügen die Betreuer in der Regel von sich aus eine Ausfertigung ihres Betreuerausweises bei. Kommt die Partei bzw. ihr Betreuer der Aufforderung zur Vorlage der entsprechenden Ausfertigungen nicht nach, hat das Prozessgericht den Bestellungsbeschluss beim zuständigen Betreuungsgericht anzufordern, da es im Rahmen des § 56 ZPO die Pflicht zur Erschöpfung aller erschließbaren Erkenntnisquellen hat.[503] Für den Fall, dass sich aus der Bestellungsurkunde bzw. aus der beigezogenen Betreuungsakte ergibt, dass die Angelegenheit des Rechtsstreites nicht von den zugewiesenen Aufgabenkreisen umfasst ist, hat das Gericht auf seine Ansicht hinzuweisen und der betroffenen Partei die Möglichkeit zu geben, beim Betreuungsgericht eine Erweiterung des Aufgabenkreises anzuregen. Dabei hat das Gericht der betroffenen Partei auch die hierfür notwendige Zeit einzuräumen.[504] Verfahrenstechnisch kann das Prozessgericht vertagen (§ 227 ZPO) oder das Verfahren bis zu einer Entscheidung des Betreuungsgerichts in entsprechender Anwendung des § 148 ZPO aussetzen.

---

499 Vgl. *Bork*, in: Stein/Jonas, ZPO, § 51 Rn. 23.
500 Vgl. *Lindacher*, in: MüKo, ZPO, § 52 Rn. 2.
501 Vgl. nur *Weth*, in: Musielak, ZPO, § 56 Rn. 2 m.w.N.
502 Vgl. *Weth*, in: Musielak, ZPO, § 56 Rn. 3; vgl. *Vollkommer*, in: Zöller, ZPO, § 56 Rn. 4.
503 Vgl. *Vollkommer*, in: Zöller, ZPO, § 56 Rn. 4.
504 Vgl. BGH, NJW-RR 2006, 937 (938).

2. Die Vertretung des iSd § 52 ZPO prozessfähigen Betreuten: § 53 ZPO

203 Soweit der Betreute *nach § 52 ZPO prozessfähig* ist, ergeben sich vielfältige Rechtsprobleme hinsichtlich der Prozessführung. Hierfür ist § 1902 BGB ursächlich, demzufolge der Betreuer zur gerichtlichen Vertretung des Betreuten befugt ist. Eine Beschränkung auf die Fälle, in denen der Betreute prozessunfähig ist, enthält § 1902 BGB jedenfalls seinem Wortlaut nach nicht. Aus dieser Gemengelage folgt bei isolierter Betrachtung, dass sowohl die unter Betreuung stehende Partei als auch der Betreuer als gesetzlicher Vertreter wirksam Prozesshandlungen für den Betreuten als Partei eines Zivilrechtsstreits vornehmen können. Die unter Betreuung stehende Partei kann daher durch eigene Prozesshandlungen den Ablauf des Rechtsstreits auch bei Widerspruch des Betreuers beeinflussen.[505] Dies wird als nachteilig angesehen: Ein solcher Zustand würde eine sachgemäße und einheitliche Prozessführung empfindlich beeinträchtigen und läge vielfach nicht im Interesse des Betroffenen, zu dessen Betreuung der Betreuer bestellt worden ist.[506]

204 Der Vermeidung dieser Situation dient § 53 ZPO.[507] § 53 ZPO lautet: „Wird in einem Rechtsstreit eine prozessfähige Person durch einen Betreuer oder Pfleger vertreten, so steht sie für den Rechtsstreit einer nicht prozessfähigen Person gleich." Indem § 53 ZPO die Prozessunfähigkeit der betroffenen Person fingiert,[508] soll ein sonst mögliches Neben- und Gegeneinander von Prozesshandlungen des Betreuten einerseits und des Betreuers andererseits vermieden werden; bei Vertretung durch den Betreuer soll im Interesse eines ordnungsgemäßen Prozessverlaufs erreicht werden, dass die Prozessführung allein in den Händen des Betreuers liegt und der Betreute sich ihr nicht widersetzen kann.[509] Hinter dem Schutzobjekt der einheitlichen und sachgemäßen Prozessführung steht auch das Interesse des Gerichts und des Prozessgegners, dass Divergenzen zwischen Betreuer und betreuter Partei auf das Innenverhältnis beschränkt bleiben und sich im Prozess allenfalls bei der Begründetheit der Klage auswirken.[510]

Im Folgenden werden die Voraussetzungen sowie die Auswirkungen des § 53 ZPO dargestellt.

---

505 Vgl. BGH, NJW 1964, 1855 (1855); vgl. BGH, NJW 1988, 49, 51; vgl. OLG Hamm, Beschluss v. 22.03.1996, 12 UF 451/95.

506 Vgl. BGH, NJW 1964, 1855 (1855); vgl. BGH, NJW 1988, 49, 51; vgl. OLG Hamm, Beschluss v. 22.03.1996, 12 UF 451/95.

507 Vgl. BGH, NJW 1964, 1855 (1855); vgl. BGH, NJW 1988, 49, 51; vgl. OLG Hamm, Beschluss v. 22.03.1996, 12 UF 451/95; vgl. BFH, BeckRS 1982, 22006280.

508 Vgl. LG Osnabrück, Beschluss v. 23.05.2005, AZ: 1 T 437/05.

509 Vgl. BVerwG, BeckRS 1996, 31227012; vgl. FG Baden-Württtemberg, BtPrax 2013, 79 (79); LG Hannover, FamRZ 1998, 380 (381); *Lindacher*, in: MüKo, ZPO, § 53 Rn. 1; *Gehrlein*, in: Prütting/Gehrlein, ZPO, § 53 Rn. 1.

510 Vgl. *Bork*, MDR 1991, 97 (98).

a. *Die Voraussetzungen des § 53 ZPO*

aa. *Prozessfähige Person*

Nach § 53 ZPO steht eine prozessfähige Person, die durch einen Betreuer oder Pfleger in einem Rechtsstreit vertreten wird, einer nicht prozessfähigen Person gleich. Notwendig ist also zunächst, dass die Person iSd § 52 ZPO *prozessfähig* ist. Wann eine unter Betreuung stehende Person prozessfähig ist, wurde oben ausführlich geklärt. Hierauf sei verwiesen.[511] Der Regelungsinhalt des § 53 ZPO betrifft seinem klaren Wortlaut nach ausschließlich prozessfähige Betreute.[512] Diese Beschränkung ist ohne Weiteres einsichtig, da bei prozessunfähigen Betreuten keine Gefahr einer inkonsistenten Prozessführung besteht. Sie können mangels Prozessfähigkeit den Prozess nicht durch wirksame Prozesshandlungen beeinflussen. 205

bb. *Betreuer*

i. Bestellung durch das Betreuungsgericht

§ 53 ZPO setzt weiter voraus, dass die Person „durch einen Betreuer ... vertreten" wird. § 53 ZPO greift nur, wenn jemand wirksam zum Betreuer bestellt ist. Es genügt also nicht, dass ein betreuungsgerichtliches Anordnungsverfahren anhängig ist. Andernfalls würde die an sich prozessfähige Person in den Zustand der prozessualen Handlungsunfähigkeit gebracht. 206

ii. Kompetenz der Prozessgerichte zur Prüfung der Rechtmäßigkeit der Betreuerbestellung

Gegenstand der nachfolgenden Analyse ist die Frage, ob und inwieweit das Prozessgericht an die Entscheidung des Betreuungsgerichts hinsichtlich der Bejahung der Voraussetzungen der Betreuerbestellung gebunden ist. Hat das Prozessgericht Zweifel an der Rechtmäßigkeit der Betreuungseinrichtung, stellt sich das Problem, inwieweit das Prozessgericht die Rechtmäßigkeit der Betreuerbestellung nachprüfen kann mit der möglichen Folge, nach Feststellung der Rechtswidrigkeit der Betreuerbestellung diese für den Prozess als nicht bindend anzusehen. Diese Frage wird in Rechtsprechung und Literatur nicht einheitlich beantwortet. Haben die Zivilsenate des Reichsgerichts eine Prüfungskompetenz des Prozessgerichts hinsichtlich der Anordnungen des Vormundschaftsgerichts noch uneingeschränkt verneint,[513] hat der BGH diese Rechtsprechung inzwischen aufgeweicht. 207

---

511 Hierzu unter Rn. 178 ff.

512 Vgl. *Grunsky*, FamRZ 1966, 571 (573).

513 RGZ 81, 206 (212): „ (...) das Vormundschaftsgericht und die diesem übergeordneten Instanzen [ergänzt: haben] über die Voraussetzungen der Anordnung einer Vormundschaft oder Pflegschaft zu entscheiden."; RGZ 9, 180 (183): „Ob im vorliegenden Falle die Anordnung einer solchen [ergänzt: Anordnung einer vorläufigen Kuratel], ist im gegenwärtigen Rechtsstreite nicht zu entscheiden; denn

208 Nach der Rechtsprechung des BGH und Teilen der Literatur darf eine Anordnung, welche eine Behörde innerhalb des ihr zugewiesenen Geschäftskreises trifft, aus Gründen der Rechtssicherheit und eines sachgemäßen Zusammenwirkens der Staatsbehörden in ihrer Wirksamkeit grundsätzlich nicht allein deshalb in Frage gestellt werden, weil sie mit dem materiellen Recht nicht in Einklang steht (sog. Gültigkeitstheorie).[514] Indes ist auch einer solchen Anordnung wegen Nichtigkeit jede Rechtswirkung zu versagen, wenn die getroffene Maßnahme jeder gesetzlichen Grundlage entbehrt.[515] Mithin beschränkt der BGH die Prüfungs- bzw. Verwerfungskompetenz des Prozessgerichts hinsichtlich der Betreuerbestellung auf Nichtigkeitsgründe. Nur für den Fall, dass Nichtigkeitsgründe vorliegen, ist das Prozessgericht berechtigt, die Vertretungsbefugnis des bestellten Betreuers zu verneinen.[516]

209 Demgegenüber schließt ein Teil der Literatur eine Legitimationsprüfung durch das Prozessgericht gänzlich aus. Eine sachliche Prüfung danach, ob die Betreuungsanordnung durch das Betreuungsgericht rechtmäßig erfolgt sei, stehe dem Prozessrichter nicht zu.[517] Einer solchen Legitimationsprüfung stehe die Gestaltungsnatur der Bestellung entgegen.[518] Dieser Ansicht kann hingegen nicht gefolgt werden, da die Gestaltungswirkung des Bestellungsbeschlusses dessen Wirksamkeit voraussetzt. Ist die Bestellung indes nichtig, kann ihr auch keine Bindungs- und damit Gestaltungswirkung zukommen. Nichtige Staatsakte binden grundsätzlich[519] nicht.

210 Hinsichtlich der Annahme von Nichtigkeitsgründen sei an dieser Stelle nur darauf hingewiesen, dass allein ein Verstoß gegen die örtliche, sachliche bzw. funktionelle Zuständigkeit (hinsichtlich der Spruchkörper: Familiengericht entscheidet statt des Betreuungsgerichts) nicht zur Unwirksamkeit der Betreuerbestellung führt, § 2 Abs. 3 FamFG (analog).[520]

211 Hat das Prozessgericht Bedenken hinsichtlich der Rechtmäßigkeit des Betreuungsbeschlusses, die unterhalb von Nichtigkeitsgründen liegen, so darf es hierüber nicht einfach hinweggehen. Es darf seine Bedenken nicht zur Seite schieben und

---

die Gültigkeit eines Rechtsgeschäfts, welches ein von der zuständigen Behörde innerhalb ihrer Zuständigkeit in gesetzlicher Form bestellter Kurator namens des Kuranden mit einem Dritten abgeschlossen hat, kann von dem Kuranden nicht aus dem Grunde angefochten werden, weil eine genügende Veranlassung zur Kuratelanordnung nicht vorhanden gewesen sei."

514 BGH, NJW-RR 2010, 629 (630); BGH, NJW 1964, 1855 (1856); *Vollkommer*, in: Zöller, ZPO, § 51 Rn. 11; *Gehrlein*, in: Prüttung/Gehrlein, ZPO, § 53 Rn. 3; zur Gültigkeitstheorie *Schlegelberger*, FGG, § 7 S. 119.

515 BGH, NJW-RR 2010, 629 (630); vgl. BGH, NJW 1964, 1855 (1856).

516 Vgl. BGH, NJW 1961, 22 (24).

517 *Lindacher*, in: MüKo, ZPO, § 52 Rn. 14; *Damrau/Zimmermann*, Betreuungsrecht, § 1896 Rn. 116; *Zimmermann*, ZPO, § 53 Rn. 1.

518 *Lindacher*, in: MüKo, ZPO, § 52 Rn. 14.

519 Besonderheiten gelten hinsichtlich formeller Gesetze, da insoweit das Verwerfungsmonopl des Bundsverfassungsgerichts greift (vgl. Art. 100 GG).

520 *Geimer*, in: Zöller, ZPO, § 2 FamFG Rn. 6; *Pabst*, in: MüKo, FamFG, § 2 Rn. 60 f.

sich auf die Bindungswirkung des Bestellungsbeschlusses berufen.[521] Eine solche Vorgehensweise stünde nicht im Einklang mit der Fürsorgepflicht des Gerichts.[522] Vielmehr hat das Prozessgericht bei Bedenken, ob die Betreuerbestellung (noch) rechtmäßig ist, die Entscheidung des dafür sachlich zuständigen Betreuungsgerichts herbeizuführen und das bei ihm anhängige Verfahren entsprechend § 148 ZPO auszusetzen.[523] Es ist dann Sache des Betreuungsgerichts darüber zu entscheiden, ob die Bedenken des Prozessgerichts berechtigt sind und die Betreuung aufzuheben oder die Betreuung aufrechtzuerhalten ist.

cc. Vertreten-werden

Im Folgenden wird der Frage nachgegangen, wann eine prozessfähige Partei durch ihren Betreuer in einem Rechtsstreit iSd § 53 ZPO *vertreten* wird. Dies wird in Rechtsprechung und Literatur nicht einheitlich beantwortet. 212

Als Synonym für das die Prozessunfähigkeit auslösende Moment des Vertretens wird in der Rechtsprechung und Literatur vielfach der Terminus des „Führens" verwendet.[524] Überwiegend wird ein Vertreten im Sinne des § 53 ZPO dann angenommen, wenn der Betreuer das Verfahren *übernimmt* bzw. in das Verfahren *eintritt*.[525] Ein Teil der Literatur sieht das die Prozessunfähigkeit auslösende Moment hingegen in dem *tatsächlichen Auftreten* des Betreuers als Vertreter des Betroffenen.[526] Ein solches Auftreten sei anzunehmen, wenn der Betreuer die Klage im Namen des Betreuten erhoben bzw. der Prozessgegner den Betreuer in der Klage als gesetzlichen Vertreter der Partei genannt habe.[527] Habe die Klage hingegen der Betreute selbst erhoben bzw. habe der Prozessgegner den Betreuer nicht in der Klage benannt, sei ein tatsächliches Auftreten des Betreuers auch durch dessen Eintritt in den schwebenden Prozess möglich.[528] Nach dieser Ansicht kann der Betreute in der Rolle als Beklagter seine Prozessfähigkeit bereits dadurch verlieren, dass der Kläger den Betreuer in der Klage als dessen gesetzlichen Vertreter nennt. Der Verlust der Prozessfähigkeit ist in dieser Konstellation nicht an eine tatsächliche Übernahmeentscheidung des Betreuers geknüpft. Wieder andere bejahen ein Vertreten, wenn 213

---

521 Vgl. BGH, NJW 1964, 1855 (1856).

522 Vgl. BGH, NJW 1964, 1855 (1856).

523 BGH, NJW 1964, 1855 (1856); *Zimmermann*, ZPO, § 53 Rn. 1; vgl. *Weth*, in: Musielak, ZPO, § 53 Rn. 3.

524 BVerfG, NJW 1965, 2051 (2051) zu § 53 ZPO aF: „ (…) der Verlust der Prozeßfähigkeit in einem von dem Pfleger geführten Rechtsstreit (…)"; RGZ 52, 223 (224); *Hüßtege*, in: Thomas/Putzo, ZPO, § 53 Rn. 2.

525 FG Baden-Württtemberg, BtPrax 2013, 79 (79) für § 58 Abs. 2 Satz 2 FGO i. V. m. § 53 ZPO; BFH, Beschluss vom 21. Oktober 1982 – AZ: IV R 113/82 –, zu § 53 ZPO aF; *Weth*, in: Musielak, ZPO, § 53 Rn. 3; *Lipp*, Freiheit und Fürsorge, S. 92.

526 *Bork*, in: Stein/Jonas, ZPO, § 53 Rn. 15.

527 *Bork*, in: Stein/Jonas, ZPO, § 53 Rn. 15.

528 *Bork*, in: Stein/Jonas, ZPO, § 53 Rn. 15.

der Betreuer von vornherein als gesetzlicher Vertreter des Betreuten klage oder für den Betreuten auf Beklagtenseite auftrete; sei eine solche einleitende Beteiligung des Betreuers hingegen nicht gegeben, setze die Vertretung im Sinne des § 53 ZPO die Übernahme des Rechtsstreits durch den Betreuer voraus.[529] Demgegenüber verlangen andere Teile der Literatur weder ein tatsächliches Auftreten des Betreuers noch eine Übernahme des Verfahrens durch diesen. Vielmehr werde die Prozessunfähigkeit des Betreuten bereits dadurch ausgelöst, dass der Prozess in den Aufgabenkreis des Betreuers falle.[530] Dies ergebe sich aus § 1902 BGB i. V. m. § 53 ZPO.[531] Nach dieser Ansicht verweise § 53 ZPO auf die dem Betreuer im materiellen Recht eingeräumte (abstrakte) Vertretungsmacht.

i. Vertreten als Ansichziehen der Prozessführung: Von der Notwendigkeit einer Übernahmeerklärung durch den Betreuer

214 Ein Vertreten-werden iSd § 53 ZPO liegt nur dann vor, wenn eine ausdrückliche oder konkludente Übernahmeerklärung seitens des Betreuers vorliegt. Der Betreute ist nicht schon deshalb prozessunfähig, weil der Prozessgegenstand in einen Aufgabenbereich fällt, der dem Betreuer übertragen wurde. Für dieses Auslegungsergebnis sprechen Entstehungsgeschichte sowie die Funktion des § 53 ZPO im Zusammenspiel mit verfassungsrechtlichen Erwägungen.

1). Wortlaut

215 Der Wortlaut des § 53 ZPO schreibt das hier vertretene Auslegungsergebnis nicht zwingend vor. Die Formulierung „Wird in einem Rechtsstreit ... durch einen Betreuer ... vertreten“ lässt mehrere Deutungen zu. Eine normative Deutung des Vertretens[532] als bloßes Bestehen von Vertretungsmacht[533] als auch eine faktische Deutung im Sinne von tatsächlicher Ausübung von Vertretungsmacht sind innerhalb des möglichen Wortsinns. Letztlich ist auf der semantischen Ebene unklar, ob mit „vertreten“ auf die Vertretungsmacht oder die Ausübung derselben verwiesen wird.

2). Entstehungsgeschichte

216 In der Urfassung der Zivilprozessordnung von 1871 war § 53 CPO anders belegt. Die heutige Vorschrift hat ihren Vorläufer in einer Gesetzesänderung, die auf den Entwurf eines Änderungsgesetzes betreffend die Zivilprozessordnung aus dem Jahre

---

529 So *Bienwald*, BtPrax 2001, 198 (199); *Gehrlein*, in Gehrlein/Prütting, ZPO, § 53 Rn. 3; *Rosenberg/Schwab/Gottwald*, ZPO, § 44 Rn. 14; *Damrau/Zimmermann*, Betreuungsrecht, § 1902 Rn. 34.
530 *Deinert*, BtPrax 2001, 66 (66); *Deinert*, BtPrax 2001, 146 (147).
531 *Deinert*, BtPrax 2001, 66 (66); *Deinert*, BtPrax 2001, 146 (147).
532 Hierfür *Deinert*, BtPrax 2001, 66 (66); *Deinert*, BtPrax 2001, 146 (147).
533 Vgl. z. B. § 1629 Abs. 1 S. 2 BGB.

1897 zurückgeht.[534] Der Änderungsgesetzgeber gab dem § 53 ZPO folgenden Wortlaut: „Wird in einem Rechtsstreit eine prozeßfähige Person durch einen Pfleger vertreten, so steht sie für den Rechtsstreit einer nicht prozeßfähigen Person gleich."[535] In den Motiven dieses Entwurfes wird zum § 51a ZPO (dem späteren § 53 ZPO) ausgeführt:

> *„Die Person, welche einen Pfleger erhält, wird damit nach dem BGB. in der Geschäftsfähigkeit nicht beschränkt und bleibt folgeweise gemäß § 51 Abs. 1 ZPO prozeßfähig. Dem Pfleger kommt daher die Stellung eines gesetzlichen Vertreters im Sinne der ZPO. (§ 50) an sich nicht zu. Dies widerstreitet aber, namentlich in den Fällen der Abwesenheitspflegschaft, den Bedürfnissen des Rechtsverkehrs. Der § 51a bestimmt mit Rücksicht hierauf, dass eine prozessfähige Person, die durch einen Pfleger vertreten wird, für den Rechtsstreit einer nicht prozeßfähigen Person gleichsteht. Wie die Fassung ergibt, greift diese Vorschrift nur Platz, wenn der Pfleger den Prozess wirklich führt. Der Dritte, der einen Anspruch gegen den Pflegebefohlenen geltend machen will, ist deshalb keineswegs genötight, seine Klage gegen den Pfleger zu richten. Erst wenn der Pfleger von seinem Rechte, die Vertretung des Pflegebefohlenen im Rechtsstreite zu übernehmen, Gebrauch macht, verliert dieser die Fähigkeit, den Prozeß in eigener Person weiter zu führen, und wird damit der Pfleger gesetzlicher Vertreter im Sinne der ZPO."*[536]

217 Dem letzten Satz dieser Begründung lässt sich eindeutig entnehmen, dass der Verlust der Prozessfähigkeit von einer Übernahmeentscheidung des Pflegers abhängig sein sollte: Der Pflegebefohlene verliere erst dann seine Prozessfähigkeit, wenn der Pfleger von seinem Recht zur Übernahme des Rechtsstreits „*Gebrauch macht*". In diesem Zusammenhang kommt das Erfordernis einer vom historischen Gesetzgeber gewollten Übernahmeentscheidung auch darin zum Ausdruck, dass der Pfleger den Prozess *wirklich führen* muss.

218 Durch Art. 4 Nr. 1 Betreuungsgesetz wurde der Anwendungsbereich des § 53 ZPO auf den Betreuer ausgeweitet.[537] Aus der Gesetzesbegründung zu § 53 ZPO ergibt sich, dass der Gesetzgeber vor der Ausdehnung des § 53 ZPO a.F. davon ausging, dass der bereits erfasste Pflegebefohlene nur dann einer prozessunfähigen Partei gleichstehe, wenn *im Verfahren* ein Pfleger für diesen *auftrete*.[538] Auch diese Wendung spricht für eine mit dem Auftreten verbundene bewusste Übernahmeentscheidung des Pflegers bzw. Betreuers.

219 Die Auswertung der Gesetzesmaterialien ergibt somit, dass der (historische) Gesetzgeber den Verlust der Prozessfähigkeit an eine bewusste Übernahmeentscheidung des Betreuers knüpfen wollte.

---

534 *Hahn*, Materialien, Bd. VIII, S. 1.
535 *Hahn*, Materialien, Bd. VIII, S. 6.
536 *Hahn*, Materialien, Bd. VIII, S. 85.
537 BGBl. 1990, I, S. 2009.
538 BT-Drs. 11/4528, S. 167.

3). Systematische Auslegung

220 Das materielle Betreuungsrecht ist geprägt vom betreuungsrechtlichen Erforderlichkeitsgrundsatz, nach welchem die Autonomie des Betreuten weitestgehend erhalten bleiben soll. Es ist nicht einsichtig, warum der Gesetzgeber bei § 53 ZPO hiervon hätte abrücken wollen. § 53 ZPO regelt lediglich eine Folgefrage, die sich daraus ergibt, dass der Betreute (§ 52 ZPO) und der Betreuer (§ 1902 BGB) prozessual handlungsfähig sind. Eine Auslegung des § 53 ZPO dahin, dass bereits die Einschlägigkeit eines übertragenen Aufgabenkreises zur Prozessunfähigkeit führte, bedingte einen Systembruch: Autonomiebeschränkung ohne klar erkennbare Erforderlichkeit.

221 Dies zeigt sich insbesondere daran, dass es keine Möglichkeit gebe, dass der Betreuer die Prozessfähigkeit des Betreuten wiederherstellen könnte, obwohl er materiell-rechtlich hierzu angehalten ist. Der Betreuer hat nach § 1901 Abs. 2 BGB die Pflicht, die Angelegenheiten des Betreuten so zu besorgen, wie es dessen Wohl entspricht, wobei zum Wohl eben auch die Möglichkeit des Betreuten gehört, sein Leben im Rahmen seiner Fähigkeiten nach eigenen Wünschen und Vorstellungen zu gestalten. Hierzu gehört zweifelsohne auch, einen Prozess selbstständig führen zu können. Hielte man allein das Bestehen einer Vertretungsmacht für ausreichend, die Prozessunfähigkeit des Betreuten auszulösen, würde dem Betreuer die Möglichkeit genommen, dem Wunsch des Betreuten, einen Rechtsstreit selbstständig zu führen, zu entsprechen.

4). Teleologische Auslegung

222 Mit der Ursprungsfassung des § 53 ZPO bezweckte der (historische) Gesetzgeber vor allem den Schutz des Rechtsverkehrs.[539] Nach aktuell herrschender Lesart dient § 53 ZPO dem Interesse von Gericht und Gegner am geordneten Verfahrensgang durch Vermeidung widersprechender Prozesshandlungen, aber auch dem Schutz des Betreuten selbst.[540] Diese Schutzzwecke rechtfertigen keine Auslegung, die den Betreuten schon deshalb prozessunfähig macht, weil der Prozess in den Aufgabenkreis des Betreuers fällt. Solange der Betreuer seine prozessuale Vertretungsmacht nicht ausübt, besteht keine aktuelle Gefahr einer nicht ordnungsgemäßen Prozessführung. Widersprechende Prozesshandlungen können nicht vorkommen. Von dem (geschäftsfähigen!) Betreuten selbst geht keine relevante Gefahr für eine nicht ordnungsgemäße Prozessführung aus. Grundsätzlich ist jede geschäftsfähige Partei so zu nehmen, wie sie ist. An einen Betreuten sind keine strengeren Anforderungen zu stellen als an sonstige Parteien. Insoweit ist das Gericht gehalten, sollte es notwendig sein, für einen ordnungsgemäßen Prozessverlauf zu sorgen.

---

539 Vgl. *Hahn*, Materialien, Bd. VIII, S. 85: „Dies widerstreitet aber, namentlich in den Fällen der Abwesenheitspflegschaft, den Bedürfnissen des Rechtsverkehrs."

540 Vgl. nur OLG Frankfurt a. M., NJW 2014, 1393 (1394).

Auch der Aspekt, dass der Betreute (vor sich selbst) geschützt werden soll, trägt nicht. Es ist schon im Ansatz nicht einsichtig, warum der geschäftsfähige Betreute – also jemand der materiell-rechtlich voll handlungsfähig ist – prozessual vor seinem Verhalten geschützt werden muss. Jedenfalls ist der Betreute ausreichend dadurch geschützt, dass sein Betreuer den Prozess an sich ziehen kann. 223

5). Verfassungskonforme Auslegung

Auch wenn man in Anwendung der herkömmlichen Methoden zu dem Auslegungsergebnis käme, allein die Einschlägigkeit eines übertragenen Aufgabenkreises führte zur Prozessunfähigkeit des Betreuten, wäre dieses Auslegungsergebnis zu verwerfen, da dies zu einem Verstoß gegen das Grundrecht des Betreuten aus Art. 2 Abs. 1 GG führte. Das hier gefundene Auslegungsergebnis ist daher jedenfalls im Wege der verfassungskonformen Auslegung geboten. 224

Mit der durch § 53 ZPO ausgelösten Fiktion der Prozessunfähigkeit wird in das durch Art. 2 Abs. 1 GG geschützte Selbstbestimmungsrecht des Betreuten eingegriffen.[541] Privatautonomie und effektiver Rechtsschutz erfordern grundsätzlich, dass derjenige, der materiell handlungsbefugt ist, seine Rechte auch prozessual eigenständig geltend machen kann. Die Kongruenz von Geschäftsfähigkeit und Prozessfähigkeit (§ 51 ZPO) zu durchbrechen, bedarf daher einer besonderen Rechtfertigung. Jede Grundrechtsbeschränkung ist an das verfassungsrechtliche Verhältnismäßigkeitsprinzip gebunden. Dieses gebietet als „Interventionsminimum" im Bereich des Art. 2 Abs. 1 GG, dass die Handlungsautonomie nur soweit zurückgedrängt wird, wie es zur Förderung eines legitimen Zwecks unentbehrlich ist. 225

Indem auf die Übernahmeerklärung als das die Prozessunfähigkeit auslösende Moment abgestellt wird, kann der geschäftsfähige Betreute den Rechtsstreit selbstständig führen, solange sein Betreuer eine Intervention nach Maßgabe des § 1901 BGB nicht für erforderlich hält. Nur so wird dem Betreuten die Möglichkeit eingeräumt, sein Leben im Rahmen seiner Fähigkeiten weitestgehend nach seinen eigenen Wünschen und Vorstellungen zu gestalten. Hält der Betreuer es nicht für erforderlich, den Prozess zum Schutz seiner von ihm betreuten Person zu übernehmen, muss und darf er dies auch nicht. 226

ii. Anforderungen an die Übernahmeerklärung

Im Folgenden werden die Voraussetzungen einer wirksamen Übernahmeerklärung durch den Betreuer erörtert. Diese ergeben sich in erster Linie aus der Rechtsnatur der Erklärung. Die Übernahmeerklärung des Betreuers ist eine *Prozesshandlung*[542] 227

---

541 Vgl. BVerfG, NJW 1965, 2051 (2051): zu § 53 ZPO a.F.

542 Als Prozesshandlung wird ein Verhalten des Gerichts oder der Parteien verstanden, welches gestaltend auf den Prozess einwirkt (*Musielak*, in: Musielak, ZPO, Einleitung Rn. 58).

in der Art der Bewirkungshandlung[543], da sie unmittelbar die Prozessunfähigkeit des geschäftsfähigen Betreuten fingiert; die Wirkung tritt ohne eine vermittelnde gerichtliche Entscheidung ein.

228 Als Prozesshandlung setzt die Wirksamkeit der Übernahme daher voraus, dass alle Prozesshandlungsvoraussetzungen in der Person des Betreuers vorliegen.[544] Der Betreuer muss daher bei Abgabe der Erklärung auch selbst prozessführungsbefugt sein.[545] Die Erklärung ist als empfangsbedürftige Prozesserklärung gegenüber dem Gericht abzugeben. Andernfalls entfaltet sie keine Wirkung, insbesondere genügt die Abgabe gegenüber dem Prozessgegner nicht.

229 Die Übernahmeerklärung hat zum Inhalt, dass der Betreuer den Prozess *anstelle* der von ihm betreuten Person führen will.[546] Der Erklärung muss sich also ein Verdrängungs- bzw. Letztentscheidungswille des Betreuers entnehmen lassen. Dieser Wille muss nicht ausdrücklich erklärt werden; auch eine konkludente Erklärung ist zulässig. Wegen der Grundrechtssensibilität muss sich der Erklärung aber hinreichend deutlich entnehmen lassen, dass der Betreuer „Herr der Prozessführung" werden möchte, d.h. dass er dem Betreuten die Möglichkeit nehmen möchte, auf das Verfahren gestaltend einzuwirken. Eine konkludente Übernahmeerklärung des Betreuers liegt insbesondere in der Bestellung eines Anwalts für den Betreuten.[547] Der Betreuer gibt mit der Beauftragung des Anwalts und der entsprechenden Vollmachtserteilung ausdrücklich einem anderen als der von ihm betreuten Person die Möglichkeit, rechtswirksame Anträge zu stellen.[548] Hierdurch bringt er zum Ausdruck, dass er dem Betreuten die Möglichkeit nehmen möchte, selbstständig auf das Verfahren gestaltend einzuwirken. Selbiges gilt für einen vom Betreuer erklärten Rechtsmittelverzicht oder eine vom Betreuer erklärte Rücknahme des vom Betreuten eingelegten Rechtsmittels.[549]

230 Die Annahme einer konkludenten Übernahmeerklärung darf jedoch nicht überdehnt werden: Nicht jedem auf den Rechtsstreit bezogenen Handeln des Betreuers kann eine konkludente Übernahmeerklärung entnommen werden.[550] Insbesondere genügt die bloße Abgabe einer Stellungnahme nicht den Anforderungen einer

543 Zur Unterscheidung von Prozesshandlungen in Erwirkungshandlungen und Bewirkungshandlungen siehe *Musielak*, in: Musielak, ZPO, Einleitung Rn. 61.

544 Hierzu *Musielak*, in: Musielak, ZPO, Einleitung Rn. 62.

545 Vgl. *Vollkommer*, in: Zöller, ZPO, § 53 Rn. 3.

546 Vgl. RG, RGZ 52, 223 (224): „Hierin kann jedoch ein Eintritt des Pflegers in den Prozeß an Stelle des Klägers, wodurch allein dessen Prozeßfähigkeit hätte herbeigeführt werden können, nicht gefunden werden."

547 OLG Hamm, Beschluss v. 22.03.1996, AZ: 12 UF 451/95; vgl. LG Hannover, FamRZ 1998, 380 (380 f.); a.A. wohl RGZ 52, 223 (224).

548 OLG Frankfurt a. M., NJW 2014, 1393 (1394).

549 Vgl. OLG Frankfurt a. M., NJW 2014, 1393 (1394).

550 Nicht eindeutig BSG, FamRZ 2013, 1801, welches die aktive Beteiligung des Betreuers am Prozessgeschehen für einen Eintritt im Sinne des § 53 ZPO ausreichen lässt.

Übernahmeerklärung im Sinne des § 53 ZPO.[551] Teilt der Betreuer dem Gericht im Rahmen seiner Stellungnahme bzw. Anhörung einen Sachverhalt mit, der gegebenenfalls auch von dem des Betreuten abweicht, erklärt er nicht – vorbehaltlich weiterer Anhaltspunkte – den Prozess anstelle des Betreuten auch führen zu wollen. Vielmehr erteilt er lediglich eine Auskunft. Selbiges gilt auch für die bloße Teilnahme des Betreuers an der mündlichen Verhandlung.[552] Die Teilnahme allein hat keinen hinreichenden Erklärungswert, da sie vielfach ausschließlich der moralischen Unterstützung des Betroffenen dient.

Bestehen Zweifel an dem Übernahmewillen des Betreuers, hat das mit der Sache 231
befasste Prozessgericht von Amts wegen zu ermitteln (vgl. § 56 ZPO), ob der Betreuer mit seinem Verhalten beabsichtigt, den Prozess anstelle der betreuten Person zu führen. Dies lässt sich in der Praxis durch einfache Nachfrage bei dem Betreuer selbst in Erfahrung bringen (vgl. § 139 Abs. 3 i.V.m. Abs. 1 S. 2 ZPO).

dd. Handeln im übertragenen Aufgabenkreis

Die Fiktionswirkung des § 53 ZPO wird nur ausgelöst, wenn der Prozess eine Ange- 232
legenheit betrifft, die einem Aufgabenkreis unterfällt, der dem Betreuer übertragen wurde.[553] § 53 ZPO bindet den Eintritt der Fiktionswirkung zwar nicht ausdrücklich daran, dass der Betreuer sich *im Rahmen des übertragenen Aufgabenkreises, also seiner „Vertretungsmacht“* bewegt. Im Wege der Gesetzesauslegung ergibt sich jedoch, dass dies eine ungeschriebene, aber unverzichtbare Bedingung ist. Versucht der Betreuer andere Angelegenheiten an sich zu ziehen, wird die Fiktionswirkung des § 53 ZPO nicht ausgelöst.

i. Bestimmung des Aufgabenkreises in Ansehung des Prozessgegenstandes

Der Umfang der prozessualen Vertretungsmacht wird bestimmt durch § 1902 BGB, in 233
dem die Befugnis zur gerichtlichen Vertretung an den übertragenen Aufgabenkreis gebunden wird. Die gerichtliche Vertretungs*befugnis* ist also streng akzessorisch zum übertragenen Aufgabenkreis. Vor dem Hintergrund, dass die Autonomie der Betroffenen durch das Institut der Betreuung weitestgehend gestärkt werden sollte, wäre es nicht nachvollziehbar, dass der Gesetzgeber es zulässt, dass ein „Betreuer ohne Vertretungsmacht“ dem an sich prozessfähigen Betreuten die prozessuale

551 So ausdrücklich OLG Frankfurt a. M., NJW 2014, 1393 (1394); vgl. auch AnwGH Ba Wü, BeckRS 2014, 04086.

552 Vgl. OLG Frankfurt a. M., NJW 2014, 1393 (1394); vgl. auch BVerwG, Beschluss v. 10. Oktober1994 – AZ: 3 B 48/93 -, Rn. 5 (juris): „Der Betreuer hat sich zwar in diesem Rechtsstreit, nachdem der Kläger die Beschwerde erhoben hatte, unter Hinweis auf seine Bestellung gemeldet; er hat aber keine Prozeßerklärung abgegeben und nicht erklärt, daß er den Prozeß im eigenen Namen oder im Namen des Betreuten führe.“

553 Vgl. *Bork*, MDR 1991, 97 (98); *Bendtsen*, in: Saenger, ZPO, § 53 Rn. 1; *Hüßtege*, in: Thomas/Putzo, ZPO, § 53 Rn. 2.

Handlungsfähigkeit entzieht. Auch ist insoweit der Normzweck des § 53 ZPO nicht einschlägig. Es liegt gerade kein Fall doppelter prozessualer Handlungsbefugnis vor, wenn sich der Betreuer außerhalb seines Aufgabenkreises bewegt.

234 Vielfach ist klärungsbedürftig, ob der Prozess eine Angelegenheit betrifft, die unter einen übertragenen Aufgabenkreis fällt. Zur methodischen Klärung bietet sich ein der Gesetzesanwendung vergleichbarer Dreischritt an: (1.) Bestimmung des Prozessgegenstandes, (2.) Bestimmung des Umfangs der übertragenen Aufgabenkreise durch Auslegung und (3.) Prüfung, ob der Prozessgegenstand unter einen der so näher bestimmten übertragenen Aufgabenkreise subsumiert werden kann. Juristisch anspruchsvoll ist dabei durch Auslegung zu bestimmen, welchen Umfang die übertragenen Aufgabenkreise haben, also welche Angelegenheiten sie erfassen.

235 Die übertragenen Aufgabenkreise ergeben sich allein aus dem Beschluss zur Betreuerbestellung. Das Betreuungsgericht hat den Aufgabenkreis des Betreuers im Beschluss zur Betreuerbestellung ausdrücklich zu bestimmen (§ 286 Abs. 1 Nr. 1 FamFG). Unzulässig wäre daher die Annahme von „stillschweigend" übertragenen Aufgabenkreisen. *Auslegungsgegenstand* ist somit allein die Aufgabenkennzeichnung, wie sie im Tenor des Betreuungsbeschlusses niedergelegt ist. Dies bedeutet jedoch nicht, dass der Tenor nur aus sich heraus ausgelegt werden darf. Auch andere Umstände dürfen zur Auslegung des Tenors herangezogen werden. Ganz erhebliche Bedeutung kommt insoweit den Gründen des Betreuungsbeschlusses zu, aber auch Umstände außerhalb des Beschlusses können berücksichtigungsfähig sein.[554]

236 Die im Tenor vorgenommene Bezeichnung der Aufgabenkreise kann im Einzelfall unmittelbar aussagekräftig sein. Hat beispielsweise das Betreuungsgericht die Führung eines konkreten Rechtsstreits in dem Bestellungsbeschluss etwa mittels Angabe des Aktenzeichens oder für den Fall eines beabsichtigten Verfahrens mittels Angabe der Parteien sowie des Streitgegenstandes als (verfahrensbezogenen) Aufgabenkreis konkretisiert, ist es für das Prozessgericht eindeutig, dass der dem Betreuer zugewiesene Aufgabenbereich den konkreten Rechtsstreit erfasst. Insoweit ist die Verfahrensführung nicht Annex eines materiellen Aufgabenkreises, sondern primärer Gegenstand der Übertragung selbst. Diese Eindeutigkeit ist auch im Fall der sog. Totalbetreuung gegeben. Durch eine solche ist dem Betreuer die Besorgung *aller* Angelegenheiten übertragen worden; mithin auch die gerichtliche Vertretung in sämtlichen bürgerlich-rechtlichen Streitigkeiten. Inwieweit die Anordnung einer solchen Totalbetreuung gegebenenfalls aufgrund eines Verstoßes gegen den Erforderlichkeitsgrundsatz unzulässig ist, hat das Prozessgericht grundsätzlich nicht zu überprüfen.[555] Die Anordnung einer Totalbetreuung ist in der Praxis zweifelsohne nicht der Regel-, sondern aufgrund des Erforderlichkeitsgrundsatzes der Ausnahmefall.[556]

---

554 A.A. *Schwab*, in: MüKo, BGB, § 1896 Rn. 41; dazu noch ausführlich unter Rn. 457 ff.

555 Hierzu bereits unter Rn. 90 ff.

556 Vgl. *Götz*, in: Palandt, BGB, § 1896 Rn. 16; zum Erforderlichkeitsgrundsatz bereits ausführlich Rn. 33 ff.

ii. Sonderfall: Explizite Zuweisung der Vertretung

Vorsicht ist geboten, wenn der Betreuungsbeschluss als Aufgabenkreis die „*Vertretung vor Behörden und Gerichten*“ oder ähnliches[557] zuweist. Dies lädt zu der Annahme ein, dass der Betreuer stets prozessual handlungsbefugt ist, ohne dass es noch auf den jeweiligen Prozessgegenstand ankäme. Diese Annahme stände jedoch auf unsicherem Grund, da zwanglos zumindest zwei Interpretationen möglich sind: Es könnte sich um die konstitutive Zuweisung eines verfahrensbezogenen Aufgabenkreises handeln oder um einen lediglich deklaratorischen Hinweis auf die Gesetzeslage (vgl. § 1902 BGB). 237

Der abstrakten Zuweisung der Vertretung als Aufgabe, also ohne Benennung eines konkret zu besorgenden Verfahrens, stehen Rechtsprechung und Schrifttum überwiegend ablehnend gegenüber.[558] Nur ausnahmsweise komme – nach teilweise vertretener Auffassung – eine konstitutive Bedeutung in Betracht, wenn der Betroffene krankheitsbedingt dazu neige, eine Vielzahl sinnloser Verfahren zu betreiben und sich dadurch zu schädigen.[559] Diese ablehnende Haltung stützt sich dabei auf folgende Überlegungen: Die Aufgabenkreisbezeichnung sei mit dem Erforderlichkeitsgrundsatz mangels Bestimmtheit nicht vereinbar.[560] Inwieweit dem Aufgabenkreis lediglich eine deklaratorische Bedeutung[561] oder (ausnahmsweise) eine konstitutive Bedeutung zukomme, sei dem Bestellungsbeschluss bzw. Betreuerausweis nicht zu entnehmen.[562] Eine solche nichtssagende bzw. unbestimmte Floskel sei keine wirksame Aufgabenkreiszuweisung im Sinne des § 1902 BGB.[563] 238

Der herrschenden Meinung ist im Ergebnis zuzustimmen, auch wenn ihre Argumentation in Teilen abzulehnen ist. Im Regelfall wird die *Auslegung* des Beschlusstenors ergeben, dass die Benennung der Vertretungsbefugnis des Betreuers lediglich deklaratorische Wirkung hat, sie also ein Hinweis auf die Gesetzeslage nach § 1902 239

557 Vgl. OLG Celle, NStZ 2012, 702 (703): „Vertretung gegenüber Körperschaften, Behörden und Rechtsanwälten“; *Bienwald*, in: Staudinger, BGB, § 1896 Rn. 173: „Vertretung gegenüber Ämtern und Behörden; „Rechts-, Antrags- und Behördenangelegenheiten“.

558 OLG Celle, NStZ 2012, 702 (703); KG, NJOZ 2008, 1899 (1901); *Bienwald*, in: Staudinger, BGB, § 1896 Rn. 173 f.

559 *Schwab*, in: MüKo, BGB, § 1896 Rn. 116; KG, NJOZ 2008, 1899 (1901); OLG Brandenburg, BeckRS 2012, 15562; *Götz*, in: Palandt, BGB, § 1896 Rn. 19.

560 Vgl. OLG Celle, NStZ 2012, 702 (702); OLG Hamburg, BeckRS 2014, 08291; vgl. *Bienwald*, in: Staudinger, BGB, § 1896 Rn. 173, 174; im Ergebnis auch *Jürgens*, in: Jürgens, Betreuungsrecht, § 1896 Rn. 23.

561 OLG Brandenburg, Beschluss vom 20.12.2011, AZ: 10 UF 217/10: „Die Bestimmung des Aufgabenkreises „Vertretung vor Behörden und Gerichten“ dient lediglich der Klarstellung der Vertretungsberechtigung des Betreuten im Rahmen eines zugleich übertragenen Aufgabenkreises (...).“

562 *Bienwald*, in: Staudinger, BGB, § 1896 Rn. 173.

563 Vgl. *Jürgens*, in: Jürgens, Betreuungsrecht, § 1896 Rn. 23; vgl. *Bienwald*, in: Staudinger, BGB, § 1896 Rn. 173.

BGB ist. Die Auslegung kann aber auch ergeben, dass eine konstitutive Aufgabeneinräumung gewollt ist. Hieran bestünde zum Beispiel kein Zweifel, wenn das Betreuungsgericht tenorierte: *„Vertretung vor Behörden und Gerichten unabhängig von den zuvor genannten Aufgabenkreisen“* oder *„Vertretung vor Behörden und Gerichten soweit eine Vertretungsbefugnis nicht schon nach § 1902 BGB besteht“*.

240 Maßgeblich ist allein die Auslegung des Beschlusstenors. Insoweit verdunkelt die Argumentation der herrschenden Meinung den entscheidenden Punkt, wenn sie die Rechtmäßigkeit einer solchen Anordnung in den Mittelpunkt ihrer Überlegungen stellt. Die Argumentation kreist um die Einhaltung des betreuungsrechtlichen Erforderlichkeitsprinzips, des Bestimmtheitsgebots und der Konnexität von Vertretungsmacht und Aufgabenzuweisung nach § 1902 BGB. Damit wird jedoch unterstellt, dass das Prozessgericht berufen sei, die Rechtmäßigkeit der Aufgabenkreiszuweisung zu prüfen. Dies ist jedoch nicht der Fall. Die Prozessgerichte sind nicht die Rechtsmittelinstanz des Betreuungsgerichts[564], sondern vielmehr aufgrund der „Tatbestandswirkung“ des Betreuungsbeschlusses an diesen gebunden. Nur bei Nichtigkeit besteht keine Bindung.[565]

241 Dies heißt jedoch nicht, dass die Überlegungen zur Rechtmäßigkeit gänzlich verfehlt sind. Sie haben jedoch ihren Platz bei der *Auslegung des Beschlusstenors*, da man ohne Weiteres davon ausgehen kann, dass das Betreuungsgericht versucht, eine Entscheidung im Einklang mit der Rechtsordnung zu treffen. Es können jedoch auch andere Auslegungsgesichtspunkte, insbesondere die Ausführungen in der Beschlussbegründung dazu führen, dass die konstitutive Übertragung gewollt ist. Daher ist es stets eine Frage des Einzelfalls, was das Betreuungsgericht angeordnet hat. Liegen keine besonderen Umstände vor, wird man in der Nennung von *„Vertretung vor Behörden und Gerichten“* nur einen – überflüssigen und irreführenden[566] – Hinweis auf den § 1902 BGB zu entnehmen haben, da nicht ernsthaft davon auszugehen ist, dass das Gericht für den gesamten prozessualen Bereich, unabhängig von den übertragenen materiellen Aufgabenbereichen, eine „Vollbetreuung“ anordnen wollte. Besondere Umstände können beispielsweise vorliegen, wenn die Anregung der Betreuung gerade wegen des prozessualen Verhaltens des Betroffenen erfolgte.

242 Soweit bei der Auslegung auf den Aspekt der betreuungsrechtlichen Rechtmäßigkeit abgestellt wird, ist Folgendes zu beachten: Das Betreuungsgericht ist keineswegs auf die Zuweisung materieller Aufgabenkreise beschränkt. Auch die Zuweisung *prozessualer Aufgabenbereiche* an den Betreuer kann zulässig sein.[567] § 1902 BGB lässt sich keine Sperrwirkung dergestalt entnehmen, dass eine Vertretung nur zulässig ist, wenn zugleich auch der korrespondierende materiell-rechtliche

---

564 Vgl. hierzu §§ 58 ff. FamFG.

565 Hierzu bereits unter Rn. 207 ff.

566 Insoweit ist den Kritikern, insbesondere *Bienwald*, in: Staudinger, BGB, § 1896 Rn. 173 zuzustimmen.

567 Vgl. OLG Celle, NStZ 2012, 702 (702); vgl. OLG Brandenburg, Beschluss v. 20. Dezember 2011 – AZ: 10 UF 217/10 -, Rn. 15 (juris).

Aufgabenkreis zugewiesen ist. § 1902 BGB regelt eine *gesetzliche* Folge der Zuweisung materieller Aufgabenkreise: die Aufgabe und Befugnis der Vertretung. Hieraus den Umkehrschluss zu ziehen, dass eine betreuungsgerichtliche Zuweisung rein verfahrensrechtlicher Aufgabenbereiche untersagt würde, überzeugt nicht. Gerade das betreuungsrechtliche Erforderlichkeitsgebot kann dies sogar erzwingen, wenn ein Betreuungsbedarf spezifisch verfahrens- bzw. prozessbezogen ist, im eigentlichen Lebensbereich also nicht besteht. Als Beispiel lässt sich der „Prozessquerulant" nennen, für den im eigentlichen Lebensbereich kein Betreuungsbedarf besteht: Materielle Aufgabenkreise müssten dem Betreuer übertragen werden, um eine prozessuale Betreuung sicherzustellen, obwohl hinsichtlich der materiellen Aufgabenkreise kein Betreuungsbedarf besteht.

iii. Unbeachtlichkeit eines entgegenstehenden Willens des Betreuten

Unklar ist, ob die Übernahme gegen oder ohne den Willen des Betreuten erfolgen kann. Äußert der Betreute während des Prozesses, dass er die Übernahme dieses durch seinen Betreuer nicht wünsche und erklärt der Betreuer gleichwohl seinen Übernahmewillen gegenüber dem Prozessgericht, ist fraglich, ob diese Übernahme des Prozesses überhaupt wirksam ist. Klärungsbedürftig ist damit die Frage, ob ein zustimmender Wille bzw. das Fehlen eines entgegenstehenden Willens des Betreuten erforderlich ist. Es ist daran zu erinnern, dass es bei der Prüfung des § 53 ZPO um Betreute geht, die nach § 52 ZPO an sich prozessfähig sind: Sie sind materiell geschäftsfähig. Insoweit ist ihr Wille nicht nur ein natürlicher Wille, sondern ein freier Wille. 243

Ein Teil der Literatur ist der Ansicht, dass eine Übernahme gegen den Willen des Betreuten unzulässig sei.[568] Andere Literaturstimmen[569] vertreten, dass der Betreuer den Rechtsstreit auch gegen den Willen des Betreuten übernehmen könne. Begründet wird dies damit, dass die Betreuung andernfalls zwecklos sei.[570] 244

Die Rechtsprechung hat zu dieser Frage, soweit ersichtlich, bisher keine Stellung genommen. Judikate liegen jedoch zur früheren Pflegschaft, die ebenfalls in § 53 ZPO geregelt war, vor.[571] Insoweit hat der BGH schon früh entschieden, dass ein entgegenstehender Wille des Pfleglings im Zusammenhang des § 53 ZPO unbeachtlich sei: „Die Vorschrift des § 53 ZPO, nach der es im Zivilprozeß bei einer durch einen Pfleger vertretenen prozeßfähigen Person nicht auf deren Willen, sondern auf 245

---

568 *Oberheim*, ZPO, § 2 Rn. 18; *Lindacher*, in: MüKo, ZPO, § 53 Rn. 3: „Entgegen gängiger Meinung kann der Betreuer keinesfalls gegen den Willen des (geschäftsfähigen) Betreuten in einen von diesem oder gegen diesen begonnenen Rechtsstreit eintreten."

569 *Bork*, in: Stein/Jonas, ZPO, § 53 Rn. 15; Baumbach/*Hartmann*, ZPO, § 53 Rn. 3; *Bork*, MDR 1991, 97 (98); *Weth*, in: Musielak, ZPO, § 53 Rn. 3.

570 *Bork*, in: Stein/Jonas, ZPO, § 53 Rn. 15.

571 Vgl. BGH, NJW 1988, 49 (51); OLG Düsseldorf, OLGZ 1983, 119 (120 f.); OLG Düsseldorf, OLGZ 1981, 104 (106).

den des Pflegers ankommt, ist eine Ausnahmeregelung, die daran nichts ändert."[572] Den Ausnahmecharakter bezog der BGH darauf, dass im früheren Pflegschaftsrecht der Wille des geschäftsfähigen Pfleglings maßgeblich war. Man unterschied überwiegend zwischen geschäftsunfähigen und geschäftsfähigen Pfleglingen, wobei der Wille des Gebrechlichkeitspflegers den Wünschen des geschäftsunfähigen Pfleglings vorging, während der Gebrechlichkeitspfleger die Wünsche von geschäftsfähigen Pflegebefohlenen zu beachten hatte.[573] Bei geschäftsfähigen Gebrechlichen war der Pfleger nicht befugt, den Willen des Pfleglings zu übergehen und einseitige Maßnahmen zu treffen. Vielmehr war der Pfleger darauf beschränkt, den Pflegebefohlenen in einer Art und Weise zu unterstützen, die dessen Willen Rechnung trägt. Maßnahmen des Pflegers, mit denen der Pflegebefohlene nicht einverstanden war, brauchte dieser nicht hinzunehmen und konnte sie rückgängig machen.[574]

246 Ein entgegenstehender Wille des Betreuten ist für den Eintritt der Rechtsfolge des § 53 ZPO unbeachtlich. Dies kann jedoch nicht mittels des § 1901 Abs. 3 S. 1 BGB begründet werden. Dort wird der Vorrang des Willens des Betreuten als Handlungsmaxime des Betreuers normiert. Es handelt sich dabei um einen begrenzten Vorrang, da er unter dem Vorbehalt des Wohls des Betreuten steht. Zwar hat der Gesetzgeber in der Begründung zum Betreuungsgesetz ausgeführt, dass dem Wohl des Betroffenen auch bei einem entgegenstehenden Wunsch eines *geschäftsfähigen* Betroffenen Vorrang zukommen soll: „Bei Konflikten zwischen dem Wohl des Betreuten und seinen Wünschen kommt vielmehr dem Wohl der Vorrang zu. Dies gilt unabhängig von der Geschäftsfähigkeit des Betreuten."[575] Jedoch ist dies durch die Einführung des § 1896 Abs. 1a BGB überholt. Wenn schon der entgegenstehende freie Wille die Einrichtung einer Betreuung überhaupt hindert, wäre es systemwidrig, wenn bei Einzelmaßnahmen ein freier Wille unter Berufung auf das Wohl des Betreuten überspielt werden könnte. Solange ein freier Wille besteht, definiert der Betreute, was seinem Wohl entspricht, nicht der Betreuer.[576] Der in § 1901 Abs. 3 S. 1 BGB enthaltene Vorbehalt hinsichtlich des Betreutenwohls bezieht sich daher allein auf die Fälle der Bekundung eines (nur) natürlichen Willens des Betreuten.

247 Maßgeblich ist, dass der erkennbare Wille und Willensbekundungen des Betreuten nur die Pflichten des Betreuers im Innenverhältnis bestimmen (vgl. § 1901 Abs. 3 S. 1 BGB). Sie führen nicht zu einer Beschränkung des rechtlichen Könnens des Betreuers im Außenverhältnis.[577] Die Vertretungsbefugnis des Betreuers ist *hoheitlicher* Natur; ihr Umfang wird bestimmt durch § 1902 BGB und die

572 BGH, NJW 1967, 2404 (2406).
573 BT-Drs. 11/4528, S. 133.
574 So BGH, NJW 1967, 2404 (2406).
575 BT-Drs. 11/4528, S. 133.
576 A.A. BT-Drs. 11/4528, S. 133.
577 BGH, NJW 2008, 2333 (2336).

betreuungsgerichtliche Zuweisung. Eine Beschränkung der Vertretungsmacht durch den Betreuten sieht das Gesetz nicht vor.[578] Bereits aus der gesetzlichen Begründung ergibt sich, dass § 1901 BGB das „*unmittelbare Verhältnis zum Betreuer*" regelt.[579] Zudem würde eine Beschränkung der Vertretungsmacht in dem Sinne, dass sie nur soweit reicht, als der Vertreter den Willensvorrang gemäß den Anforderungen des § 1901 Abs. 3 BGB entspricht, die Rechtssicherheit gefährden. Die Pflicht des Betreuers, den Wünschen des Betreuten zu entsprechen, hängt im konkreten Fall von Umständen ab, die für den Rechtsverkehr weder einsehbar noch überschaubar sind.[580] Dritte können wegen fehlender Kenntnis nicht beurteilen, ob der konkrete, vom Betreuten geäußerte Wunsch Ausdruck seiner Krankheit bzw. Behinderung ist. Auch können sie die Zumutbarkeit der geäußerten Wünsche für den Betreuer nicht einschätzen.[581] Der Bestand eines vom Betreuer im Namen des Betreuten abgeschlossenen Rechtsgeschäfts kann nicht von den schwierigen Abwägungen, ob die Wünsche dem Wohl des Betreuten zuwiderlaufen oder im Einklang miteinander stehen, abhängen.[582] Hingegen kann der Aufgabenkreis des Betreuers durch Vorlage des Betreuerausweises im Rechtsverkehr ohne Weiteres in Erfahrung gebracht werden.

Das (pflichtwidrige) Überschreiten der Befugnisse im Innenverhältnis hat da- 248
mit grundsätzlich keine Auswirkung auf die Vertretungsmacht des Betreuers. Eine Übernahmeerklärung nach § 53 ZPO ist daher auch bei Überschreiten dieser Befugnisse zulässig. Mithin besteht für das Prozessgericht in einem Rechtsstreit, den der Betreuer im Namen des Betreuten mit einem Dritten führt, in der Regel kein Anlass, zu prüfen, ob die Führung des Rechtsstreits dem Wunsch des Betroffenen entspricht.[583] Es ist vielmehr Sache des *Betreuungsgerichts* zu prüfen, ob das Betreuerhandeln den Vorgaben des § 1901 BGB entspricht.[584] Das Betreuungsgericht kann bei Feststellung des pflichtwidrigen Übergehens der Wünsche des Betroffenen gegen die Pflichtwidrigkeit durch Ge- und Verbote einschreiten (§§ 1908i, 1837 Abs. 2 BGB) und gegebenenfalls den Betreuer mangels Eignung entlassen (§ 1908b BGB).[585] Indes ist es dem Prozessgericht nicht verwehrt, bei Annahme eines pflichtwidrigen Verhaltens des Betreuers, beim Betreuungsgericht eine Überprüfung des

578 Vgl. BGH, NJW 2008, 2333 (2336); *Damrau/Zimmermann*, Betreuungsrecht, § 1902 Rn. 9, 28; *Bork*, MDR 1991, 97 (97, 98); *Müller*, Betreuung, S. 66; *Müller*, in: BeckOK, BGB, § 1901 Rn. 10; *Schwab*, in: MüKo, BGB, § 1901 Rn. 20, 1902 Rn. 15; *Jürgens*, in: Jürgens, Betreuungsrecht, § 1901 Rn. 10; *Schwab*, FamRZ 1990, 681 (683).
579 BT-Drs. 11/4528, S. 53.
580 *Schwab*, in: MüKo, BGB, § 1902 Rn. 15.
581 Vgl. *Schwab*, in: MüKo, BGB, § 1901 Rn. 20.
582 *Schwab*, in: MüKo, BGB, § 1902 Rn. 15.
583 Vgl. *Schwab*, in: MüKo, BGB, § 1901 Rn. 20; BGH, NJW 2008, 2333 (2336).
584 BGH, NJW 2008, 2333 (2336).
585 *Schwab*, in: MüKo, BGB, § 1901 Rn. 19; BGH, NJW 2008, 2333 (2336); vgl. *Schwab*, FamRZ 1990, 681 (683).

Betreuerhandelns anzuregen.[586] Eine gerichtliche Fürsorgepflicht zur Mitteilung des pflichtwidrigen Betreuerhandelns ist indes nur in Fällen eines evidenten objektiven Interessenverstoßes des Betreuers anzunehmen.[587]

249 Wirkt sich ein Überschreiten der Befugnisse im Innenverhältnis grundsätzlich auf das Außenverhältnis nicht aus, wird bei einem offenkundigen Missbrauch der Vertretungsmacht ausnahmsweise eine Durchbrechung dieses Grundsatzes anzunehmen sein.[588] Die Grundsätze über den Missbrauch der Vertretungsmacht haben ihren eigentlichen Anwendungsbereich bei den materiell-rechtlichen Rechtsgeschäften. Die Übernahmeerklärung gemäß § 53 ZPO ist indes eine Prozesserklärung. Eine materiell-rechtliche Komponente enthält die Übernahmeerklärung als solche nicht. Die Vorschriften über die Nichtigkeit materiell-rechtlicher Willenserklärungen sind auf Prozesshandlungen grundsätzlich auch nicht entsprechend anwendbar,[589] da das Prozessrecht die Verfahrenslage weitgehend vor Unsicherheit schützen will.[590] Indes kann in besonders gelagerten Ausnahmefällen ein Verstoß gegen die guten Sitten oder Treu und Glauben die Wirksamkeit von Prozesshandlungen beeinflussen.[591] Ein solcher Ausnahmefall dürfte in Evidenzfällen des Missbrauchs der Vertretungsmacht anzunehmen sein.[592] Führen der Betreuer und der Prozessgegner einen Rechtsstreit bewusst zum Nachteil der betreuten Person (kollusives Zusammenwirken) dürfte die Übernahmeerklärung des Betreuers unwirksam sein. Selbiges gilt für den Fall, wenn der Prozessgegner die Unvereinbarkeit des Betreuerhandelns mit den internen Befugnissen kennt oder diese Unvereinbarkeit für ihn evident ist. Dies dürfte für das Prozessgericht indes nur in den Fällen einer evidenten objektiven Interessenverletzung erkennbar sein. In Betracht kommt dies beispielsweise, wenn der Betreuer und der Prozessgegner in einem Angehörigenverhältnis oder anderweitigem nahen Verhältnis zueinanderstehen. Der Übertragung der Grundsätze über den Missbrauch der Vertretungsmacht auf die Übernahmeerklärung steht auch der Sinn und Zweck des § 53 ZPO nicht entgegen. Im Falle des Missbrauchs der Vertretungsmacht entfällt der Schutzgedanke des § 53 ZPO, da in diesen Fällen gerade zum Nachteil der betreuten Person gehandelt werden soll und die Gegenseite nicht schutzwürdig ist.

---

586 Vgl. BGH, NJW 2008, 2333 (2336).

587 Vgl. BGH, NJW 2008, 2333 (2336).

588 Vgl. Gernhuber/*Coester-Waltjen*, Familienrecht, § 76 V Rn. 60.

589 Vgl. *Reichold*, in: Thomas/Putzo, ZPO, Einl III Rn. 17.

590 BGH, NJW 1981, 2193 (2194).

591 BGH, NJW 1981, 2193 (2194): „Besonders gelagerten Ausnahmefällen kann nach dem Grundsatz von Treu und Glauben und nach den Vorschriften über die Wiederaufnahme des Verfahrens, wie noch zu erörtern sein wird, Rechnung getragen werden."; vgl. *Reichold*, in: Thomas/Putzo, ZPO, Einl III Rn. 17.

592 Vgl. BGH, NJW 2008, 2333 (2336); vgl. *Schwab*, in: MüKo, BGB, § 1901 Rn. 20. Zu den anerkannten Fallgruppen: *Schramm*, in: MüKo, BGB, § 164 Rn. 107 f. m.w.N.

b. *Die Rechtswirkungen des § 53 ZPO*

aa. Auswirkungen auf den Betreuten

i Prozessuale Auswirkungen: Fiktion der Prozessunfähigkeit

250 Liegen die Voraussetzungen des § 53 ZPO vor, so ist die primäre, sich unmittelbar aus § 53 ZPO ergebende Rechtsfolge, dass die betroffene Partei für den Rechtsstreit einer nicht prozessfähigen Person gleichsteht. Indem im Tatbestand des § 53 ZPO die Prozessfähigkeit der Person vorausgesetzt wird, die ihr auf Rechtsfolgenseite abgesprochen wird, ist § 53 ZPO deutlich als Regelung einer *Fiktionswirkung* zu erkennen. Dies entspricht auch der allgemeinen Einordnung.[593] Im Folgenden soll die Reichweite der fingierten Prozessunfähigkeit untersucht werden. Dabei wird zwischen dem Verlust der Prozessfähigkeit in sachlicher Hinsicht und zeitlicher Hinsicht differenziert.

1). Sachliche Reichweite der Prozessunfähigkeit

251 Die Fiktion der Prozessunfähigkeit beschränkt sich auf den vom Betreuer tatsächlich geführten Rechtsstreit.[594] Hiervon erfasst ist das gesamte Prozessrechtsverhältnis, einschließlich Klage, Widerklage, Kostenfestsetzungsverfahren,[595] Nachverfahren nach einem Vorbehaltsurteil, zugehörige Vollstreckungsverfahren,[596] Ergänzung und Berichtigung eines Urteils oder Beschlusses (§§ 319 bis 321 ZPO), Richterablehnung, Urteilszustellung, Verweisungsverfahren (§§ 281, 506 ZPO) und Anordnungen nach §§ 707, 719 ZPO. Dagegen erfasst der Rechtsstreit nicht die selbstständigen, sich dem Rechtsstreit gegebenenfalls anschließenden (Anhang-)Prozesse wie die Vollstreckungsabwehrklage (§ 767 ZPO), die Klauselerteilungsklage (§ 731 ZPO) oder die Klage gegen die Vollstreckungsklausel nach § 768 ZPO.[597] Auch das Wiederaufnahmeverfahren ist als selbstständiger Rechtsstreit nicht erfasst.[598] Allein der Zusammenhang zwischen dem Ausgangsverfahren und den möglichen sich anschließenden Rechtsstreitigkeiten rechtfertigt nicht die Ausweitung des § 53 ZPO. Vielmehr ist der Begriff des Rechtsstreites aufgrund des Ausnahmecharakters und des Grundrechtseingriffs eng auszulegen.

---

593 Vgl. LG Osnabrück, Beschluss v. 23.05.2005, AZ: 1 T 437/05.

594 So *Bienwald*, BtPrax 2001, 150 (151); *Schwab*, in: MüKo, BGB, § 1902 Rn. 13; *Rosenberg/Schwab/Gottwald*, ZPO, § 44 Rn. 14.

595 *Rosenberg/Schwab/Gottwald*, ZPO, § 44 Rn. 14; *Gehrlein*, in: Prütting/Gehrlein, ZPO, § 53 Rn. 2; *Lindacher*, in: MüKo, ZPO, § 53 Rn. 4; *Weth*, in Musielak, ZPO, § 53 Rn. 4.

596 *Lindacher*, in: MüKo, ZPO, § 53 Rn. 4; *Gehrlein*, in: Prütting/Gehrlein, ZPO, § 53 Rn. 2; *Weth*, in: Musielak, ZPO, § 53 Rn. 4.

597 *Weth*, in: Musielak, ZPO, § 53 Rn. 4.

598 *Rosenberg/Schwab/Gottwald*, ZPO, § 44 Rn. 14; *Gehrlein*, in: Prütting/Gehrlein, ZPO, § 53 Rn. 2; *Lindacher*, in: MüKo, ZPO, § 53 Rn. 4.

252 Der Begriff des Rechtsstreits erfasst auch das zugehörige *Rechtsmittelverfahren.*[599] Dies hat zur Folge, dass für den Fall, dass der Betreuer den Betreuten im erstinstanzlichen Verfahren (wirksam) vertreten hat, im anschließenden Rechtsmittelverfahren ausschließlich der Betreuer rechtsmittelberechtigt ist.[600] Das von dem Betreuten eingelegte Rechtsmittel ist in diesem Fall mangels Prozessführungsbefugnis unwirksam. Indes hat der Betreuer zweifelsohne die Möglichkeit, die an sich unwirksame Rechtsmitteleinlegung des Betreuten zu genehmigen. Diese Genehmigung bewirkt die rückwirkende Heilung der Prozesshandlung.[601] Indes ist die nachträgliche Genehmigung der Rechtsmitteleinlegung nur innerhalb der für das Rechtsmittel vorgeschriebenen Frist zulässig.[602] Das Rechtsmittelgericht dürfte aufgrund der gerichtlichen Fürsorgepflicht gehalten sein, das von einem prozessunfähigen Betreuten eingelegte Rechtsmittel dem Betreuer weiterzuleiten. Diesem muss die Möglichkeit gegeben werden, gegebenenfalls die Rechtsmitteleinlegung zu genehmigen. Dies setzt dessen Kenntnis voraus.

253 Zum Teil wird in der Literatur vertreten, dass für den Fall, dass der Betreuer kein Rechtsmittel eingelegt hat, der Vertretene das Verfahren wieder an sich ziehen und er in Zukunft seinen Vertreter verdrängen könne. Dies wird damit begründet, dass in dieser Fallgestaltung der Zweck des § 53 ZPO nicht zur Anwendung käme, da eine Gefahr widersprüchlicher Erklärungen mangels Teilnahme des Vertreters am Rechtsmittelverfahren nicht drohe.[603] Indem der Vertreter kein Rechtsmittel einlege, ziehe er sich aus dem Verfahren zurück.[604] Dieser Ansicht kann jedoch nicht gefolgt werden. Die Entscheidung des im erstinstanzlichen Verfahren eingetretenen Betreuers, kein Rechtsmittel einzulegen, ist eine *bewusste* Entscheidung gegen die Fortführung des Verfahrens.[605] Keinesfalls kann die Entscheidung des Betreuers, ein Rechtsmittel nicht einzulegen, mit dem Austritt aus dem Rechtsstreit gleichgesetzt werden. Genauso wie der Eintritt in ein bereits laufendes Verfahren eine bewusste Entscheidung des Betreuers voraussetzt, setzt auch der Austritt aus dem Verfahren als actus contrarius eine bewusste Willensentscheidung des Betreuers voraus. Der Austritt aus dem Verfahren hat zur Folge, dass die Prozessfähigkeit des Betreuten wieder auflebt und dieser Herr der Prozessführung wird. Der bloßen Untätigkeit des Betreuers kann ein solcher Erklärungswert nicht zugemessen werden. Allein aus dem Nichteinlegen eines Rechtsmittels kann daher nicht auf den Austritt aus dem Rechtsstreit und der damit einhergehenden Übertragung der Prozessfähigkeit

---

599 OLG Frankfurt a.M., NJW 2014, 1393 (1394).

600 LG Hannover, FamRZ 1998, 380 (381); OLG Hamm, Beschluss v. 22.03.1996, 12 UF 451/95; *Lindacher*, in: MüKo, ZPO, § 53 Rn. 4; *Damrau/Zimmermann*, Betreuungsrecht, § 1902 Rn. 34.

601 OLG Hamm, Beschluss v. 22.03.1996, AZ: 12 UF 451/95.

602 BFH, BeckRS 1982, 22006280.

603 Vgl. *Grunsky*, FamRZ 1966, 571 (573) für die Pflegschaft zu § 53 ZPO aF.

604 Vgl. *Grunsky*, FamRZ 1966, 571 (573) für die Pflegschaft zu § 53 ZPO aF.

605 Vgl. LG Hannover, FamRZ 1998, 380 (381).

auf den Betreuten geschlossen werden. Vielmehr bedarf es für die Annahme, dass der Betreuer aus dem Verfahren ausgetreten ist, konkreter Anhaltspunkte. Liegen solche Anhaltspunkte vor, hat das Gericht bei Zweifeln durch Nachfrage von Amts wegen aufzuklären, ob der Betreuer aus dem Rechtsstreit ausgetreten ist.

Ist der Betreuer im erstinstanzlichen Verfahren hingegen nicht dergestalt tätig 254
geworden, dass er die Übernahme des Rechtsstreits erklärt hat, bleibt der Betreute im anschließenden Rechtsmittelverfahren auch weiterhin uneingeschränkt prozessfähig.[606] Der Betreuer hat jedoch jederzeit die Möglichkeit, auch nach Abschluss der ersten Instanz durch einen Rechtsmittelverzicht, eine Rücknahmeerklärung oder eine anderweitige Eintrittserklärung den Prozess anstelle des Betreuten zu übernehmen.[607]

2). Zeitliche Reichweite der Prozessunfähigkeit

Der Betreute verliert seine Prozessfähigkeit *allein für die Dauer der Vertretung.*[608] 255
Tritt der Betreuer wieder aus dem Rechtsstreit aus, lebt die Prozessfähigkeit des Betreuten wieder auf.[609] Dies ergibt sich bereits aus dem Wortlaut der Vorschrift, ist aber auch vor dem Hintergrund einer verfassungskonformen Auslegung der Vorschrift geboten. Danach ist die Selbstverantwortlichkeit des Betreuten soweit als möglich zu achten und zu schützen. Ist der Betreuer der Ansicht, dass der Betroffene (wieder) in der Lage ist, den Prozess selbstständig zu führen und das Wohl des Betroffenen eine Übernahme des Prozesses nicht erfordert (vgl. § 1901 Abs. 2 BGB), bedarf es seinerseits keiner Vertretung im Prozess. Der Betreuer ist in diesem Fall gehalten, die Prozessführung (wieder) dem geschäftsfähigen Betreuten zu überlassen. Notwendig ist als actus contrarius eine Prozesserklärung mit dem erkennbaren Inhalt, dass die Prozessführung dauerhaft niedergelegt wird. Dies ist dem Gericht mitzuteilen. Dem schlichten Nichtbetreiben des Verfahrens kann ein solcher Inhalt jedoch nicht ohne Weiteres entnommen werden.

Keinesfalls verpflichtet § 53 ZPO den Betreuer, den Prozess nach Übernahme in 256
jedem Fall zu Ende zu führen. Maßgeblich für die Entscheidung, den Rechtsstreit für den Betroffenen zu führen, ist das materielle Betreuungsrecht. § 1901 BGB regelt, welches die Handlungsdirektiven für den Betreuer im Betreuungsrechtsverhältnis sind.

Überdies können auch während des Prozesses die Voraussetzungen für die Be- 257
treuungsanordnung entfallen, beispielsweise durch Genesung des Betreuten. Dies führt zwar nicht zum Unwirksamwerden der Betreuerbestellung – hierfür ist ein Aufhebungsbeschluss erforderlich (vgl. § 1908d Abs. 1 BGB, § 294 FamFG) –, jedoch

606 Vgl. OLG Frankfurt a.M., NJW 2014, 1393 (1394).
607 Vgl. OLG Frankfurt a.M., NJW 2014, 1393 (1394).
608 *Rosenberg/Schwab/Gottwald*, ZPO, § 44 Rn. 14.
609 Vgl. *Bork*, in: Stein/Jonas, ZPO, § 53 Rn. 15; vgl. *Grunsky*, FamRZ 1966, 572 (583).

hat der Betreuer die Pflicht, gegenüber dem Prozessgericht[610] die Aufgabe der Prozessführung zu erklären, da dann ein Betreuerhandeln nicht mehr erforderlich ist (vgl. § 1901 Abs. 1 BGB).

ii. Genehmigungsfähigkeit unwirksamer Prozesshandlungen

258 Wegen der durch § 53 ZPO bewirkten Prozessunfähigkeit kann der Betreute im fortlaufenden Rechtsstreit keine *wirksamen* Prozesshandlungen mehr vornehmen. Gleichwohl sind es weiterhin Prozesshandlungen, denen der Betreuer zur Wirksamkeit verhelfen kann, wenn er sie genehmigt. Erklärt der Betreute beispielsweise die Klagerücknahme bzw. ein Anerkenntnis, sind diese Prozesserklärungen mangels Wirksamkeit grundsätzlich unbeachtlich. Indes kann der Betreuer die Prozesshandlungen des Betroffenen heilend genehmigen.[611] Außerdem kann der Betreute selbst diese Prozesshandlungen genehmigen, wenn die Betreuung aufgehoben ist. Zu beachten ist dabei, dass fristgebundene Prozesshandlungen nur innerhalb der für sie geltenden Frist wirksam genehmigt werden können[612] und dass die Prozessführung nur insgesamt genehmigungsfähig ist[613].

259 Das Prozessgericht ist daher verpflichtet, dem Betreuer die von der betreuten Partei abgegebene Prozesserklärung zwecks Kenntnis und Möglichkeit zur Genehmigung weiterzuleiten. Dies betrifft auch das von einem Betreuten eingelegte Rechtsmittel, welches mangels Prozessfähigkeit grundsätzlich unzulässig ist, aber durch die Genehmigung des Betreuers binnen der Rechtsmittelfrist geheilt werden kann.[614] Die Genehmigung der Prozesshandlung kann ausdrücklich, aber auch schlüssig erfolgen.[615]

iii. Materiell-rechtliche Auswirkungen

260 § 53 ZPO beeinflusst allein die Fähigkeit, *prozessuale* Erklärungen abzugeben. Unberührt bleibt die materiell-rechtliche Verfügungsbefugnis des Betreuten.[616] Der geschäftsfähige Betreute bleibt befugt, über das eingeklagte materielle Recht weiterhin zu verfügen. Er kann deshalb auch die in dem Rechtsstreit geltend gemachte Forderung durch einen Erlassvertrag mit dem Beklagten zum Erlöschen bringen mit der Folge, dass die Klage als unbegründet abgewiesen werden wird.[617] Der Betreute kann

---

610 Gegenüber dem Betreuungsgericht trifft ihn nach § 1901 Abs. 5 BGB eine Anzeigepflicht.

611 Vgl. nur *Vollkommer*, in: Zöller, ZPO, § 53 Rn. 5.

612 Vgl. BGH, NJW 1990, 3085 (3086).

613 BGH, NJW 1987, 130; RGZ 110, 228 (230 f.).

614 Vgl. OLG Beschluss v. 4.11.1970, AZ: 2 W 13/70.

615 Vgl. OLG Beschluss v. 4.11.1970, AZ: 2 W 13/70.

616 *Vollkommer*, in: Zöller, ZPO, § 53 Rn. 5; *Lindacher*, in: MüKo, ZPO, § 53 Rn. 1.

617 Vgl. BGH, NJW 1988, 49 (51) für die Pflegschaft; *Damrau/Zimmermann*, Betreuungsrecht, § 1902 Rn. 34; *Bork*, in: Stein/Jonas, ZPO, § 53 Rn. 18; *Bork*, MDR 1991, 97 (98).

auch als ein Weniger zum Erlassvertrag dem Schuldner in materiell-rechtlich wirksamer Weise erklären, dass er gegenwärtig die Forderung nicht zu erfüllen braucht (Stundungsvereinbarung).[618] Eine solche materiell-rechtliche Erklärung kann sich im Wege der Auslegung aus einem Widerspruch der Partei gegen die Klageerhebung seines Betreuers ergeben.[619]

Kommt es im materiell-rechtlichen Bereich zu divergierenden Willenserklärungen zwischen dem Betreuer und dem Betroffenen gilt für Verfügungen und die Ausübung von Rechten das Prioritätsprinzip. Bei simultaner Rechtsausübung setzt sich der Betreute gegen den Betreuer durch; im Übrigen sind sämtliche Rechtsgeschäfte wirksam, soweit sie sich nicht widersprechen.[620] Eine widersprechende Willenserklärung kann nur dann die Wirksamkeit der bereits abgegebenen Willenserklärung verhindern, wenn die Voraussetzungen eines Widerrufs nach § 130 Abs. 1 S. 2 BGB vorliegen. 261

bb. Wirkung für den Betreuer: Stellung eines gesetzlichen Vertreters iSd ZPO

Liegen die Voraussetzungen des § 53 ZPO vor, reduziert sich die aus § 52 ZPO und § 1902 BGB ergebende doppelte prozessuale Handlungsbefugnis. Allein der Betreuer ist nunmehr prozessual handlungsfähig hinsichtlich der unter Betreuung stehenden, nunmehr als prozessunfähig fingierten Partei. Dies hat zur Folge, dass der Betreuer den Status eines gesetzlichen Vertreters im Sinne des § 51 Abs. 1 ZPO erlangt. 262

In terminologischer Hinsicht ist Folgendes zu beachten: Der Begriff des gesetzlichen Vertreters ist mehrdeutig. Es muss zwischen dem Status des gesetzlichen Vertreters im Sinne des materiellen Rechts (im Folgenden: gesetzlicher Vertreter iSd BGB) und dem Status des gesetzlichen Vertreters im Sinne des Zivilprozessrechts (im Folgenden: gesetzlicher Vertreter iSd ZPO) unterschieden werden. Die beiden Status sind zwar vielfach in derselben Person vereint, jedoch ist dies aus Rechtsgründen nicht notwendig. Zudem betreffen sie unterschiedliche Befugnisse. Der Begriff des gesetzlichen Vertreters iSd ZPO ist legaldefiniert in § 51 Abs. 1 ZPO als „Vertretung nicht prozessfähiger Parteien durch andere Personen". Er umschreibt die prozessuale Vertretung für prozess*unfähige* Parteien. Der Begriff des gesetzlichen Vertreters iSd BGB ist nicht legaldefiniert[621], sondern wird vorausgesetzt. Die ZPO knüpft dabei die gesetzliche Vertretung iSd ZPO an die gesetzliche Vertretung iSd BGB (vgl. § 51 Abs. 1 ZPO: „bestimmt sich nach den Vorschriften des bürgerlichen Rechts"). Es besteht jedoch keine Kongruenz, da eine gesetzliche Vertretung iSd ZPO nur für Prozessunfähige besteht. Es ist daher möglich, dass eine Person zwar einen gesetzlichen Vertreter iSd BGB hat, aber keinen gesetzlichen 263

618 Vgl. OLG Düsseldorf, OLGZ 1983, 119 (121).
619 Vgl. OLG Düsseldorf, OLGZ 1983, 119 (121).
620 So *Lindacher*, in: MüKo, ZPO, § 53 Rn. 1.
621 Er wird aber verwendet z.B. in §§ 1492 Abs. 1, 1600a Abs. 2, 1713 Abs. 2, 1747 Abs. 1, 1896 Abs. 2, 2282 Abs. 2 BGB.

Vertreter iSd ZPO. Dies zeigt sich insbesondere am Betreuungsrechtsverhältnis: Der Betreuer ist zwar gesetzlicher Vertreter iSd BGB (vgl. § 1902 BGB), jedoch nicht unmittelbar gesetzlicher Vertreter iSd ZPO. Dies ergibt sich aus dem Umstand, dass die Betreuerbestellung die Geschäftsfähigkeit, und damit in der Folge die Prozessfähigkeit (vgl. § 52 ZPO) unberührt lässt. Daher wird der Betreuer eines geschäftsfähigen Betreuten erst infolge des Eintritts der Fiktionswirkung gesetzlicher Vertreter iSd ZPO.[622]

cc. Auswirkungen auf bereits vorgenommene Prozesshandlungen

264 Fraglich ist, welche Auswirkung die nachträgliche Übernahme des Prozesses durch den Betreuer auf die vom Betreuten bereits vor Eintritt des Betreuers vorgenommenen Prozesshandlungen hat. Die Beantwortung der Frage hängt davon ab, ob die durch § 53 ZPO ausgelöste Fiktion der Prozessunfähigkeit zurückwirkt (ex tunc) oder erst in dem Zeitpunkt der tatsächlichen Übernahmeerklärung Wirkung entfaltet (ex nunc). Entfiele die Prozessfähigkeit rückwirkend, so fehlte es an einer Wirksamkeitsvoraussetzung der jeweiligen Prozesshandlung. Dem Betreuer bliebe in diesem Fall die Möglichkeit, die Unwirksamkeit der Prozesshandlungen durch Genehmigung zu heilen. Demgegenüber wären bei Zugrundelegung einer ex-nunc-Wirkung die bereits vor Eintritt des Betreuers vorgenommenen Prozesserklärungen auch ohne Genehmigung wirksam. Da Prozesserklärungen grundsätzlich unwiderruflich sind, wäre der Betreuer grundsätzlich an die bereits abgegebenen Prozesserklärungen des Betreuten gebunden.[623]

265 Die hier aufgeworfene Frage hinsichtlich des Wirkungszeitpunkts der Fiktionswirkung der Prozessunfähigkeit gemäß § 53 ZPO ist in Rechtsprechung und Literatur – soweit ersichtlich – nicht ausdrücklich erörtert worden. Implizit wird diese Frage teilweise unter dem Aspekt der Genehmigungsfähigkeit thematisiert: Der BGH hat in einer Entscheidung die Genehmigungsmöglichkeit von (unwirksamen) Prozesshandlungen durch den Gebrechlichkeitspfleger angenommen.[624] Indes lag dieser Entscheidung ein Sachverhalt zugrunde, in welchem nicht klar war, ob der Pflegling wegen einer Geisteskrankheit prozessunfähig war. Insoweit ist der Entscheidung nicht eindeutig zu entnehmen, ob sich die Ausführungen zur Genehmigungsmöglichkeit der Prozesshandlungen ausschließlich auf die (unterstellte) Prozessunfähigkeit wegen Geisteskrankheit (Fall des §§ 51, 52 ZPO) beziehen oder ob der BGH die Genehmigungsbedürftigkeit auch für den Fall angenommen hätte, dass die Prozessunfähigkeit allein durch den Eintritt des Pflegers ausgelöst worden wäre. In letzterem Fall hätte der BGH der fingierten Prozessunfähigkeit

622 Dieser Mechanismus hat dem historischen Gesetzgeber hinsichtlich des Pflegers explizit vorgeschwebt (vgl. Rn. 216).

623 Zu den Voraussetzungen des Widerrufs: *Rauscher*, in: MüKo, ZPO, Einleitung Rn. 406.

624 BGH, NJW 1964, 1129 (1130).

eine Rückwirkung beigemessen. Auch der Entscheidung des OLG Köln[625] lässt sich nicht eindeutig entnehmen, ob sich die angenommene Genehmigungsbedürftigkeit auch auf die durch § 53 ZPO ausgelöste Prozessunfähigkeit bezieht oder nur auf die mangels Geschäftsfähigkeit angenommene Prozessunfähigkeit. Überdies hat in dem vom OLG Köln entschiedenen Fall der Pflegling die Prozesshandlung nach dem Eintritt des Pflegers in den Rechtsstreit erklärt. Insoweit betraf diese Entscheidung nicht die hier zu klärende Frage, inwieweit eine *vor Eintritt* abgegebene Prozesserklärung wirksam bleibt oder aufgrund der fingierten Prozessunfähigkeit unwirksam wird. Zum Teil wird im Schrifttum unter Bezugnahme auf die vorgenannten Entscheidungen angenommen, dass der Betreuer nach Übernahme des Rechtsstreits die Prozesshandlungen des Betreuten durch Genehmigung heilen könne.[626] Indes finden sich auch hier keine eindeutigen Ausführungen dazu, ob die Genehmigungsbedürftigkeit nur für die nach Übernahme des Betreuers von dem Betreuten erklärten Prozesshandlungen angenommen wird oder ob die Übernahme durch den Betreuer auch eine „rückwirkende" Genehmigungsbedürftigkeit bereits abgegebener Prozesserklärungen auslöst.

Da das Prozessrecht die Verfahrenslage weitgehend vor Unsicherheit schützen 266
will,[627] ist eine zeitliche Rückwirkung der Fiktion der Prozessunfähigkeit abzulehnen. Diese Schutzfunktion des Prozessrechts rechtfertigt es, einer Prozesshandlung nur dann eine Rückwirkung zuzuschreiben, wenn dies im Gesetz ausdrücklich normiert ist (vgl. z.B. § 167 ZPO: Rückwirkung der Zustellung). Andernfalls hinge die mit einer Übernahme des Betreuers verbundene Unwirksamkeit jeder bereits vorgenommenen Prozesshandlung wie ein Damoklesschwert über dem Rechtsstreit: Die Gegenseite müsste jederzeit damit rechnen, dass gewonnene Prozessergebnisse durch einen Eintritt des Betreuers hinfällig werden. Der Wortlaut des § 53 ZPO steht dieser Annahme nicht entgegen. Vielmehr lässt der Wortlaut beide Auslegungsalternativen zu. Die Begrifflichkeit „für den Rechtsstreit" ist dahin gehend offen, als dass die Prozessunfähigkeit mit Eintritt des Betreuers das *gesamte* – auch zeitlich bereits begonnene – Verfahren erfassen kann. Ebenso kann § 53 ZPO durch die Verknüpfung der Prozessunfähigkeit mit dem Konditionalsatz auch dahin gehend verstanden werden, dass die Prozessunfähigkeit lediglich für den *weiteren* Rechtsstreit fingiert wird. Entscheidend spricht jedoch der Sinn und Zweck des § 53 ZPO gegen eine Rückwirkung. Für die bereits vorgenommenen Verfahrenshandlungen besteht keine Gefahr von widersprechenden Prozesshandlungen und damit auch keine Störung des ordnungsgemäßen Verfahrensablaufs. Auch darf nicht durch die Hintertür ein Reuerecht für ungeschickte Prozesshandlungen des Betreuten eingeführt werden; der geschäftsfähige Betreute ist insoweit nicht schutzbedürftig und deswegen auch nicht besser zu stellen als sonstige Parteien, die an ihre Prozesshandlungen gebunden werden.

---

625 OLG Köln, RPfleger 1971, 30.

626 So *Vollkommer*, in: Zöller, ZPO, § 53 Rn. 5; *Weth*, in: Musielak, ZPO, § 53 Rn. 4.

627 So BGH, NJW 1981, 2193 (2194).

c. Bindung des Prozessgerichts an die Übernahmeerklärung

267 Die Übernahmeerklärung ist als Prozesshandlung eine Bewirkungshandlung. Insoweit hat das Gericht keine Entscheidungskompetenz über die Zulassung der Übernahme durch den Betreuer. Das Prozessgericht ist vielmehr an die Übernahmeerklärung gebunden, wenn diese wirksam vorgenommen wurde. Es ist insoweit auf die Prüfung beschränkt, ob die allgemeinen Prozesshandlungsvoraussetzungen und die besonderen Voraussetzungen des § 53 ZPO vorliegen. Ob der Betreuer im Verhältnis zum Betroffenen nach materiellem Recht (§ 1901 BGB) berechtigt ist, den Prozess zu übernehmen, unterliegt daher grundsätzlich nicht der Nachprüfung durch das Prozessgericht.[628] Indes gilt dies nicht einschränkungslos: Die vom Prozessgericht zu beachtenden Grenzen des Betreuerhandelns ergeben sich in Evidenzfällen aus den Grundsätzen über den Missbrauch der Vertretungsmacht.[629] Liegt ein solcher Evidenzfall vor, ist die Übernahmeerklärung des Betreuers unwirksam.[630] Diese auf evidente Fälle des Missbrauchs der Vertretungsmacht beschränkte Prüfungskompetenz des Prozessgerichts begründet keine Befangenheit des Richters.[631]

d. Prüfung von Amts wegen

268 Liegen die Voraussetzungen des § 53 ZPO vor, wird die Prozessunfähigkeit der betroffenen Partei fingiert.[632] § 53 ZPO beeinflusst mithin die Prozessfähigkeit der betroffenen Partei und ist daher von Amts wegen zu prüfen (vgl. § 56 ZPO). Eine Prüfung ist in jedem Fall notwendig. Es gibt keinen belastbaren allgemeinen Erfahrungssatz, dass das Auftreten eines Betreuers mit dem Vorliegen der Voraussetzungen des § 53 ZPO einhergeht. Insoweit besteht ein gravierender Unterschied zu den §§ 51, 52 ZPO: Störungen der Geistestätigkeit bilden nach der Lebenserfahrung die Ausnahmeerscheinung.[633] Das Vorliegen der Voraussetzungen des § 53 ZPO muss daher in jedem Fall positiv festgestellt werden. Im Kern geht es dabei um die Prüfung der Betreuerbestellung und der übertragenen Aufgabenkreise. Zur Prüfung kann das Gericht den Betreuer auffordern, seine Bestellung durch Vorlage der Bestellungsurkunde oder einer Ausfertigung des Bestellungsbeschlusses nachzuweisen.[634] Darüber hinaus besteht auch die Möglichkeit, die Betreuungsakte beizuziehen (vgl. § 273 Abs. 2 Nr. 2 ZPO) oder bei Zweifeln hinsichtlich der Reichweite

---

628 *Lipp*, Freiheit und Fürsorge, S. 92.
629 Vgl. BGH, NJW 2008, 2333 (2336); a.A. *Lipp*, Freiheit und Fürsorge, S. 92.
630 A.A. wohl *Lipp*, Freiheit und Fürsorge, S. 92.
631 A.A. wohl *Lipp*, Freiheit und Fürsorge, S. 92.
632 Dazu bereits ausführlich unter Rn. 203 ff.
633 BGH, NJW-RR, 157, (157); NJW 1996, 1059 (1060).
634 BFH, Beschluss v. 21.10.1982, AZ: IV R 113/82 (zu § 53 ZPO aF); vgl. *Vollkommer*, in: Zöller, ZPO, § 53 Rn. 4; vgl. *Hübsch*, in: BeckOK, ZPO, § 53 Rn. 7; vgl. *Gehrlein*, in: Gehrlein/Prütting, ZPO, § 53 Rn. 3: *Weth*, in: Musielak, ZPO, § 53 Rn. 3.

der Aufgabenkreiszuweisung das Betreuungsgericht zur Klarstellung aufzufordern, soweit auch nach Auslegung[635] der Umfang des Aufgabenbereichs zweifelhaft bleibt. Im Übrigen besteht hinsichtlich der Rechtmäßigkeit der Bestellung eines Betreuers keine Prüfungskompetenz des Prozessgerichts.[636]

III. Rechte und Pflichten des Betreuers im Prozess

Im Folgenden werden die prozessualen Rechte und Pflichten des Betreuers dar- 269
gestellt. Es wird dabei schwerpunktmäßig um die Rechte und Pflichten gehen, die den Betreuer als gesetzlichen Vertreter im Sinne des § 51 Abs. 1 ZPO betreffen. Angesprochen werden aber auch Prozesslagen, in denen der Betreuer dies nicht ist. Auch hier kann das Betreuungsrechtsverhältnis prozessuale Wirkungen entfalten.

1. Betreuer als Adressat der Partei- und Zeugenvernehmung

Aus § 455 Abs. 1 S. 1 ZPO ergibt sich, dass die Aussage einer prozessunfähigen 270
Partei grundsätzlich nicht durch Parteivernehmung als Beweismittel in den Prozess eingeführt werden kann. Steht die Prozessunfähigkeit des Betreuten für das Gericht fest, kann das Gericht den Betreuten daher trotz seiner formalen Parteistellung grundsätzlich nicht als Partei vernehmen[637]. Kann der prozessunfähige Betreute im Beweisverfahren nicht als Partei vernommen werden, so bleibt jedoch seine Vernehmung als Zeuge.[638]

Das Beweismittel der Parteivernehmung ist dadurch für die Prozessseite des 271
prozessunfähigen Betreuten jedoch nicht verloren: Anstelle der prozessunfähigen Person ist ihr gesetzlicher Vertreter zu vernehmen (§ 455 Abs. 1 S. 1 ZPO). Der Betreute wird gesetzlich vertreten iSd § 455 Abs. 1 i.V.m. § 51 Abs. 1 ZPO durch seinen Betreuer. Insoweit kann dann der Betreuer selbst nicht mehr Zeuge sein.[639] Ein Antrag auf Zeugenvernehmung des Betreuers eines prozessunfähigen Betreuten stellt deswegen ein Beweisangebot mit einem untauglichen Beweismittel dar.[640] Soweit mehrere Personen als Betreuer bestellt wurden, muss das Prozessgericht nach pflichtgemäßem Ermessen entscheiden, ob es alle oder nur einzelne Betreuer als Partei vernehmen will, §§ 455 Abs. 1 S. 2 i. V. m. 449 ZPO.[641]

Der Ausschluss nach § 455 Abs. 1 ZPO beschränkt sich dabei nicht auf Personen, 272
die nach § 52 ZPO prozessunfähig sind. In den Anwendungsbereich fallen auch die nur fingiert Prozessunfähigen nach § 53 ZPO. Dies ergibt sich zunächst aus der Funktion der Fiktion: § 53 ZPO ordnet unmittelbar keine Rechtsfolge an. Die

635 Hierzu unter Rn. 234 ff.
636 Siehe hierzu bereits unter Rn. 207 ff.
637 Zur Parteianhörung des Betreuten unter Rn 276 ff.
638 *Bechteler*, in: BeckOK, ZPO, § 455 Rn. 2.
639 OLG Düsseldorf, Urteil v. 7.10.2004, AZ: I-8 U 33/03, 8 U 33/03, Rn. 26 (juris).
640 OLG Düsseldorf, Urteil v. 7.10.2004, AZ: I-8 U 33/03, 8 U 33/03, Rn. 26 (juris).
641 *Schreiber*, in: MüKo, ZPO, § 455 Rn. 1.

Rechtsfolgen ergeben sich erst aus anderen Normen der ZPO, die tatbestandlich an die Prozessunfähigkeit der Partei anknüpfen. Diese Normen sind infolge der Fiktion auch auf den „an sich" prozessfähigen Betreuten anzuwenden. Bekräftigt wird dieser Befund zudem durch § 455 Abs. 2 S. 2 ZPO, der prozessfähige (!) Betreute vom Anwendungsbereich des § 455 Abs. 1 S. 1 ZPO unter bestimmten Bedingungen ausnimmt.

273 Ob der durch § 455 Abs. 1 S. 1 ZPO bestimmte Ausschluss des prozessunfähigen Betreuten von der Parteivernehmung im Einzelfall vorliegt, hängt von der Ursache der Prozessunfähigkeit ab. Die Ausschlusswirkung des § 455 Abs. 1 S. 1 ZPO tritt nur grundsätzlich ein; sie steht ausdrücklich unter dem Vorbehalt des § 455 Abs. 2 ZPO. Nach dessen Satz 1 können „Minderjährige, die das 16. Lebensjahr vollendet haben, [...] über Tatsachen, die in ihren eigenen Handlungen bestehen oder Gegenstand ihrer Wahrnehmung gewesen sind, vernommen und auch nach § 452 ZPO beeidigt werden, wenn das Gericht dies nach den Umständen des Falles für angemessen erachtet". Nach § 455 Abs. 2 S. 2 ZPO gilt das Gleiche für prozessfähige Personen, die in dem Rechtsstreit durch einen Betreuer vertreten werden.

274 § 455 Abs. 2 S. 2 ZPO weist auf der Wortlautebene eine scheinbare Paradoxie auf. Setzt nämlich § 455 Abs. 1 S. 1 ZPO voraus, dass die Partei „nicht prozessfähig" ist, so spricht § 455 Abs. 2 S. 2 ZPO, der hierzu eine Ausnahme regelt, von „prozessfähigen Personen". An sich könnten Abs. 1 S. 1 und Abs. 2 S. 2 des § 455 ZPO nie in derselben Person zur Anwendung kommen, da ihre personalen Anwendungsbereiche sich nicht kreuzen, sondern sich kontradiktorisch gegenüberstehen: Eine Partei, die nicht prozessfähig ist, kann nicht zugleich eine prozessfähige Person sein. Dass eine Ausnahmevorschrift aus rechtlichen Gründen keinen Anwendungsbereich hat, ist jedoch absurd. Der Verweis auf „prozessfähige Personen" ist daher nur verständlich, wenn damit auf die Personen im Anwendungsbereich des § 53 ZPO verwiesen wird.

275 Der Anwendungsbereich des § 455 Abs. 2 S. 2 ZPO ist nicht nur in personaler Hinsicht beschränkt auf die nach § 53 ZPO fingierten prozessunfähigen Betreuten. Auch in sachlicher Hinsicht ist die Zulässigkeit der Parteivernehmung auf den Gegenstand der eigenen Handlungen und Wahrnehmungen der Betroffenen beschränkt (§ 455 Abs. 2 S. 2 i.V.m. S. 1 ZPO). Insoweit ist die Zulässigkeit des Beweismittels „Parteivernehmung des Betreuten" auf bestimmte Beweisthemen begrenzt. Die Entscheidung über die Vernehmung der betreuten Person als Partei, welche von einem Betreuer im Rechtsstreit vertreten wird, steht im pflichtgemäßen Ermessen des Gerichts.[642] Erfolgt eine entsprechende Beweisaufnahme, kann der Betreuer insoweit wieder als Zeuge vernommen werden.[643] Verneint das Gericht die Zulässigkeit einer Parteivernehmung des Betreuten nach § 455 Abs. 2 ZPO, kann ein Antrag auf Zeugenvernehmung des Betreuten gestellt werden.

---

642 Vgl. *Schreiber*, in: MüKo, ZPO, § 455 Rn. 2.

643 Vgl. OLG Düsseldorf, Urteil v. 7.10.2004, AZ: I-8 U 33/03, 8 U 33/03, Rn. 26 (juris); *Greger*, in: Zöller, ZPO, § 455 Rn. 3.

2. Betreuer als Adressat der persönlichen Anhörung

Von dem Beweismittel der Parteivernehmung ist die Parteianhörung zu unterscheiden.[644] Normativer Anknüpfungspunkt der Parteianhörung ist § 141 Abs. 1 ZPO. Danach hat das Gericht die Möglichkeit, das persönliche Erscheinen beider Parteien anzuordnen. Die persönliche Anhörung dient der besseren Aufklärung des Sach- und Streitstandes durch das Gericht sowie einer gütlichen Beilegung des Rechtsstreits.[645] 276

Angeordnet werden kann das persönliche Erscheinen der Parteien. Dabei kommt es im Unterschied zur Parteivernehmung nicht darauf an, ob die Partei prozessfähig oder prozessunfähig ist. Vielmehr ergibt sich im Umkehrschluss zu § 455 ZPO, dass eine prozessunfähige Partei auch außerhalb der Grenzen des Ausnahmetatbestandes des § 455 Abs. 2 ZPO Adressat der Anordnung sein kann.[646] Mithin kann das Gericht auch die unter Betreuung stehende Partei, ungeachtet einer möglichen Prozessunfähigkeit, gemäß § 141 ZPO persönlich laden. Dies ist zweifelsohne in praktischer Hinsicht nur dann sinnvoll, wenn die betroffene Partei auch in der Lage ist, zur Sachverhaltsaufklärung bzw. zur gütlichen Einigung einen Beitrag zu leisten. 277

Fraglich ist, ob auch der Betreuer als gesetzlicher Vertreter der betroffenen Partei persönlich geladen werden kann. Hinsichtlich der Vertretung *juristischer Personen muss* sich die Anordnung des persönlichen Erscheinens an den gesetzlichen Vertreter richten.[647] Dies ist naturgemäß notwendig, da ausschließlich natürliche Personen in tatsächlicher Hinsicht angehört werden können. Nur natürliche Personen können tatsächlich etwas sagen; juristischen Personen kann dies nur zugerechnet werden. Dieses Argumentationsmuster greift für unter Betreuung stehende Personen offenkundig nicht, da der Betreute notwendig eine natürliche Person ist. 278

Gleichwohl kann der Betreuer zur Anhörung iSd § 141 ZPO geladen werden, wenn auch aus anderen Gründen. § 141 ZPO ist insoweit funktional auszulegen.[648] Die Anordnung des persönlichen Erscheinens ist ein Instrument zur Sachverhaltsaufklärung als auch zur gütlichen Einigung. Es ist zweckmäßig, natürliche Personen zu laden, die sich auch zur Sache äußern können. Vielfach sind die betreuten Personen krankheitsbedingt nicht in der Lage zu erscheinen bzw. sich zu bestimmten Tatsachen zu äußern. In diesen Fällen ist es gerade der Betreuer, welcher einen Prozess anstrengt bzw. als Gegner im Rechtsstreit auftritt. Da der 279

644 Vgl. *Greger*, in: Zöller, ZPO, § 141 Rn. 1.

645 *Von Stelle*, in: BeckOK, ZPO, § 141 Rn. 1, 5; a.A. *Wagner*, in: MüKO, ZPO, § 141 Rn. 7, der ausschließlich auf die Sachverhaltsaufklärung als Zweck des § 141 ZPO abstellt.

646 So ausdrücklich *von Stelle*, in: BeckOK, ZPO, § 141 Rn. 6.

647 *Stadler*, in: Musielak, ZPO, § 141 Rn. 6; *Greger*, in: Zöller, ZPO, § 141 Rn. 3.

648 Vgl. auch *von Stelle*, in: BeckOK, ZPO, § 141 Rn. 6: „Den Parteien stehen die gesetzlichen Vertreter natürlicher oder juristischer Personen (...) gleich."

Betreuer die Angelegenheiten für die von ihm betreute Person wahrnimmt, ist er in der Regel auch durch eigene Wahrnehmung mit der Angelegenheit betraut und kann dementsprechend zur Sachverhaltsaufklärung beitragen. Selbiges gilt für das Ziel, den Rechtsstreit gütlich zu beenden. Häufig ist dem Betreuer die Vermögenssorge übertragen, sodass er einen Überblick über die finanziellen Möglichkeiten des Betroffenen hat, welche in der Regel die Grundvoraussetzung für eine gütliche Einigung bilden. Dieser Auslegung steht der Wortlaut des § 141 Abs. 1 ZPO nicht entgegen. Zwar ist der gesetzliche Vertreter selbst nicht Partei des Rechtsstreits. Indes hat der gesetzliche Vertreter nach außen, d. h. gegenüber dem Prozessgegner und dem Gericht, die Befugnisse und Pflichten einer Partei, soweit nicht das Gesetz etwas anderes bestimmt.[649] § 141 Abs. 1 ZPO bestimmt nichts anderes. Insbesondere ergibt sich aus § 141 Abs. 3 ZPO nicht, dass der gesetzliche Vertreter nicht nach Abs. 1 persönlich geladen werden kann. Wie gerade § 455 Abs. 1 ZPO zeigt, lässt es die ZPO durchaus zu, dass der gesetzliche Vertreter in die Rolle der prozessunfähigen Partei „schlüpft". Der Gesetzgeber hat in § 455 Abs. 1 ZPO zu erkennen gegeben, dass er die Vernehmung des gesetzlichen Vertreters einer prozessunfähigen Partei für zweckmäßig erachtet. Insbesondere vor dem Hintergrund der Entscheidung des Bundesverfassungsgerichts zum Vier-Augen-Gespräch, in welcher es den Prozessgerichten die Möglichkeit gibt, dem Gebot der Waffengleichheit entweder durch die Anhörung der in Beweisnot befindlichen Partei nach § 141 ZPO oder durch die Parteivernehmung nach § 448 ZPO zu entsprechen,[650] zeigt, dass ein Gleichlauf von persönlicher Anhörung und Parteivernehmung durchaus angezeigt ist.

280 Dieses Auslegungsergebnis wird auch gestützt durch § 53 ZPO. Zweck des § 53 ZPO ist es, im Interesse eines sachgemäßen und einheitlichen Prozessverlaufs sicherzustellen, dass die Prozessführung allein in den Händen des Betreuers liegt.[651] Mithin muss es dem Betreuer, welcher die betreute Partei im Rechtsstreit vertritt, auch ermöglicht werden, die von ihm behaupteten Tatsachen zu (er-)klären bzw. zu präzisieren. Eine einheitliche Prozessführung durch den Betreuer kann daher nur durch die entsprechende Anhörung desselben konsequent umgesetzt werden. Eine ausschließliche Anhörungsmöglichkeit der betreuten Person, soweit diese aus tatsächlichen Umständen überhaupt möglich ist, birgt stets die Gefahr, dass dieser den Tatsachenbehauptungen seines Betreuers widerspricht und so die einheitliche und sachgemäße Prozessführung erheblich beeinträchtigt.

281 Mithin ist es dem Prozessgericht möglich, sowohl die betreute prozessunfähige Person als auch deren Betreuer persönlich zu laden, wenn es dies zur Aufklärung des Sachverhalts bzw. zwecks eines Güteversuchs für geboten erachtet.

---

649 RGZ 66, 240 (242).

650 BVerfG, NJW 2001, 2531 (2532); umfassende Darstellung zum Vier-Augen-Gespräch *Oberheim*, Taktik im Zivilprozess, Rn. 1894 ff.

651 Vgl. BGH, NJW 1964, 1855 (1855); vgl. BGH, NJW 1988, 49, 51; vgl. OLG Hamm, Beschluss v. 22.03.1996, 12 UF 451/95.

3. Genehmigung von Prozesshandlungen

Führt der Betreute den Rechtsstreit zunächst selbst und stellt sich (später) heraus, dass dieser geschäftsunfähig war, sind sämtliche abgegebenen Prozesshandlungen mangels Prozessfähigkeit grundsätzlich unwirksam. Indes kann der Betreuer die Prozesshandlungen der betroffenen Partei durch Erklärung der Genehmigung bis zum Schluss der mündlichen Verhandlung noch heilen. Dies kann der Betreuer auch noch in dem Rechtsmittelverfahren, in welchem er die betroffene Partei vertritt.[652] Die Genehmigung kann dabei ausdrücklich, aber auch durch schlüssiges Verhalten des Betreuers erklärt werden. Die Genehmigungsmöglichkeit betrifft – wie bereits ausgeführt – auch die Konstellation, in welcher der geschäftsfähige Betroffene in dem Rechtsstreit durch seinen Betreuer vertreten wird und die nunmehr seitens der betroffenen Partei erklärten Prozesshandlungen aufgrund der fingierten Prozessunfähigkeit unwirksam sind. Auch hinsichtlich dieser Prozesshandlungen besteht für den Betreuer die Möglichkeit, sie zu genehmigen. 282

4. Anspruch eines Betreuers auf Akteneinsicht vor Übernahme des Prozesses

Im Folgenden wird das Recht des Betreuers auf Akteneinsicht beleuchtet. Insoweit ist darauf hinzuweisen, dass in diesem Stadium der Betreute (noch) „natürlich“ prozessfähig iSd § 52 ZPO sein kann, sodass der Betreuer nicht als gesetzlicher Vertreter iSd § 51 Abs. 1 ZPO handelt. Denn ist der Betreuer schon nach § 52 i.V.m. § 51 Abs. 1 ZPO gesetzlicher Vertreter, weil der Betreute „natürlich“ prozessunfähig ist, ergibt sich das Akteneinsichtsrecht ohne Weiteres aus § 299 Abs. 1 ZPO: Der Betreuer begehrt dann Akteneinsicht als gesetzlicher Vertreter einer prozessunfähigen Partei. 283

Soweit der Betreuer (noch) nicht gesetzlicher Vertreter iSd § 51 Abs. 1 ZPO ist, ergeben sich Schwierigkeiten. Das Recht zur Einsichtnahme in Akten des laufenden Verfahrens ergibt sich aus § 299 Abs. 2 ZPO[653], da der Betreuer nicht Partei oder gesetzlicher Vertreter iSd ZPO ist. Nach § 299 Abs. 2 ZPO kann der Vorstand des Gerichts ohne Einwilligung der Parteien die Einsicht der Akten gestatten, wenn ein rechtliches Interesse glaubhaft gemacht wird. Das rechtliche Interesse muss sich aus der Rechtsordnung selbst ergeben und verlangt als Mindestbedingung ein auf Rechtsnormen beruhendes oder durch solche geregeltes, gegenwärtig bestehendes Verhältnis einer Person zu einer anderen Person oder zu einer Sache.[654] Ein solches rechtliches Verhältnis ergibt sich aus der gesetzlich normierten Stellung des Betreuers als gesetzlicher Vertreter der betroffenen Partei (§ 1902 BGB) und der prozessualen Möglichkeit des Betreuers, das Verfahren anstelle der betreuten Person zu übernehmen (§ 53 ZPO). Der Betreuer ist für eine nähere Prüfung einer 284

652 Vgl. BGH, NJW 1964, 1129 (1130).

653 Vgl. *Prütting*, in: MüKo, ZPO, § 299 Rn. 19.

654 BGH, Beschluss v. 05.04.2006, AZ: IV AR (VZ) 1/06, Rn. 15 (juris); *Prütting*, in: MüKo, ZPO, § 299 Rn. 21.

möglichen Übernahme des Rechtsstreits nach § 53 ZPO auf die Kenntnis des Akteninhalts angewiesen.[655] Selbiges gilt für die Prüfung der Beauftragung eines Rechtsanwalts für den Betroffenen oder auch schon für eine bloße Unterstützung seitens des Betreuers. Das rechtliche Interesse besteht unabhängig davon, ob der Betreuer den Rechtsstreit tatsächlich übernimmt oder von einer Übernahme absieht.

285 Für die Glaubhaftmachung im Sinne des § 294 ZPO[656] genügt die Vorlage des Betreuerausweises bzw. eine Ausfertigung des gerichtlichen Bestellungsbeschlusses. Hat der Betreuer sein Interesse glaubhaft gemacht, hat das Prozessgericht nach pflichtgemäßem Ermessen über das Akteneinsichtsgesuch des Betreuers zu entscheiden.[657] Dies dürfte indes in der Regel auf Null reduziert sein, wenn der Aufgabenbereich des Betreuers die gerichtliche Angelegenheit umfasst.

5. Beiordnung des Betreuers als Prozessbevollmächtigter im PKH-Verfahren

286 Vielfach ist der Betreuer selbst Rechtsanwalt. Hat der Betreuer Prozesskostenhilfe für den Betreuten beantragt, stellt sich die Frage, ob der Betreuer selbst dem Betroffenen als Rechtsanwalt beigeordnet werden kann.

287 Die Beiordnung eines Rechtsanwalts bestimmt sich nach § 121 ZPO. Nach § 121 Abs. 1 ZPO wird der Partei ein zur Vertretung bereiter Rechtsanwalt ihrer Wahl beigeordnet, wenn eine Vertretung durch Anwälte vorgeschrieben ist. Ist eine Vertretung durch Anwälte nicht vorgeschrieben, wird der Partei auf ihren Antrag ein zur Vertretung bereiter Rechtsanwalt ihrer Wahl beigeordnet, wenn die Vertretung durch einen Rechtsanwalt *erforderlich* erscheint oder der Gegner durch einen Rechtsanwalt vertreten ist, § 121 Abs. 2 ZPO. Problematisch erscheint allein die Beiordnung eines sogenannten Anwaltsbetreuers aus Gründen der Erforderlichkeit. Dies betrifft ausschließlich Parteiprozesse, in denen der Gegner nicht durch einen Rechtsanwalt vertreten wird. Die Vertretung durch einen Rechtsanwalt ist erforderlich, wenn Umfang, Schwierigkeit und Bedeutung der Sache Anlass zu der Befürchtung geben, der Hilfsbedürftige werde nach seinen persönlichen Fähigkeiten nicht imstande sein, seine Rechte sachgemäß wahrzunehmen und die notwendigen Maßnahmen zu veranlassen.[658]

288 Teilweise wurde in der Rechtsprechung die Erforderlichkeit einer Beiordnung des Betreuers mit der Begründung abgelehnt, dass die betroffene Partei die von ihr geltend gemachten Rechte ausreichend dadurch hätte wahren können, dass sie ihren Betreuer in Anspruch nimmt.[659] Die nunmehr herrschende Meinung nimmt hingegen an, dass der Umstand der Betreuerbestellung nicht dazu führe, dass der

655 FG Baden-Württemberg, Beschluss v. 20.11.2012, AZ: 2 K 967/12, Rn. 5 (juris).
656 *Prütting*, in: MüKo, ZPO, § 299 Rn. 21.
657 Vgl. nur *Bacher*, in: BeckOK, ZPO, § 299 Rn. 32.
658 *Geimer*, in: Zöller, ZPO, § 121 Rn. 5.
659 LSG Berlin-Brandenburg, BeckRS 2006, 42919.

Betreuer den Betroffenen vorrangig in seiner Eigenschaft als Betreuer zu vertreten und sein Anwaltshonorar nach den Bestimmungen des Betreuungsrechts geltend zu machen habe.[660] Vielmehr sei dem Betroffenen die Prozesskostenhilfe unter Beiordnung seines Anwaltsbetreuers als Prozessbevollmächtigter zu gewähren.[661] Der BGH hat hierzu in seinem Beschluss vom 20.12.2006 ausgeführt, dass der Anwaltsbetreuer schon aus dem Gesichtspunkt einer kostensparenden Amtsführung verpflichtet sei, für die gerichtliche Vertretung des Betroffenen Prozesskostenhilfe zu beantragen, sodass er im Falle der Bewilligung die entsprechenden Gebühren eines beigeordneten Rechtsanwalts erhalte.[662] Eine abweichende Beurteilung der anwaltlichen Pflichten bei der Wahrnehmung der Interessen eines mittellosen Betreuten könne auch nicht mit der Begründung angenommen werden, dass über §§ 1835 Abs. 4, 1908i Abs. 1 S. 1 BGB ein Zugriff auf die Staatskasse auch außerhalb der Prozesskostenhilfe wegen der Gebührenansprüche des für den Betreuten tätigen Rechtsanwaltes eröffnet werden könne.[663] Dies begründet der BGH wie folgt: „Wenn das gerichtliche Verfahren nicht in dem Land geführt wird, in dem die Betreuung für die mittellose Partei eingerichtet worden ist, ist der Schuldner für die im Wege der Prozesskostenhilfe zu zahlende Rechtsanwaltsvergütung nicht mit demjenigen Schuldner identisch, der für den Aufwendungsersatz des Betreuers aufzukommen hätte; in diesem Falle wirkt sich die Bewilligung von Prozesskostenhilfe zu Gunsten der öffentlichen Stelle aus, welche ansonsten den Aufwendungsersatz des Anwaltsbetreuers zu leisten hätte (...). Vor allem jedoch dient die bevorzugte Inanspruchnahme von (ratenzahlungsfreier) Prozesskostenhilfe den Interessen des Betreuten für den Fall eines nachträglichen Vermögenserwerbs. Anders als im sonstigen Sozialrecht haftet für den Regressanspruch der Staatskasse wegen der auf sie übergegangenen Aufwendungsersatzansprüche des Betreuers auch später erlangtes Vermögen des Betreuten (...). Während dieser Regressanspruch gegen den Betreuten gem. §§ 1836e I 2, 1908i I 1 BGB erst zehn Jahre nach Ablauf des Jahres erlischt, in dem die Staatskasse die Aufwendungen getätigt hat, ist die Abänderung einer dem Betreuten begünstigenden Prozesskostenhilfe wegen verbesserter wirtschaftlicher Verhältnisse bereits nach Ablauf einer Frist von vier Jahren nach rechtskräftiger Beendigung des Verfahrens ausgeschlossen (§ 120IV 3 ZPO)."

Die Ausführungen des BGH betreffen indes die Rechtslage im Jahr 2006. Nach der 289
Neuregelung des Verjährungsrechts zum 01.01.2010 unterliegt der auf die Landeskasse übergegangene Aufwendungsersatzanspruch des Betreuers gegen den Betreuten aus § 1836e BGB der dreijährigen Regelverjährung des § 195 BGB.[664] Dabei steht die Mittellosigkeit des Betreuten dem Verjährungsbeginn nicht entgegen und

660 Vgl. nur OVG Hamburg, NJW 2009, 1292 (1292) m.w.N; vgl. BGH, NJW 2007, 844 (846).
661 OVG Hamburg, NJW 2009, 1292 (1292) m.w.N; BGH, NJW 2007, 844 (846).
662 BGH, NJW 2007, 844 (846).
663 BGH, NJW 2007, 844 (846).
664 BGH, Beschluss v. 07.11.2012, AZ: XII ZB 17/12, Rn. 8 (juris); *Marschner*, in: Jürgens, in: Betreuungsrecht, BGB § 1836e Rn. 2.

bewirkt auch keine Hemmung der Verjährung.[665] Demgegenüber hat der Gesetzgeber auch mit dem Gesetz zur Änderung des Prozesskostenhilfe- und Beratungshilferechts[666] an der vierjährigen Sperrfrist festgehalten. Nach § 120a Abs. 1 S. 4 ZPO ist eine Änderung der Entscheidung zum Nachteil der Partei ausgeschlossen, wenn seit der rechtskräftigen Entscheidung oder der sonstigen Beendigung des Verfahrens vier Jahre vergangen sind. Vor dem Hintergrund der kürzeren Verjährungsfrist des Regressanspruches der Staatskasse nach § 1836e BGB gegenüber der Sperrfrist im PKH-Änderungsverfahren ist es nach der nunmehr geltenden Rechtslage für den Betreuten wirtschaftlich vorteilhafter, von der Landeskasse nach § 1836e BGB in Anspruch genommen zu werden. Auch wenn der Verjährungsbeginn erst mit Ablauf des Jahres beginnt, in welchem die Staatskasse ihre Aufwendungen getätigt hat, ist davon auszugehen, dass diese Auszahlung in weniger als einem Jahr erfolgt.

290 Unter dem Gesichtspunkt einer kostensparenden Amtsführung ist der Anwaltsbetreuer demnach nicht verpflichtet, Prozesskostenhilfe zu beantragen.

291 Die Erforderlichkeit der Beiordnung kann entgegen der Ansicht des BGH auch nicht damit begründet werden, dass in dem Fall, in dem das gerichtliche Verfahren nicht in dem Bundesland geführt wird, in welchem das Betreuungsverfahren läuft, sich die Bewilligung der Prozesskostenhilfe zugunsten der Staatskasse auswirkt, welche als für die Betreuung örtlich zuständige Landeskasse ansonsten den Aufwendungsersatz des Betreuers zu leisten hätte. Zum einen bezieht sich die Vermögensverantwortung des Betreuers in erster Linie auf das Vermögen der von ihm betreuten Person, zum anderen lässt sich nicht rechtfertigen, warum die Landeskasse, welche für den Aufwendungsersatz aufkommen müsste, gegenüber der Landeskasse, welche im Wege der Prozesskostenhilfe zu zahlen hat, zu bevorzugen ist. Es gibt diesbezüglich keine gesetzliche Vorrangregel.

292 Nach der hier vertretenen Auffassung ist die Beiordnung eines Anwaltsbetreuers demnach nicht erforderlich, da der Betroffene seinen Betreuer in Anspruch nehmen und dadurch seine Rechte ausreichend wahren kann.[667] Mit der Voraussetzung der Erforderlichkeit einer anwaltlichen Vertretung hat der Gesetzgeber die Subsidiarität derselben zum Ausdruck gebracht. Ist der Antragsteller auch ohne Beiordnung eines Rechtsanwalts in der Lage, seine Rechte wahrzunehmen, scheidet eine solche aus. Dies ist der Fall, wenn dem Betreuer die Vertretungsmacht in dem (beabsichtigten) Rechtsstreit als Aufgabenkreis zugewiesen wurde und er zugleich Rechtsanwalt ist. Der Antragsteller kann dann zur Rechtsverfolgung oder Rechtsverteidigung dessen Hilfe ohne Weiteres in Anspruch nehmen.[668] Kurzum: Die Beiordnung eines Anwaltsbetreuers ist mangels Erforderlichkeit

665 BGH, Beschluss v. 07.11.2012, AZ: XII ZB 17/12, Rn. 8 (juris); *Marschner*, in: Jürgens, in: Betreuungsrecht, BGB § 1836e Rn. 2.

666 BGBl I 2013, 3533.

667 Vgl. BVerwG NJW 1979, 2117 (2117): für das Verhältnis Pfleger und Pflegebefohlener.

668 Vgl. BVerwG NJW 1979, 2117 (2117): für das Verhältnis Pfleger und Pflegebefohlener.

ausgeschlossen, wenn dieser zum Betreuer des Antragstellers mit einem den Rechtsstreit umfassenden Aufgabenkreis bestellt ist.

6. Ausübung prozessualer Zeugnisverweigerungsrechte des Betroffenen durch den Betreuer

Ist der *Betreute* Zeuge in einem Zivilverfahren, kommt eine prozessuale Beteiligung des Betreuers in Betracht, wenn dem Betroffenen ein Zeugnisverweigerungsrecht im Sinne des § 383 Abs. 1 ZPO zusteht. Vielfach fehlt den Betreuten die kognitive Fähigkeit, um die Auswirkungen ihrer Aussage bzw. die Bedeutung einer Zeugnisverweigerung vollständig zu überblicken, sodass eine Unterstützung durch den Betreuer in Betracht zu ziehen ist. Die ZPO regelt hierzu nichts. Eine entsprechend anwendbare Regelung enthält jedoch § 52 Abs. 2 S. 1 StPO.[669] 293

Der Gesetzgeber hat 1974 angesichts der seinerzeit in Rechtsprechung und Rechtslehre hierzu verschiedenen vertretenen Auffassungen eine klarstellende Regelung in § 52 StPO getroffen. Der Gesetzgeber wollte „die in der Praxis aufgetretenen Schwierigkeiten beseitigen, indem er eine klarstellende Regelung für Minderjährige sowie wegen Geisteskrankheit oder Geistesschwäche entmündigte Personen trifft."[670] Nach § 52 Abs. 2 S. 1 StPO darf der Zeuge, der wegen einer psychischen Krankheit oder einer geistigen oder seelischen Behinderung von der Bedeutung des Zeugnisverweigerungsrechts keine genügende Vorstellung hat, nur dann vernommen werden, wenn er zur Aussage bereit ist und auch sein gesetzlicher Vertreter der Vernehmung zugestimmt hat, § 52 Abs. 2 S. 1 StPO. 294

Nach § 52 Abs. 2 S. 1 StPO hängt die Beteiligung des Betreuers davon ab, ob der Betreute die erforderliche geistige Reife besitzt, um den Widerstreit zwischen der Pflicht zu wahrheitsgemäßer Aussage und den familiären Rücksichten verstandesmäßig fassen zu können.[671] Die Entscheidung darüber, ob der unter Betreuung stehende Zeuge noch die notwendige *Verstandeskraft* besitzt, hat der Tatrichter unabhängig von der eingerichteten Betreuung zu beurteilen und zu entscheiden.[672] Die zur selbstständigen Ausübung des Zeugnisverweigerungsrechts nötige Verstandeskraft hat der Zeuge, wenn er fähig ist, die Konfliktlage zwischen der Pflicht zur wahrheitsgemäßen Aussage und den familiären Beziehungen zu erfassen.[673] Dazu gehört nicht, dass er alle Folgen übersehen kann, die sich aus seiner Aussage für den Angehörigen ergeben.[674] 295

Gelangt der Tatrichter zu der Feststellung, dass der betreute Zeuge die notwendige Verstandeskraft besitzt, entscheidet ausschließlich der Betreute, ob er von seinem Zeugnisverweigerungsrecht Gebrauch machen will oder nicht. Will der 296

669 *Damrau*, in: MüKo, ZPO, § 383 Rn. 8.
670 BT-Drs. 7/551, S. 59.
671 Vgl. nur BGH, NJW 1970, 766 (766).
672 Vgl. Meyer-Goßner/*Schmitt*, StPO, § 52 Rn. 17.
673 Vgl. BGH, NStZ 2012, 578 (578).
674 Vgl. BGH, NJW 1967, 360 (360); *Senge*, in: KK-StPO, § 52 Rn. 23.

Zeuge aussagen, verzichtet er auf sein prozessuales Verweigerungsrecht.[675] Dem Betreuer steht in diesem Fall kein „Vetorecht" zu.[676]

297 Wenn der Tatrichter der Überzeugung ist, dass die notwendige Verstandeskraft fehlt, ist eine Entscheidung des gesetzlichen Vertreters erforderlich.[677] Wer gesetzlicher Vertreter des zeugnisverweigerungsberechtigten Betreuten ist, bestimmt sich nach bürgerlichem Recht.[678] Danach ist der Betreuer in seinem Aufgabenkreis der gesetzliche Vertreter des Betreuten (vgl. § 1902 BGB). Es kommt nicht darauf an, dass der Betreuer gesetzlicher Vertreter im Sinne des § 51 Abs. 1 ZPO ist, weil der unter Betreuung stehende Zeuge im Regelfall schon nicht Partei des Rechtsstreits sein wird.[679] Da der Betreuer nur in seinem Aufgabenkreis gesetzlicher Vertreter ist, kann er über die Zustimmung zur Aussage nur entscheiden, wenn der ihm zugewiesene Aufgabenkreis dies auch umfasst. Hat das Betreuungsgericht eine Totalbetreuung angeordnet, ist der Betreuer hierzu ohne Weiteres berechtigt. Im Übrigen ist die Zugehörigkeit äußerst problematisch. Die in der Praxis häufig zugewiesenen Aufgabenkreise der Vermögenssorge, Gesundheitssorge, Aufenthaltsbestimmungsrecht, Wohnungs- und Heimangelegenheiten umfassen nicht die Entscheidung über prozessuale Zeugnisverweigerungsrechte des Betreuten. Die Aussage vor Gericht, eine staatsbürgerliche Pflicht, hat keinen Bezug zu diesen Aufgabenkreisen. Es erscheint auch fernliegend, dass das Betreuungsgericht bei der Bestimmung von Aufgabenkreisen, die Regelung von Verfahrensrechten anstrebt, in denen der Betreute nicht Verfahrensbeteiligter, sondern Zeuge ist. Insoweit liegt auch eine gänzlich andere Gefährdungslage vor. Ist der Betreuer bislang mangels Aufgabenzuweisung noch nicht berechtigt, den Zeugnisverweigerungsberechtigten zu vertreten, bedarf es – nach entsprechender Anregung durch das Prozessgericht oder den Betreuer beim Betreuungsgericht – einer entsprechenden Aufgabenkreiserweiterung.[680] Selbiges gilt für den Fall, dass für den verstandesunreifen Zeugen überhaupt noch keine Betreuung eingerichtet wurde.[681] Das Betreuungsgericht kann dann den Ad-Hoc-Aufgabenkreis *„Zeugenfürsorge"* oder *„Unterstützung in Zeugensachen"* anordnen.

298 Ist der Aufgabenkreis des Betreuers eröffnet, hat er zu entscheiden, ob er der Vernehmung des Betroffenen zustimmt oder nicht. Verweigert der Betreuer die Zustimmung, verhindert er eine Aussage des Betroffenen. Stimmt der Betreuer der Vernehmung der von ihm betreuten Person zu, entscheidet diese selbst, ob sie

675 Vgl. *Bienwald*, in: Staudinger, BGB, § 1902 Rn. 108.
676 *Bienwald*, in: Staudinger, BGB, § 1902 Rn. 108; vgl. *Damrau*, in: MüKo, BGB, § 383 Rn. 8.
677 Meyer-Goßner/*Schmitt*, StPO, § 52 Rn. 19.
678 Meyer-Goßner/*Schmitt*, StPO, § 52 Rn. 19.
679 Zu dem seltenen Fall, dass der Betreute Partei und Zeuge ist, siehe Rn. 270.
680 Vgl. *Damrau*, in: MüKo, ZPO, § 383 Rn. 8.
681 Vgl. *Damrau*, in: MüKo, ZPO, § 383 Rn. 8; vgl. *Scheuch*, in: BeckOK, ZPO, § 383 Rn. 15.

aussagen will.[682] Der Betreute wird keineswegs mit der Zustimmung seines Betreuers zur Aussage gezwungen.[683]

Sind mehrere Personen als Betreuer des Betroffenen bestellt, müssen alle ihre Zustimmung erteilen.[684] Indes ist es zulässig, dass der eine Betreuer den anderen ermächtigt, die Erklärung für ihn abzugeben.[685] Auch genügt es, wenn ein Betreuer die Einwilligung erteilt und der andere zustimmt.[686] Ist der Betreuer selbst Partei in dem Rechtsstreit, in dem der Betreute aussagen soll, so darf er über die Ausübung des Zeugnisverweigerungsrechts nicht entscheiden, § 52 Abs. 2 S. 2 StPO analog. In diesem Fall muss ein Ergänzungsbetreuer gemäß § 1899 Abs. 4 StPO bestellt werden.[687] 299

Hat der Tatrichter auch durch weitere Aufklärung nicht behebbare *Zweifel* an der notwendigen Verstandeskraft des Betreuten, ist die Richtung der zu treffenden Beweislastentscheidung unklar. In der Literatur wird teilweise vertreten, dass dann von ausreichender Verstandeskraft auszugehen sei.[688] Dieser Ansicht kann nicht gefolgt werden. Der BGH hat bereits für die tatrichterlichen Zweifel an der Verstandesreife kindlicher Zeugen ausgeführt: „Die verstandesunreife Person soll davor geschützt werden, daß sie aus Mangel an Verständnis aussagt und sich dadurch später möglicherweise belastet fühlt. (...) Es ist unerheblich, ob das Gericht von der mangelnden Verstandesreife der Beweispersonen überzeugt ist oder ob es nur unüberwindbare Zweifel an ihr hegt. Auch im Zweifelsfall, wie hier, muß der kindliche Zeuge vor einer Aussagebereitschaft geschützt werden, deren mögliche Folgen er vielleicht noch nicht erkennen und beurteilen kann."[689] Diese Erwägungen treffen auch auf unter Betreuung stehende Beweispersonen zu, die aufgrund ihrer psychischen Krankheit oder einer geistigen oder seelischen Behinderung von der Bedeutung des Zeugnisverweigerungsrechts (derzeit) keine genügende Vorstellung haben. Auch dieser Personenkreis muss vor einer späteren – durch die Aussage verursachten – Belastung geschützt werden. Bei nicht behebbaren Zweifeln ist also davon auszugehen, dass die erforderliche Verstandesreife fehlt. 300

Das Gericht hat die nach § 383 Abs. 1 Nr. 1 bis 3 ZPO bezeichneten zeugnisverweigerungsberechtigten Betroffenen vor ihrer Vernehmung über ihr Zeugnisverweigerungsrecht zu belehren, § 383 Abs. 2 ZPO. Dies gilt auch dann, wenn es sich um einen Betreuten handelt, der wegen mangelnder Verstandeskraft keine genügende Vorstellung von der Bedeutung des Zeugnisverweigerungsrechts hat: Die in entsprechender Anwendung des § 52 Abs. 2 S. 1 StPO notwendige Zustimmung 301

682 Vgl. Meyer-Goßner/*Schmitt*, StPO, § 52 Rn. 19; BGH, NJW 1967, 2273 (2273).
683 *Damrau*, in: MüKo, BGB, §§ 383 Rn. 8; vgl. Meyer-Goßner/*Schmitt*, StPO, § 52 Rn. 19.
684 Vgl. *Senge*, in: KK-StPO, § 52 Rn. 28.
685 Vgl. *Senge*, in: KK-StPO, § 52 Rn. 28.
686 Vgl. Meyer-Goßner/*Schmitt*, StPO, § 52 Rn. 19.
687 *Bienwald*, in: Staudinger, BGB, § 1902 Rn. 109.
688 *Bienwald*, in: Staudinger, BGB, § 1902 Rn. 108.
689 Vgl. BGH, NJW 1963, 2378 (2379).

des Betreuers nimmt dem Betreuten nicht das Recht, sein Zeugnis zu verweigern.[690] Daher ist der Betreute neben der Belehrung über sein Zeugnisverweigerungsrecht zusätzlich auch noch darüber zu belehren, dass er trotz der Zustimmung seines Betreuers nicht dazu verpflichtet ist, auszusagen.[691] In diesem Fall ist auch der Betreuer über sein Recht auf die notwendige Zustimmung zu belehren, § 52 Abs. 3 StPO analog.

7. Das Zeugnisverweigerungsrecht des Betreuers

302 Soll der *Betreuer* in einem Zivilverfahren als Zeuge vernommen werden, stellt sich die Frage, ob ihm ein Zeugnisverweigerungsrecht zukommt. Ist der Betreuer zugleich Angehöriger im Sinne des § 383 Abs. 1 Nr. 1 bis 3 ZPO, ist er schon aufgrund seines Angehörigenstatus berechtigt, dass Zeugnis zu verweigern. Hierzu gehören: 1. der Verlobte einer Partei oder derjenige, mit dem die Partei ein Versprechen eingegangen ist, eine Lebenspartnerschaft zu begründen; 2. der Ehegatte einer Partei, auch wenn die Ehe nicht mehr besteht; 2a. der Lebenspartner einer Partei, auch wenn die Lebenspartnerschaft nicht mehr besteht; 3. derjenige, der mit der Partei in gerader Linie verwandt oder verschwägert, in der Seitenlinie bis zum dritten Grad verwandt oder bis zum zweiten Grad verschwägert ist oder war.

303 Klärungsbedürftig sind die Fälle, in denen der Betreuer nicht in einem Angehörigenverhältnis zum Betreuten steht. Als normativer Anknüpfungspunkt für ein Zeugnisverweigerungsrecht kommt insoweit allein § 383 Abs. 1 Nr. 6 ZPO in Betracht. Danach sind zur Verweigerung des Zeugnisses Personen berechtigt, denen kraft ihres Amtes, Standes oder Gewerbes Tatsachen anvertraut sind, deren Geheimhaltung durch ihre Natur oder durch gesetzliche Vorschriften geboten ist, in Betreff der Tatsachen, auf welche sich die Verpflichtung zur Verschwiegenheit bezieht.

304 § 383 Abs. 1 Nr. 6 ZPO gewährt ein Zeugnisverweigerungsrecht aufgrund der Schweigepflicht, die auf einem Amt, Stand oder Gewerbe beruht.[692] Dabei kann sich die Verschwiegenheitspflicht aus dem Gesetz oder aus der Natur der Sache ergeben.[693] Anders als im Strafverfahren, wonach nicht jedem Verschwiegenheitspflichtigen ein Zeugnisverweigerungsrecht eingeräumt wird (vgl. § 52 Abs. 1 Nr. 2 bis 3a StPO)[694], gewährt § 383 Nr. 6 ZPO jedem Verschwiegenheitspflichtigen das Zeugnisverweigerungsrecht.[695] Das Zeugnisverweigerungsrecht nach § 383 Abs. 1 Nr. 6 ZPO besteht unabhängig davon, ob die Person, welche durch die Verschwiegenheitspflicht geschützt werden soll, selbst Partei des Rechtsstreits ist.[696]

690 Vgl. BGH, NJW 1967, 2273 (2273).
691 Vgl. BGH, NJW 1967, 2273 (2273).
692 *Damrau*, in: MüKo, ZPO, § 383 Rn. 31.
693 *Huber*, in: Musielak, ZPO, § 383 Rn. 6.
694 Hierzu noch ausführlich unter Rn. 412 ff.
695 *Damrau*, in: MüKo, ZPO, § 383 Rn. 31.
696 Vgl. OLG Köln, NJWE-FER 1999, 191 (191).

Der Betreuer ist nach §§ 1901 Abs. 2, 3 BGB, Art. 2 Abs. 1 i. V. m. Art. 1 Abs. 1 GG zur Verschwiegenheit verpflichtet.[697] Der Betreuer hat nach § 1901 Abs. 2 S. 1 BGB die Angelegenheiten des Betroffenen so zu besorgen, wie es dessen Wohl entspricht. Bei fehlender Einwilligung des Betroffenen entspricht die Weitergabe von personenbezogenen Informationen an Dritte nicht dem Wohl des Betroffenen, da darin eine Verletzung des verfassungsrechtlich geschützten Rechts des Betroffenen auf informationelle Selbstbestimmung liegt.[698] In jedem Fall ergibt sich die Pflicht zur Verschwiegenheit aus der Natur des Betreuungsrechtsverhältnisses.[699] Um die Wünsche und Vorstellungen des Betroffenen zu ermitteln, muss der Betreuer ein Vertrauensverhältnis zum Betroffenen aufbauen.[700] Der Betroffene wird und kann jedoch nur dann ein Vertrauensverhältnis zu seinem Betreuer aufbauen, wenn er sicher sein kann, dass dieser der Verschwiegenheitspflicht insoweit unterliegt, als der Betroffene eine Weitergabe der Informationen nicht wünscht. 305

Ergänzend ist anzumerken, dass eine Verschwiegenheitspflicht des Betreuers nicht aus § 203 StGB folgt. Auch wenn der Betreuer zugleich Rechtsanwalt ist (vgl. § 203 Abs. 1 Nr. 3 StGB), sind dem Betreuer die personenbezogenen Informationen in seiner Funktion als Betreuer und nicht als Rechtsanwalt anvertraut worden.[701] Weiter ist der Betreuer kein Amtsträger im Sinne der §§ 203 Abs. 2 S. 1 Nr. 1, 11 Abs. 1 Nr. 2 lit. c StGB.[702] 306

Das Zeugnisverweigerungsrecht des Betreuers bezieht sich nur auf Tatsachen, die dem Betreuer im Rahmen seines Betreuungsverhältnisses vom Betroffenen anvertraut worden sind. Dabei sind nicht nur Tatsachen „anvertraut", bei denen der Betroffene den Wunsch nach Vertraulichkeit ausdrücklich angesprochen hat; vielmehr genügt auch das stillschweigende Verlangen nach Geheimhaltung.[703] Erfasst sind hiervon auch Umstände, die der Betreuer aufgrund seiner Vertrauensstellung zum Betroffenen erfahren hat.[704] Zu den anvertrauten Tatsachen gehören dabei nicht nur die Informationen, die dem Betreuer zur Erfüllung der übertragenen Aufgabenkreise mitgeteilt werden. Auch „Nebeninformationen", also Tatsachenmitteilungen, die keinen Bezug zu den übertragenen Aufgabenkreisen haben, sind erfasst, wenn sie *anlässlich* des Betreuungsverhältnisses mitgeteilt werden. 307

---

697 LG Limburg, BeckRS 2013, 12607.

698 Vgl. LG Limburg, BeckRS 2013, 12607; vgl. auch *Pardey*, BtPrax 1998, 92 (97).

699 Im Ergebnis auch OLG Köln, NJWE-FER 1999, 191 (191): „Zu diesem Personenkreis gehört auch der gerichtlich bestellte Betreuer. Dies ergibt sich aus dem Wesen des Betreuungsverhältnisses."

700 Vgl. BT-Drs. 13/7158, S. 33; vgl. Gernhuber/*Coester-Waltjen*, Familienrecht, § 76 IV Rn. 41: „(...) weil dadurch die Bildung eines persönlichen Vertrauensverhältnisses zwischen Betreuer und Betreutem begünstigt wird."

701 BGH, NJW 2013, 2961 (2962).

702 BGH, NJW 2013, 2961 (2962).

703 Vgl. *Huber*, in: Musielak, ZPO, § 383 Rn. 33.

704 Vgl. *Huber*, in: Musielak, ZPO, § 383 Rn. 33.

308 Begrenzt wird das Zeugnisverweigerungsrecht des Betreuers weiter durch den Geheimhaltungswillen des Betreuten. Der Betreuer darf daher das Zeugnis nicht verweigern, wenn der Betreute ihn von der Verpflichtung zur Verschwiegenheit entbunden hat (vgl. § 385 Abs. 2 ZPO).

309 Das Recht zur Entbindung steht dem Betreuten zu.[705] Es ist ein höchstpersönliches Recht.[706]

Dessen Ausübung ist allein an die natürliche Willensfähigkeit des Betroffenen und dessen hinreichende Vorstellung von der Bedeutung des Zeugnisverweigerungsrechts geknüpft, d.h. dass er die hierfür nötige Einsichts- und Urteilsfähigkeit aufweisen muss.[707] Die Geschäftsfähigkeit ist hierfür nicht erforderlich.[708] Soweit dies von Teilen der Literatur[709] dahin gehend eingeschränkt wird, dass für *vermögensrechtliche* Angelegenheiten des Betroffenen die wirksame Entbindung nach § 385 Abs. 2 ZPO die Geschäftsfähigkeit des Betroffenen voraussetze, ist dies abzulehnen. Die Differenzierung danach, ob der Aussagegegenstand eine höchstpersönliche oder eine vermögensrechtliche Angelegenheit betrifft, ist nicht stichhaltig. Die Entbindung ist gerade keine Vermögensverfügung oder rechtsgeschäftliche Erklärung, sondern ein Verzicht auf ein Geheimhaltungsinteresse.

310 Hat der Betreute wegen seiner psychischen Krankheit oder seiner geistigen oder seelischen Behinderung keine genügende Vorstellung von der Bedeutung des Zeugnisverweigerungsrechts oder ist er willensunfähig, kommt eine rechtswirksame Entbindung von der Verschwiegenheitspflicht durch ihn selbst nicht in Betracht. Ob dann eine vertretungsweise Entbindung durch den Betreuer als gesetzlichen Vertreter zulässig ist, ist umstritten. Teilweise wird eine vertretungsweise erklärte Entbindung für unzulässig erachtet, da es sich um ein höchstpersönliches Recht des Betroffenen handle.[710] Nach zutreffender Ansicht ist der gesetzliche Vertreter des Betroffenen berechtigt, das Recht der Entbindung von der Verschwiegenheitspflicht für den Betroffenen auszuüben, wenn diesem die genügende Vorstellung hierfür fehlt.[711] Zum einen schließt allein die – an sich richtige – Qualifizierung als höchstpersönliches Recht nicht zwangsläufig eine Vertretungsbefugnis aus. Dies zeigt das Institut der Betreuung par excellence, da der Betreuer in höchstpersönlichen Angelegenheiten tätig werden darf, wenn entsprechende Aufgabenkreise übertragen wurden. Als Beispiele seien die Aufenthaltsbestimmung und die Einwilligung in medizinische Behandlungen genannt. Aber auch die Prozessordnungen zeigen, dass eine Vertretung in höchstpersönlichen Angelegenheiten zulässig sein kann. So darf beispielsweise der gesetzliche Vertreter das Recht zur Strafantragstellung für den

---

705 Vgl. *Damrau*, in: MüKo, ZPO, § 385 Rn. 9.
706 Vgl. *Senge*, in: KK, StPO, § 53 Rn. 48.
707 Vgl. *Damrau*, in: MüKo, ZPO, § 385 Rn. 9.
708 Vgl. *Senge*, in: KK, StPO, § 53 Rn. 48; *Damrau*, in: MüKo, ZPO, § 385 Rn. 9.
709 *Scheuch*, in: BeckOK, ZPO, § 385 Rn. 10; *Greger*, in: Zöller, ZPO, § 385 Rn. 10.
710 Vgl. Meyer-Goßner/*Schmitt*, StPO, § 53 Rn. 48; *Senge*, in: KK, StPO, § 53 Rn. 48.
711 Vgl. *Damrau*, in: MüKo, ZPO, § 385 Rn. 9.

nicht antragsfähigen Geschädigten ausüben (vgl. § 77 Abs. 3 StGB).[712] Zum anderen ergibt sich dies aus einem Vergleich mit der Situation, wenn der Betreute selbst Zeuge ist. Hier kann der Betreuer durch seine Zustimmung die gerichtliche Vernehmung des nicht einsichtsfähigen, aber aussagewilligen Betreuten ermöglichen.[713] Warum er dies nicht können soll, wenn nicht der Betreute, sondern Dritte Zeugen sind, ist nicht einsichtig. Ein Problem wirft es auf, wenn der Betreuer sich selbst von der Schweigepflicht entbindet, da dann prima facie eine Interessenkollision möglich ist (vgl. den Rechtsgedanken des § 181 BGB). Eine solche Interessenkollision besteht bei näherer Betrachtung im Regelfall jedoch nicht. Eine nicht am Wohl des Betreuten orientierte Ausübung der Entbindung läge nur nahe, wenn der Betreuer durch seine Aussage für sich oder nahestehende Dritte Vor- oder Nachteile zu besorgen hätte. Dies ist jedoch ein Ausnahmefall, in dem ein Ergänzungsbetreuer (vgl. § 1899 Abs. 4 BGB) zu bestellen wäre. Im Regelfall wird die Zeugenaussage des Betreuers weder den Betreuer noch dessen Umfeld betreffen, sodass keine Interessenkollision besteht.

Der Tod des Betreuten lässt die Verschwiegenheitspflicht des Betreuers grund- 311
sätzlich nicht erlöschen.[714] Jedoch kann die Offenlegung der Tatsachen nach dem Tod des Betroffenen gegebenenfalls dessen mutmaßlichen Willen entsprechen.[715] Auch dann entfällt das Zeugnisverweigerungsrecht. Nicht entbinden können jedoch die Erben oder die nächsten Angehörigen.[716]

IV. Betreuer als Zustellungsadressat im Zivilprozess

Wenn der Betreute nach § 52 ZPO prozessunfähig ist oder nach § 53 ZPO einem 312
Prozessunfähigen gleichsteht, *muss* nach § 170 Abs. 1 S. 1 ZPO an den gesetzlichen Vertreter zugestellt werden. Ist für den prozessunfähigen Betroffenen noch kein Betreuer bestellt bzw. fällt der Prozessgegenstand nicht in dessen Aufgabenbereich, ist eine Zustellung nicht möglich. Insoweit muss der Aufgabenkreis erweitert werden.[717] Betrifft die Prozessunfähigkeit die klagende Partei, hat diese selbst für eine ordnungsgemäße Vertretung zu sorgen.[718] Mithin muss sie eine Betreuerbestellung bzw. Aufgabenkreiserweiterung beim Betreuungsgericht beantragen.[719] Hierfür hat das Prozessgericht dem Betroffenen vor Erlass eines (Prozess-)Urteils die nötige Zeit ggf. nach Erteilung eines Hinweises einzuräumen.[720]

---

712 Dazu ausführlich unter Rn. 427 ff.
713 Siehe hierzu bereits unter Rn.177 f.
714 *Scheuch*, in: BeckOK, ZPO, § 383 Rn. 27.
715 Vgl. OLG Köln, NJWE-FER 1999, 191 (191).
716 Vgl. *Senge*, in: KK, StPO, § 53 Rn. 49; a.A. *Greger*, in: Zöller, ZPO, § 385 Rn. 10 hinsichtlich der vermögensrechtlichen Angelegenheiten.
717 *Vollkommer*, in: Zöller, ZPO, § 57 Rn. 1.
718 Dazu BGH, NJW-RR 2011, 284 (285).
719 BGH, NJW-RR 2011, 284 (285).
720 Dazu BGH, NJW-RR 2011, 284 (285).

313 An den Betreuer ist nicht erst nach Vorlage des Bestellungsbeschlusses bzw. des Betreuerausweises zuzustellen. Vielmehr ist der Betreuer als gesetzlicher Vertreter der betreuten Person bereits dann der ausschließlich rechtmäßige Zustellungsadressat, wenn die betroffene Partei prozessunfähig ist. Der Betreuer wird nicht erst durch seinen Nachweis in Form der Vorlage des Bestellungsbeschlusses bzw. des Betreuerausweises Zustellungsadressat im Sinne des § 170 Abs. 1 S. 1 ZPO.[721] Dies gilt auch dann, wenn das Gericht keine Kenntnis von der Prozessunfähigkeit der betroffenen Partei hat.[722] Erfolgt die Zustellung an die unerkannt prozessunfähige Partei selbst, ist die Zustellung an diese unwirksam (vgl. § 170 Abs. 1 S. 2 ZPO). Dem Gericht kann die Prozessunfähigkeit insbesondere dann verborgen bleiben, wenn ein Prozess eine Angelegenheit betrifft, für die ein Einwilligungsvorbehalt besteht.

314 Eigens bei der Zustellung von verfahrensabschließenden Entscheidungen, in der Regel (End-)Urteilen, wird die Frage der nach § 170 Abs. 1 S. 2 ZPO fehlerhaften Zustellung virulent. Mangels wirksamer Zustellung kann an sich keine Rechtsbehelfsfrist in Gang gesetzt werden. Dies hätte zur Folge, dass die Entscheidung nicht rechtskräftig werden könnte. Indes macht der BGH aus Gründen der Rechtssicherheit und der Ausgestaltung der Nichtigkeitsklage zur mangelhaften Vertretung (§§ 578 Abs. 1, 579 Abs. 1 Nr. 4, 586 Abs. 3 ZPO) hiervon eine Ausnahme, wenn sich die Prozessunfähigkeit nicht dem zuzustellenden Titel entnehmen lässt.[723] Trotz unwirksamer Zustellung können diese Entscheidungen in Rechtskraft erwachsen. Der Betreute ist dann auf die rechtskraftdurchbrechende Nichtigkeitsklage verwiesen, die ihn hinreichend schützt.

V. Mitteilungspflichten des Prozessgerichts

315 Erlangt das Prozessgericht Kenntnis davon, dass eine Partei unter Betreuung steht, stellt sich in der Praxis das Problem, ob dem Betreuer der betroffenen Partei die Klage bzw. der Verfahrensstand formlos mitzuteilen ist bzw. mitgeteilt werden kann.

316 Es ist vorab darauf hinzuweisen, dass eine Mitteilungs*pflicht* gegenüber dem (potentiellen) Betreuer nicht mit der Amtsermittlungspflicht bezüglich der Prozessfähigkeit verwechselt werden darf, in deren Rahmen das Gericht auch die als Betreuer benannte Person heranziehen *kann*.[724] Die Zivilprozessordnung enthält keine ausdrückliche Regelung einer solchen Mitteilungspflicht. Im Wege der Auslegung lässt sich jedoch aus der gerichtlichen Fürsorgepflicht (§ 139 ZPO) eine solche Mitteilungspflicht herleiten, wenn sich aus den Ermittlungen des Gerichts ergibt, dass es sich bei einer Partei um eine im Sinne des § 52 ZPO prozessunfähige und unter Betreuung stehende Person handelt. Ist die Person jedoch prozessfähig

721 Unklar insoweit BFH, Beschluss v. 21. Oktober 1982 – IV R 113/82 –, BFHE 137, 3, BStBl II 1983, 239 (juris); *Vollkommer*, in: Zöller, ZPO, § 53 Rn. 4.

722 Vgl. BGH, NJW 2008, 2125; NJW 1988, 2049.

723 Dazu BGH, NJW 2008, 2125; NJW 1988, 2049.

724 Hierzu bereits unter Rn. 198 ff.

im Sinne des § 52 ZPO, besteht keine Mitteilungspflicht, auch wenn das Gericht weiß, dass ein Betreuer bestellt ist.

Aus dem Grundsatz des fairen Verfahrens (Art. 2 Abs. 1 GG in Verbindung mit dem Rechtsstaatsprinzip) folgt eine von Verfassungs wegen gebotene Fürsorge der staatlichen Gerichte.[725] Inhalt der gerichtlichen Fürsorgepflicht ist es, den Verfahrensbeteiligten die sachgerechte Wahrnehmung ihrer prozessualen Befugnisse zu ermöglichen.[726] An diesen verfassungsrechtlichen Vorgaben hat sich die Auslegung der materiellen Prozessleitung nach § 139 ZPO zu orientieren. Die gerichtliche Fürsorgepflicht ist dabei stets auf die Kompensation einer bestehenden Schutzbedürftigkeit gerichtet. 317

Ist der Betroffene prozessunfähig im Sinne des § 52 ZPO, besteht ein solches Schutzbedürfnis offenkundig. 318

Ist der Betroffene prozessfähig im Sinne des § 52 ZPO, besteht kein solches Schutzbedürfnis. § 52 ZPO bestimmt in nicht zu beanstandender Weise, welche Einsichtsfähigkeit notwendig ist, um einen Zivilprozess eigenverantwortlich führen zu können. Ein darüber hinausgehender Schutzbedarf besteht nicht. Auch der Schutzgedanke des § 53 ZPO verlangt unter dem Aspekt der gerichtlichen Fürsorge keine Information des Betreuers. Unter § 53 ZPO fallen nur die iSd § 52 ZPO prozessfähigen (!) Betreuten. Diese sind jedoch, da sie den „Filter“ des § 52 ZPO passiert haben, nicht schutzbedürftig. Auch der Aspekt, dass der Betreuer nur dann nach § 53 ZPO den Prozess übernehmen kann, wenn er von diesem Kenntnis hat, begründet keine Mitteilungs*pflicht* des Gerichts. Die Fürsorgepflicht des Gerichts gilt allein in Bezug auf die Parteien, nur auf deren Schutzbedürftigkeit kommt es an. Im Übrigen wäre eine Mitteilung an den Betreuer ein Eingriff in das Recht auf informationelle Selbstbestimmung des Betreuten (vgl. Art. 2 Abs. 1 i.V.m. Art. 1 Abs. 1 GG). Zwar kann § 139 ZPO hierfür eine Rechtsgrundlage sein, jedoch muss sie verhältnismäßig gehandhabt werden. Wenn der nach § 52 ZPO prozessfähige Betreute seinen Betreuer nicht informiert, steht es dem Gericht nicht zu, dies zu überspielen. Es fehlt an einem rechtfertigenden Schutzbedarf: Der Betreute ist geschäftsfähig und prozessfähig. Insoweit ist seine eigenverantwortliche Entscheidung zu respektieren. 319

Auch § 22a FamFG bietet keine hinreichende Rechtsgrundlage für eine unmittelbare Information des Betreuers, weder in direkter noch in analoger Anwendung. Die Mitteilungspflichten bzw. -befugnisse in § 22a FamFG betreffen nur das Verhältnis zwischen (Zivil-)Gerichten und dem Betreuungsgericht. Eine entsprechende Anwendung des § 22a FamFG auf den Betreuer kommt mangels planwidriger Regelungslücke nicht in Betracht. Von einer *planwidrigen* Regelungslücke könnte überhaupt nur dann ausgegangen werden, wenn ein Regelungsbedarf besteht. Dies ist jedoch nicht der Fall. Es besteht kein Bedürfnis für eine simultane Benachrichtigung von Betreuungsgericht und Betreuer. Hält das Betreuungsgericht ein Tätigwerden 320

725 BGH, NJW 2006, 1579 (1579); *Wendtland*, in: BeckOK, ZPO, § 233 Rn. 51.
726 *Fischer*, in: KK, StPO, Einl. Rn. 165.

für erforderlich, wird es den Betreuer hiervon – zwecks konkreter Umsetzung der Maßnahme – in Kenntnis setzen.

321 Sieht das Zivilgericht – trotz bestehender Prozessfähigkeit des Betreuten – einen betreuungsrechtlichen Handlungsbedarf, kann bzw. muss es unter den in § 22a FamFG geregelten Voraussetzungen das Betreuungsgericht informieren. Insoweit wird im Regelfall auch der Betreuer *mittelbar* informiert werden. Das Betreuungsgericht wird zur Prüfung der Erforderlichkeit von (weiteren) betreuungsrechtlichen Maßnahmen zwecks Aufklärung des Sachverhalts (§ 26 FamFG) die übermittelten Informationen dem Betreuer zur Stellungnahme übermitteln.

322 § 22a FamFG begründet die gesetzliche Grundlage für die Einschränkung des grundrechtlich geschützten informationellen Selbstbestimmungsrechts des von der Übermittlung Betroffenen.[727] Diese Beschränkung wird durch die besondere Schutzbedürftigkeit der betreuungsbedürftigen Betroffenen gerechtfertigt.[728] Der Normzweck des § 22a FamFG erfasst alle Gerichte.[729] § 22a FamFG findet daher auch auf die Gerichte der ordentlichen Gerichtsbarkeit Anwendung.[730] Während § 22a Abs. 1 FamFG Mitteilungspflichten regelt, räumt dessen Absatz 2 Mitteilungsbefugnisse ein.

323 Nach § 22a Abs. 1 FamFG hat das Gericht, dem Betreuungsgericht Mitteilung zu machen, wenn infolge eines gerichtlichen Verfahrens eine Tätigkeit des Betreuungsgerichts erforderlich wird. Die Benachrichtigung muss erfolgen, wenn das Tätigwerden des Betreuungsgerichts für das Verfahren des anzeigenden Gerichts notwendig oder für dessen ordnungsgemäße Durchführung erforderlich ist.[731] Das Erfordernis der Anordnung einer Betreuung oder sonstigen Maßnahme des Betreuungsgerichts muss demnach Folge des beim anzeigenden Gericht durchgeführten Verfahrens sein.[732] Das Betreuungsgericht kann dann nach eigenverantwortlicher Entscheidung die im Interesse des Betroffenen erforderlichen Maßnahmen treffen.[733] Hält das Betreuungsgericht Anordnungen nicht für erforderlich, steht dem anzeigenden Gericht hiergegen kein Beschwerderecht zu.[734] Eine Pflicht zur Benachrichtigung des Betreuungsgerichts ist anzunehmen, wenn das Prozessgericht die

---

727 *Borth/Grandel*, in: Musielak/Borth, FamFG, § 22a Rn. 1; *Pabst*, in: MüKo, FamFG, § 22a Rn. 3.

728 Vgl. BT-Drs. 13/4709, S. 30; vgl. *Elzer*, in: Bork/Jacoby/Schwab, FamFG, § 22a Rn. 1; vgl. *Pabst*, in: MüKo, FamFG, § 22a Rn. 16.

729 Vgl. nur *Borth/Grandel*, in: Musielak/Borth, FamFG, § 22a Rn. 1; *Pabst*, in: MüKo, FamFG, § 22a Rn. 4.

730 Vgl. nur *Borth/Grandel*, in: Musielak/Borth, FamFG, § 22a Rn. 1; *Pabst*, in: MüKo, FamFG, § 22a Rn. 4.

731 *Kretz*, in: Jürgens, Betreuungsrecht, § 22a FamFG Rn. 2.

732 *Pabst*, in: MüKo, FamFG, § 22a Rn. 6.

733 *Kretz*, in: Jürgens, Betreuungsrecht, § 22a FamFG Rn. 2; vgl. BGH, NJW 1992, 1884 (1886).

734 *Pabst*, in: MüKo, FamFG, § 22a Rn. 8; *Ahn-Roth*, in: Prütting/Helms, FamFG, § 22a Rn. 3.

Prozessunfähigkeit bzw. konkrete Anhaltspunkte für die Prozessunfähigkeit einer Partei feststellt.[735] Zur möglichen Behebung dieses Mangels hat das Prozessgericht dem Betreuungsgericht Mitteilung zu machen.[736] Dem Betreuungsgericht obliegt dann die Prüfung, ob für die betroffene Partei ein Betreuer zu bestellen ist.[737] Bis zur Entscheidung hierüber wird das Verfahren nach § 148 ZPO ausgesetzt.[738] Wenn nur gelegentlich eines gerichtlichen Verfahrens Verhältnisse zutage treten, die ein Einschreiten des Betreuungsgerichts geboten erscheinen lassen, besteht hingegen keine Benachrichtigungspflicht nach § 22a Abs. 1 FamFG.[739]

Demgegenüber enthält § 22a Abs. 2 FamFG eine Mitteilungs*befugnis* der Ge- 324
richte. Danach dürfen die Gerichte personenbezogene Daten übermitteln, wenn deren Kenntnis aus ihrer Sicht für betreuungsgerichtliche Maßnahmen erforderlich ist, soweit nicht für die übermittelnde Stelle erkennbar ist, dass schutzwürdige Interessen des Betroffenen an dem Ausschluss der Übermittlung das Schutzbedürfnis eines Betreuten oder das öffentliche Interesse an der Übermittlung überwiegen (§ 22a Abs. 2 S. 1 FamFG). Im Gegensatz zur Mitteilungspflicht nach § 22a Abs. 1 FamFG setzt die Übermittlungsbefugnis nach Abs. 2 nicht voraus, dass ein unmittelbares Tätigwerden des Betreuungsgerichts erforderlich ist.[740] Vielmehr genügt auch die Zweckmäßigkeit eines Tätigwerdens.[741] Die Übermittlung ist indes nur nach Abwägung der widerstreitenden Interessen zulässig.[742] Überwiegen die Interessen des Betroffenen am Ausschluss einer Übermittlung, besteht keine Mitteilungsbefugnis.[743] Unzulässig ist die Übermittlung jedoch, wenn ihr eine besondere bundes- oder entsprechende landesgesetzliche Verwendungsregelung entgegensteht (§ 22a Abs. 2 S. 2 FamFG).

---

735 Vgl. LG Saarbrücken, Beschluss vom 13. Oktober 2009–5 T 427/09 –, Rn. 31 (juris); zu weiteren Einzelfällen: *Papst*, in: MüKo, FamFG, § 22a Rn. 10 f.

736 Vgl. LG Saarbrücken, Beschluss vom 13. Oktober 2009–5 T 427/09 –, Rn. 31 (juris); OLG Karlsruhe, BeckRS 2010, 11820; vgl. BGH, Beschluss vom 17. August 2011 – I ZB 73/09 –, Rn. 5 (juris).

737 OLG Karlsruhe, BeckRS 2010, 11820.

738 OLG Karlsruhe, BeckRS 2010, 11820.

739 *Kretz*, in: Jürgens, Betreuungsrecht, § 22a FamFG Rn. 2; vgl. BGH, NJW 1992, 1884 (1886).

740 *Pabst*, in: MüKo, FamFG, § 22a Rn. 16.

741 *Pabst*, in: MüKo, FamFG, § 22a Rn. 7.

742 *Borth/Grandel*, in: Musielak/Borth, FamFG, § 22a Rn. 1; *Pabst*, in: MüKo, FamFG, § 22a Rn. 17.

743 *Pabst*, in: MüKo, FamFG, § 22a Rn. 17.

E. Die Betreuung im Strafverfahren

In diesem Abschnitt wird betrachtet, ob und wie sich ein bestehendes Betreuungsverhältnis im Strafverfahren auswirkt. Dabei beschränkt sich die Darstellung auf die Auswirkung im Hauptverfahren (§§ 213 ff StPO). Nicht gesondert betrachtet werden das Ermittlungsverfahren und das Zwischenverfahren. Die Darstellung knüpft dabei an die jeweilige „Rolle“ des Betreuten an. Der Betroffene kann Angeklagter, Geschädigter oder Zeuge sein. 325

I. Der Betreute als Angeklagter

Mit der Eröffnung des Hauptverfahrens (§ 203 StPO) erhält der Tatverdächtige den Status eines Angeklagten (vgl. § 157 StPO).

1. Verhandlungsfähigkeit des Betreuten

Gleich dem Zivilprozess setzt ein Sachurteil im Strafprozess notwendig voraus, dass die Prozessvoraussetzungen vorliegen und Prozesshindernisse nicht bestehen.[744] Firmieren die Anforderungen an Verfahrenssubjekte im Zivilprozess unter dem Begriff der Prozessfähigkeit, so hat sich für den Strafprozess keine einheitliche Begrifflichkeit herausgebildet. Dies dürfte nicht zuletzt daran liegen, dass die StPO keine den §§ 50 ff. ZPO entsprechenden Regelungen enthält. Im Zivilprozess war die Prozessfähigkeit des Betreuten infolge der Betreuerbestellung klärungsbedürftig. Dieses Problem besteht für den Strafprozess nicht in dieser Form. Die zivilprozessuale Kategorie der Prozessfähigkeit gibt es – jedenfalls in ihrer konkreten inhaltlichen Ausformung (vgl. § 52 ZPO) – im Strafprozessrecht nicht.[745] Gleichwohl stellt auch das Strafprozessrecht, ganz wie das Zivilprozessrecht, Anforderungen für *wirksame* Prozesshandlungen. Die Existenz des Verfahrenssubjekts ist unentbehrlich.[746] Soweit die Wirksamkeitsvoraussetzungen von Prozesshandlungen des Angeklagten thematisiert werden, wird ganz überwiegend von der *Verhandlungsfähigkeit* gesprochen.[747] Die in der Gerichtspraxis am häufigsten unter dem Aspekt der Verhandlungsfähigkeit problematisierte Prozesshandlung des Angeklagten ist der Rechtsmittelverzicht (§ 302 StPO). Andere Beispiele für Prozesshandlungen des 326

744 *Meyer-Goßner*/Schmitt, StPO, Einleitung Rn. 142.

745 Vgl. BayObLG, NStZ 1989, 131 (131).

746 Vgl. BGH, Beschluss vom 18. November 2008–4 StR 301/08 –, Rn. 8 (juris): Nebenkläger.

747 Vgl. BGH, Beschluss vom 27. März 2007–1 StR 98/07 –, Rn. 3 f. (juris); Beschluss vom 20. September 2007–4 StR 297/07 –, Rn. 7 (juris); Beschluss vom 13. Juni 2006–4 StR 182/06 –, Rn. 4 (juris); Beschluss vom 27. April 2001–3 StR 502/99 –, Rn. 14 (juris).

Angeklagten sind: Zustimmung zur Verlesung einer polizeilichen Zeugenaussage nach § 251 Abs. 2 S. 1 StPO[748], Äußerung des letzten Wortes[749], Rücknahme eines Beweisantrages[750], Rechtsmitteleinlegung[751]. Prozesshandlungen werden aber nicht nur vom Angeklagten oder dessen Verteidiger[752] vorgenommen. Auch das Gericht[753], die Staatsanwaltschaft[754] und andere Verfahrensbeteiligte agieren im Strafprozess durch Prozesshandlungen. Die staatsanwaltliche Prozesshandlung par exellence ist die Anklage.[755]

327 Das Strafprozessrecht, wie es durch Rechtsprechung und Lehre geformt wurde, stellt somit, jedenfalls hinsichtlich des Angeklagten, auf die Kategorie der Verhandlungsfähigkeit anstelle der Prozessfähigkeit ab. Die Aspekte der Verhandlungsfähigkeit im Sinne der StPO und der Prozessfähigkeit im Sinne der ZPO dienen der gleichen Funktion, sie dienen dem Schutz des betroffenen Verfahrensbeteiligten. Ihr Anknüpfungspunkt bzw. das Kriterium zur Bestimmung der Schutzbedürftigkeit ist verschieden.[756] Die ZPO stellt grundsätzlich auf die Fähigkeit ab, sich vertraglich binden zu können (vgl. § 52 ZPO). Demgegenüber besteht Verhandlungsfähigkeit unabhängig von dieser Fähigkeit. Nach der Rechtsprechung des BGH genügt für die Verhandlungsfähigkeit im strafprozessualen Sinne grundsätzlich, „dass der Angeklagte die Fähigkeit hat, in und außerhalb der Verhandlung seine Interessen vernünftig wahrzunehmen, die Verteidigung in verständiger und verständlicher Weise

---

748 BGH, Beschluss vom 26. November 2003–1 ARs 27/03 –, Rn. 18 (juris); Beschluss vom 25. Juni 1997–1 StR 221/97 – (juris).

749 Vgl. BGH, Beschluss vom 23. Oktober 2012–2 StR 285/12 –, Rn. 2 und 8 (juris).

750 BGH, Beschluss vom 10. Mai 1983–5 StR 221/83 –, Rn. 2 (juris).

751 BGH, Beschluss vom 16. Mai 1973–2 StR 497/72 –, Rn. 9 (juris): Einspruch vor Erlass eines Strafbefehls.

752 BGH, Beschluss vom 08. Oktober 1986 – VIII ZB 41/86 –, Rn. 7 (juris): Unwirksamkeit von Prozesshandlungen nach Entzug der Zulassung; BGH, Beschluss vom 27. Mai 1986 – KRB 3/86 –, Rn. 25 (juris): Prozesshandlungen eines gemeinsamen Verteidigers iSd § 146 StPO; Beschluss vom 22. November 1977–4 StR 395/77 –, Rn. 1 (juris): gemeinsamer Verteidiger.

753 Vgl. BGH, Urteil vom 15. Januar 1992–2 StR 297/91 –, Rn. 7 (juris); Urteil vom 30. Oktober 1986–4 StR 368/86 –, Rn. 8 (juris); BGH, Urteil vom 20. Dezember 1967–4 StR 485/67 –, Rn. 5 (juris): Hinweis nach § 265 Abs. 1 StPO.

754 Vgl. BGH, Beschluss vom 03. November 2005–3 StR 345/05 –, Rn. 7 (juris): Rücknehmbarkeit des Antrags auf Sicherungsverwahrung; Urteil vom 25. November 1980–5 StR 356/80 –, Rn. 4 (juris): bedingter Antrag auf Einbeziehung ausgeschiedener Tatteile.

755 Vgl. BGH, Urteil vom 17. August 2000–4 StR 245/00 –, Rn. 9 (juris).

756 Es kann letztlich offen bleiben, ob beiden Prozessordnungen die Kategorie der Prozessfähigkeit zugrunde liegt und diese nur nach unterschiedlichen, prozessordnungsspezifischen Kriterien bestimmt wird, oder ob es sich bei der Prozessfähigkeit und der Verhandlungsfähigkeit um unterschiedliche Kategorien handelt. In der praktischen Handhabung hat dies keine Auswirkungen.

zu führen sowie Prozesserklärungen abzugeben oder entgegenzunehmen".[757] Der Angeklagte muss die „genügende Einsichtsfähigkeit für seine Prozesshandlung und deren Tragweite" haben.[758] Er muss sich in einem solchen Zustand geistiger Klarheit und Freiheit befinden, dass er in der Lage ist, die Bedeutung von Prozesserklärungen zu erkennen.[759] Dabei sind die Anforderungen an die Verhandlungsfähigkeit je nach Verfahrensart und -lage unterschiedlich.[760] Beurteilungsmaßstab ist der jeweils konkret anstehende Verfahrensabschnitt mit seinen spezifischen Anforderungen an die psychische Leistungsfähigkeit des Betroffenen.[761] In der Tatsacheninstanz ist ein höherer Maßstab anzulegen, da die Einlassung des Angeklagten wesentliches Beweismittel ist und der Angeklagte selbst Anträge stellen und Zeugen befragen kann. Diese Rechte geben dem Angeklagten die Möglichkeit, das Verfahren unabhängig von seinen Verteidigern mitzugestalten.[762] Bei der Überprüfung der Verhandlungsfähigkeit des Betroffenen kommt es sowohl auf die medizinische Schwere der Krankheit oder Behinderung an, als auch auf die krankheitsbedingte Beeinträchtigung seiner Mitwirkungsmöglichkeiten in der konkreten Verfahrenssituation sowie auf die Schwierigkeit des Verfahrensgegenstandes und den jeweiligen Verfahrensstand.[763] Die Verhandlungsfähigkeit setzt nicht die Geschäftsfähigkeit des Beschuldigten voraus.[764]

Die Betreuerbestellung selbst hat auf die Verhandlungsfähigkeit der betreuten 328
Person keinen Einfluss. Dies gilt im Unterschied zur Prozessfähigkeit im Zivilprozess auch unabhängig von der Anordnung eines Einwilligungsvorbehaltes.[765] Ursächlich hierfür ist der Wirkungsmechanismus der Betreuung: Die Betreuerbestellung führt nur zu einer *rechtlichen* Veränderung von Entscheidungsbefugnissen. Im Normalfall liegt die Entscheidungsträgerschaft für die eigenen Angelegenheiten einer erwachsenen Person *allein bei dieser*. Die Betreuung verändert dies, da der Betreuer für den Betreuten entscheiden kann und, wenn ein Einwilligungsvorbehalt besteht, der Betreute insoweit selbst nicht mehr wirksam für sich handeln kann.[766] Da die Verhandlungsfähigkeit jedoch nur von der *tatsächlichen* Einsichtsfähigkeit des Angeklagten abhängt, hat die Betreuerbestellung auf die Verhandlungsfähigkeit keine unmittelbare Auswirkung.

---

757 Ständige Rspr. BGH, Beschluss vom 04. Dezember 2012–4 StR 405/12 –, Rn. 5 (juris); BVerfG, NStZ-RR 1996, 38 (38); BVerfG, NJW 1995, 1951 (1951).

758 BGH, Beschluss vom 13. Juni 2006–4 StR 182/06 –, Rn. 5 (juris).

759 BGH, NStZ 1983, 280 (280).

760 OLG Stuttgart, NStZ-RR 2006, 313 (314).

761 BVerfG, NJW 2005, 2382 (2383).

762 OLG Hamm, BeckRS 2005, 30350105; OLG Stuttgart, NStZ-RR 2006, 313 (314).

763 OLG Stuttgart, NStZ-RR 2006, 313 (314).

764 BGH, NStZ 1983, 280 (280); vgl. OLG Hamm, NJW 1973, 1894 (1894); KG, NStZ-RR 2011, 22 (23).

765 Dazu bereits die Ausführungen unter Rn. 182 ff.

766 Siehe hierzu unter Rn. 172 ff.

329 Mittelbar kommt einer Betreuerbestellung jedoch erhebliche Bedeutung zu. Erfährt das Strafgericht, dass der Angeklagte unter Betreuung steht, ist die Verhandlungsfähigkeit zweifelhaft und insoweit Aufklärung geboten. Die Annahme, dass man bei erwachsenen Angeklagten grundsätzlich vom Vorliegen der Verhandlungsfähigkeit ausgehen kann[767], ist dann nicht mehr tragfähig. Denn gesetzliche Voraussetzung der Betreuungsanordnung ist, dass bestimmte Defizite vorliegen (vgl. § 1896 Abs. 1 S. 1 BGB): „psychischen Krankheit oder einer körperlichen, geistigen oder seelischen Behinderung". Dass diese Defizite für die Verhandlungsfähigkeit relevant sein *können*, liegt auf der Hand. Ob die krankheitsbedingten Gründe der Betreuungsanordnung zugleich die Verhandlungsfähigkeit aufheben, ist vom Strafgericht von Amts wegen im Freibeweisverfahren[768] zu prüfen.

330 Zur Vorbereitung der Hauptverhandlung wird die Betreuungsakte beizuziehen sein. Schon diese wird im Regelfall eine (vorläufige) Beurteilung der Verhandlungsfähigkeit ermöglichen. Maßgebliche Bedeutung kommt dem unmittelbaren Eindruck des Gerichts vom Betreuten in der Hauptverhandlung zu.[769] Verbleiben danach Zweifel an der Verhandlungsfähigkeit, muss das Gericht ein ärztliches Gutachten zu dieser Frage einholen, da es nicht über die nötige eigene Sachkunde verfügt.[770] Unter Umständen kann aber auch das im Betreuungsverfahren eingeholte Gutachten dem Strafgericht zur Feststellung der Verhandlungsunfähigkeit genügen.[771]

331 Gelangt das Gericht zu der Überzeugung, dass der Betroffene auf Dauer verhandlungsunfähig ist, zwingt dies als Prozesshindernis zur endgültigen Verfahrenseinstellung.[772] Ein dauerhafter Ausschluss der Verhandlungsfähigkeit kommt in der Regel nur bei schweren geistigen, psychischen oder körperlichen Mängeln in Betracht.[773] Bei nur vorübergehender Verhandlungsunfähigkeit bzw. bei nicht behebbaren Zweifeln an der Dauerhaftigkeit der Verhandlungsunfähigkeit ist das Verfahren nach § 205 StPO vorläufig einzustellen.[774]

2. Betreuer als Beistand iSd § 149 StPO

332 Die StPO enthält als besondere Form der Unterstützung des Angeklagten das Institut des Beistandes bereit. Nach § 149 Abs. 1 S. 1, Abs. 2 StPO ist der gesetzliche Vertreter des Angeklagten in der Hauptverhandlung als Beistand zuzulassen und auf sein Verlangen zu hören. Im Folgenden wird der Frage nachgegangen, ob der Betreuer beistandsfähig im Sinne des § 149 Abs. 2 StPO ist.

---

767 BVerfG, NStZ-RR 1996, 38 (38).
768 BayObLG, NStZ 1989, 131 (131).
769 Vgl. OLG Hamm, NJW 1973, 1894 (1894).
770 OLG Hamm, BeckRS 2005, 30350105.
771 So beispielsweise das LG Zweibrücken, BeckRS 2011, 10627.
772 BVerfG, NJW 1995, 1951 (1951).
773 BVerfG, NStZ-RR 1996, 38 (38).
774 BGH, NStZ 1996, 242.

Nach § 149 Abs. 2 StPO ist der gesetzliche Vertreter des Angeklagten als Beistand zuzulassen. Ob überhaupt und wenn ja, unter welchen Voraussetzungen, der Betreuer eines Angeklagten gesetzlicher Vertreter in diesem Sinne ist, bedarf der Klärung. 333

Teile des Schrifttums und der Rechtsprechung nehmen an, der Betreuer sei gesetzlicher Vertreter im Sinne des § 149 Abs. 2 StPO.[775] Maßgeblich sei, ob sich die gesetzliche Vertretungsmacht des Betreuers auch auf den Aufgabenkreis der Vertretung im Strafverfahren erstrecke.[776] Sei der Betreuer für diesen Aufgabenkreis bestellt, ergebe sich aus § 1902 BGB die Stellung des Betreuers als gesetzlicher Vertreter.[777] 334

Nach der Rechtsprechung des BGH und Teilen der Literatur scheide der Betreuer als Beistand aus, da er kein gesetzlicher Vertreter des Angeklagten im Sinne des § 149 Abs. 2 StPO sei.[778] Die Senate des BGH, die sich hierzu geäußert haben, stützen ihre Rechtsprechung auf unterschiedliche Argumente. So verneint der 1. Strafsenat die Stellung des Betreuers als gesetzlichen Vertreter des Angeklagten damit, dass die Betreuungsanordnung nicht die Geschäftsunfähigkeit des Betreuten zur Folge habe.[779] Demgegenüber begründet der 4. Strafsenat seine Ansicht damit, dass die Wahrnehmung der Interessen des Angeklagten allein in den Händen des Verteidigers liege.[780] Schon die Begründungsmuster des BGH lassen Fragen offen. So führt die Begründung des 4. Senates dazu, dass der Betreuer nie gesetzlicher Vertreter im Sinne des § 149 Abs. 2 StPO sein kann. Die Begründung des 1. Strafsenates lässt dies zumindest für den Fall offen, dass der Betreute geschäftsunfähig ist. 335

a. Der Begriff des gesetzlichen Vertreters iSd § 149 Abs. 2 StPO

Der Streit zur Beistandsberechtigung des Betreuers betrifft die Auslegung des in § 149 Abs. 2 StPO verwendeten Begriffs des „gesetzlichen Vertreters“. Die Strafprozessordnung enthält im Unterschied zur Zivilprozessordnung (§ 51 Abs. 1 ZPO) keine Legaldefinition dieses Begriffs. Ein hierauf gerichteter Vorschlag, die StPO durch das EGBGB zu ändern, wurde nicht Gesetz.[781] Der Vorschlag lautete: „Unter dem gesetzlichen Vertreter im Sinne des § 137 Abs. 2, des § 140 Abs. 2 Nr. 2, des § 268 336

775 KG, BeckRS 2008, 26253; *Bienwald*, in: Staudinger, BGB, § 1896 Rn. 454 (Stand: 2013); *Lüderssen/Jahn*, in: Löwe-Rosenberg, StPO, § 149 Rn. 1; *Laufhütte*, in: KK, StPO, § 149 Rn. 1; *Schwab*, in: MüKo, BGB, § 1896 Rn. 101; *Elzer*, BtPrax 2000, 139 (139); Meyer-Goßner/*Schmitt*, StPO, § 149 Rn. 1.

776 *Elzer*, BtPrax 2000, 139 (139).

777 *Elzer*, BtPrax 2000, 139 (139); Meyer-Goßner/*Schmitt*, StPO, § 149 Rn. 1.

778 *Wessing*, in: Graf, StPO, § 149 Rn. 1.

779 BGH, NStZ 2008, 524 (525).

780 BGH, Beschluss v. 25. Septrember 2012–4 StR 354/12 –, juris.

781 Vgl. Protokolle der 1. Kommission, S. 1258 (*Jakobs/Schubert*, Beratung des BGB, S. 425).

und des § 340 Abs. 1 der Strafprozeßordnung ist derjenige gesetzliche Vertreter zu verstehen, welchem die Sorge für die Person obliegt."[782]

337 Nach einer Auslegungslinie – zu der insbesondere das Reichsgericht zählt – verweist der Begriff des gesetzlichen Vertreters im Sinne des § 149 Abs. 2 StPO auf das bürgerliche Recht.[783] Demgegenüber lässt sich der Rechtsprechung des BGH entnehmen, dass nicht auf das materielle Recht abzustellen ist. Dies verbirgt sich hinter der Aussage, dass sich „das Strafverfahrensrecht von der im sachlichen Geltungsbereich der Zivilprozessordnung gemäß §§ 51 Abs. 1, 53 ZPO i.V.m. §§ 1902, 1903 BGB geltenden Rechtslage, wonach der Betreuer in seinem gerichtlich festgelegten Aufgabenkreis der gesetzliche Vertreter des Betreuten auch vor Gericht ist, [unterscheidet]."[784] Denn nach § 51 Abs. 1 ZPO bestimmt sich die gesetzliche Vertretung (im Sinne der ZPO) „nach den Vorschriften des bürgerlichen Rechts". Insoweit lehnt es der BGH ab, den gesetzlichen Vertreter iSd § 149 Abs. 2 ZPO mit dem gesetzlichen Vertreter iSd BGB gleichzusetzen. Indes unterlässt es der BGH aber gleichzeitig den gesetzlichen Vertreter iSd § 149 Abs. 2 StPO näher zu bestimmen.

338 Die nähere Bestimmung des Begriffs des gesetzlichen Vertreters im Sinne des § 149 Abs. 2 StPO soll im Folgenden unternommen werden. Nur vor dem Hintergrund einer allgemeingültigen Begriffsbestimmung kann belastbar geklärt werden, ob der Betreuer erfasst ist oder nicht.

aa. Wortlaut

339 Der Begriff des gesetzlichen Vertreters ist dem Wortlaut nach nicht präzise bestimmt. Ihm lässt sich als juristischem Bedeutungskern wohl nur entnehmen, dass eine Person für einen Dritten handeln darf, ohne dass dies auf einer Willensentscheidung des Dritten beruht. Wann er dies darf, ist jedoch unbestimmt.

340 Dass der gesetzliche Vertreter nach den Vorschriften des bürgerlichen Rechts zugleich auch der gesetzliche Vertreter in einem speziellen Kontext sein muss, ist nicht haltbar. Dies zeigt die Begriffsbestimmung des § 51 Abs. 1 ZPO.[785]

---

782 Vgl. Protokolle der 1. Kommission, S. 1258 (*Jakobs/Schubert*, Beratung des BGB, S. 425).

783 RGSt 42, 342, 343: „Der in der Strafprozeßordnung nicht näher bestimmte Begriff des gesetzlichen Vertreters muß aber aus dem bürgerlichen Recht entnommen werden. Denn die Entstehungsgeschichte der Strafprozeßordnung ergibt klar, daß der Gesetzgeber unter einem gesetzlichen Vertreter auch im Sinne der Strafprozeßordnung *nur* den durch den die Vorschriften des bürgerlichen Rechtes festgelegten Begriff verstanden wissen wollte." (Hervorhebung nicht im Original); OLG Hamm, NStZ 2008, 119 (119); *Paul*, in: KK, StPO, § 298 Rn. 1; *Laufhütte*, in: KK, StPO, § 137 Rn. 4; *Jesse*, in: Löwe-Rosenberg, StPO, § 298 Rn. 3; *Kaum*, Der Beistand, S. 52.

784 BGH, BeckRS 2012, 21709; vgl. auch BGH, NStZ 1996, 610 (610).

785 Siehe hierzu unter Rn. 263.

bb. Entstehungsgeschichte

Der Entstehungszusammenhang legt nahe, dass sich die Person des gesetzlichen Vertreters nach dem bürgerlichen Recht bestimmt.[786] 341

Der Begriff des gesetzlichen Vertreters war in der Ursprungsfassung der StPO von 1877[787] nicht enthalten. Diese Fassung lautete[788]: 342

> Der Ehemann einer Beschuldigten ist in der Hauptverhandlung als Beistand derselben zuzulassen und auf sein Verlangen zu hören.
>
> Dasselbe gilt von dem Vater, Adoptivvater oder Vormund eines minderjährigen Beschuldigten.
>
> In dem Vorverfahren unterliegt die Zulassung solcher Beistände dem richterlichen Ermessen.

Belastbares Auslegungsmaterial lässt sich der hierzu gegebenen Gesetzesbegründung für die vorliegende Fragestellung nicht entnehmen.[789]

Die heute noch geltende Fassung erhielt § 149 Abs. 2 StPO durch die Änderungen des EGBGB an der StPO[790]. Art. 35 Ziff. II EGBGB lautet: „An die Stelle des §. 149 Abs. 2 tritt folgende Vorschrift: Dasselbe gilt von dem gesetzlichen Vertreter eines Angeklagten".[791] Art. 35 EGBGB war Teil des „Zweiten Abschnitt. Verhältnis des Bürgerlichen Gesetzbuchs zu den Reichsgesetzen". Der Zusammenhang mit der Einführung des BGB und die Gesetzessystematik („Verhältnis des Bürgerlichen Gesetzbuchs zu den Reichsgesetzen") zeigt deutlich, dass der Reichsgesetzgeber einen Gleichlauf mit dem bürgerlichen Recht herstellen wollte. Dies zeigen auch die dokumentierten Äußerungen im Entstehungsprozess. Als Vorschlag lag zunächst folgende Fassung vor: „Dasselbe gilt vom gesetzlichen Vertreter eines Angeklagten, 343

786 So schon RGSt 42, 342 (347) zu § 340 StPO a.F.

787 Strafprozeßordnung vom 01. Februar 1877, RGBl. S. 253 ff.

788 *Hahn*, Die gesammten Materialien zur Strafprozeßordnung, Band 3, 1. Abteilung, S. 20.

789 Die Begründung des Entwurfes der Strafproceßordnung vom 29.10.1874 zu § 132 (dem späteren § 149 StPO) lautet auszugsweise: *„§ 132 (...) gewährt, unabhängig von dem Rechte des Beschuldigten, sich eines Verteidigers zu bedienen, gewissen nahen Angehörigen desselben die Befugnis, in der Hauptverhandlung als Beistand desselben aufzutreten, soweit ein natürlicher Anspruch jener Personen, zur Vertheidigung des Beschuldigten mitzuwirken, sich nicht verkennen läßt. Als Beistand eines minderjährigen Beschuldigten ist dessen Vater, Adoptivvater oder Vormund, als Beistand einer beschuldigten Frau deren Ehemann zuzulassen. Für das Vorverfahren, ist die Zulassung solcher Beistände in das Ermessen des Richters gestellt, da namentlich im Fall einer zur Verhütung von Kollusionen verhängten Untersuchungshaft der Beschuldigte gerade in seinen nächsten Angehörigen die geeigneten und bereitwilligsten" (Hahn,* Materialien zur Strafprozeßordnung, Band 3, 1. Abteilung, S. 145).

790 Einführungsgesetz zum Bürgerlichen Gesetzbuch vom 18. August 1896, RGBl. S. 604 ff.

791 RGBl. 1896, S. 611.

welchem die Sorge für die Person obliegt."[792] Die Kommission schlug vor, den Nebensatz zu streichen. Zur Begründung verwies die Kommission auf die Erwägungen an anderer Stelle, nämlich auf die Protokolle der 1. Kommission, S. 12577 unter Ziffer 4 lit. a.[793] Dort heißt es sinngemäß, dass die Frage, wer von mehreren gesetzlichen Vertretern zuständig ist, nach dem bürgerlichen Recht eine Frage der Umstände des Einzelfalls und deshalb ein Eingreifen per Regelung in der StPO abzulehnen sei.[794]

344 Hinzuweisen ist jedoch darauf, dass der historische Gesetzgeber mit diesem Verweis nur die Vertretung von Personen vor Augen gehabt hat, die bürgerlich-rechtlich *nicht voll geschäftsfähig* sind. Denn das BGB regelte vor dem Betreuungsgesetz keinen Fall der gesetzlichen Vertretung von Geschäftsfähigen.

345 Dieses Verständnis von gesetzlicher Vertretung zeigt sich auch schon in der Ursprungsfassung der StPO. Auch wenn § 149 der StPO-Urfassung nicht vom gesetzlichen Vertreter sprach, so war diese Kategorie der StPO nicht fremd. Der Begriff des gesetzlichen Vertreters hielt nicht erst mit Schaffung des BGB Einzug in die StPO. Die Urfassung von 1877 verwendete ihn im Zusammenhang mit dem Kreis der Rechtsmittelberechtigten (§ 286 StPO a.F.[795]). Der § 286 StPO a.F. lautete: „Der gesetzliche Vertreter eines Beschuldigten, desgleichen der Ehemann einer beschuldigten Frau können selbstständig von den zulässigen Rechtsmitteln Gebrauch machen."[796] In der Gesetzesbegründung äußerte der historische Gesetzgeber, dass die Handlungs- und Prozessfähigkeit im Sinne des bürgerlichen Rechts im Allgemeinen für das Strafverfahren nicht von wesentlicher Bedeutung sei.[797] Zur Rechtfertigung der Rechtsmittelberechtigung des gesetzlichen Vertreters führt er hingegen aus: „(...) allein das Verhältniß, in welchem der gesetzliche Vertreter einer *nicht handlungsfähigen* Person zu dieser letzteren steht, läßt es gerechtfertigt erscheinen, in einem gegen diese gerichteten Strafverfahren auch ihm die Befugnis zum Gebrauch der dem Beschuldigten zustehenden Rechtsmittel zu gewähren."[798] Mithin verknüpft der historische Gesetzgeber die gesetzliche Vertretung mit der Handlungsunfähigkeit (im Sinne des bürgerlichen Rechts) der vertretenen Person. Für dieses enge Verständnis des historischen Gesetzgebers spricht auch, dass es nahe liegt, dass der Begriff der gesetzlichen Vertretung in ZPO und StPO identisch zu bestimmen ist, da sie als Teil der Reichsjustizgesetze[799] zeitgleich ausgearbeitet wurden. Für die

---

792 Siehe *Jakobs/Schubert*, Beratung des BGB, 1. Teilband, S. 424.

793 *Jakobs/Schubert*, Beratung des BGB, 1. Teilband, S. 424.

794 *Jakobs/Schubert*, Beratung des BGB, 1. Teilband, S. 421.

795 Entspricht § 298 StPO.

796 *Hahn*, Die gesammten Materialien zur Strafprozeßordnung, Dritter Band, 1. Abteilung, S. 37.

797 *Hahn*, Die gesammten Materialien zur Strafprozeßordnung, Dritter Band, 1. Abteilung, S. 246.

798 *Hahn*, Die gesammten Materialien zur Strafprozeßordnung, Dritter Band, 1. Abteilung, S. 246 (Hervorhebung nicht im Original).

799 Hierzu *Kissel*, NJW 2004, 2872 ff.

ZPO hat der historische Gesetzgeber klargestellt, dass eine gesetzliche Vertretung im Sinne der ZPO nicht in Betracht kommt, wenn die Partei geschäftsfähig ist.[800]

In diesem Sinne dürfte auch die Begründung des 1. Strafsenates des BGH zu 346 verstehen sein, wonach der Betreuer kein gesetzlicher Vertreter des Angeklagten ist, da die Betreuungsanordnung nicht die Geschäftsunfähigkeit des Betreuten zur Folge habe.[801]

Dass der historische (Änderungs-)Gesetzgeber eine Beschränkung auf nicht ge- 347 schäftsfähige Angeklagte beabsichtigte, ist jedoch gleichwohl nicht anzunehmen. Zwar entsprach es seiner Vorstellungswelt, dass gesetzliche Vertretung und fehlende Geschäftsfähigkeit stets zusammenfielen, jedoch war die Geschäftsunfähigkeit des Angeklagten nicht der entscheidende Gesichtspunkt für die Zubilligung eines Beistandes. Dies ergibt sich zwanglos daraus, dass die Beistandsfähigkeit durch den Ehemann – und nunmehr auch unter Ehegatten und Lebenspartnern – unabhängig von der Geschäftsfähigkeit des Angeklagten gewährt wurde. Zudem war für ihn das Institut des Beistandes durch Gründe der „Humanität“ gerechtfertigt.[802]

cc. *Systematik*

Eine einheitliche Auslegung prozessrechtlicher Begriffe liegt grundsätzlich nahe, 348 wenn nicht Besonderheiten der jeweiligen Prozessordnung eine autonome Begriffsbestimmung gebieten. Dies gilt in besonderem Maße, wenn es sich um einen Begriff handelt, den die ZPO legaldefiniert, wie den Begriff des gesetzlichen Vertreters (vgl. § 51 Abs. 1 ZPO). Die Leitbildfunktion der ZPO wird belegt durch die vielfachen Verweise der anderen Prozessordnungen und die Prägekraft der zivilprozessualen Dogmatik für die anderen Prozessordnungen.

Der gesetzliche Vertreter iSd § 51 Abs. 1 ZPO dient der Kompensation der fehlen- 349 den Prozessfähigkeit einer Partei („Vertretung nicht prozessfähiger Parteien“). Diese Kompensation ist aus zwei Gründen erforderlich. Nur so ist gewährleistet, dass (1.) die materiellen Rechte des Prozessunfähigen prozessual verwirklicht werden können und (2.) Dritte ihre Rechte gegen den Prozessunfähigen geltend machen können. Diese Kompensationsfunktion kann im Strafprozess nicht zur Geltung gelangen: Ist der Angeklagte verhandlungsunfähig, so wird er nicht vertreten, sondern das Verfahren ist einzustellen. Dies spricht jedoch nicht gegen die Heranziehung des § 51 ZPO. Auch wenn der gesetzliche Vertreter iSd § 149 StPO eine andere prozessuale Funktion hat, bleibt die Frage offen, nach welchen *Kriterien* sich die Person bestimmt, die diese Funktion wahrnehmen darf. Zwar kann die Begriffsbestimmung des gesetzlichen Vertreters iSd ZPO nicht übertragen werden, wohl aber der Gedanke der Akzessorietät: die prozessuale Vertretungsmacht richtet sich nach dem bürgerlichen Recht.

---

800 Vgl. *Hahn*, Die gesammten Materialien zur Strafprozeßordnung, Achter Band, S. 85.

801 BGH, NStZ 2008, 524 (525).

802 *Mugdan*, Materialien, I. Band, S. 123: zu Art. 17 § 149.

dd. Teleologische Auslegung

350 Sinn und Zweck des Instituts des Beistandes iSd § 149 StPO lassen sich keine belastbaren Anhaltspunkte dafür entnehmen, wie der Begriff des gesetzlichen Vertreters iSd § 149 Abs. 2 StPO zu bestimmen ist.

351 Soweit der Telos der Beistandsregelung angesprochen wird, wird meist auf eine natürliche Unterstützerfunktion abgestellt. Die Gesetzesmaterialien zu der Urfassung verweisen darauf, dass „ein *natürlicher Anspruch* jener Personen, zur Vertheidigung des Beschuldigten *mitzuwirken*, sich nicht verkennen läßt."[803] In eine ähnliche Richtung weist auch der BGH: „Das Institut des Beistands nach § 149 I StPO hat seine Wurzel in dem aus der Ehe entspringenden *Vertrauensverhältnis und der gegenseitigen Fürsorge* der Ehepartner. Der Beistand unterstützt und berät den Angekl. in der Hauptverhandlung als dessen *natürlicher und persönlicher Vertrauter und Fürsprecher*".[804] Dass damit jedoch nicht zwingend familiäre Verhältnisse gemeint sein müssen, ergibt sich schon daraus, dass die Ursprungsfassung auch den *Vormund* eines minderjährigen Beschuldigten nannte[805]. Auch erscheint es einleuchtend, dass man den gesetzlichen Vertreter (im bürgerlich-rechtlichen Sinn) als rechtlich natürlichen Fürsprecher des Vertretenen bezeichnet. Dass es nicht zwingend auf ein familiäres Band ankommt, entspricht auch der Wertung des Änderungsgesetzgebers. In den Protokollen zum EGBGB zur Änderung des § 149 StPO wird gesagt, das „Institut des Beistandes beruhe auf Gründen der Humanität".[806]

ee. Zwischenergebnis

352 Der Begriff des „gesetzlichen Vertreters eines Angeklagten" ist dahin auszulegen, dass auf den gesetzlichen Vertreter im Sinne des bürgerlichen Rechts verwiesen wird. Hierfür sprechen Entstehungsgeschichte und ein Vergleich mit § 51 ZPO. Dem offenen Wortsinn und dem unklaren Telos lassen sich hingegen keine belastbaren Gesichtspunkte entnehmen.

b. Der Betreuer als gesetzlicher Vertreter iSd § 149 Abs. 2 StPO

353 Dass der Betreuer im Umfang des ihm übertragenen Aufgabenkreises gesetzlicher Vertreter des Betreuten ist, ist unter Verweis auf § 1902 BGB allgemeine Ansicht. Soweit keine Totalbetreuung angeordnet ist, ist der Status als gesetzlicher Vertreter daher nur ein relativer. Hieraus ergibt sich eine erste Restriktion: Der Betreuer kann nur dann gesetzlicher Vertreter im Sinne des § 149 Abs. 2 StPO sein, wenn der

---

803 *Hahn*, Die gesammten Materialien zur Strafprozeßordnung, Dritter Band, S. 145 (Hervorhebung nicht im Original).

804 BGH, NJW 2001, 3349 (3350), (Hervorhebung nicht im Original).

805 Die Urfassung der StPO fand auch Anwendung auf Minderjährige. Die Sonderstrafprozessordnung für Jugendliche, das Jugendgerichtsgesetz (JGG), wurde erst am 16. Februar 1923 verabschiedet (RGBl. I, S. 135).

806 *Mugdan*, Materialien, I. Band, S. 123.

ihm übertragene Aufgabenkreis strafprozessuale Angelegenheiten umfasst. Logisch vorrangig, und daher zunächst zu klären, ist jedoch die Frage, ob überhaupt strafprozessbezogene Aufgabenkreise anzuerkennen sind, soweit es den Betreuten als Tatverdächtigen betrifft. Denn insoweit könnte eine Aufgabenkreisübertragung vor dem Hintergrund des Instituts der notwendigen Verteidigung per se gegen den betreuungsrechtlichen Erforderlichkeitsgrundsatz in Gestalt des Subsidiaritätsgebots (vgl. § 1896 Abs. 2 S. 2 BGB) verstoßen.

aa. *Zulässigkeit strafprozessbezogener Aufgabenkreise: Subsidiarität der Betreuung gegenüber dem Institut der notwendigen Verteidigung?*

Der BGH hält die Beteiligung des Betreuers als Beistand im Strafverfahren (auch) 354
mit der Begründung für unzulässig, dass die Wahrnehmung der Interessen des Angeklagten *allein* in den Händen des (notwendigen) Verteidigers liege.[807] Mit diesem Argument verneint der BGH auch eine entsprechende Anwendung des § 149 Abs. 2 StPO auf den Betreuer.[808] Auch das OLG Hamm deutet in einer Entscheidung an, dass eine Betreuung allgemein zum Zwecke der Wahrnehmung prozessualer Rechte des Betreuten nicht erforderlich sein dürfte, wenn dem Betreuten ein Pflichtverteidiger beigeordnet ist.[809] Zudem wird im Schrifttum teilweise vertreten, dass die Bestellung eines Betreuers mit dem Zweck, dass der Betroffene als Angeklagter in der Hauptverhandlung einen Beistand erhält, unzulässig sei, da die Betreuung hinter der Regelung der Verteidigung subsidiär sei.[810] Der Betreuer könne lediglich zu dem Zwecke bestellt werden, das Recht der Wahl eines Verteidigers auszuüben.[811]

Die Grundlage dieser soeben genannten Auffassungen bildet der *Subsidiaritätsgrundsatz des Betreuungsrechts* gemäß § 1896 Abs. 2 S. 2 BGB. § 1896 Abs. 2 S. 2 BGB 355
bestimmt, dass die Bestellung eines Betreuers nicht als erforderlich anzusehen ist, soweit die Angelegenheiten des Betroffenen durch Hilfen, bei denen kein gesetzlicher Vertreter bestellt wird, ebenso gut wie durch einen Betreuer besorgt werden können. Der Subsidiaritätsgrundsatz ist eine Ausprägung des betreuungsrechtlichen Erforderlichkeitsgrundsatzes: Tatsächliche Hilfen Dritter haben Vorrang vor einer betreuungsrechtlichen Hilfe.[812]

Das Subsidiaritätsprinzip greift nicht nur bei Hilfe von privaten Dritten, sondern 356
auch bei staatlicher Hilfe.[813] Die Begründung zum Gesetzesentwurf erkennt ausdrücklich als „andere Hilfen“ auch staatlich organisierte Unterstützungen an: „Als solche anderen Maßnahmen kommen insbesondere die Hilfe durch Familienangehörige, Bekannte, Nachbarn, aber auch durch Verbände oder die *öffentliche Hand*

---

807 BGH, BeckRS 2012, 21709.
808 BGH, NStZ 2008, 524 (525); BGH, BeckRS 2012, 21709.
809 Vgl. OLG Hamm, NStZ 2008, 119 (120).
810 *Roth*, in: Erman, BGB, § 1896 Rn. 72.
811 *Roth*, in: Erman, BGB, § 1896 Rn. 72.
812 Vgl. BT-Drs. 11/4528, S. 59.
813 *Bienwald*, in: Staudinger, BGB, § 1896 Rn. 344.

– insbesondere die sozialen Dienste – in Betracht".[814] Auch dem Sinn und Zweck der Subsidiaritätsklausel als Ausprägung des Verhältnismäßigkeitsgrundsatzes entspricht es, staatlicher Unterstützung, wenn diese einen nicht ebenso starken Eingriff darstellt, wie die mit der Betreuerbestellung einhergehende Stellung des Betreuers als gesetzlicher Vertreter des Betroffenen, den Vorrang vor der Betreuung einzuräumen und als „andere Hilfe" anzuerkennen. Da die Beiordnung eines Pflichtverteidigers nicht dergestalt in die Rechte des Betroffenen eingreift, dass dem Betroffenen ein gesetzlicher Vertreter zugeordnet wird, kommt der Pflichtverteidiger grundsätzlich als andere Hilfe in Betracht.

357 Nach § 1896 Abs. 2 S. 1 BGB darf ein Betreuer nur für den Aufgabenkreis bestellt werden, in denen die Betreuung erforderlich ist. Dieser Erforderlichkeitsgrundsatz verlangt für die Einrichtung einer Betreuung die konkrete tatrichterliche Feststellung, dass sie unter Beachtung der Verhältnismäßigkeit notwendig ist, weil der Betroffene auf entsprechende Hilfen angewiesen ist und weniger einschneidende Maßnahmen nicht in Betracht kommen. Dies setzt neben der subjektiven Unfähigkeit des Betroffenen, seine Angelegenheiten selbst regeln zu können (sog. Betreuungsbedürftigkeit), auch einen konkreten Betreuungsbedarf voraus.[815] Letzterer ist aufgrund der konkreten gegenwärtigen Lebenssituation des Betroffenen zu beurteilen.[816]

358 Fraglich ist, ob das Institut der Pflichtverteidigung (§ 140 StPO) als staatlich vorgesehene Hilfe für den Angeklagten dazu führt, dass ein strafprozessualer Betreuungsbedarf nicht besteht.

359 Nach § 140 Abs. 2 S. 1 Var. 2 StPO ist dem Beschuldigten ein Pflichtverteidiger beizuordnen, „*wenn ersichtlich ist, daß sich der Beschuldigte nicht selbst verteidigen kann*". Gemäß § 1896 Abs. 1 S. 1 BGB ist notwendige Voraussetzung für die Übertragung eines Aufgabenkreises, dass ein Volljähriger „*seine Angelegenheiten ganz oder teilweise nicht besorgen*" kann. Beide Normen setzen also ein Defizit des Betroffenen bei der Besorgung seiner eigenen Angelegenheiten voraus und sind in ihren Anforderungen an das Ausmaß des Defizits kongruent. Wenn eine Person sich im Sinne des § 140 Abs. 2 S. 1 Var. 2 StPO nicht selbst verteidigen kann, so ist sie insoweit auch unfähig, ihre Angelegenheiten im Sinne des § 1896 Abs. 1 S. 1 BGB zu besorgen. Dass die eigene Verteidigung eine eigene Angelegenheit ist, liegt auf der Hand. Dies gilt auch umgekehrt: Wenn ein Person iSd § 1896 Abs. 1 S. 1 BGB nicht in der Lage ist, ihre strafprozessualen Angelegenheiten zu besorgen, dann fehlt ihr auch die Verteidigungsfähigkeit iSd § 140 Abs. 2 S. 1 Var. 2 StPO. Dies hat zur Folge: Liegen die Voraussetzungen für die Bestellung eines Betreuers für einen strafprozessualen Aufgabenkreis vor, so liegen auch stets die Voraussetzungen für die Beiordnung eines Pflichtverteidigers vor. Dies bedeutet aber nicht, dass für *jede betreute* Person ein Pflichtverteidiger zu bestellen wäre: Maßgeblich

814 BT-Drs. 11/4528, S. 59: – Hervorhebung nicht im Original.
815 So BGH, NJW-RR 2011, 1506 (1507).
816 BGH, NJW-RR 2011, 1506 (1507).

ist allein, ob die Fähigkeit zur Besorgung der *strafprozessualen* Angelegenheiten (krankheitsbedingt) beeinträchtigt ist, nicht jedoch, ob Betreuungsbedarf in anderen Angelegenheiten besteht.

Damit drängt sich die Frage auf, ob es sub specie des § 1896 Abs. 2 BGB noch der Übertragung eines strafprozessbezogenen Aufgabenkreises bedarf, wenn dem Betreuten doch ein Pflichtverteidiger zu bestellen ist. Soweit tatsächlich sichergestellt wäre, dass es in jedem einzelnen Fall zu einer Pflichtverteidigerbestellung kommt, müsste man dies verneinen. Denn der Pflichtverteidiger kann die strafprozessualen Angelegenheiten (zumindest) ebenso gut besorgen wie ein Betreuer, sodass der Subsidiaritätsgrundsatz des § 1896 Abs. 2 S. 2 BGB greift. 360

Dieser normativ-idealisierten Betrachtung ist jedoch entgegenzuhalten, dass dies im Einzelfall nicht zwingend ist. Die Subsidiaritätsklausel des § 1896 Abs. 2 S. 2 BGB greift nur, wenn zur *Gewissheit* des Betreuungsgerichts feststeht, dass andere Hilfen ausreichend vorhanden sind.[817] Für die betreuungsgerichtliche Beurteilung des Vorhandenseins „anderer Hilfen" ist die Verfügbarkeit und Wirksamkeit „anderer Hilfen" in der konkreten, gegenwärtigen Lebenssituation des Betroffenen maßgeblich.[818] Die Betreuungseinrichtung ist nicht dadurch ausgeschlossen, dass die bloße Möglichkeit oder auch Wahrscheinlichkeit des Eingreifens anderer Hilfen besteht. Das bloße Vorhandensein anderer Hilfen bedeutet gerade nicht, dass sie auch für den Betroffenen in seiner konkreten Situation greifen. Dass es tatsächlich zur Beiordnung eines Pflichtverteidigers kommt, ist aus Sicht des Betreuungsgerichts im Wesentlichen aus zwei Gründen ungewiss. 361

Es weiß – erstens – nicht, ob das Strafgericht über dieselbe Entscheidungsgrundlage verfügt (Tatsachendivergenz). Schon § 140 Abs. 2 S. 1 Var. 2 StPO bringt zum Ausdruck, dass das Defizit für das Strafgericht „ersichtlich" sein muss. Insoweit sind Zweifel geboten, dass es tatsächlich in jedem Einzelfall zu einer Bestellung kommt, insbesondere wenn der Betreute nicht an offensichtlich zu Tage tretenden psychischen Defekten leidet. Das Strafgericht hat vielfach nicht dieselben Erkenntnisse wie das Betreuungsgericht. Oftmals hat es keine Kenntnis von der Krankheit oder Behinderung des Betroffenen. 362

Es weiß – zweitens – nicht, ob das Strafgericht, selbst wenn es dieselbe Entscheidungsgrundlage hat, dieselben Schlüsse zieht wie das Betreuungsgericht (Subsumtionsdivergenz). So kann das Strafgericht die Beiordnung eines Pflichtverteidigers unterlassen,[819] weil es den Betreuten entgegen der Ansicht des Betreuungsgerichts durchaus für fähig hält, sich selbst zu verteidigen. 363

---

817 *Bienwald*, in: Staudinger, BGB, § 1896 Rn. 351.

818 Vgl. *Bienwald*, in: Staudinger, BGB, § 1896 Rn. 349.

819 So hat es das AG Herne, Urteil v. 13.02.2003, AZ: 11 Ds 51 Js 980/02(16/03) unterlassen, einem 80-jährigen Angeklagten, der bereits seit sieben Jahren in Prozess- und Behördenangelegenheiten unter Betreuung mit Einwilligungsvorbehalt stand, einen Pflichtverteidiger beizuordnen, NJW 2003, 3286 (3286, 3287).

364 Keinesfalls darf das Betreuungsgericht die Entscheidung über einen strafprozessualen Betreuungsbedarf dem Strafgericht überlassen. Unzulässig wäre eine Ablehnung mit der Begründung, dass das Strafgericht die „andere Hilfe“ in Form der Beiordnung des Pflichtverteidigers entweder anordnen und gewähren werde oder es andernfalls an einem Bedarf fehle. Für Entscheidungen über betreuungsrechtliche Angelegenheiten ist allein das Betreuungsgericht zuständig; es kann diese Zuständigkeit nicht delegieren.

365 Hinzuweisen ist darauf, dass die Erforderlichkeit eines Pflichtverteidigers nicht entfällt, nur weil ein Betreuer bestellt ist.[820] § 140 Abs. 2 S. 1 Var. 2 StPO stellt auf die Person des Beschuldigten ab und dessen Fähigkeit zur Selbstverteidigung und nicht auf die seines gesetzlichen Vertreters.[821]

366 Im Ergebnis ist damit festzuhalten, dass die Existenz des Instituts der notwendigen Verteidigung (§ 140 StPO) der Einräumung eines strafprozessbezogenen Aufgabenkreises nicht entgegensteht. In der Praxis wird es vielmehr Aufgabe des Betreuers sein, den Anspruch des Betreuten auf notwendige Verteidigung durchzusetzen, und wenn dies nicht gelingen sollte, die Interessen des Betreuten so gut wie möglich zu wahren, beispielsweise durch Bestellung eines Wahlverteidigers (§ 137 Abs. 2 StPO)[822]. Maßgeblich für ein Tätigwerden des Betreuers ist jedoch, dass ihm die strafprozessuale Fürsorge als Aufgabenkreis übertragen ist. Ob ihm diese zugewiesen wurde, wird nunmehr untersucht.

bb. Zugewiesener Aufgabenkreis und § 149 Abs. 2 StPO

367 Klärungsbedürftig ist damit die Frage, wie die Aufgabenkreiszuweisung beschaffen sein muss, damit die gesetzliche Vertretungsmacht des Betreuers auch ein Auftreten nach § 149 Abs. 2 StPO umfasst. In der Praxis ist dies deswegen ein Problem, da im Regelfall strafrechtsbezogene Aufgabenkreise nicht explizit zugewiesen werden.

368 Teilweise wird vertreten, dass den herkömmlich zugewiesenen Aufgabenkreisen unter bestimmten Voraussetzungen auch die Vertretungsbefugnis in Strafsachen entnommen werden könne.[823] Entscheidend sei hierfür, dass ein (enger) Bezug zwischen dem Tatvorwurf oder der zu erwartenden Sanktion und dem Aufgabenkreis des Betreuers bestehe.[824] Habe der Aufgabenkreis des Betreuers einen Bezug zum Tatvorwurf oder zur erwarteten Sanktion, erfasse dieser gleichsam als „Annexkompetenz“ auch die Wahrnehmung der Rechte des Betroffenen in einem gegen

---

820 OLG Nürnberg, NStZ-RR 2008, 253 (254): für zum Betreuer bestellten Rechtsanwalt.

821 OLG Nürnberg, NStZ-RR 2008, 253 (254).

822 Hierzu ausführlich unter Rn. 366 ff.

823 LG Memmingen, NJW-RR 1998, 1227 (1228); *Elzer*, BtPrax 2000, 139 (139).

824 Vgl. LG Memmingen, NJW-RR 1998, 1227 (1228); vgl. *Elzer*, BtPrax 2000, 139 (139); *Schwab*, in: MüKo, BGB, § 1896 Rn. 101; *Roth*, in: Erman, BGB, § 1896 Rn. 72.

ihn geführten Strafverfahren. Dies sei beispielsweise der Fall, wenn eine Betreuung wegen Alkoholkrankheit des Betroffenen für den Aufgabenkreis der Gesundheitssorge eingerichtet worden sei und die in dem Strafverfahren verhandelten Körperverletzungsdelikte in engem Zusammenhang mit der durch den Alkoholmissbrauch hervorgerufenen Verwahrlosung des Betroffenen stehen.[825]

Weitergehender nimmt *Elzer* an, dass auch die Krankheit oder Behinderung des Betroffenen selbst schon einen ausreichenden Bezug zwischen Straftat und Betreuung herstellen könne.[826] Dies sei der Fall, wenn sich die krankheitsbedingten Defizite „später in der Tat abbilden" würden.[827] Die Frage, ob eine Teilnahme des Betreuers innerhalb des ihm übertragenen Aufgabenkreises nach dem Kriterium des „engen Bezugs" notwendig und der Betreuer daher als gesetzlicher Vertreter des Betreuten im Strafverfahren anzusehen sei, sei nach Ansicht *Elzers* zuerst vom Betreuer selbst zu beantworten.[828] 369

Zum Teil wird in Rechtsprechung und Literatur vertreten, dass für Strafverfahren eine gesetzliche Vertretung eines volljährigen Beschuldigten nur bestehe, wenn ein Betreuer bestellt sei, dessen Aufgabenbereich sich speziell oder nach dem allgemeinen Umfang der Bestellung auf eine Betreuung als Vertreter in einem Strafverfahren beziehe.[829] Eine nähere Begründung wird nicht gegeben. 370

Ob die übertragenen Aufgabenkreise auch eine „strafprozessuale Fürsorge" umfassen, ist durch Auslegung der zugewiesenen Aufgabenkreise, d.h. des Beschlusstenors zu ermitteln.[830] Die Auslegung ist stets eine Frage des Einzelfalls. Im Allgemeinen wird man den herkömmlichen Aufgabenkreisbezeichnungen jedoch keine strafprozessuale Dimension entnehmen können.[831] Eine eingehende Auslegung ist freilich entbehrlich, wenn ein übertragener Aufgabenkreis einen deutlichen strafrechtsbezogenen Erklärungswert hat, wie beispielsweise „Fürsorge 371

---

825 LG Memmingen, NJW-RR 1998, 1227 (1228); *Elzer*, BtPrax 2000, 139 (139).

826 *Elzer*, BtPrax 2000, 139 (139).

827 *Elzer*, BtPrax 2000, 139 (140).

828 So ausdrücklich *Elzer*, BtPrax 2000, 139 (140).

829 So ausdrücklich OLG Hamm, NStZ 2008, 119 (119); *Jesse*, in: Löwe-Rosenberg, StPO, § 298 Rn. 3; vgl. BGH, BeckRS 2013, 17195.

830 Siehe hierzu noch ausführlich unter Rn. 456 ff.

831 So wohl im Ergebnis auch OLG Hamm, NJW 2006, 1144 (1145): „Der bloße Zusammenhang zwischen der der Betr. vorgeworfenen Straftat und der psychischen Krankheit, die den Anlass für die Einrichtung der Betreuung bildet, sowie die allgemeine Annahme, dass die Verurteilung in einem Strafverfahren zu einer Geld- oder Freiheitsstrafe in aller Regel Auswirkungen auf das Vermögen oder den künftigen Aufenthalt des Betr. haben könnte, reichen grundsätzlich nicht aus, um einen tragfähigen Zusammenhang zu den Aufgabenkreisen der Vermögenssorge bzw. Aufenthaltsbestimmung oder Wohnungsangelegenheiten herzustellen (...)"; vgl. OLG Frankfurt a.M., NJW-RR 2005, 1166 (1167); vgl. BayObLG, FamRZ 1999, 740 (741).

in Strafrechtsangelegenheiten", „strafprozessuale Fürsorge", „Vertretung in Strafverfahren"[832] oder die Benennung eines konkreten Strafverfahrens.

372 Den in der Praxis häufig zugewiesenen Aufgabenkreisen der Gesundheits-, Vermögensfürsorge, Wohnungs-, Heimangelegenheiten sowie des Aufenthaltsbestimmungsrechts lässt sich bei natürlicher Betrachtungsweise im Regelfall kein strafrechtsspezifischer Bezug im Wege der Auslegung entnehmen. Diese Aufgabenkreise betreffen Angelegenheiten, welche dem Bürgerlichen Recht, Sozialrecht und Öffentlichen Recht zuzuordnen sind: So beinhaltet der Aufgabenkreis der Vermögenssorge die Aufgabe, das Vermögen des Betreuten zu verwalten.[833] Als mögliche zu regelnde Angelegenheiten sind beispielsweise erfasst: Beantragung, Entgegennahme, Einteilung von Rente, Sozialhilfe, Arbeitslosengeld, Krankengeld, Versicherungsleistungen; Geltendmachung, Entgegennahme, Einteilung von Arbeitslohn; Verwaltung und Verwertung von Grundvermögen und beweglichen Sachwerten und Schuldentilgung.[834] Im Rahmen des Aufgabenkreises der Wohnungsangelegenheiten kommen etwa in Betracht: Aufgabe der Wohnung und Auflösung des Haushalts; Beschaffung einer Wohnung und Regelung der Kosten; Auflösung des Mietverhältnisses sowie Vertretung in Räumungsverfahren.[835] Auch in dem Bereich der Gesundheitssorge geht es um die Besorgung zivilrechtlicher Angelegenheiten. Der Aufgabenkreis der Gesundheitsfürsorge erfasst die Inanspruchnahme von Leistungen der Gesundheitssorge, sei es ärztliche oder andere Beratung, sei es die Versorgung mit Medikamenten, die Zustimmung zur Heilbehandlung, die Geltendmachung von Rechten gegenüber Ärzten/Klinikleitung, die Entscheidung über Zwangsmedikation, die Organisation und Regelung der Kosten von Rehabilitationsmaßnahmen oder das Einverständnis mit dem Aufenthalt in einer Klinik sowie der Abschluss eines Behandlungs- oder Krankenhausvertrages.[836] Dem Aufgabenkreis der Aufenthaltsbestimmung lassen sich ebenfalls keine dem Strafrecht zuzuordnenden Lebenssachverhalte entnehmen. Umfasst ist vielmehr die Befugnis des Betreuers, den Aufenthalt des Betreuten rechtsverbindlich festzulegen und ihn gegebenenfalls auch freiheitsentziehend unterzubringen.[837]

373 Auch der bloße Zusammenhang zwischen der dem Betroffenen vorgeworfenen Straftat und dessen psychischer Krankheit, die den Anlass für die Einrichtung der Betreuung bildet, ist grundsätzlich unerheblich für die Auslegung der Aufgabenkreise, da im Regelfall kein Anhaltspunkt dafür besteht, dass diese zu einer Straftat führen wird. Etwas anderes kann im Einzelfall gelten, wenn die Betreuung durch eine krankheitsbedingte Strafauffälligkeit mitveranlasst ist, wie beispielsweise bei

---

832 *Elzer*, BtPrax 2000, 139 (139).

833 *Jürgens*, in: Jürgens, Betreuungsrecht, § 1896 Rn. 26.

834 Vgl. *Jürgens*, in: Jürgens, Betreuungsrecht, § 1896 Rn. 30.

835 Vgl. *Jürgens*, in: Jürgens, Betreuungsrecht, § 1896 Rn. 30.

836 Dazu OLG Hamm, NStZ 2008, 119 (119); *Jürgens*, in: Jürgens, Betreuungsrecht, § 1896 Rn. 34.

837 *Bienwald*, in: Staudinger, BGB, § 1896 Rn. 178.

suchtbedingter Beschaffungskriminalität. Ist der Aufgabenkreis „Vertretung vor Behörden und Gerichten“ übertragen[838], so kann diesem dann ein konstitutiver, strafrechtsbezogener Gehalt beizumessen sein.

Auch die Annahme, dass die Verurteilung in einem Strafverfahren zu einer Geld- oder Freiheitsstrafe in aller Regel Auswirkungen auf das Vermögen oder den künftigen Aufenthalt des Betroffenen haben könnte, reicht nicht aus, um den Aufgabenkreisen der Vermögenssorge oder der Aufenthaltsbestimmung bzw. der Wohnungsangelegenheiten einen Strafrechtsbezug beizulegen.[839] Überdies ist der durch ein strafrechtliches Urteil festgelegte Aufenthalt vom Willen des Betroffenen unabhängig und einer Vertretung durch den Betreuer daher nicht zugänglich: So hat das OLG Hamm in einer Entscheidung zutreffend die Befugnis des Betreuers zur Einlegung eines Rechtsmittels[840] gegen einen die Unterbringung des Betroffenen betreffenden Beschluss unter anderem mit der Begründung abgelehnt, dass die Unterbringung gemäß § 63 StGB den zugewiesenen Aufgabenkreisen der Gesundheitssorge sowie des Aufenthaltsbestimmungsrechts nicht unterfalle, da die Unterbringung vom Willen des Untergebrachten unabhängig und einer Vertretung daher nicht zugänglich sei.[841] 374

Allgemein gilt, dass die materiellen Aufgabenkreise wegen der Bedeutung eines Strafverfahrens für den Betroffenen restriktiv auszulegen sind.[842] Vor dem Hintergrund des betreuungsrechtlichen Bestimmtheits- und Erforderlichkeitsgebots ist davon auszugehen, dass das Betreuungsgericht sich grundsätzlich explizit erklärt, wenn es einen eher untypischen Aufgabenbereich wie den der strafprozessualen Fürsorge übertragen will. Indes ist das Betreuungsgericht *nicht* darauf beschränkt, den Aufgabenkreis auf die Vertretung für ein *konkretes* Strafverfahren zu begrenzen.[843] Gibt es für das Betreuungsgericht Anhaltspunkte, dass der Betroffene aufgrund seiner Krankheit oder Behinderung in der Vergangenheit weitere Straftaten begangen hat oder zukünftig weiterhin Straftaten begehen wird, verstößt es nicht gegen den Erforderlichkeitsgrundsatz, dem Betreuer den Aufgabenkreis der Vertretung in Strafverfahren insgesamt zuzuweisen. Gelangt das Betreuungsgericht indes zu der Feststellung, dass lediglich für ein bestimmtes bzw. absehbares Strafverfahren eine Betreuungsbedürftigkeit als auch ein Betreuungsbedarf besteht, hat es den Aufgabenkreis wegen des Erforderlichkeits- und Bestimmtheitsgrundsatzes auf das *konkrete* (absehbare) Strafverfahren zu beschränken.[844] 375

---

838 Hierzu bereits unter Rn. 237 ff.

839 Vgl. OLG Hamm, NJW 2006, 1144 (1145); vgl. OLG Frankfurt a.M., NJW-RR 2005, 1166 (1167); vgl. BayObLG, FamRZ 1999, 740 (741); im Ergebnis auch *Frisch*, in: Wolter, SK-StPO, § 298 Rn. 3.

840 Hierzu noch ausführlich unter Rn. 386 ff.

841 OLG Hamm, NStZ 2008, 119 f.

842 Vgl. OLG Schleswig, NJW-RR 2008, 91 (91).

843 So wohl aber OLG Celle, NStZ 2012, 702 (702).

844 Vgl. KG, NJOZ 2008, 1899 (1900); vgl. OLG Brandenburg, BeckRS 2012, 15562; KG, BeckRS 2008, 00234: „ist von dem Vormundschaftsgericht regelmäßig ein Bezug

376 Es ist nicht Aufgabe der Auslegung, im Nachhinein den Aufgabenkreisen ein anderes Gepräge zu geben, nur weil ein praktisches Bedürfnis hierfür besteht. Entsteht nachträglich ein erweiterter Betreuungsbedarf, der von den bisher übertragenen Aufgabenkreisen nicht gedeckt ist, muss ein Änderungsbeschluss durch das Betreuungsgericht erlassen werden. Erlangt der Betreuer Kenntnis von einem Ermittlungs- oder Strafverfahren, so hat er gemäß § 1901 Abs. 5 S. 2 BGB unverzüglich bei dem Betreuungsgericht die entsprechende Erweiterung des Aufgabenkreises (§ 1908 d Abs. 3 BGB) anzuregen, wenn er die Interessenwahrnehmung für den Betroffenen in diesem konkreten Strafverfahren für erforderlich hält.[845] Das Betreuungsgericht kann sich dann ohne Weiteres im Rahmen seiner Amtsermittlungspflicht durch Einsichtnahme in die staatsanwaltschaftlichen Ermittlungsakten über das Gewicht des gegen den Betroffenen erhobenen Tatvorwurfes unterrichten und die Erforderlichkeit einer Aufgabenkreiserweiterung hinsichtlich einer betreuungsrechtlichen Fürsorge in diesem konkreten Strafverfahren prüfen.[846] Auch kann die Unterrichtung der Staatsanwaltschaft über die angeordnete Betreuung unter Hinweis auf das erstattete Sachverständigengutachten zu einer Einstellung des Verfahrens führen.[847] Ein Betreuungsbedarf entfiele sodann.

c. *Die Rechte des Beistandes iSd § 149 Abs. 2 StPO*

377 Nach der Zulassung steht dem Betreuer als Beistand das Recht auf Anhörung zu (§ 149 Abs. 1, Abs. 2 StPO). Dies beinhaltet das Recht zur Beratung des Betroffenen und das Recht auf Stellungnahme zur Sache.[848] Dazu ist der Betreuer auf sein Verlangen immer dann zu hören, wenn auch der Angeklagte ein Recht hat, sich zu äußern.[849] Der Betreuer kann sich dabei in tatsächlicher, aber auch in rechtlicher Hinsicht zugunsten des Betroffenen äußern.[850] Besondere Bedeutung kommt dem Rederecht des Betreuerbeistandes zur Durchsetzung einer Pflichtverteidigerbeiordnung zu. Der Betreuer kann überdies die Ausführungen des Betroffenen

---

zu konkret bezeichneten Verwaltungs- und Gerichtsverfahren herzustellen, für die die Notwendigkeit der Vertretung durch einen Betreuer besteht (...)."; vgl. OLG Zweibrücken, BeckRS 2011, 14629; vgl. OLG Schleswig, NJW-RR 2008, 91 (91); vgl. *Zimmermann*, FamFR 2011, 312 (312); *Schwab*, in: MüKo, BGB, § 1896 Rn. 116.

845 Vgl. OLG Hamm, NJW 2006, 1144 (1145); vgl. OLG Frankfurt a.M., NJW-RR 2005, 1166 (1167); vgl. OLG Schleswig, NJW-RR 2008, 91 (91).

846 OLG Hamm, NJW 2006, 1144 (1145).

847 OLG Hamm, NJW 2006, 1144 (1145).

848 BGH, NJW 2001, 3349 (3350); *Lüderssen/Jahn*, in: Löwe-Rosenberg, StPO, § 149 Rn. 17; *Wessing*, in: Graf, StPO, § 149 Rn. 3.

849 Vgl. *Lüderssen/Jahn*, in: Löwe-Rosenberg, StPO, § 149 Rn. 17; vgl. *Wessing*, in: Graf, StPO, § 149 Rn. 3.

850 Vgl. *Lüderssen/Jahn*, in: Löwe-Rosenberg, StPO, § 149 Rn. 6; vgl. *Pfeiffer*, StPO, § 149 Rn. 1.

komplettieren und erläutern.[851] Mit dem Recht zur Stellungnahme korrespondiert nach überwiegender Ansicht auch das Fragerecht des Betreuers[852] sowie das Recht auf Anwesenheit in der Hauptverhandlung[853] und an den Untersuchungshandlungen vor der Hauptverhandlung.[854] Der Betreuer kann auch anregen, Beweise zu erheben.[855] Dem Betreuer als Beistand sollen gemäß § 149 Abs. 1 S. 2 StPO Zeit und Ort der Hauptverhandlung rechtzeitig mitgeteilt werden. Diese rechtzeitige Mitteilung ermöglicht dem Beistand erst, sein Recht auf Teilnahme an der Hauptverhandlung wahrzunehmen.[856] Diese Mitteilungspflicht setzt indes keine förmliche Ladung des Betreuers voraus.[857]

Weitergehende prozessuale Rechte stehen dem Beistand – anders als dem Beistand im Jugendstrafverfahren nach § 69 JGG[858] – nicht zu. Der Beistand ist nicht der Verteidiger des Betroffenen. Er ist lediglich Fürsprecher und Unterstützer des Angeklagten, ohne die Rechtsstellung und Funktion des Verteidigers innezuhaben.[859] „Die Aufgabe, in das Prozessgeschehen einzugreifen, kommt dem Verteidiger und nicht dem Beistand zu."[860] Daher stehen dem Beistand auch nicht die Rechte zu, die der Verteidiger ausüben kann oder die das Verhältnis zwischen dem Beschuldigten und dem Verteidiger betreffen.[861] Insbesondere sind die Vorschriften über das Beweisantragsrecht und das Akteneinsichtsrecht sowie die Vorschriften über den ungehinderten Verkehr mit dem Beschuldigten nicht auf den Beistand zu übertragen.[862] Der Betreuer kann sich indes durch einen Rechtsanwalt vertreten lassen.[863] Diesem stehen aber keine weitergehenden Rechte als dem Betreuer zu.[864] Keinesfalls kann der Betreuer den betreuten Angeklagten im Strafverfahren vertreten. Der Betreuer als Beistand darf neben dem Angeklagten erscheinen, aber nicht an dessen Stelle.[865] 378

851 Vgl. *Lüderssen/Jahn*, in: Löwe-Rosenberg, StPO, § 149 Rn. 6.

852 Vgl. *Lüderssen/Jahn*, in: Löwe-Rosenberg, StPO, § 149 Rn. 6; vgl. BGH, NJW 2001, 3349 (3350); a.A. BayObLG, NJW 1998, 1655 (1655).

853 Indes kann das Anwesenheitsrecht des Beistandes wegen vorrangiger strafprozessualer Grundsätze beschränkt werden, BGH, NJW 2001, 3349 (3350).

854 Vgl. BGH, NJW 2001, 3349 (3350); *Pfeiffer*, StPO, § 149 Rn. 2.

855 Vgl. *Lüderssen/Jahn*, in: Löwe-Rosenberg, StPO, § 149 Rn. 6.

856 Vgl. Meyer-Goßner/*Schmitt*, StPO, § 149 Rn. 4.

857 *Wessing*, in: Graf, StPO, § 149 Rn. 5.

858 § 69 Abs. 3 JGG lautet: „Dem Beistand kann Akteneinsicht gewährt werden. Im übrigen hat er in der Hauptverhandlung die Rechte eines Verteidigers."

859 *Pfeiffer*, StPO, § 149 Rn. 1.

860 BGH, NJW 2001, 3349 (3351).

861 Dazu umfassend *Lüderssen/Jahn*, in: Löwe-Rosenberg, StPO, § 149 Rn. 6.

862 BGH, NJW 2001, 3349 (3351).

863 *Lüderssen/Jahn*, in: Löwe-Rosenberg, StPO, § 149 Rn. 5.

864 Vgl. *Lüderssen/Jahn*, in: Löwe-Rosenberg, StPO, § 149 Rn. 6.

865 Vgl. *Lüderssen/Jahn*, in: Löwe-Rosenberg, StPO, § 149 Rn. 3.

379 Die Rechte des Beistandes iSd § 149 StPO[866] sind jedenfalls so begrenzt, dass es von vornherein ausscheidet, in ihm ein Funktionsäquivalent zum Verteidiger als Beistand iSd § 137 Abs. 1 StPO zu sehen. Er ist nicht der Verteidiger des Angeklagten, sondern lediglich dessen Unterstützer und Fürsprecher.[867]

d. Zulassungsverfahren nach § 149 StPO

380 Im Folgenden wird das Zulassungsverfahren des § 149 StPO dargestellt. Die Zulassung als Beistand erfolgt ausschließlich auf Antrag des potentiellen Beistandes.[868] Eine Beiordnung von Amts wegen kommt hingegen nicht in Betracht. Indes kann das Gericht von sich aus, einen Antrag auf Zulassung anregen.[869] Antragsberechtigt ist ausschließlich der *Betreuer* als potentieller Beistand. Der von ihm betreute Beschuldigte ist nicht antragsberechtigt.[870]

381 Eine Zustimmung des Betreuten zur Zulassung seines gesetzlichen Vertreters als Beistand ist nicht erforderlich.[871] Indes ist der Betreuer im Innenverhältnis an den Wunsch des Betroffenen gebunden, solange dieser nicht dessen Wohl zuwiderläuft und es dem Betreuer zumutbar ist (§ 1901 Abs. 3 BGB). Lehnt der Betroffene seinen Betreuer als Beistand ab, hat der Betreuer insoweit zu prüfen, ob der Verzicht auf seine Rechte als Beistand[872] dem Wohl des Betroffenen zuwiderlaufen würde.

382 Für das Strafgericht ist die ablehnende Haltung des Betreuten gegenüber der Beteiligung seines Betreuers als Beistand mangels Außenwirkung des § 1901 Abs. 3 BGB[873] unerheblich. Liegen die Zulassungsvoraussetzungen vor, hat das Strafgericht den Betreuer unabhängig von einer fehlenden Zustimmung des Betroffenen als Beistand zuzulassen.

383 Im Hauptverfahren besteht ein Rechtsanspruch auf antragsgemäße *alsbaldige* Zulassung des Betreuers als Beistand.[874] Im Vorverfahren entscheidet (entsprechend des § 141 Abs. 4 StPO) der Vorsitzende des für das Hauptverfahren zulässigen Gerichts über die Zulassung des Betreuers als Beistand nach pflichtgemäßem Ermessen (§ 149 Abs. 3 StPO). Das Zulassungsverfahren endet mit einer Entscheidung des

---

866 Zu den weitergehenden Rechten des Beistandes im Jugendstrafrecht siehe § 69 JGG.

867 BGH, NJW 1998, 2296 (2297); BGH, NJW 2001, 3349 (3350).

868 Vgl. RGSt 41, 348; KG, BeckRS 2008, 26253; vgl. *Laufhütte*, in: KK, StPO, § 149 Rn. 1.

869 *Roth*, in: Erman, BGB, § 1896 Rn. 72.

870 Vgl. *Wessing*, in: Graf, StPO, § 149 Rn. 2; *Laufhütte*, in: KK, StPO, § 149 Rn. 4; *Pfeiffer*, StPO, § 149 Rn. 1.

871 Vgl. *Wessing*, in: Graf, StPO, § 149 Rn. 3.

872 Dazu bereits soeben unter Rn. 377 ff.

873 Dazu bereits unter Rn. 247 f.

874 Vgl. BGH, NJW 2001, 3349 (3350) für die Ehefrau als Beistand; *Wessing*, in: Graf, StPO, § 149 Rn. 2.

Vorsitzenden des Gerichts. Diese Entscheidung ist sofort nach der Antragstellung des Betreuers und ausdrücklich zu treffen.[875] Der Betreuer wird – unabhängig von seinem Rechtsanspruch auf Zulassung – erst mit der stattgebenden gerichtlichen Zulassungsentscheidung Beistand im Sinne des § 149 StPO.[876] Der Prüfungsumfang des Gerichts deckt sich mit den oben beschriebenen Voraussetzungen der Beistandsberechtigung des Betreuers. Das Gericht hat demnach zu prüfen, ob der Betreuer einen Antrag gestellt hat und ob dieser gesetzlicher Vertreter des Betroffenen für das konkrete Strafverfahren ist.

384 Gegen die stattgebende Zulassungsentscheidung kann sowohl die Staatsanwaltschaft als auch der Betreute Beschwerde nach § 304 Abs. 1 StPO einlegen. Wird der Antrag auf Zulassung abgelehnt, kann der Betreuer als Antragsteller sowie der Beschuldigte hiergegen Beschwerde einlegen.[877]

e. *Zusammenfassung*

385 Es ist festzuhalten, dass der Betreuer ein Beistand iSd § 149 StPO sein kann. Ob er im konkreten Strafverfahren als Beistand zuzulassen ist, hängt von zweierlei Voraussetzungen ab: Zum einen bedarf es eines Antrags des Betreuers und zum anderen muss der Aufgabenkreis des Betreuers die Fürsorge in dem konkreten Strafverfahren umfassen, da er andernfalls kein gesetzlicher Vertreter iSd § 149 Abs. 2 StPO ist.

3. Rechtsmittelberechtigung des Betreuers

386 Den Kreis der Rechtsmittelberechtigten regelt die StPO im Kern in den §§ 296 ff. StPO. Gemäß § 298 StPO kann der gesetzliche Vertreter eines Beschuldigten binnen der für den Beschuldigten laufenden Frist selbstständig von den zulässigen Rechtsmitteln Gebrauch machen. Zur Diskussion steht erneut, ob bzw. unter welchen Voraussetzungen der Betreuer ein gesetzlicher Vertreter ist, diesmal in Bezug auf § 298 StPO.

387 In Rechtsprechung[878] und Schrifttum[879] wird zur Bestimmung der Person des gesetzlichen Vertreters im Sinne des § 298 StPO ausschließlich auf die Vorschriften des bürgerlichen Rechts abgestellt. Es finden sich vereinzelt auch Äußerungen zur Einordnung des Betreuers: So wird eine Rechtsmittelbefugnis des Betreuers

875 Vgl. *Lüderssen/Jahn*, in: Löwe-Rosenberg, StPO, § 149 Rn. 17; Meyer-Goßner/*Schmitt*, StPO, § 149 Rn. 2.

876 Vgl. *Lüderssen/Jahn*, in: Löwe-Rosenberg, StPO, § 149 Rn. 8.

877 Vgl. *Wessing*, in: Graf, StPO, § 149 Rn. 6; vgl. Meyer-Goßner/*Schmitt*, StPO, § 149 Rn. 5; vgl. *Laufhütte*, in: KK, StPO, § 149 Rn. 7.

878 RGSt 42, 342 (343).

879 *Frisch*, in: Wolter, SK-StPO, § 298 Rn. 3; *Paul*, in: KK, StPO, § 298 Rn. 1 m.w.N; *Meyer-Goßner*/Schmitt, StPO, § 298 Rn. 1.

angenommen, wenn sich der Aufgabenbereich des Betreuers speziell oder nach dem allgemeinen Umfang der Bestellung auf eine Betreuung im Straf- oder Vollstreckungsverfahren bezieht[880]; von anderen wird die Rechtsmittelbefugnis des Betreuers uneingeschränkt abgelehnt.[881]

a. *Die fehlende Geschäftsfähigkeit des Beschuldigten als ungeschriebene Voraussetzung des § 298 StPO*

388 Der Begriff des gesetzlichen Vertreters iSd § 298 StPO ist im Wesentlichen im Gleichlauf mit § 149 StPO zu verstehen. Entstehungsgeschichtliche und verfassungsrechtliche Überlegungen rechtfertigen es jedoch, ein zusätzliches, begrenzendes Merkmal zu fordern: die *fehlende Geschäftsfähigkeit* des Beschuldigten. Es ist an sich ohne praktische Relevanz, ob man davon ausgeht, dass es sich bei diesem Erfordernis um ein Merkmal des Begriffs des gesetzlichen Vertreters handelt oder um ein ungeschriebenes Tatbestandsmerkmal des § 298 StPO. Aus Gründen der dogmatischen Klarheit scheint die letztgenannte Variante jedoch attraktiver, da sie eine Äquivokation hinsichtlich des Begriffs des gesetzlichen Vertreters vermeidet: Wenn die StPO vom gesetzlichen Vertreter spricht, muss der Begriff nicht nach der jeweiligen Rechtsnorm differenziert werden.

389 Bereits bei der Auslegung des § 149 StPO wurde erwähnt, dass der historische Gesetzgeber in der Begründung zur Vorläuferfassung des § 298 StPO, dem § 286 StPO a.F., davon ausging, dass die gesetzliche Vertretung des Beschuldigten zugleich mit dessen Handlungs*unfähigkeit* verknüpft ist. Der § 286 StPO a.F. lautete: „Der gesetzliche Vertreter eines Beschuldigten, desgleichen der Ehemann einer beschuldigten Frau können selbstständig von den zulässigen Rechtsmitteln Gebrauch machen."[882] In der Gesetzesbegründung äußerte der historische Gesetzgeber, dass die Handlungs- und Prozessfähigkeit im Sinne des bürgerlichen Rechts im Allgemeinen für das Strafverfahren nicht von wesentlicher Bedeutung sei.[883] Zur Rechtfertigung der Rechtsmittelberechtigung des gesetzlichen Vertreters führt er hingegen aus: „(...) allein das Verhältniß, in welchem der gesetzliche Vertreter einer *nicht handlungsfähigen* Person zu dieser letzteren steht, läßt es gerechtfertigt erscheinen, in einem gegen diese gerichteten Strafverfahren auch ihm die Befugnis zum Gebrauch der dem Beschuldigten zustehenden Rechtsmittel zu gewähren."[884]

---

880 OLG Hamm, NStZ 2008, 119 (119); vgl. OLG Hamburg, BeckRS 2014, 08291; *Meyer-Goßner*/Schmitt, StPO, § 298 Rn. 1; vgl. *Frisch*, in: Wolter, SK-StPO, § 298 Rn. 3.

881 *Cirener*, in: Graf, StPO, § 298 Rn. 1.

882 *Hahn*, Die gesammten Materialien zur Strafprozeßordnung, Dritter Band, 1. Abteilung, S. 37.

883 *Hahn*, Die gesammten Materialien zur Strafprozeßordnung, Dritter Band, 1. Abteilung, S. 246.

884 *Hahn*, Die gesammten Materialien zur Strafprozeßordnung, Dritter Band, 1. Abteilung, S. 246 (Hervorhebung nicht im Original).

Bestätigt wird dieser Wille auch in den Folgeänderungen. Durch das Gesetz zur Änderung von Vorschriften des Strafverfahrens und des Gerichtsverfassungsgesetzes vom 28. Juni 1935[885] wurde die Rechtsmittelbefugnis des Ehemanns gestrichen. Diese Regelung wurde durch den Bundesgesetzgeber beibehalten. Seine heute noch gültige Fassung erhielt § 298 StPO durch Art. 3 Nr. 135 des Gesetzes zur Wiederherstellung der Rechtseinheit auf dem Gebiete der Gerichtsverfassung, der bürgerlichen Rechtspflege, des Strafverfahrens und des Kostenrechts vom 12. September 1950 (VereinhG)[886]. In der Gesetzesbegründung wurde hierzu ausgeführt: „Ein Bedürfnis dafür, daß ein Ehegatte für den andern Rechtsmittel einlegen kann, besteht nicht. Die Ehegatten können sich auch gegenseitig bevollmächtigen, wenn sie wünschen, daß der eine für den andern tätig wird."[887] Hieraus lässt sich ableiten, dass keine originäre Rechtsmittelberechtigung besteht, wenn der Beschuldigte den anderen bevollmächtigen kann. Originäre Rechtsmittelbefugnisse bestehen nach dem erkennbaren historischen Gesetzgebungswillen daher wohl nur, wenn der gesetzlich Vertretene handlungsunfähig im Sinne beschränkter oder fehlender Geschäftsfähigkeit ist. 390

Hierfür sprechen auch grundrechtliche Überlegungen. Räumt der Gesetzgeber privaten Dritten eine Rechtsmittelbefugnis zugunsten des Angeklagten ein, so ist damit auch ein Eingriff in die Grundrechte des Angeklagten verbunden. Belastungswirkung zeigt dabei jedoch nicht die Zielrichtung des Rechtsmittels. Der gesetzliche Vertreter kann ein Rechtsmittel nur zu Gunsten des Vertretenen einlegen (vgl. §§ 331 Abs. 1, 358 Abs. 2, 373 Abs. 2 StPO).[888] Er ist jedoch – nach herkömmlicher Auslegung des § 298 StPO – an einen entgegenstehenden Willen des Beschuldigten nicht gebunden[889], da er selbst originär rechtsmittelberechtigt ist. Insoweit kann der Beschuldigte durch die Erklärung seines Vertreters in die Fortführung des Strafverfahrens gezwungen werden, mit all den Belastungen, die ein Prozess mit sich bringt und wegen derer der Beschuldigte eventuell auf ein Rechtsmittel verzichtet hat. Die Grundrechtsrelevanz des Straf(verfahrens)rechts zeigt sich nicht erst bei einer Verurteilung[890]. Schon die Durchführung des Strafverfahrens stellt einen (im Regelfall gerechtfertigten) Grundrechtseingriff dar. Trotz der Unschuldsvermutung hat die Stellung als Angeklagter einen ehrenrührigen Charakter und das Strafverfahren eine belastende Wirkung. Die Belastungsintensität wird dabei auch durch die Dauer des Verfahrens bestimmt. Wird der Angeklagte verurteilt, steht er vor der Wahl, den Schuldspruch zu akzeptieren oder den Prozess durch Einlegung eines Rechtsmittels 391

885 RGBl. I, S. 844 ff.: siehe Art. 1 Ziff. 4 Buchst. d).

886 BGBl. I, S. 455 ff.

887 BT-Drs. 1/1530, Anlage S. 19: zu Nr. 125.

888 Vgl. BGH, NJW 1964, 674 (675); OLG Hamm, NStZ 119 (120) m.w.N.; *Paul*, in: KK-StPO, § 298 Rn. 5.

889 Vgl. statt aller *Meyer-Goßner*/Schmitt, StPO, § 298 Rn. 2; *Paul*, in: KK- StPO, § 298 Rn. 1.

890 Hierzu BVerfG, Beschluss vom 09. Juli 1997–2 BvR 1371/96 –, Rn. 10 (juris); Urteil vom 07. Dezember 1999–2 BvR 1533/94 –, Rn. 98 (juris).

fortzusetzen. Ist der Angeklagte zu einer eigenverantwortlichen Entscheidung fähig, ist dies vor dem Hintergrund der durch Art. 2 Abs. 1 GG geschützten *Autonomie in eigenen Angelegenheiten* zu respektieren.

392 Diese Grundrechtsrelevanz rechtfertigt im Übrigen auch die unterschiedliche Auslegung von § 298 StPO und § 149 StPO. Das Rede- und Anwesenheitsrecht des Beistandes, das auch besteht, wenn der Betreute geschäftsfähig ist, hat keine signifikante Auswirkung auf die grundrechtliche Stellung des Beschuldigten.

b. Rechtsmitteleinlegung durch den Betreuer

393 In Anwendung der unter a. gefundenen Auslegung des § 298 StPO kann ein Betreuer nur dann wirksam ein Rechtsmittel einlegen, wenn er (1.) nach dem bürgerlichen Recht gesetzlicher Vertreter und (2.) der Betreute nicht geschäftsfähig ist. Indes ist er dabei an die für den Beschuldigten laufende Frist gebunden.[891]

394 Die Anwendung des § 298 StPO setzt nicht voraus, dass der Betreuer vorab als Beistand (§ 149 StPO) zugelassen wurde. Auch ein Widerspruch des (nicht geschäftsfähigen) Betreuten ist unerheblich.[892] Weiter ist ein vom Beschuldigten erklärter Rechtsmittelverzicht für die Wirksamkeit des vom Betreuer eingelegten Rechtsmittels nicht von Belang.[893]

395 Die Stellung als gesetzlicher Vertreter ist aufgabenkreisbezogen. Die Einlegung eines strafprozessualen Rechtsmittels fällt nur dann in den Aufgabenbereich des Betreuers, wenn das Betreuungsgericht dem Betreuer die Besorgung aller Angelegenheiten übertragen hat (sog. Totalbetreuung) oder dem Betreuer der prozessuale Aufgabenkreis der Interessenvertretung in dem Strafverfahren bzw. die strafprozessuale Fürsorge übertragen wurde.[894]

396 Die zweite Anforderung – die fehlende Geschäftsfähigkeit des Betreuten – schließt im Regelfall eine Rechtsmittelberechtigung des Betreuers aus. Die Betreuungseinrichtung selbst hat nämlich nicht zur Folge, dass der Betreute geschäftsunfähig wird. Die Geschäftsfähigkeit eines Betreuten kann nur aus zwei Gründen gemindert sein: Entweder ist der Betreute natürlich geschäftsunfähig nach § 104 Nr. 2 BGB oder er steht im Umfang eines angeordneten Einwilligungsvorbehalts einem beschränkt Geschäftsfähigen gleich (partiell beschränkte Geschäftsfähigkeit). Ein Einwilligungsvorbehalt bezüglich der strafprozessualen Fürsorge lässt sich jedoch nicht anordnen, da der Einwilligungsvorbehalt nur Willenserklärungen, also allein rechtsgeschäftliches Handeln umfasst: „Der Einwilligungsvorbehalt ist ein Institut des materiellen Rechts, nicht des Prozessrechts."[895]

---

891 *Paul*, in: KK, StPO, § 298 Rn. 1.
892 Vgl. *Meyer-Goßner*/Schmitt, StPO, § 298 Rn. 2.
893 *Paul*, in: KK, StPO, § 298 Rn. 1.
894 OLG Hamburg, BeckRS 2014, 08291.
895 *Bienwald*, in: Staudinger, BGB, § 1903 Rn. 77; a.A. wohl *Schmid*, in: Leipziger Kommentar, StGB, § 77 Rn. 44: „Ist ein Einwilligungsvorbehalt angeordnet, kann der Betreute den Strafantrag nicht stellen, wenn der Vorbehalt sich darauf erstreckt."

Aus den vorstehenden Ausführungen ergibt sich, dass der Betreuer faktisch nicht rechtsmittelberechtigt ist, da die Umstände, die eine natürliche Geschäftsunfähigkeit begründen (§ 104 Nr. 2 BGB: „freie Willensbestimmung ausschließender Zustand krankhafter Störung der Geistestätigkeit"), im Regelfall auch die Verhandlungsunfähigkeit des Betreuten begründen dürften. 397

4. Verteidigerwahl durch Betreuer nach § 137 Abs. 2 StPO

Das Rechtsstaatsprinzip gewährleistet das Recht des Beschuldigten, sich in einem Strafverfahren von einem Rechtsanwalt seines Vertrauens verteidigen zu lassen.[896] Dieser Verfassungsgrundsatz ist einfachgesetzlich in § 137 Abs. 1 S. 1 StPO geregelt. Danach kann sich der Beschuldigte in jeder Lage des Verfahrens des Beistandes eines Verteidigers bedienen. Neben dem Beschuldigten kann auch dessen gesetzlicher Vertreter selbstständig einen Verteidiger wählen, § 137 Abs. 2 S. 1 StPO. 398

Der Begriff des gesetzlichen Vertreters iSd § 137 Abs. 2 StPO verweist auf das bürgerliche Recht. Insoweit kann nach oben verwiesen werden.[897] Anzumerken ist lediglich, dass sich aus der Entstehungsgeschichte nichts Gegenteiliges ergibt.[898] Nach der hier vertretenen Auffassung ist der Betreuer daher gesetzlicher Vertreter des Beschuldigten, wenn dieser für den Aufgabenbereich der strafprozessualen Fürsorge bestellt wurde. Liegt diese Voraussetzung vor, ist der Betreuer berechtigt, selbstständig einen Verteidiger zu wählen.[899] Dieses selbstständige Wahlrecht des Betreuers ist strafprozessrechtlich *unabhängig* vom Willen des Beschuldigten.[900] Indes ist der Betreuer im betreuungsrechtlichen Innenverhältnis unter bestimmten Voraussetzungen an die Wünsche des Betreuten gebunden (vgl. § 1901 Abs. 2 BGB). 399

Eine Beschränkung der Befugnisse des Betreuers wie bei § 298 StPO[901] ist nicht geboten. Zwar gelten auch hier die zu § 298 StPO vorgebrachten Argumente hinsichtlich der Vorstellungswelt des historischen Gesetzgebers: er verband mit der gesetzlichen Vertretung die (bürgerlich-rechtliche) Handlungsunfähigkeit des Vertretenen. Das Verteidigerwahlrecht beschränkt jedoch kein Grundrecht des Betreuten, da ihm nach herkömmlicher Auslegung nicht das Recht genommen wird, selbst auch einen Verteidiger seiner Wahl zu bestimmen. Insoweit besteht kein Bedarf, den Tatbestand durch ungeschriebene Restriktionen im Wege der Auslegung zu beschränken. 400

---

896 Vgl. nur *Laufhütte/Willnow*, in: KK, StPO, § 137 Rn. 1 m. w N.

897 Vgl. hierzu unter Rn. 336 ff.

898 Vgl. *Hahn*, Die gesammten Materialien zur Strafprozeßordnung, Dritter Band, 1. Abteilung, S.142 f.

899 A.A. wohl *Laufhütte/Willnow*, in: KK, StPO, § 137 Rn. 4.

900 *Hahn*, Die gesammten Materialien zur Strafprozeßordnung, Dritter Band, 1. Abteilung, S. 143; vgl. Meyer-Goßner/*Schmitt*, StPO, § 137 Rn. 9.

901 Hierzu unter Rn. 388 ff.

401 Das Verteidigerwahlrecht des Betreuers beschränkt nicht das Recht des Beschuldigten, selbst einen Verteidiger zu wählen.[902] Auch der Betreute kann weiterhin sein Recht, gemäß § 137 Abs. 1 StPO einen Verteidiger zu wählen, selbstständig und unabhängig vom Willen seines gesetzlichen Vertreters ausüben.[903] Die strafprozessuale Wirksamkeit der Verteidigerwahl setzt nicht voraus, dass der Betreute geschäftsfähig ist;[904] entscheidend ist die Verhandlungsfähigkeit des Betroffenen.[905] Lediglich für die Wirksamkeit des zugrunde liegenden Geschäftsbesorgungsvertrages bedarf der Betreute der Zustimmung seines Betreuers, wenn ein Einwilligungsvorbehalt in vermögensrechtlicher Hinsicht angeordnet ist.[906]

402 § 137 Abs. 2 StPO führt nicht dazu, dass die gesetzliche Höchstzahl von drei Verteidigern pro Angeklagtem überschritten werden darf.[907] Es ist kein sachlicher Grund ersichtlich, warum der gesetzlich vertretene Angeklagte besser stehen soll als sonstige Angeklagte. Nach zutreffender Ansicht darf der Betreuer das Wahlrecht des Angeklagten nicht dadurch entwerten, dass er vor diesem drei Verteidiger wählt. Vielmehr muss es dem Angeklagten möglich sein, zumindest einen eigenen Verteidiger zu wählen.[908] Eine Auswahl von drei Verteidigern durch den Betreuer ist daher nur mit Einverständnis des Betreuten zulässig.

5. Zustellung und Mitteilung an den Betreuer

403 Wie bereits ausgeführt, haben Zustellungen im Zivilprozess an den Betreuer zu erfolgen, wenn der Betreute prozessunfähig ist (§ 170 Abs. 1 S. 1 ZPO).[909] Eine entsprechende Norm findet sich in der Strafprozessordnung nicht. § 37 StPO ordnet zwar eine entsprechende Anwendung der Vorschriften der Zivilprozessordnung für das Verfahren der Zustellungen (§§ 166–195 ZPO) an. Indes kommt eine entsprechende Anwendung nur dann in Betracht, wenn Wesen und Struktur des Strafverfahrens nicht entgegenstehen.[910]

404 § 170 Abs. 1 S. 1 ZPO besagt, dass die Zustellung nicht gegenüber der prozessunfähigen Partei, sondern gegenüber ihrem gesetzlichen Vertreter im Sinn des § 51 Abs. 1 ZPO, ihrem gesetzlichen Prozessvertreter, zu bewirken ist. Diese Situation

---

902 *Hahn*, Die gesammten Materialien zur Strafprozeßordnung, Dritter Band, 1. Abteilung, S. 143; vgl. OLG Koblenz, BeckRS 2007, 13626; *Laufhütte/Willnow*, in: KK, StPO, § 137 Rn. 4.

903 Vgl. OLG Schleswig, NJW 1981, 1681 (1681); OLG Koblenz, BeckRS 2007, 13626.

904 Vgl. OLG Schleswig, NJW 1981, 1681 (1682).

905 *Laufhütte/Willnow*, in: KK, StPO, § 137 Rn. 4.

906 Vgl. OLG Schleswig, NJW 1981, 1681 (1682).

907 *Laufhütte/Willnow*, in: KK, StPO, § 137 Rn. 5; a.A. *Dünnebier*, NJW 1976, 1 (1).

908 *Laufhütte/Willnow*, in: KK, StPO, § 137 Rn. 4; Meyer-Goßner/*Schmitt*, StPO, § 137 Rn. 10.

909 Dazu unter Rn. 312 ff.

910 *Maul*, in: KK, StPO, § 37 Rn. 1.

kann es im Strafprozess nicht geben: Ist der Angeklagte verhandlungsunfähig – gleichsam strafprozessual prozessunfähig – so darf kein auf inhaltliche Schuldprüfung gerichtetes Verfahren stattfinden; das Verfahren ist einzustellen. Die StPO kennt keine prozessuale Vertretung von Verhandlungsunfähigen, um trotz der Verhandlungsunfähigkeit ein Verfahren durchzuführen.

In Rechtsprechung und Literatur wird daher zutreffend angenommen, dass die wirksame Zustellung im Strafverfahren allein die Verhandlungsfähigkeit des Betroffenen voraussetzt.[911] 405

Die Verhandlungsfähigkeit, die „Prozessfähigkeit im Sinne der StPO", ist unabhängig von den §§ 51, 52 ZPO zu beurteilen. Daher steht der Zustellung die eingeschränkte oder fehlende Geschäftsfähigkeit des Betroffenen nicht entgegen, wenn dieser verhandlungsfähig ist.[912] Insoweit ist auch der Rechtsakt der Betreuerbestellung, insbesondere der Umfang des übertragenen Aufgabenkreises, unerheblich.[913] Die Verhandlungsfähigkeit beurteilt sich allein nach der tatsächlichen Einsichtsfähigkeit des Betroffenen, nicht danach, ob die Rechts(geschäfts-)ordnung seinen Handlungen Wirksamkeit beimisst. 406

Lediglich wenn der Angeklagte verhandlungs*unfähig* ist, ist nach § 34 Abs. 1 StPO i.V.m. § 170 Abs. 1 S. 1 ZPO an den gesetzlichen Vertreter zuzustellen. Dies ist notwendig, da an den Verhandlungsunfähigen selbst nicht wirksam zugestellt werden kann.[914] Die Verhandlungsfähigkeit ist nämlich nicht nur Voraussetzung dafür, selbst Prozesshandlungen wirksam vornehmen zu können, sie ist auch Voraussetzung dafür, dass man Adressat von Prozesshandlungen Dritter sein kann. 407

Die vorgenannten Zustellungsfragen sind von elementarer Bedeutung für den Lauf von Rechtsmittelfristen. Ist der Betroffene verhandlungsfähig, ist die an ihn erfolgte Zustellung trotz einer Betreuungseinrichtung auch wirksam mit der Folge, dass die Rechtsmittelfristen zu laufen beginnen. Dass der Betreuer erst nach Ablauf der Rechtsmittelfrist von der Zustellung des Urteils oder des Strafbefehls erfährt, rechtfertigt für sich keinen Antrag des Angeklagten auf Wiedereinsetzung in das Verfahren (§§ 44 f. StPO).[915] Eine verspätete Rechtsmitteleinlegung ist nicht allein deshalb unverschuldet, nur weil der Betroffene zum Zeitpunkt der Zustellung unter Betreuung stand.[916] Vielmehr ist dies eine Frage des Einzelfalls, bei der die krankheitsbedingten Ursachen der Betreuungseinrichtung berücksichtigungsfähig sind.

Dass an den gesetzlichen Vertreter nicht zuzustellen ist, besagt nicht zugleich, dass ihm gegenüber keine Mitteilungspflichten bestehen. Eine explizite Mitteilungspflicht ist für den Strafbefehl geregelt (§ 409 Abs. 2 StPO; Nr. 179 Abs. 3 RiStBV). Da 408

---

911 LG Zweibrücken, BeckRS 2011, 10627; OLG Brandenburg, NStZ-RR 2009, 219 (220); vgl. *Maul*, in: KK, StPO, § 37 Rn. 9.

912 LG Zweibrücken, BeckRS 2011, 10627.

913 Vgl. LG Zweibrücken, BeckRS 2011, 10627.

914 LG Zweibrücken, BeckRS 2011, 10627.

915 Vgl. OLG Brandenburg, NStZ-RR 2009, 219 (220).

916 Vgl. OLG Brandenburg, NStZ-RR 2009, 219 (220).

der Strafbefehl ohne mündliche Verhandlung ergeht, sichert die Vorschrift lediglich die Information des gesetzlichen Vertreters. Die gleiche Funktion erfüllt die Mitteilungspflicht nach § 126a Abs. 4 StPO für den Fall der Unterbringung.

6. Der Betreuer als Zeuge

409 Im Unterschied zur Vernehmung des Betreuers im Zivilverfahren kann der Betreuer im Strafverfahren nicht Adressat einer „Parteivernehmung" sein. Der Betreuer kommt jedoch als Zeuge im gegen den Betreuten geführten Strafverfahren in Betracht.

410 Die gerichtliche Pflicht zur Anhörung des Betreuers als Zeugen bestimmt sich im Einzelfall nach den Maßstäben der Aufklärungspflicht gemäß § 244 Abs. 2 StPO.[917] Die Aufklärungspflicht reicht dabei so weit, wie die dem Gericht aus den Akten, durch Anträge oder Anregungen oder sonst durch den Verfahrensablauf bekannt gewordenen Tatsachen zum Gebrauch von Beweismitteln drängen oder nahelegen.[918] Dabei liegt die Zeugenvernehmung des Betreuers im Sicherungsverfahren und vor einer Unterbringung des Angeklagten im Strafverfahren regelmäßig nahe, sofern diese Beweisquelle nicht bereits durch den zu vernehmenden Sachverständigen ausgeschöpft ist.[919] Der Betreuer kann gegebenenfalls aufgrund seiner Erfahrungen mit dem Betreuten sachdienliche Angaben zum Krankheitsbild und dessen kriminalsozialen Auswirkungen sowie zur Frage von vollstreckungsalternativen Regelungen (§ 67b StGB) machen.[920]

Der Vernehmung des Betreuers als Zeugen steht dessen Zulassung als Beistand im Sinne des § 149 StPO nicht entgegen.[921]

411 Klärungsbedürftig ist, ob dem Betreuer ein Zeugnisverweigerungsrecht zukommt. Dies ist unproblematisch zu bejahen, wenn der Betreuer – wie in der Praxis häufig – zugleich Angehöriger des Betroffenen iSd § 52 Abs. 1 StPO ist. Insoweit ist die Betreuerstellung lediglich von akzidentieller Bedeutung. Problematisch ist die Frage, ob die Betreuerstellung selbst zur Zeugnisverweigerung berechtigt.

412 Im Unterschied zur Zeugnisverweigerungsberechtigung im Zivilverfahren[922] ist im Strafprozess nicht jeder Verschwiegenheitsverpflichtete zugleich auch berechtigt, das Zeugnis zu verweigern. Vielmehr ist der Kreis der Weigerungsberechtigten in § 53 Abs. 1 StPO auf einen Kreis bestimmter Berufsgeheimnisträger begrenzt. In dieser Aufzählung wird der Betreuer nicht aufgeführt. Auch kommt eine generelle Ausweitung des § 53 Abs. 1 StPO auf Angehörige anderer Berufe im Wege

917 BGH, NStZ 1996, 610 (610).
918 *Meyer-Goßner*/Schmitt, StPO, § 244 Rn. 12.
919 BGH, NStZ 1996, 610 (610).
920 BGH, NStZ 1996, 610 (610).
921 *Pfeiffer*, StPO, § 149 Rn. 2.
922 Hierzu unter Rn. 302 ff.

entsprechender Anwendung nicht in Betracht. Einer solchen generellen Ausweitung steht das Interesse an einer funktionsfähigen Rechtspflege entgegen.[923] Nur in Ausnahmefällen und unter besonders strengen Voraussetzungen kann *im Einzelfall* unmittelbar aus dem Grundgesetz eine Einschränkung des Aussagezwanges folgen, wenn der Zeuge zu einem Beweisthema aussagen müsste, welches in den grundrechtlich geschützten Bereich der Privatsphäre, insbesondere in die Intimsphäre eingreifen würde.[924]

Es ist weiter darauf hinzuweisen, dass auch ein Rechtsanwalt, der zum Betreuer 413 bestellt wurde („Anwaltsbetreuer"), in seiner Funktion als Betreuer nicht unter § 53 Abs. 1 Nr. 3 StPO fällt. § 53 Abs. 1 Nr. 3 StPO gewährt ihm nur ein Zeugnisverweigerungsrecht für Informationen, die er im Zusammenhang mit seiner *anwaltlichen* Tätigkeit erfahren hat.[925] § 53 Abs. 1 Nr. 3 StPO beschränkt das Zeugnisverweigerungsrecht ausdrücklich auf das, „was ihnen in dieser Eigenschaft anvertraut oder bekanntgegeben worden ist". Die Ausübung von betreuungsrechtlichen Befugnissen ist keine anwaltliche Tätigkeit.

II. Der Betreute als Zeuge

1. Ausübung des Zeugnisverweigerungsrechts (§ 52 StPO) durch den Betreuer

Ist die unter Betreuung stehende Person Zeuge in einem Strafverfahren, kann eine 414 prozessuale Beteiligung des Betreuers dann in Betracht kommen, wenn dem Betroffenen ein Zeugnisverweigerungsrecht im Sinne des § 52 Abs. 1 StPO zusteht. Hat der zeugnisverweigerungsberechtigte Betreute wegen einer psychischen Krankheit oder einer geistigen oder seelischen Behinderung von der Bedeutung des Zeugnisverweigerungsrechts keine genügende Vorstellung, so kann er nach § 52 Abs. 2 S. 1 StPO nur dann vernommen werden, wenn er zur Aussage bereit ist und auch ihr gesetzlicher Vertreter der Vernehmung zustimmt. § 52 Abs. 2 StPO erhielt im Wesentlichen seine heutige Gestalt durch Art. 1 Nr. 13 des Ersten Gesetzes zur Reform des Strafverfahrensrechts (1. StrVRG)[926].

Die Entscheidung darüber, ob der unter Betreuung stehende Zeuge noch die 415 notwendige *Verstandeskraft* besitzt, hat der Tatrichter unabhängig von der eingerichteten Betreuung zu beurteilen und zu entscheiden.[927] Die krankheitsbedingten (psychischen) Voraussetzungen der Betreuungseinrichtung (§ 1896 Abs. 1 S. 1 BGB) sind nicht deckungsgleich mit dem Erfordernis der notwendigen Verstandeskraft.

---

923 *Senge*, in: KK, StPO, § 53 Rn. 2.
924 *Senge*, in: KK, StPO, § 53 Rn. 2.
925 BGH, Urteil vom 18. Juni 1991–5 StR 584/90 –, Rn. 16 (juris).
926 BGBl. I 1974, S. 3393.
927 Meyer-Goßner/*Schmitt*, StPO, § 52 Rn. 17.

Die zur selbstständigen Ausübung des Zeugnisverweigerungsrechts nötige Verstandeskraft hat der Zeuge, wenn er fähig ist, die mögliche Konfliktlage zwischen der Pflicht zu wahrheitsgemäßer Aussage und den familiären Beziehungen verstandesmäßig zu erfassen.[928] Dazu gehört nicht, dass er alle Folgen übersehen kann, die sich aus seiner Aussage für den angeklagten Angehörigen ergeben; er muss aber die Fähigkeit haben, zu erkennen, dass der Angehörige möglicherweise etwas Unrechtes getan hat, wofür ihm Strafe droht, und dass seine Aussage möglicherweise zu der Bestrafung beitragen wird.[929]

416 Fehlt dem unter Betreuung stehenden Zeugen die genügende Vorstellungskraft von der Bedeutung und Tragweite seines Zeugnisverweigerungsrechts, ist eine Entscheidung des gesetzlichen Vertreters erforderlich.[930] Wer gesetzlicher Vertreter des zeugnisverweigerungsberechtigten Betreuten ist, bestimmt sich im Rahmen des § 52 Abs. 2 StPO nach den Vorschriften des bürgerlichen Rechts.[931] Danach ist der Betreuer dann gesetzlicher Vertreter des betreuten Zeugen, wenn sein Aufgabenkreis auch die Entscheidung nach § 52 Abs. 2 StPO erfasst (§ 1902 BGB).[932] Dies ist jedenfalls dann der Fall, wenn ihm die strafprozessuale Fürsorge übertragen worden ist. Ist der Betreuer danach nicht gesetzlicher Vertreter, liegt eine Regelungslücke vor. Was gilt, wenn verstandesunreife Zeugen keinen gesetzlichen Vertreter haben, hat der Gesetzgeber bewusst ungeregelt und der Rechtsprechung zur Klärung überlassen.[933] Insoweit wird das Strafgericht eine Betreuungsanordnung mit entsprechendem Aufgabenkreis oder eine Aufgabenkreiserweiterung beim Betreuungsgericht anregen müssen (vgl. § 22a FamFG).[934] Eine betreuungsrechtliche Erforderlichkeit für den Betreuten (§ 1896 Abs. 2 BGB) besteht jedoch nur, wenn er aussagewillig ist, da er dann ohne Zustimmung des Betreuers nicht aussagen kann. Unerheblich ist jedenfalls aus betreuungsrechtlicher Sicht die Erforderlichkeit für den Fortgang des Strafprozesses, da eine Betreuerbestellung bzw. eine Aufgabenkreiszuweisung, die allein Drittinteressen dient, grundsätzlich ausgeschlossen ist.[935]

417 Sofern der Betreuer zur Entscheidung berufen ist, hat er seine Entscheidung am Wohl des Betreuten (§ 1901 BGB) und der Funktion des Zeugnisverweigerungsrechts auszurichten. Dabei geht es im Kern um einen Ausgleich des Spannungsverhältnisses zwischen staatsbürgerlicher Wahrheitspflicht und den familiären

928 BGH, NStZ 2012, 578 (578).
929 BGH, NJW 1967, 360 (360); *Senge*, in: KK, StPO, § 52 Rn. 23.
930 Meyer-Goßner/*Schmitt*, StPO, § 52 Rn. 19.
931 Meyer-Goßner/*Schmitt*, StPO, § 52 Rn. 19.
932 *Senge*, in: KK, StPO, § 52 Rn. 27.
933 BT-Drs. 7/551 S. 59.
934 Vgl. *Damrau*, in: MüKo, ZPO, § 383 Rn. 8.
935 Vgl. zu Ausnahmefällen *Müller*, in: BeckOK, BGB, § 1896 Rn. 36; zur Betreuung im Drittinteresse auch *Bienwald*, in: Staudinger, BGB, § 1896 Rn. 151 f.; *Henn-Baier*, Die rechtliche Betreuung im Spannungsfeld zwischen Hilfe und Bevormundung, S. 77 ff.

Rücksichtnahme- und Treueerwartungen. Diese Abwägungsentscheidung ist jedoch nur in eine Richtung endgültig. Verweigert der Betreuer die Zustimmung, verhindert dies eine Vernehmung des Betreuten, selbst wenn dieser aussagewillig ist. Stimmt der Betreuer jedoch zu, entscheidet letztlich der Betreute selbst auf der Grundlage seines natürlichen Willens, ob er aussagt oder nicht.[936]

Sind mehrere Personen als Betreuer des Betroffenen bestellt, muss jeder von 418
ihnen die Zustimmung erteilen.[937] Indes ist es zulässig, dass der eine Betreuer den anderen ermächtigt, die Erklärung mit für ihn abzugeben.[938] Auch genügt es, wenn ein Betreuer die Einwilligung erteilt und der andere zustimmt.[939] Ist der Betreuer selbst Beschuldigter, so kann er über die Ausübung des Zeugnisverweigerungsrechtes wegen des offenkundigen Interessenkonfliktes nicht entscheiden (§ 52 Abs. 2 S. 2 StPO).[940] In diesem Fall muss ein Ergänzungsbetreuer (§ 1899 Abs. 4 StPO) bestellt werden.[941]

Liegt das Einverständnis des Betreuers vor und ist der Betreute aussagewillig, so 419
entbindet dies das Prozessgericht nicht von den allgemeinen Pflichten. Es hat den zeugnisverweigerungsberechtigten Betroffenen vor seiner Vernehmung über sein Zeugnisverweigerungsrecht zu belehren (§ 52 Abs. 3 S. 1 StPO). Dies gilt auch dann, wenn es sich um einen Betreuten handelt, der wegen mangelnder Verstandeskraft keine genügende Vorstellung von der Bedeutung des Zeugnisverweigerungsrechts hat. Neben der Belehrung über sein Zeugnisverweigerungsrecht bedarf es zusätzlich auch noch der Belehrung, dass er trotz der Zustimmung seines Betreuers nicht verpflichtet ist, auszusagen.[942] Nur so lässt sich mit Sicherheit beim verstandesunreifen Betreuten der Eindruck vermeiden, er sei infolge der Zustimmung des Betreuers zur Aussage verpflichtet.

Unklar ist das Vorgehen, wenn auch nach Ausschöpfung der verfügbaren Auf- 420
klärungsmittel *Zweifel* an der Verstandeskraft des Betreuten verbleiben. In der Literatur wird teilweise vertreten, dass dann *nicht* von fehlender Verstandeskraft auszugehen sei.[943] Demgegenüber hat der BGH für die tatrichterlichen Zweifel an der Verstandesreife kindlicher Zeugen ausgeführt: „Die verstandesunreife

---

936 Vgl. BT-Drs. 7/551, S. 60; Meyer-Goßner/*Schmitt*, StPO, § 52 Rn. 19; BGH, NJW 1967, 2273 (2273).

937 Vgl. *Senge*, in: KK, StPO, § 52 Rn. 28.

938 Vgl. *Senge*, in: KK, StPO, § 52 Rn. 28.

939 Vgl. Meyer-Goßner/*Schmitt*, StPO, § 52 Rn. 19.

940 Vgl. BT-Drs. 7/551 S. 60: „Der neue Absatz 2 Satz 2 schließt in seinem ersten Halbsatz den gesetzlichen Vertreter von der Entscheidung über die Zustimmung aus, wenn er selbst Beschuldigter ist. Dieses entspricht der herrschenden Rechtsauffassung, nach der eine Vertretungsbefugnis da versagt, wo der Vertreter Gegner des Vertretenen ist. Dieser in § 181 BGB für das bürgerliche Recht ausgesprochene Grundsatz muß auch für das Strafverfahrensrecht Geltung haben."

941 *Bienwald*, in: Staudinger, BGB, § 1902 Rn. 109.

942 Vgl. BGH, NJW 1967, 2273 (2273).

943 *Bienwald*, in: Staudinger, BGB, § 1902 Rn. 108.

Person soll davor geschützt werden, daß sie aus Mangel an Verständnis aussagt und sich dadurch später möglicherweise belastet fühlt. (...) Es ist unerheblich, ob das Gericht von der mangelnden Verstandesreife der Beweispersonen überzeugt ist oder ob es nur unüberwindbare Zweifel an ihr hegt. Auch im Zweifelsfall, wie hier, muß der kindliche Zeuge vor einer Aussagebereitschaft geschützt werden, deren mögliche Folgen er vielleicht noch nicht erkennen und beurteilen kann."[944] Diese zutreffenden Erwägungen beanspruchen auch für unter Betreuung stehende Zeugen Geltung, die aufgrund ihrer psychischen Krankheit oder einer geistigen oder seelischen Behinderung von der Bedeutung des Zeugnisverweigerungsrechts (derzeit) keine genügende Vorstellung haben.[945] Auch dieser Personenkreis muss vor einer späteren – durch die Aussage verursachten – Belastung geschützt werden.

2. Das Untersuchungsverweigerungsrecht (§ 81c StPO)

421 Ein zeugnisverweigerungsberechtigter Beteiligter hat nicht nur das Recht, sein Zeugnis zu verweigern, er kann auch körperliche Untersuchungen oder Entnahmen von Blutproben verweigern (§ 81c Abs. 3 StPO). Hat der Betreute wegen einer psychischen Krankheit oder einer geistigen oder seelischen Behinderung von der Bedeutung seines Weigerungsrechtes keine genügende Vorstellung, so entscheidet an dessen Stelle der Betreuer als gesetzlicher Vertreter (vgl. § 81c Abs. 3 S. 1 StPO). Eine genügende Vorstellungskraft besteht nur, wenn der Betroffene den Widerstreit, in den er durch seine familiären Beziehungen zu dem Beschuldigten gestellt wird, verstandesmäßig zu erkennen vermag.[946] Er muss erfassen können, dass der Beschuldigte möglicherweise etwas Unrechtes getan hat, dass ihm hierfür eine Strafe droht und dass die Untersuchung gegebenenfalls zu seiner Bestrafung beitragen kann.[947] Ob eine ausreichende Verstandeskraft vorliegt, prüft und entscheidet der Tatrichter.[948]

422 Eine Entscheidung des Betreuers ist erforderlich, wenn das Tatgericht nicht überzeugt ist, dass der Betreute die Bedeutung des ihm zustehenden Verweigerungsrechts in seiner ganzen Tragweite genügend erfassen kann, also über ausreichende Verstandeskraft verfügt. Unerheblich ist dabei, ob das Gericht von der fehlenden Verstandeskraft überzeugt ist oder nicht behebbare Zweifel bestehen.[949] Der Betreuer entscheidet dann nach herrschender Auffassung allein,

944 Vgl. BGH, NJW 1963, 2378 (2379).
945 Vgl. *Krause*, in: Löwe/Rosenberg, StPO, § 81c Rn. 42.
946 *Krause*, in: Löwe/Rosenberg, StPO, § 81c Rn. 42; vgl. *Senge*, in: KK, StPO, § 81c Rn. 15.
947 *Krause*, in: Löwe/Rosenberg, StPO, § 81c Rn. 42; vgl. *Senge*, in: KK, StPO, § 81c Rn. 15.
948 Vgl. *Senge*, in: KK, StPO, § 81c Rn. 15.
949 Vgl. *Krause*, in: Löwe/Rosenberg, StPO, § 81c Rn. 42.

in welche Richtung das Verweigerungsrecht ausgeübt wird.[950] Übt der Betreuer das Verweigerungsrecht aus, darf der Betreute nicht untersucht werden. Verzichtet der Betreuer auf das Verweigerungsrecht, so darf der Betreute im Rahmen der weiteren gesetzlichen Vorgaben untersucht werden. Ein entgegenstehender natürlicher Wille des Betreuten ist – anders als bei § 52 StPO – unerheblich.[951] Dies ergibt sich daraus, dass § 81c Abs. 3 S. 2 StPO gerade nicht auf § 52 Abs. 2 S. 1 StPO („...wenn sie zur Aussage bereit sind und ...") verweist.[952] Diese Aussparung ist auch kein Versehen, sondern eine bewusste Entscheidung des Gesetzgebers: „...daß im Gegensatz zu § 52 bei dem Weigerungsrecht des § 81 c der gesetzliche Vertreter in vollem Umfang an die Stelle der verstandesunreifen Person tritt. Diese Differenzierung zwischen Zeugnisverweigerungsrecht und Untersuchungsverweigerungsrecht rechtfertigt sich daraus, daß § 52 stets einen Zeugen voraussetzt, der aussagefähig ist, während die Maßnahmen nach § 81 c dagegen auch an Personen vorgenommen werden können, die völlig handlungs- und willensunfähig sind".[953] Hinzuweisen ist darauf, dass die Entscheidung des gesetzlichen Vertreters nach § 81c Abs. 3 StPO nur die Ausübung des Verweigerungsrechts betrifft; sie ist keine Einwilligung in die Untersuchung, die den Anwendungsbereich des § 81c StPO ausschlösse. Insoweit stellt die Durchführung der Untersuchung bzw. die Entnahme einer Blutprobe auch trotz der Erklärung des Betreuers einen Eingriff in die Grundrechte des Betreuten dar.

Maßgeblich ist wieder, dass der Betreuer nach bürgerlichem Recht der gesetzliche 423
Vertreter des Betreuten ist.[954] Dies setzt voraus, dass als Aufgabenkreis die strafprozessuale Fürsorge übertragen ist. Ist der Betreuer bislang mangels Aufgabenzuweisung noch nicht berechtigt, den Untersuchungsverweigerungsberechtigten zu vertreten und der Tatrichter der Überzeugung, dass der Betreute wegen mangelnder Verstandeskraft keine genügende Vorstellung von der Bedeutung des Untersuchungsverweigerungsrechts hat, bedarf es nach entsprechender Anregung durch das Strafgericht oder den Betreuer beim Betreuungsgericht eine diesbezügliche Aufgabenkreiserweiterung.[955]

Ist der Betreuer selbst Beschuldigter, kann er über die Ausübung des Unter- 424
suchungsverweigerungsrechts nicht entscheiden, § 81 c Abs. 3 S. 2 i. V. m. § 52 Abs. 2 S. 2 StPO. In diesem Fall hat das Betreuungsgericht einen Ergänzungsbetreuer zu bestellen.[956]

---

950 Vgl. BGH, NJW 1995, 1501 (1502); *Krause*, in: Löwe/Rosenberg, StPO, § 81c Rn. 44; Meyer-Goßner/*Schmitt*, StPO, § 81c Rn. 26; a.A. wohl *Kett-Straub*, ZStW 117, 354 (372 f.).

951 BGH, NJW 1995, 1501 (1502): für Minderjährige.

952 BGH, NJW 1995, 1501 (1502).

953 BT-Drs. 6/3478, S. 67: Zu Nummer 20 (§ 81 c StPO).

954 *Krause*, in: Löwe/Rosenberg, StPO, § 81c Rn. 45.

955 Vgl. *Damrau*, in: MüKo, ZPO, § 383 Rn. 8.

956 Vgl. *Krause*, in: Löwe/Rosenberg, StPO, § 81c Rn. 47: Ergänzungspfleger.

425 Der Betroffene ist über sein Untersuchungsverweigerungsrecht nach § 81 c Abs. 3 StPO i.V.m. § 52 Abs. 2 S. 2, Abs. 3 StPO zu belehren. Hat der Betreute von der Bedeutung seines Weigerungsrechtes keine genügende Vorstellung, ist im Unterschied zu § 52 Abs. 3 StPO ausschließlich der Betreuer zu belehren.[957]

III. Der Betreute als Geschädigter

1. Die Strafantragsberechtigung des Betreuers

426 Die Verfolgung bestimmter Delikte setzt notwendig einen Strafantrag[958] voraus. Ein entsprechender Antrag ist Prozessvoraussetzung und daher von Amts wegen zu prüfen.[959] Typische Antragsdelikte sind reine Vermögens- und Eigentumsstraftaten im Angehörigenverhältnis, die gemäß § 247 StGB (i.V.m. §§ 259 Abs. 2, 263 Abs. 4, 263a Abs. 2. 265a Abs. 3, 266 Abs. 3 StGB) einen Strafantrag voraussetzen. Häufig geht es um Fälle, in denen nahe Angehörige von Konten ihres unter Betreuung stehenden Verwandten unberechtigt Geld abheben.[960] Ist der Betreute Opfer einer Straftat, die nicht ex officio, sondern nur auf Antrag verfolgbar ist, stellt sich die Frage, wer den Strafantrag stellen darf. Diese Fragestellung regelt § 77 Abs. 3 StGB[961]: „Ist der Antragsberechtigte geschäftsunfähig oder beschränkt geschäftsfähig, so können der gesetzliche Vertreter in den persönlichen Angelegenheiten und derjenige, dem die Sorge für die Person des Antragsberechtigten zusteht, den Antrag stellen."

a. Die Strafantragsberechtigung des gesetzlichen Vertreters nach § 77 Abs. 3 StGB

427 Wie bereits erwähnt, ist der Strafantrag bei der Verfolgung absoluter Antragsdelikte eine Prozessvoraussetzung. Der Strafantrag ist damit eine *Prozesshandlung.*[962] Die Anforderungen an einen wirksamen Strafantrag regeln die §§ 77 ff. StGB. Der Kreis der Antragsberechtigten ist beschränkt. Berechtigt, einen Strafantrag zu stellen, ist nach der allgemeinen Regelung des § 77 Abs. 1 StGB nur der Verletzte. Verletzter ist nach allgemeiner Auffassung jeder Träger von Rechtsgütern, die durch die Tat

---

957 Vgl. *Senge*, in: KK, StPO, § 81c Rn. 11.
958 Nicht verwechselt werden darf der Strafantrag mit der von jedermann stellbaren Strafanzeige.
959 BGH, NJW 1994, 1165 (1165); *Sternberg-Lieben/Bosch*, in: Schönke/Schröder, StGB, § 77 Rn. 6 f.
960 Vgl. nur LG Hamburg, NStZ 2002, 39 f.; LG Ravensburg, BeckRS 2000, 13807.
961 Eingeführt mit dem Art. 1 des 2. StrRG vom 04.07.1969 (BGBl. I S. 717) und gemäß Gesetz zum Inkrafttreten des 2. StrRG vom 30.07.1973 (BGBl. I, S. 909) zum 01.01.1975 in Kraft getreten.
962 Vgl. *Fischer*, in: KK, StPO, Einleitung Rn. 398; *Schwarz/Sengenbusch*, NStZ 2006, 673 (676).

unmittelbar verletzt wurden.[963] Dass eine Straftat durchaus mehrere Verletzte, und damit Antragsberechtigte haben kann, folgt aus § 77 Abs. 4 StGB. Aus dem Begriff des Verletzten ergibt sich, dass der Betreuer im Regelfall nicht zugleich neben dem Betreuten Verletzter der Straftat sein wird, auch wenn dies im Einzelfall möglich ist. Entscheidend ist, dass die Antragsberechtigung in diesen Fällen nicht aus der Betreuerstellung fließt, sondern aus der Rechtsgutsträgerschaft. Die Betreuerstellung ist insoweit lediglich eine akzidentelle Eigenschaft. Ist ausschließlich der Rechtsbereich der betreuten Person verletzt, ist der Betreuer nicht Verletzter im Sinne des § 77 Abs. 1 StGB.[964]

Nach § 77 Abs. 3 StGB „können der gesetzliche Vertreter in den persönlichen An- 428
gelegenheiten und derjenige, dem die Sorge für die Person des Antragsberechtigten zusteht", den Antrag stellen, wenn „der Antragsberechtigte geschäftsunfähig oder beschränkt geschäftsfähig" ist. Der Wortlaut des § 77 Abs. 3 StGB lässt bei unbefangener Lesart offen, ob der nicht voll geschäftsfähige Verletzte selbst noch einen wirksamen Antrag stellen kann, ob also der gesetzliche Vertreter *neben* oder *anstelle* des Verletzten antragsbefugt ist. Mit der herrschenden Meinung ist jedoch anzunehmen, dass der gesetzliche Vertreter anstelle des Verletzten antragsberechtigt ist.[965] Dies zeigte früher der durch des Betreuungsgesetz gestrichene Satz 2 des § 77 Abs. 3 StGB: „Ein beschränkt Geschäftsfähiger, der das achtzehnte Lebensjahr vollendet hat, kann den Antrag auch selbständig stellen." Diese Regelung wäre überflüssig gewesen, wenn § 77 Abs. 3 S. 1 StGB eine Antragsbefugnis neben dem Verletzten eingeräumt hätte. Die Regelung wurde mit dem Betreuungsgesetz gestrichen, da sie wegen „des Wegfalls der beschränkten Geschäftsfähigkeit Volljähriger" durch das Institut der Betreuung gegenstandslos geworden wäre.[966]

§ 77 Abs. 3 StGB räumt dem gesetzlichen Vertreter kein originäres Antragsrecht 429
ein, sondern nur eine Ausübungsbefugnis.[967] Dies zeigt sich daran, dass das Antragsrecht des gesetzlichen Vertreters mit dem Tod des Verletzten endet.[968]

Der Begriff des gesetzlichen Vertreters im Sinne des § 77 Abs. 3 StGB bestimmt 430
sich ausschließlich nach den Vorschriften des bürgerlichen Rechts.[969] Dies lässt sich der Gesetzesbegründung zum StGB 1962 ausdrücklich entnehmen: „Für die

963 *Fischer*, StGB, § 77 Rn. 2; *Sternberg-Lieben/Bosch*, in: Schönke/Schröder, StGB, § 77 Rn. 10.

964 Vgl. LG Hamburg, NStZ 2002, 39 (40).

965 Vgl. BT-Drs. 4/650, S. 254: zu § 121 StGB-E 1962; BGH, NJW 1994, 1165 (1165); vgl. BGH, NStZ 1981, 479; *Fischer*, StGB, § 77 Rn. 10; a.A. wohl *Schwarz/Sengbusch*, NStZ 2006, 673 (679, 680).

966 BT-Drs. 11/4528, S. 195: Zu § 34 (Strafgesetzbuch) zu Nummer 1 (§ 77).

967 BGH, Beschluss vom 17. Dezember 1993–2 StR 649/93 –, Rn. 4 (juris).

968 BT-Drs. 4/650, S. 254: zu § 121 StGB-E 1962; BGH, Beschluss vom 17. Dezember 1993–2 StR 649/93 –, Rn. 4 (juris).

969 *Fischer*, StGB, § 77 Rn. 9; *Sternberg-Lieben/Bosch*, in: Schönke/Schröder, StGB, § 77 Rn. 10; *Rosenau*, in: Satzger/Schluckebier/Widmaier, StGB, § 77 Rn. 19.

Auslegung der in Absatz 3 verwendeten zivilrechtlichen Begriffe ist das bürgerliche Recht maßgebend."[970]

b. *Anwendung des § 77 Abs. 3 StGB bei bestehender Betreuung*

aa. Geschäftsunfähigkeit des Betreuten

431 Primäre tatbestandliche Voraussetzung ist, dass der Verletzte den bürgerlichrechtlichen Status eines *Geschäftsunfähigen* oder *beschränkt Geschäftsfähigen* hat. Im Anwendungsbereich des Betreuungsrechts kann nur der Fall der Geschäftsunfähigkeit bestehen: Ein Betreuter ist entweder geschäftsfähig oder natürlich geschäftsunfähig iSd § 104 Nr. 2 BGB. Er kann nicht beschränkt geschäftsfähig sein; diesen Status können de lege lata nur Minderjährige haben. Auch die Anordnung eines (umfassenden) Einwilligungsvorbehaltes versetzt den Betreuten nicht in den Zustand beschränkter Geschäftsfähigkeit.[971] Ein (geschäftsfähiger) Betreuter ist daher immer selbst antragsberechtigt; er bedarf auch bei Anordnung eines Einwilligungsvorbehaltes nicht der Einwilligung seines Betreuers für eine wirksame Antragstellung. Soweit *Sternberg-Lieben/Bosch*[972] anderer Auffassung sind, kann dies vor dem Hintergrund des § 77 Abs. 3 S. 2 StGB a.F. und dem gesetzgeberischen Motiv für die Streichung nicht überzeugen. Denn keinesfalls hatte der Gesetzgeber vor, durch das Betreuungsgesetz die Rechtsstellung der Betroffenen zu verschlechtern.

432 Das LG Hamburg[973] plädiert für eine entsprechende Anwendung des § 77 Abs. 3 StGB, wenn der Betreute *geschäftsfähig* ist. Nach dieser Ansicht ist der geschäftsfähige Betreute nach § 77 Abs. 1 StGB *und* dessen Betreuer nach § 77 Abs. 3 StGB analog antragsberechtigt. Jeder könne den Antrag selbstständig stellen (vgl. § 77 Abs. 4 StGB). Dieser Ansicht kann nicht gefolgt werden, da es an den Voraussetzungen für eine analoge Anwendung fehlt.[974] Gegen eine planwidrige Regelungslücke spricht schon, dass der Bundesgesetzgeber § 77 Abs. 3 StGB im Zuge der Einführung des Betreuungsrechts durch Streichung von Satz 2 novelliert hat; ihm also die Auswirkungen der Betreuung auf das Antragsrecht durchaus bewusst waren. Weiteren Änderungsbedarf sah er nicht. Jedenfalls fehlt es an einer vergleichbaren Interessenlage. Der geschäftsfähige Verletzte ist im Gegensatz zum Geschäftsunfähigen selbst in der Lage, anhand nachvollziehbarer, vernünftiger Erwägungen Entscheidungen zu treffen und seinen Willen frei zu bestimmen.

---

970 BT-Drs. 4/650, S. 254: zu § 121 StGB-E 1962.

971 Vgl. BT-Drs. 11/2548, S. 63.

972 A.A. *Sternberg-Lieben/Bosch*, in: Schönke/Schröder, StGB, § 77 Rn. 19a, ohne Begründung.

973 LG Hamburg, NStZ 2002, 39 (40).

974 Zu den Voraussetzungen für eine methodisch korrekte Analogiebildung statt aller *Larenz*, Methodenlehre, S. 370 ff, insbesondere S. 381 f.; *Pawlowski*, Methodenlehre, Rn. 476 ff.

Entscheidet sich der geschäftsfähige Betreute gegen die Strafantragstellung, darf diese auf einem freien Willen beruhende selbstbestimmte Entscheidung des Betroffenen nicht durch eine Strafantragstellung des Betreuers überspielt werden. Der Betreuer könnte nämlich auch gegen den Willen des Betreuten einen wirksamen Strafantrag stellen, da § 1901 BGB lediglich das Innenverhältnis betrifft und keine Außenwirkung hat.[975]

bb. Der Betreuer als gesetzlicher Vertreter iSd § 77 Abs. 3 StGB

433 Zu beachten ist, dass § 77 Abs. 3 StGB jedoch besondere Anforderungen an den gesetzlichen Vertreter stellt: Antragsberechtigt ist der „gesetzliche Vertreter *in den persönlichen Angelegenheiten*". Insoweit weicht § 77 Abs. 3 StGB schon auf der Ebene des Wortlauts deutlich von anderen Vorschriften des Strafrechts (vgl. beispielsweise die bereits besprochenen §§ 52 Abs. 2, 138 Abs. 2, 149 Abs. 2, 298 StPO) ab, die auf den gesetzlichen Vertreter abstellen: Es wird explizit der Gegenstand genannt, auf den sich die gesetzliche Vertretungsmacht erstrecken muss.

i. Gesetzlicher Vertreter

434 Mit dem Begriff des gesetzlichen Vertreters verweist § 77 Abs. 3 StPO auf die Bestimmungen des bürgerlichen Rechts.[976] In der Begründung des StGB-Entwurfs von 1962 heißt es ausdrücklich: „Für die Auslegung der in Absatz 3 verwendeten zivilrechtlichen Begriffe ist das bürgerliche Recht maßgebend."[977] Für ein materiell-zivilrechtliches Verständnis spricht auch die weitere Anforderung an den gesetzlichen Vertreter, dass er nämlich Vertreter in den „persönlichen Angelegenheiten" sein muss. Der Normtext greift damit die aus dem Recht der elterlichen Sorge, dem Paradigma der gesetzlichen Vertretung, bekannte Differenzierung in Personensorge und Vermögenssorge (vgl. § 1626 Abs. 1 BGB) auf.

435 Dass der Betreuer den Status eines gesetzlichen Vertreters (im Sinne des bürgerlichen Rechts) im Umfang des ihm zugewiesenen Aufgabenkreises hat, ist unter Verweis auf § 1902 BGB einhellige Ansicht.

ii. In persönlichen Angelegenheiten

436 Nach dem Wortlaut des § 77 Abs. 3 StGB ist nur der gesetzliche Vertreter *in persönlichen Angelegenheiten* antragsberechtigt. In der Begründung zu § 121 StGB-E 1962 heißt es, das Antragsrecht wird „von demjenigen ausgeübt, der gesetzlicher Vertreter des Antragsberechtigten in persönlichen Angelegenheiten ist. Dies gilt auch dann, wenn sich die Straftat nur gegen das Vermögen des Antragsberechtigten

---

975 Dazu bereits unter Rn. 247.
976 *Schmid*, in: Leipziger Kommentar, StGB, § 77 Rn. 43.
977 BT-Drs. 4/650, S. 254: zu § 121 StGB-E 1962.

richtet."[978] Auffällig ist, dass § 77 Abs. 3 StGB mit dem Bezug auf die Personensorge eine Einschränkung aufgreift, die auch im Zusammenhang mit der Änderung strafrechtlicher Vorschriften im Zuge der Einführung des BGB diskutiert, aber fallen gelassen wurde, sodass von einer bewussten Abkehr gegenüber dem vorherigen Regelungszustand auszugehen ist. So wurde vorgeschlagen in das EGBGB Änderungsvorschriften hinsichtlich des StGB und der StPO aufzunehmen, die bezüglich des gesetzlichen Vertreters auf die Personensorge verweisen.[979] So war auch vorgeschlagen worden, § 65 des Reichsstrafgesetzbuches (RStGB), welcher den Strafantrag regelte, dahin gehend zu ändern, dass das Antragsrecht dem gesetzlichen Vertreter, welcher die Sorge für die Person hat, zusteht.[980] Diese Verengung, „daß nicht vom gesetzlichen Vertreter im Allgemeinen, sondern von dem gesetzlichen Vertreter, welchem die Sorge für die Person obliegt, gesprochen" wird, wurde abgelehnt.[981] Man sah es durchaus als Problem an, den zuständigen gesetzlichen Vertreter zu bestimmen, wenn die Sorge für die Person und die Sorge für das Vermögen nicht bei ein und demselben gesetzlichen Vertreter lagen.[982] Da der Entwurf des BGB in § 1653 jedoch Vorgaben dazu enthalte, wie die Wirkungskreise der Vertreter abzugrenzen seien, sei eine Regelung abzulehnen.[983] Art. 34 Ziffer III des EGBGB ändert § 65 Abs. 2 RStGB dahin: „Ist der Verletzte geschäftsunfähig oder hat er das achtzehnte Lebensjahr noch nicht vollendet, so ist sein gesetzlicher Vertreter der zur Stellung des Antrages Berechtigte."

437 Der Begriff der persönlichen Angelegenheiten ist dahin auszulegen, dass der gesetzliche Vertreter zur Ausübung der Personensorge berechtigt sein muss.[984] Hierfür spricht neben dem natürlichen juristischen Wortsinn auch ein Vergleich mit der zweiten Variante des § 77 Abs. 3 StGB, der Antragsbefugnis desjenigen, „dem die Sorge für die Person des Antragsberechtigten zusteht". Diese zweite Variante soll einen faktischen Ausfall des Antragsrechts in Fällen verhindern, in denen dem gesetzlichen Vertreter die Personensorge entzogen und einem Dritten übertragen wurde, ohne dass der Dritte zum gesetzlichen Vertreter geworden ist.

438 Zur Bestimmung des Inhalts der Personensorge kann grundsätzlich auf § 1631 Abs. 1 BGB verwiesen werden. Die Personensorge umfasst danach „die Pflicht und

---

978 BT-Drs. 4/650, S. 254.

979 Vgl. Protokolle der 1. Kommission, 12577 ff. (bei *Jakobs/Schubert*, Beratungen des BGB, S. 421 ff.).

980 Vgl. Protokolle der 1. Kommission, 12577 (bei *Jakobs/Schubert*, Beratungen des BGB, S. 421).

981 Protokolle der 1. Kommission, 12575 ff. (bei *Jakobs/Schubert*, Beratungen des BGB, S. 420 f).

982 Protokolle der 1. Kommission, 12577 (bei *Jakobs/Schubert*, Beratungen des BGB, S. 421).

983 Protokolle der 1. Kommission, 12577 (bei *Jakobs/Schubert*, Beratungen des BGB, S. 421).

984 So wohl auch BGH, NJW 2014, 2968 (2969) Rn. 9: „als derjenige, dem die Sorge für die Person *Bs* zusteht".

das Recht, das Kind zu pflegen, zu erziehen, zu beaufsichtigen und seinen Aufenthalt zu bestimmen". Diese für die Minderjährigenfürsorge gegebene Bestimmung darf jedoch nicht gänzlich unbesehen auf die Erwachsenenfürsorge übertragen werden, da beide Institute nicht vollständig funktionsgleich sind. Die Erwachsenenfürsorge dient nicht der Erziehung. Die Betreuung ist nicht auf eine Korrektur der „Lebenseinstellung" des Betreuten gerichtet. Sie dient nicht dazu aus ihm einen „besseren Menschen" zu machen, sondern will Hilfe bei der Bewältigung der eigenen Angelegenheiten bereitstellen. Der Aspekt der Erziehung ist daher nicht Gegenstand der Personensorge für Erwachsene.

1). Nur für die Vermögenssorge bestellt

Ist dem Betreuer lediglich der Aufgabenkreis der Vermögenssorge zugewiesen, so 439
ist er nicht antragsberechtigt iSd § 77 Abs. 3 StGB; dies gilt auch, wenn es sich um vermögensbezogene Antragsdelikte (vgl. § 247 StGB i.V.m. §§ 259 Abs. 2, 263 Abs. 4, 263a Abs. 2, 265a Abs. 3, 266 Abs. 3 StGB) handelt.[985] Der Wortlaut des § 77 Abs. 3 StGB ist insoweit eindeutig. Er verlangt einen gesetzlichen Vertreter „in persönlichen Angelegenheiten".

2). Für die gesamte Personensorge bestellt

Unproblematisch ist die Strafantragsberechtigung, wenn dem Betreuer die Per- 440
sonensorge vollumfänglich übertragen wurde. Dies ist insbesondere bei Anordnung einer Totalbetreuung der Fall.[986] Eine Totalbetreuung oder auch nur die vollständige Übertragung der Personensorge ist jedoch vom normativen Regelungsmodell und in der betreuungsgerichtlichen Praxis die Ausnahme, da solchen umfassenden Anordnungen im Allgemeinen der betreuungsrechtliche Erforderlichkeitsgrundsatz (§ 1896 Abs. 2 BGB) entgegensteht.

3). Problem des nur für Teilaspekte der Personensorge bestellten Betreuers: Gesetzlicher Vertreter iSd § 77 Abs. 3 StGB durch betreuungsgerichtliche Einräumung der Strafantragsbefugnis

a). Funktionale Auslegung des § 77 Abs. 3 StGB

Es stellt sich die Frage, ob § 77 Abs. 3 StGB anzuwenden ist, wenn der gesetzli- 441
che Vertreter nicht vollumfänglich zur Personensorge berechtigt ist, weil ihm nur Teilbereiche der Personensorge übertragen wurden. Den Gesetzesmaterialien zu § 77 StGB lässt sich nichts Belastbares zu dieser Fragestellung entnehmen.[987] Dies

985 LG Hamburg, NStZ 2002, 39 (40); OLG Köln, BeckRS 2005, 06939; OLG Karlsruhe, NStZ-RR 2014, 143 (143); *Sternberg-Lieben/Bosch*, in: Schönke/Schröder, StGB, § 77 Rn. 18; *Fischer*, StGB, § 77 Rn. 14a.

986 Vgl. OLG Karlsruhe, NStZ-RR 2014, 143 (143).

987 Siehe BT-Drs. 4/650, S. 253 f.: zu § 121 StGB-E 1962.

verwundert, da auch damals schon der gesetzliche Vertreter nicht vollumfänglich für die Personensorge zuständig sein musste, beispielsweise wenn den Eltern die Personensorge nach § 1666 BGB a.F. teilweise entzogen wurde.[988]

442 Teilweise wird angenommen, dass bei fehlender Gesamtpersonensorge die Strafantragsberechtigung des Betreuers zu bejahen sei, wenn sich die zugewiesenen Aufgabenkreise dem Gesamtbild einer Totalbetreuung angenähert haben.[989] Eine solche *Annäherung an eine Totalbetreuung* könne angenommen werden, wenn dem Betreuer die Aufgabenkreise der Vermögenssorge, der Gesundheitssorge, das Aufenthaltsbestimmungsrecht einschließlich der Unterbringungsmaßnahmen, die Entscheidung über das Öffnen und die Entgegennahme der Post sowie der Vertretung vor Behörden zugewiesen wurde.[990]

443 Andere verlangen demgegenüber eine auf die Strafantragstellung bezogene Aufgabenkreiszuweisung durch das Betreuungsgericht.[991] Ungenügend sei hierfür die Tenorierung „Vertretung gegenüber Körperschaften, Behörden und Rechtsanwälten" oder ähnliches.[992] Habe das Betreuungsgericht keine Totalbetreuung angeordnet, beschränke sich die Betreuung strikt auf die vom Betreuungsgericht *abschließend* zugewiesenen Aufgabenkreise.[993] Eine von den konkret festgelegten Aufgabenkreisen losgelöste umfassende Gesamtschau aller Aufgabenkreise verbiete sich daher.[994]

444 Nach einer neueren Entscheidung des BGH ist die Antragsbefugnis des Betreuers jedenfalls dann zu bejahen, wenn sich „die Notwendigkeit einer gesetzlichen Betreuung gerade aus der Aufdeckung möglicher" Straftaten ergibt:[995] „Die Klärung und Entscheidung der dringlich gewordenen Frage, welche Maßnahmen im Einzelnen zu ergreifen sind, so auch, ob im Namen des Betreuten ein Strafantrag zu stellen ist, war demgemäß Teil des objektiven Betreuungsbedarfs."[996] Der höchstpersönliche Charakter des Strafantragsrechts gebiete keine ausdrückliche Übertragung der Befugnis auf den Betreuer.[997]

445 Zunächst ist darauf hinzuweisen, dass § 77 Abs. 3 StGB eine Kompensationsfunktion zukommt. Geschäftsunfähige und beschränkt geschäftsfähige Personen können, wie geschäftsfähige Personen auch, Verletzte und damit Träger des Antragsrechts nach § 77 Abs. 1 StGB sein. Sie können es jedoch selbst nicht wirksam ausüben, wie sich aus § 77 Abs. 3 StGB ergibt.[998] Insoweit enthält § 77 Abs. 3 StGB eine Regelung

988 Vgl. *Scheffler*, in: BGB-RGRK, 10./11. Aufl. (1964), § 1666 Anm. 8.
989 So LG Ravensburg, BeckRS 2000, 13807; *Götz*, in: Palandt, BGB, § 1896 Rn. 21.
990 Vgl. OLG Köln, BeckRS 2005, 06939; vgl. LG Ravensburg, BeckRS 2000, 13807.
991 Vgl. OLG Karlsruhe, NStZ-RR 2014, 143 (144); OLG Celle, NStZ 2012, 702.
992 OLG Karlsruhe, NStZ-RR 2014, 143 (143); OLG Celle, NStZ 2012, 702.
993 So ausdrücklich OLG Karlsruhe, NStZ-RR 2014, 143 (144).
994 OLG Celle, NStZ 2012, 702; OLG Karlsruhe, NStZ-RR 2014, 143 (143).
995 BGH, NJW 2014, 2968 (2969).
996 BGH, NJW 2014, 2968 (2969).
997 BGH, NJW 2014, 2968 (2969).
998 Vgl. BGH, NJW 1994, 1165 (1165).

über die Ausübungsanforderungen an die Prozesshandlung der Strafantragstellung. Diese fehlende (strafprozessuale) Handlungsfähigkeit in Bezug auf das Antragsrecht wird kompensiert, indem anstelle der handlungsunfähigen Personen eine andere Person handelt. Eine die Handlungsunfähigkeit flankierende Ausübungsregelung ist notwendig, da andernfalls das Antragsrecht faktisch leerliefe. Als „Vertreter" der Handlungsunfähigen benennt § 77 Abs. 3 StGB (1.) den gesetzlichen Vertreter in persönlichen Angelegenheiten und (2.) denjenigen, dem die Sorge für die Person des Antragsberechtigten zusteht.

§ 77 Abs. 3 Var. 1 StGB weist das Antragsrecht dem gesetzlichen Vertreter in den persönlichen Angelegenheiten zu. Insoweit muss also nicht gefragt werden, ob die Ausübung des Antragsrechts bereits von der gesetzlichen Vertretungsmacht (im bürgerlich-rechtlichen Sinn) umfasst ist: § 77 Abs. 3 StGB *macht* den Personensorgeberechtigten erst zum Strafantragsberechtigen. In Bezug auf den Betreuer bedeutet dies beispielsweise: Hat das Betreuungsgericht dem Betreuten die Personensorge vollständig übertragen, ist er nach § 77 Abs. 3 StGB zur Strafantragstellung berufen; dies ist nicht Ausfluss seiner gesetzlichen Vertretungsmacht nach § 1902 BGB. Die gesetzliche Vertretungsmacht ist nur Anknüpfungspunkt für die Zuweisung der Antragsbefugnis, umfasst diese aber nicht. In betreuungsrechtlicher Terminologie wäre § 77 Abs. 3 StGB gleichsam als gesetzliche Aufgabenkreiszuweisung zu begreifen, als Annex zum Aufgabenkreis der Personensorge. 446

Soweit der Gesetzgeber in § 77 Abs. 3 StGB nicht abstrakt allgemein an die gesetzliche Vertretungsmacht anknüpft, sondern an die Berechtigung zur Personensorge, trifft er eine Selektionsentscheidung. Der Verweis auf den gesetzlichen Vertreter kann im Einzelfall auf verschiedene Personen referieren, wenn die Personensorge und die Vermögenssorge auf unterschiedliche Personen verteilt ist. Dann müsste geklärt werden, welchem der gesetzlichen Vertreter das Strafantragsrecht zusteht. Dass es insoweit zu Auslegungsproblemen kommen kann, liegt auf der Hand, beispielsweise ob der Vermögenssorgeberechtigte bei Vermögensdelikten den Personensorgeberechtigen als gesetzlichen Vertreter verdrängt. Dass es dem historischen Gesetzgeber um eine klare Verteilung ging, zeigt die Entstehungsgeschichte. Das Antragsrecht wird von „demjenigen ausgeübt, der gesetzlicher Vertreter des Antragsberechtigten in persönlichen Angelegenheiten ist. Dies gilt auch dann, wenn sich die Straftat nur gegen das Vermögen des Antragsberechtigten richtet."[999] 447

Dient aber der Verweis auf die „persönlichen Angelegenheiten" nur dazu, solche Abgrenzungsprobleme durch eine gesetzgeberische Entscheidung zu vermeiden, spricht an sich nichts dagegen, es genügen zu lassen, wenn nur ein Teilbereich der persönlichen Angelegenheiten zur gesetzlichen Vertretung übertragen ist und keine „Vertreterkonkurrenz" möglich ist. Im Betreuungsrecht ist eine solche Konkurrenz im Regelfall zwar ausgeschlossen, da der Betreute oftmals nur einen Betreuer 448

999 BT-Drs. 4/650, S. 254.

erhält, sodass auch nur ein gesetzlicher Vertreter vorhanden ist. Dies ist freilich nicht zwingend. Nach § 1899 Abs. 1 BGB kann das Betreuungsgericht auch *mehrere Betreuer* bestellen, wenn die Angelegenheiten hierdurch besser besorgt werden können. Auch ist nicht unmittelbar einleuchtend, warum der Betreuer, dem nur geringste Aspekte der Personensorge übertragen sind, über den Strafantrag entscheiden können soll. Insoweit drängt sich auf, dass dem historischen Gesetzgeber das Paradigma der elterlichen Sorge als umfassender gesetzlicher Vertretungsgewalt vor Augen stand. Wenn nur marginale personenbezogene Angelegenheiten übertragen wurden, erscheint es unangemessen, damit zugleich die Strafantragsbefugnis ausüben zu dürfen. So ist beispielsweise nicht einleuchtend, dass die Übertragung des personensorgebezogenen Aufgabenkreises der Postsichtung, der eingeräumt wurde, um eine effektive Vermögenssorge zu ermöglichen, nun zum Anknüpfungspunkt für eine Strafantragsberechtigung nach § 77 Abs. 3 StGB führt.

449 Letztlich wird man zu attestieren haben, dass § 77 Abs. 3 StGB nach Wortlaut und Entstehungsgeschichte eine *Regelungslücke* aufweist. Mittels dieser Kriterien lässt sich nicht klären, wie die Fälle zu behandeln sein sollen, in denen die Personensorge nur in Teilen dem gesetzlichen Vertreter zusteht. Eine „Lösung" des Problems durch Übertragung der vollständigen Personensorge auf den Betreuer ist nicht gangbar, da der betreuungsrechtliche Erforderlichkeitsgrundsatz dem entgegensteht. Es ist vor den Hintergrund der strafrechtlichen Rechtsschutzgleichheit auch nicht verständlich, diese Lücke hinzunehmen.

450 § 77 Abs. 3 StGB ist daher funktional auszulegen. Dem Begriff „gesetzliche Vertreter in den persönlichen Angelegenheiten" ist ein Inhalt beizulegen, der sicherstellt, dass auch zugunsten des natürlich geschäftsunfähigen Betreuten ein Strafantrag gestellt werden kann, auch wenn dessen Betreuer nicht die gesamte Personensorge übertragen wurde, weil sie ihm betreuungsrechtlich nicht insgesamt übertragen werden kann. Dies ist zu bewerkstelligen, indem der Begriff „gesetzliche Vertreter in den persönlichen Angelegenheiten" nicht nur dann erfüllt ist, wenn die Personensorge gänzlich in der Hand des Betreuers liegt, sondern auch dann, wenn ihm das Betreuungsgericht das Strafantragsrecht eingeräumt hat. Hierfür spricht, dass damit die Grundkonzeption des Betreuungsrechts gewahrt wird: Das Betreuungsgericht stellt den Betreuungsbedarf fest und weist dementsprechend dem Betreuer Handlungsbefugnisse zu. Dies ermöglicht auch, dass das Gericht die Eignung des Betreuers diesbezüglich prüfen kann.

b). Notwendigkeit einer expliziten Übertragung der Strafantragsbefugnis

451 Umstritten ist, ob dem Betreuer die Strafantragsbefugnis ausdrücklich als eigener Aufgabenkreis übertragen werden muss.[1000] Das Erfordernis einer solchen ausdrücklichen Zuweisung der Strafantragsbefugnis kann hingegen nach zutreffender

1000 Dafür: OLG Karlsruhe, NStZ-RR 2014, 143 (144); vgl. auch OLG Celle, NStZ 2012, 702 (702).

Ansicht nicht angenommen werden.[1001] Ein solches Ausdrücklichkeitsgebot folgt weder aus der Höchstpersönlichkeit des Strafantragsrechts noch aus dem Erforderlichkeitsgrundsatz des Betreuungsrechts.[1002]

Dem Erforderlichkeitsgrundsatz lässt sich nicht entnehmen, dass die Übertragung höchstpersönlicher Rechte des Betroffenen eine ausdrückliche Aufgabenkreiszuweisung voraussetzt.[1003] Ausweislich der gesetzlichen Begründung verlangt der Erforderlichkeitsgrundsatz nicht, dass bei der Bestimmung des Aufgabenkreises die einzelnen Besorgungen, die auf den Betreuer zukommen, insbesondere die einzelnen Rechtsgeschäfte, gesondert bezeichnet werden müssen.[1004] Vielmehr sind typisierende Bezeichnungen wie etwa „Gesundheitssorge" nicht zu beanstanden, wenn für die jeweiligen Bereiche insgesamt eine Betreuung erforderlich ist.[1005] Auch im Rahmen der Gesundheitssorge hat der Betreuer unter Umständen Entscheidungen höchstpersönlicher Natur zu treffen, insbesondere die Einwilligung in medizinische Eingriffe. 452

Überdies ist der Betreuer auch dann berechtigt, einen Strafantrag zu stellen, wenn das Betreuungsgericht eine sog. Totalbetreuung angeordnet hat. Auch in diesem Fall wird die Strafantragsbefugnis nicht ausdrücklich zugewiesen. 453

c). Konkludente Übertragung der Strafantragsbefugnis

Ist eine explizite Übertragung nicht erforderlich und im praktischen Regelfall auch nicht vorhanden, stellt sich das Problem, wann dem Betreuungsbeschluss eine konkludente Übertragung der Strafantragsbefugnis entnommen werden kann. Es handelt sich hierbei der Sache nach um ein Auslegungsproblem: Es gilt den Regelungsinhalt der betreuungsgerichtlichen Entscheidung zu bestimmen. 454

Den üblicherweise in der Praxis zugewiesenen Aufgabenkreisen wie Vermögenssorge, Gesundheitssorge, Aufenthaltsbestimmungsrecht sowie Entgegennahme und Öffnen von Post kommt bei natürlicher Betrachtungsweise im Regelfall kein strafrechtlicher Bezug zu. Die Übertragung der oben genannten Aufgabenkreise erfolgt im Allgemeinen ohne einen erkennbaren strafrechtlichen Anlass. Ohne einen solchen konkreten Anlass besteht für das Betreuungsgericht indes auch keine Veranlassung, seiner Entscheidung eine strafrechtliche „Dimension" zukommen zu lassen. Das Betreuungsgericht ist nämlich nicht berufen, Vorratsentscheidungen für einen gegebenenfalls in der Zukunft eintretenden Betreuungsbedarf zu treffen.[1006] Ist ungewiss, ob ein strafrechtlich relevanter Betreuungsbedarf auftreten wird, ist das Betreuungsgericht nicht berechtigt, derartige Aufgabenkreise zu übertragen. 455

1001 BGH, NJW 2014, 2968 (2969 f.).
1002 BGH, NJW 2014, 2968 (2969 f.).
1003 BGH, NJW 2014, 2968 (2969 f.).
1004 BT-Drs. 11/4528, S. 121.
1005 BT-Drs. 11/4528, S. 121.
1006 Hierzu bereits unter Rn. 38 f.

Allein die Tatsache, dass jeder Opfer einer Straftat werden kann, rechtfertigt keinen hinreichenden Zusammenhang, um dies ohne Weiteres in die Aufgabenkreise einzubeziehen. Dieser Auffassung steht wohl auch der BGH nahe, wenn er in seiner Entscheidung vom 29.07.2014 eine intensive Auslegung unter Rückgriff auf den Akteninhalt der beigezogenen Betreuungsakte betreibt, obwohl die Betreuung die Aufgabenkreise der Vermögenssorge, Gesundheitssorge, Aufenthaltsbestimmung, Vertretung gegenüber Ämter und Behörden, Entgegennahme und Öffnen von Post vorsah.[1007]

456 Für die Auslegung kommt es jedoch stets auf die Umstände des Einzelfalls an: Die betreuungsgerichtliche Entscheidung ist eine konkret-individuelle Regelung, kein abstrakt-generelles Gesetz. Es ist daher nicht per se ausgeschlossen, dass im Wege der Auslegung auch den vorgenannten Aufgabenkreisen eine strafrechtliche Dimension zu entnehmen sein kann. Hierfür ist jedoch erforderlich, dass im Zeitpunkt der Betreuerbestellung eine „akute“ Strafrechtsrelevanz der Betreuung im Raum stand.[1008] Nur wenn das Betreuungsgericht Anlass hatte, strafrechtliche Angelegenheiten in Betracht zu ziehen, kann den an sich „strafrechtsneutralen“ Aufgabenkreisen ein strafrechtlicher Aufgabengehalt beigemessen werden.

457 Klärungsbedürftig ist damit die Frage, ob und wie diese „akute“ Strafrechtsrelevanz im betreuungsgerichtlichen Beschluss Ausdruck gefunden haben muss. Es geht dabei letztlich um die allgemeine Fragestellung, welche Umstände zur Auslegung des Beschlusstenors herangezogen werden dürfen. Diese Formulierung zeigt deutlich, dass es notwendig ist, zwischen dem Beschlusstenor als Gegenstand der Auslegung (Was soll ausgelegt werden?) und den Umständen, die zur Auslegung herangezogen werden (Womit soll ausgelegt werden?), zu unterscheiden. Gegenstand der Auslegung ist die *im Beschlusstenor enthaltene Aufgabenkreisbezeichnung*. Unklar ist, welche Umstände zur Auslegung herangezogen werden dürfen. Dabei gibt es letztlich drei Möglichkeiten: (1.) Der Tenor darf nur aus sich selbst heraus ausgelegt werden[1009], was faktisch eine Beschränkung auf eine semantische Analyse der verwendeten Worte zur Folge hat. (2.) Der Tenor ist vor dem Hintergrund des gesamten Beschlusses auslegungsfähig, was die Einbeziehung der Entscheidungsgründe ermöglicht. (3.) Der Tenor ist vor dem Hintergrund seiner gesamten Entstehungszusammenhänge auslegungsfähig, was auch den Rückgriff auf beschlussexterne Umstände, insbesondere den Akteninhalt zulässt.[1010]

458 Allgemein gilt: Entscheidungsformeln gerichtlicher Entscheidungen sind der Auslegung zugänglich.[1011] Als Auslegungsmaterial ist dabei primär die Entscheidungsformel selbst, sprich deren Wortlaut maßgeblich. Zu berücksichtigen sind

1007 BGH, NJW 2014, 2968 f.

1008 Vgl. BGH, NJW 2014, 2968 f.

1009 Hierfür: BayObLG, FamRZ 1994, 1059 (1060); *Schwab*, in: MüKo, BGB, § 1896 Rn. 41.

1010 Hierfür in der Sache: BGH, NJW 2014, 2968 (2968).

1011 Vgl. nur BGH, NJW 1994, 460 (460); vgl. BVerwG, NVwZ 1985, 412 (413).

aber auch die sonstigen Bestandteile der Entscheidung, wie zum Beispiel der Tatbestand und die Entscheidungsgründe.[1012] Darüber hinaus ist anerkannt, dass auch Auslegungsmaterial herangezogen werden kann, welches keinen unmittelbaren Ausdruck in der Entscheidung gefunden hat. So wird es in der Rechtsprechung ohne erkennbare Gegenstimmen in der Literatur für zulässig angesehen, dass zur Auslegung der Urteilsformel auch auf den Akteninhalt zurückgegriffen werden darf. So haben BGH und BVerwG anerkannt, dass zur Bestimmung der Rechtskraftwirkung ergänzend das Parteivorbringen herangezogen werden kann.[1013] Dieses ergibt sich jedoch allein aus dem Akteninhalt.

Es sind keine Gründe ersichtlich, warum für das Betreuungsrecht besondere Anforderungen zu gelten hätten. Die Auslegung der Aufgabenkreise darf daher auch unter Berücksichtigung beschlussexterner Informationen erfolgen. 459

Zwar ließe sich gegen die Berücksichtigung von Umständen außerhalb des Betreuungsbeschlusses vortragen, dass diese Umstände Dritten, die nicht unmittelbar am Betreuungsverfahren beteiligt sind, regelmäßig auch nicht bekannt sind. Diesen liegt nur der Betreuerausweis vor, der lediglich den tenorierten Aufgabenkreis enthält (vgl. § 290 Nr. 3 FamFG). Deren Sicht ist jedoch nicht maßgeblich, da es sich nicht um die Adressaten des Betreuungsbeschlusses handelt. Deren Perspektive bestimmt daher nicht den objektiven Empfängerhorizont, der der Auslegung zugrunde zu legen ist; sie sind nicht Dritte im Sinne der Auslegungsregeln. Dies sind die Adressaten der Entscheidung, also der bestellte Betreuer und der unter Betreuung gestellte Betroffene (vgl. Verfahrensbeteiligte, § 274 FamFG). 460

Teilweise wird vertreten, dass sich der Umfang des Aufgabenkreises aus der Beschlussformel selbst ohne Heranziehung der Entscheidungsgründe bestimmen lassen müsse.[1014] Dies folge daraus, dass sich der Umfang aus der Beschlussformel (§ 286 Abs. 1 FamFG) ergeben müsse.[1015] Dies überdehnt jedoch die Regelungsfunktion des § 286 Abs. 1 Nr. 1 FamFG. Weder ergibt sich aus dieser Bestimmung noch aus sonstigen betreuungsrechtlichen Regelungen ein „Ausdrücklichkeitsgebot" dergestalt, dass zur Bestimmung des Aufgabenkreises nur auf den Wortlaut des Tenors abgestellt werden dürfte. Unberührt davon bleibt selbstverständlich, dass es im Interesse der Rechtsklarheit zu bevorzugen ist, wenn der Tenor aus sich heraus den Aufgabenkreis möglichst deutlich zu erkennen gibt. 461

Dass der Tenor unter Berücksichtigung der Entscheidungsgründe ausgelegt werden darf, zeigt schon ihre „natürliche" Einheit in der Form des Beschlusses. Die Verfahrensbeteiligten sind Adressaten des gesamten Beschlusses, nicht nur der Entscheidungsformel. Auch gegen die Berücksichtigung beschlussexterner 462

1012 BGH, NJW 1994, 460 (460); BVerwG, NVwZ 1985, 412 (413).

1013 BGH, NJW 1994, 460 (460) m.w.N; BVerwG, NVwZ 1985, 412 (413) m.w.N.

1014 BayObLG, FamRZ 1994, 1059 (1060); *Schwab*, in: MüKo, BGB, § 1896 Rn. 41.

1015 BayObLG, FamRZ 1994, 1059 (1060): zu § 69 Abs. 1 Nr. 2 lit. b) FamFG; *Schwab*, in: MüKo, BGB, § 1896 Rn. 41.

Informationen spricht nach allgemeinen Grundsätzen nichts. Vorsicht ist jedoch insoweit geboten, als die Gefahr besteht, dass das den Betreuungsbeschluss auslegende Gericht unter dem Etikett der Auslegung den Aufgabenkreis neu festlegt. Dies würde einen Übergriff in die betreuungsrechtliche Kompetenzverteilung bedeuten. Die Gefahr ist besonders groß, wenn aus dem Akteninhalt auf einen Betreuungsbedarf geschlossen wird, und aus diesem Betreuungsbedarf auf eine entsprechende Aufgabenkreiszuweisung. Nicht jeder Betreuungsbedarf ist mit der Zuweisung eines Aufgabenkreises verbunden. Diese Gefahr zeigt sich insbesondere am jüngst vom BGH entschiedenen Fall, in dem gänzlich unklar bleibt, welchem im Bestellungsbeschluss genannten Aufgabenkreis der BGH die Befugnis zur Erstattung eines Strafantrages letztlich zuordnet; der BGH argumentiert diesbezüglich mit der Notwendigkeit der Klärung einer Strafverfolgung, ohne jedoch darzulegen, dass diese sich daraus ergebende Erforderlichkeit einer Strafantragsbefugnis einen auslegungsfähigen Anknüpfungspunkt im Entscheidungstenor, sprich in einem benannten Aufgabenkreis gefunden hat.[1016]

463 Zulässig ist demgegenüber der Schluss, von einem fehlenden Betreuungsbedarf auf die Nichtzuweisung eines entsprechenden Aufgabenkreises auszugehen. Wie bei der Auslegung rechtsgeschäftlicher Erklärungen gilt auch hier die Auslegungsmaxime, dass diejenige Auslegung, die zu einem rechtmäßigen Ergebnis führt, derjenigen vorzuziehen ist, die zu einem rechtswidrigen Ergebnis führt.[1017] Aber auch hier ist Zurückhaltung geboten, da die betreuungsgerichtliche Prüfung des Sachverhaltes ausschließlich dem Betreuungsgericht obliegt und nicht durch Wertungen anderer Gerichte umgangen werden darf. Es droht insoweit eine vom Gesetz nicht vorgesehene Überprüfung außerhalb des Instanzenzuges.

464 Als praktikable Lösung bei Zweifeln über den Umfang der Vertretungsbefugnis des Betreuers bietet sich die Anregung einer Klarstellung durch das Betreuungsgericht an. Insbesondere droht mit dem hierdurch einhergehenden Zeitverlust auch kein Rechtsverlust. Die Strafantragsfrist des § 77b Abs. 1 StGB kann erst dann zu laufen beginnen, wenn der Betreuer zur Strafantragstellung berechtigt ist.[1018]

465 Festzuhalten ist somit, dass im Regelfall – vorbehaltlich der Totalbetreuung bzw. der Übertragung der gesamten Personensorge – eine Strafantragsbefugnis des Betreuers nicht besteht, wenn diese als Aufgabenkreis nicht ausdrücklich genannt ist. Dabei meint ausdrücklich nicht, dass der konkrete Aufgabenkreis der „Strafantragsberechtigung“ in den Beschlusstenor aufgenommen werden muss.[1019] Ausreichend ist vielmehr auch die abstraktere Zuweisung der *strafprozessualen Fürsorge.*

1016 BGH, NJW 2014, 2968 (2969 f.).

1017 Vgl. *Singer*, in: Staudinger, BGB, § 133 Rn. 55.

1018 Hierzu noch im Folgenden unter Rn. 467 f.

1019 So aber OLG Karlsruhe, NStZ-RR 2014, 143 (144); vgl. OLG Celle, NStZ 2012, 702 (702).

Der dem Betreuer zugewiesene „Aufgabenkreis" der *Vertretung vor Behörden und Gerichten* umfasst grundsätzlich nicht die Befugnis zur Antragstellung.[1020] Wie bereits ausgeführt, wiederholt dieser „Aufgabenkreis" im Regelfall lediglich die in § 1902 BGB geregelte gerichtliche und außergerichtliche Vertretungsbefugnis, ohne etwas darüber zu sagen, für welche Aufgaben diese Befugnis gelten soll.[1021] Eine solche „nichtssagende Floskel"[1022] ist daher keine Aufgabenkreiszuweisung im Sinne des § 1902 BGB. Selbiges gilt für den „Aufgabenkreis" der *Vertretung vor Ämtern und Behörden.*[1023] Freilich kann sich im Wege der Auslegung im konkreten Fall etwas anderes ergeben.[1024] 466

c. *Antragsfrist*

Die Frist zur Stellung des Strafantrages beträgt gemäß § 77b Abs. 1 StGB drei Monate. Ist man entgegen der hier vertretenen Auffassung der Ansicht, dass sowohl der geschäftsfähige Betreute als auch der Betreuer antragsberechtigt sind, so läuft die Frist für und gegen jeden gesondert, vgl. § 77b Abs. 3 StGB. Die Frist beginnt mit Ablauf des Tages, an dem der Berechtigte von der Tat und der Person des Täters Kenntnis erlangt hat, § 77b Abs. 2 S. 1 StGB. Dabei kommt es für den Antrag des Betreuers als gesetzlichen Vertreter des Verletzten auf dessen Kenntnis an (vgl. § 77b Abs. 2 S. 2 StGB). 467

Indes beginnt die Frist nur dann zu laufen, wenn es dem Antragsberechtigten auch *rechtlich* möglich ist, einen Strafantrag zu stellen.[1025] Dem Betreuer ist es nur dann rechtlich möglich, einen wirksamen Strafantrag für den Betreuten zu stellen, wenn er der gesetzliche Vertreter des Betreuten in allen persönlichen Angelegenheiten ist oder der übertragene Aufgabenkreis die Strafantragstellung umfasst. Mithin kann die Frist erst dann anfangen zu laufen, wenn die dem Betreuer zugewiesenen Aufgabenkreise auch die Berechtigung zur Antragstellung im Strafverfahren umfassen.[1026] Stellt der Betreuer fest, dass dies bisher nicht der Fall ist, und hält er sein Einschreiten für erforderlich, kann er beim Betreuungsgericht eine entsprechende Aufgabenkreiserweiterung anregen. Das 468

1020 Vgl. OLG Karlsruhe, NStZ-RR 2014, 143 (143); OLG Celle, NStZ 2002, 702 (702).

1021 OLG Karlsruhe, NStZ-RR 2014, 143 (143); OLG Celle, NStZ 2002, 702 (702); *Jürgens*, in: Jürgens, Betreuungsrecht, § 1896 Rn. 23.

1022 *Jürgens*, in: Jürgens, Betreuungsrecht, § 1896 Rn. 23.

1023 Vgl. BGH, NJW 2014, 2968 f. Da sich der BGH in diesem Verfahren die Betreuungsakte beigezogen hat, um die Umstände der Betreuerbestellung zu ermitteln und auf diese auch hinsichtlich der Strafantragsberechtigung abstellt, genügte diesem wohl die bloße Zuweisung des Aufgabenkreises der Vertretung gegenüber Ämtern und Behörden für die Befugnis der Strafantragsberechtigung nicht.

1024 Dazu oben Rn. 456 ff.

1025 *Sternberg-Lieben/Bosch*, in: Schönke/Schröder, StGB, § 77b Rn. 19.

1026 OLG Karlsruhe, NStZ-RR 2014, 143 (144); vgl. OLG Celle, NStZ 2012, 702 (702).

Betreuungsgericht wird sodann bei Vorliegen der Voraussetzungen, die Betreuung diesbezüglich erweitern. Erfolgt eine entsprechende Aufgabenkreiserweiterung erst nach Anregung des Betreuers durch das Betreuungsgericht, beginnt die Frist erst mit Wirksamkeit des Erweiterungsbeschlusses. Der Antrag kann dann auch noch während eines Strafverfahrens gestellt werden, welches ohne (wirksamen) Antrag begonnen hat.[1027]

d. Wirksame Strafantragstellung ohne oder gegen den Willen des betreuten Verletzten

469 Für die Wirksamkeit eines Strafantrages, den ein strafantragsberechtigter Betreuer gestellt hat, ist es ohne Bedeutung, ob die Entscheidung im Einklang mit dem Willen des Betreuten steht.

470 Der Betreuer ist im Rahmen der Entscheidung über die Strafantragstellung kein bloßer Willensbote, sondern trifft als Vertreter im Willen eine eigene Entscheidung für den Betreuten.[1028] Da der Betreuer mit der Stellung eines Strafantrages keine (im Voraus) getroffene Entscheidung des Verletzten umsetzen muss, kommt es für die Wirksamkeit des Strafantrages auch nicht auf einen natürlichen oder mutmaßlichen Strafverfolgungswillen des Verletzten an.[1029] Mithin kann der Betreuer auch dann wirksam einen Strafantrag stellen, wenn der Betreute keinen (natürlichen) Willen mehr hat und auch ein mutmaßlicher Strafverfolgungswille nicht feststellbar ist.

471 Dies gilt grundsätzlich auch für den einer Strafverfolgung entgegenstehenden Willen des Betreuten. Zwar hat der Betreuer nach § 1901 Abs. 3 S. 1 BGB den Wünschen des Betreuten zu entsprechen, soweit dies dessen Wohl nicht zuwiderläuft. Der vom Betreuer gestellte Strafantrag ist indes auch dann wirksam, wenn dieser gegen den nach § 1901 Abs. 3 BGB beachtlichen Willen des Betroffenen erfolgt. Die Bindung des Betreuers an die Wünsche des Betroffenen nach § 1901 BGB ist auf das Innenverhältnis zwischen Betreuer und Betreutem beschränkt.[1030] Mithin ist der Strafantrag trotz eines Pflichtenverstoßes im Innenverhältnis grundsätzlich mangels Außenwirkung des Pflichtenverstoßes wirksam.[1031] Indes dürfte auch im Strafverfahren dann eine Pflichtverletzung im Innenverhältnis auf das Außenverhältnis „durchschlagen“, wenn die Strafantragstellung offenkundig einen erheblichen Pflichtenverstoß des Betreuers darstellt, der Antragstellung gleichsam der Makel des Missbrauchs auf „der Stirn geschrieben“ steht.

1027 *Sternberg-Lieben/Bosch*, in: Schönke/Schröder, StGB, § 77b Rn. 21.

1028 So ausdrücklich BGH, NJW 2014, 2968 (2970).

1029 So ausdrücklich BGH, NJW 2014, 2968 (2969).

1030 Hierzu bereits die Ausführungen unter Rn. 247.

1031 So im Ergebnis auch BGH, NJW 2014, 2968 (2970).

e. *Handlungsdirektive des Betreuers bei der Entscheidung der Strafantragstellung*

Hat der Betreuer über den Antrag auf Strafverfolgung zu entscheiden, stellt sich für diesen die Frage, ob und inwieweit er hierzu verpflichtet ist. Handlungsdirektive ist hierbei § 1901 Abs. 2 und 3 BGB. Danach ist der Betreuer verpflichtet, die Angelegenheiten des Betroffenen so zu besorgen, wie es dessen Wohl entspricht. Er hat dabei den Wünschen des Betreuten zu entsprechen, soweit dies dessen Wohl nicht zuwiderläuft und dem Betreuer zuzumuten ist (§ 1901 Abs. 3 S. 1 BGB). Dies gilt auch für Wünsche, die der Betreute vor der Bestellung des Betreuers geäußert hat, es sei denn, dass er an diesen Wünschen erkennbar nicht mehr festhalten will (§ 1901 Abs. 2 S. 2 BGB). 472

Hat der Betroffene seinen natürlichen Willen dahin gehend geäußert, dass er keine Strafverfolgung seines Angehörigen wünscht, hat der Betreuer zu prüfen, ob der Verzicht auf die Strafverfolgung dem Wohl des Betroffenen zuwiderläuft. Dies wird im Regelfall zu verneinen sein, da ein beachtlicher Gegensatz zwischen Wohl und Wille des Betreuten erst dann angenommen werden kann, wenn die unterlassene Strafverfolgung des Angehörigen höherrangige Rechtsgüter des Betreuten gefährdet (Leben, Gesundheit, sonstige fundamentale Persönlichkeitsrechte des Betreuten) oder sich dadurch seine gesamte Lebens- und Versorgungssituation erheblich verschlechtern würde.[1032] Im praktischen Hauptanwendungsfall der Vermögens- und Eigentumsdelikte im Angehörigenverhältnis hat der Betreuer auch die Wahrung des Familienfriedens als zu schützende Position zu berücksichtigen. Da die Strafverfolgung den eingetretenen Schaden ohnehin nicht rückgängig machen kann und weitere Straftaten gegebenenfalls auch durch andere Maßnahmen verhindert werden können, führt ein Verzicht auf die Strafverfolgung in der Regel zu keiner erheblichen Verschlechterung der gesamten Vermögenssituation des Betroffenen. Überdies dürfte auch eine tatsächliche Vermutung dafür sprechen, dass die Geschädigten in der Regel zum Schutze des Familienfriedens keine Strafverfolgung ihrer Angehörigen wünschen. Dies dürfte jedenfalls dann anzunehmen sein, wenn es sich um nahe Angehörige handelt und ein Vermögensverlust geringeren Ausmaßes verursacht wurde. 473

Anders dürfte sich die Sachlage in dem vom BGH entschiedenen Fall darstellen, in dem der Neffe der Betroffenen deren gesamtes bewegliches Vermögen (135.625,00 €) und unbewegliches Vermögen (Eigentumswohnung) der Betroffenen veräußert und für eigene Zwecke privater Lebensführung verbraucht hat, sodass die Betroffene mit den Kosten für das Pflegeheim mit einem Betrag von 21.854 € in Rückstand geriet.[1033] In diesem Fall dürfte es dem Wohl der Betroffenen entsprochen haben, einen Strafantrag zu stellen; sie war nicht mehr kommunikationsfähig. Dies gilt insbesondere vor dem Hintergrund der laufenden 474

1032 Vgl. BGH, NJW 2009, 2814 (2816); *Schwab*, in: MüKo, BGB, § 1901 Rn. 14.
1033 Zu diesem Sachverhalt BGH, NJW 2014, 2968 (2968 f.).

und rückständigen Heimkosten der Betroffenen. Die Schadensersatzansprüche der Betroffenen gegen ihren Neffen können mit den Mitteln des Strafverfahrensrechts unter Umständen einfacher und schneller verfolgt werden (Sicherung der Ansprüche nach § 73 Abs. 1 Satz 2 StGB, § 111b Abs. 5 StPO oder Inanspruchnahme des Adhäsionsverfahrens nach §§ 403 f. StPO).[1034]

475 Der Vorrang des Willens gilt indes nur für solche Wünsche, die nicht Ausdruck der Erkrankung des Betreuten sind.[1035] Mithin ist der erklärte Verzicht des Betroffenen auf die Strafverfolgung des Angehörigen unbeachtlich, wenn der Betreute infolge seiner Erkrankung entweder nicht mehr in der Lage ist, eigene Wünsche und Vorstellungen zu bilden und zur Grundlage und Orientierung seiner Lebensgestaltung zu machen oder wenn er die der Willensbildung zugrunde liegenden Tatsachen infolge seiner Erkrankung verkennt.[1036]

2. Der Betreuer als Vertreter im Privatklageverfahren

476 Das Privatklageverfahren ist ein Strafverfahren, welches die Strafverfolgung des Beschuldigten zum Gegenstand hat und auf dessen Verurteilung zu einer Strafe abzielt.[1037] Das Privatklageverfahren wird vom Verletzten *ohne Beteiligung der Staatsanwaltschaft* betrieben.[1038] Die Staatsanwaltschaft hat jedoch jederzeit die Befugnis, die Verfolgung zu übernehmen (§§ 376 Abs. 2, 377 Abs. 2 StPO). Das Privatklageverfahren ist nur bei bestimmten Vergehen zulässig, die die Allgemeinheit in der Regel wenig berühren.[1039] Beispielsweise fallen die Körperverletzung, die Nachstellung sowie die Sachbeschädigung und der Hausfriedensbruch unter die Privatklagedelikte (§ 374 Abs. 1 StPO). Ist der Betreute Verletzter einer Straftat im Sinne des § 374 Abs. 1 StPO, steht ihm ein eigenes Recht zur Privatklage zu (vgl. §§ 374 Abs. 1, 381 StPO).

a. Prozessfähigkeit des Privatklägers als Privatklagevoraussetzung

477 Nach einhelliger Ansicht ist die Prozessfähigkeit des Verletzten Verfahrensvoraussetzung der Privatklage.[1040] Die Frage nach der Prozessfähigkeit des Privatklägers orientiert sich dabei an der Prozessfähigkeit im zivilprozessualen Sinn, sodass die §§ 51, 52 ZPO entsprechend anzuwenden sind.[1041]

1034 Vgl. BGH, NJW 2014, 2968 (2969).
1035 BGH, NJW 2009, 2814 (2816); *Schwab*, in: MüKo, BGB, § 1901 Rn. 14.
1036 Vgl. BGH, NJW 2009, 2814 (2816).
1037 *Senge*, in: KK-StPO, Vorb. zu § 374 Rn. 1.
1038 *Senge*, in: KK-StPO, Vorb. zu § 374 Rn. 2.
1039 *Meyer-Goßner*/Schmitt, StPO, Vor § 374 Rn. 1a.
1040 Vgl. statt aller *Meyer-Goßner*/Schmitt, StPO, § 374 Rn. 8; *Senge*, in: KK-StPO, § 374 Rn. 3; OLG Hamm, NJW 1961, 2322 (2322); KG, Beschluss vom 22. März 2010, – 4 Ws 6/10, 4 Ws 6/10–1 AR 48/10 -, Rn. 14 juris.
1041 vgl. OLG Hamm, NJW 1961, 2322 (2322); *Meyer-Goßner*/Schmitt, StPO, § 374 Rn. 8.

Der Betreute ist zivilprozessunfähig, wenn er im natürlichen Sinne geschäftsunfähig ist (vgl. § 52 ZPO i.V.m. § 104 Nr. 2 BGB) oder aufgrund des angeordneten Einwilligungsvorbehaltes einer beschränkt geschäftsfähigen Person gleichgestellt wird (vgl. § 52 ZPO i.V.m. 1903 BGB). Die letztgenannte Variante ist für das Privatklageverfahren jedoch unerheblich, da der Einwilligungsvorbehalt die strafprozessuale Privatklagebefugnis nicht umfassen kann. Das Institut des Einwilligungsvorbehaltes ist auf das materielle Recht (§ 1903 BGB: „Willenserklärung") zugeschnitten. Auf Prozesshandlungen ist es nicht anwendbar.[1042] 478

Eine Prozessunfähigkeit des betreuten Privatklägers kann sich auch nicht aus § 53 ZPO ergeben.[1043] Die Schutzzwecke des § 53 ZPO finden keine Entsprechung im Privatklageverfahren. Der Privatkläger muss nicht vor sich selbst geschützt werden, da eine unsachgemäße Prozessführung den Privatkläger nicht in seinen Rechten beeinträchtigt. Das Privatklageverfahren dient allein der Durchsetzung des staatlichen Strafanspruches. Darüber hinaus ist auch die Gefahr widerstreitender Prozesserklärungen als gering einzuordnen. Vielmehr dürfte es dem Strafverfahren, welches auf die Ermittlung der materiellen Wahrheit ausgerichtet ist, durchaus förderlich sein, wenn alles – auch Widersprüchliches – zur Sprache kommt. Angesichts der geringen Gefährdungslage ist es gleichheitsrechtlich nicht gerechtfertigt, dem geschäftsfähigen Betreuten seine Handlungsbefugnis zu entziehen. Mithin kann der Betreuer im Privatklageverfahren die Prozessunfähigkeit der von ihm betreuten Person nicht durch eine Übernahmeerklärung des Verfahrens bewirken. 479

Eine von der Prozessfähigkeit des Privatklägers losgelöste Handlungsbefugnis des Betreuers lässt sich auch nicht aus § 374 Abs. 3 StPO herleiten. Nach dieser Norm wird die Befugnis zur Erhebung der Privatklage durch den gesetzlichen Vertreter wahrgenommen, wenn der Verletzte einen solchen hat. Nach zutreffender Ansicht ist der Wortlaut der Norm zu weit gefasst. Der verletzte Betreute verliert sein Privatklagerecht nicht bereits mit der Betreuerbestellung; auslösendes Moment für den Verlust der Privatklagebefugnis ist vielmehr die Tatsache der Prozessunfähigkeit des Verletzten.[1044] Diese Einschränkung folgt bereits aus einer verfassungskonformen Auslegung, da in das grundrechtlich geschützte Selbstbestimmungsrecht des Betroffenen nur dann eingegriffen werden kann, wenn hierfür eine Notwendigkeit im Sinne des Ausgleichs eines krankheitsbedingten Defizits besteht. Ist der Betreute hingegen in der Lage, seine Entscheidung zur Privatklageerhebung von vernünftigen Erwägungen abhängig zu machen, ist es nicht gerechtfertigt, ihm dieses Recht zur Privatklageerhebung zu nehmen. 480

1042 *Bienwald*, in: Staudinger, § 1903 Rn. 77, 25; *Schwab*, in: MüKo, BGB, § 1903 Rn. 25; vgl. *Zimmermann*, in: Soergel, BGB, § 1903 Rn. 27: „Einen Einwilligungsvorbehalt für Prozesshandlungen gibt es nicht (...)."; *Hilger*, in: Löwe-Rosenberg, StPO, § 374 Rn. 36; a.A. wohl *Schmid*, in: Leipziger Kommentar, StGB, § 77 Rn. 44.

1043 So ausdrücklich *Hilger*, in: Löwe-Rosenberg, StPO, § 374 Rn. 40; vgl. *Meyer-Goßner*/Schmitt, StPO, § 374 Rn. 8.

1044 So ausdrücklich *Hilger*, in: Löwe-Rosenberg, StPO, § 374 Rn. 35.

481 Als Zwischenfazit kann festgehalten werden, dass ein betreuter Privatkläger nur in einem Fall prozessunfähig iSd des Privatklageverfahrens ist, nämlich wenn er geschäftsunfähig im natürlichen Sinn ist (§ 52 ZPO i.V.m. § 104 Nr. 2 BGB).

b. Der Betreuer als gesetzlicher Vertreter des prozessunfähigen Privatklägers

482 Ist der Betreute in diesem Sinne prozessunfähig, kann er selbst keine wirksame Privatklage erheben.[1045] Vielmehr kann in diesem Fall nur der Betreuer als dessen gesetzlicher Vertreter die Privatklage für diesen wirksam erheben (vgl. § 374 Abs. 3 StPO).[1046] Dies setzt voraus, dass dem Betreuer ein entsprechender Aufgabenkreis zugewiesen wurde. Hat das Betreuungsgericht dem Betreuer den Aufgabenkreis der strafprozessualen Fürsorge zugewiesen, wird hiervon auch die Befugnis umfasst, für den Betroffenen eine Privatklage zu erheben.

483 Der Betreuer übt die Privatklagebefugnis des Betreuten aus; ein eigenes Antragsrecht steht dem Betreuer hieraus nicht zu (vgl. § 374 Abs. 3 StPO).[1047] Der Betreuer kann mithin die Klage nicht in eigenem Namen, sondern nur im Namen des Vertretenen erheben.[1048] Die Privatklage muss dabei inhaltlich den Erfordernissen einer Anklageschrift nach § 200 StPO entsprechen (§ 381 S. 2 StPO). Der Wirksamkeit der Klageerhebung durch den Betreuer steht auch der fehlende oder ein etwaig entgegenstehender Wille des prozessunfähigen Betreuten nicht entgegen, da dies allein das betreuungsrechtliche Innenverhältnis betrifft.

484 Der Betreuer erhält als Vertreter des prozessunfähigen Betreuten die Stellung eines Verfahrensbeteiligten.[1049] Er kann als gesetzlicher Vertreter des Betreuten die diesem als Privatkläger zustehenden Rechte *für diesen* ausüben.[1050] Die Rechte des Privatklägers sind in § 385 StPO geregelt. Zu diesen Rechten gehört das Recht auf rechtliches Gehör; Anträge an das Gericht zu stellen oder Anregungen zu geben, beispielsweise auf Beschlagnahme oder Durchsuchungen; in der Hauptverhandlung Fragen an Zeugen, Sachverständige oder den Angeklagten zu stellen; Beweisanträge zu stellen oder Akteneinsicht zu nehmen, wobei diese nur durch einen Anwalt ausgeübt werden kann.[1051] Der Betreuer ist auch berechtigt, sonstige verfahrensrechtliche Erklärungen für den prozessunfähigen Privatkläger abzugeben.[1052] Insbesondere kann der Betreuer als Vertreter des prozessunfähigen Privatklägers die Klage für diesen zurücknehmen (vgl. § 391 StPO). Hat der prozessunfähige Betreute Privatklage erhoben, ist diese – wie bereits ausgeführt – grundsätzlich unwirksam.

1045 Vgl. *Senge*, in: KK, StPO, § 374 Rn. 14.
1046 *Hilger*, in: Löwe-Rosenberg, StPO, § 374 Rn. 35.
1047 Vgl. *Hilger*, in: Löwe-Rosenberg, StPO, § 374 Rn. 31.
1048 Vgl. *Hilger*, in: Löwe-Rosenberg, StPO, § 374 Rn. 31.
1049 Vgl. *Meyer-Goßner*/Schmitt, StPO, § 374 Rn. 9.
1050 Vgl. *Meyer-Goßner*/Schmitt, StPO, § 374 Rn. 9.
1051 Hierzu *Hilger*, in: Löwe-Rosenberg, StPO, § 385 Rn. 3.
1052 Vgl. *Meyer-Goßner*/Schmitt, StPO, § 374 Rn. 9.

Indes hat der Betreuer die Möglichkeit diesen Mangel in der Wirksamkeit der Klageerhebung durch nachträgliche Genehmigung zu heilen.[1053]

485 Dem Betreuer steht als gesetzlicher Vertreter des Privatklägers – im Unterschied zur Vertretung des Beschuldigten – keine originäre Rechtsmittelbefugnis zu.[1054] Die in § 298 Abs. 1 StPO geregelte Rechtsmittelbefugnis des gesetzlichen Vertreters bezieht sich ausschließlich auf den gesetzlichen Vertreter *des Beschuldigten.* Ist der Betreute indes in seiner Rolle als Privatkläger betroffen, steht ausschließlich diesem die Rechtsmittelbefugnis zu (vgl. § 390 StPO).[1055] Da auch das Einlegen eines Rechtsmittels eine Prozesshandlung ist, setzt deren Wirksamkeit auch die Prozessfähigkeit des Privatklägers voraus. Ist der unter Betreuung stehende Privatkläger indes prozessunfähig, kann dieser das Rechtsmittel nur wirksam durch seinen Betreuer als gesetzlichen Vertreter einlegen.[1056] Mithin kann der Betreuer in diesem Fall nur *im Namen des Betreuten* Rechtsmittel einlegen.[1057]

3. Der Betreuer als Vertreter in der Nebenklage

486 Die Nebenklage (§§ 395 ff. StPO) ist entgegen ihrer Bezeichnung keine Klage im eigentlichen Sinne. Sie ist ein strafprozessuales Institut, das bestimmten Personen ermöglicht, sich einer öffentlichen Klage der Staatsanwaltschaft anzuschließen.[1058] Diesen Personen, den Nebenklägern, wird damit die Möglichkeit gegeben, im Strafverfahren ihr persönliches Interesse auf Genugtuung zu verfolgen, sich gegen die Leugnung und Verharmlosung ihrer Verletzung zu wehren, sowie das Verfahren durch aktive Beteiligung (Fragen, Anträge, Erklärungen) zu beeinflussen.[1059] Mit dem Anschluss als Nebenkläger erlangt eine Person die Rechtsstellung eines mit eigenen Rechten ausgestatteten Verfahrensbeteiligten.[1060]

487 Der Kreis der anschlussberechtigten Personen ist in § 395 StPO abschließend aufgeführt.[1061] Nebenklageberechtigt sind grundsätzlich nur Verletzte. Soweit ein Straftatbestand iSd § 395 Abs. 1 StPO betroffen ist, besteht die Nebenklageberechtigung des Verletzten ohne Weiteres. Bei anderen Straftatbeständen muss die Nebenklage aus besonderen Gründen geboten erscheinen (§ 395 Abs. 3 StPO). § 395 Abs. 2 StPO erweitert den Kreis der Nebenklageberechtigten auf bestimmte Nichtverletzte. Dies sind die nahen Angehörigen bei Tötungsdelikten (Nr. 1) und Personen, die erfolgreich ein Klageerzwingungsverfahren nach § 172 StPO durchgeführt haben (Nr. 2).

1053 Vgl. *Meyer-Goßner*/Schmitt, StPO, § 374 Rn. 9.
1054 *Senge*, in: KK, StPO, § 390 Rn. 2.
1055 Vgl. *Hilger*, in: Löwe-Rosenberg, StPO, § 390 Rn. 2.
1056 Vgl. *Hilger*, in: Löwe-Rosenberg, StPO, § 390 Rn. 2; *Senge*, in: KK, StPO, § 390 Rn. 2.
1057 Vgl. *Hilger*, in: Löwe-Rosenberg, StPO, § 390 Rn. 2.
1058 *Hilger*, in: Löwe-Rosenberg, StPO, Vorb. § 395 Rn. 1, § 395 Rn. 37.
1059 *Meyer-Goßner*/Schmitt, StPO, § 395 Vorb. Rn. 1.
1060 *Meyer-Goßner*/Schmitt, StPO, § 395 Vorb. Rn. 1.
1061 Hierzu umfassend *Senge*, in: KK, StPO, § 395 Rn. 1 f.

488 Der Nebenklageantrag ist eine strafprozessuale Prozesshandlung. Unklarheit herrscht darüber, nach welchem Kriterium die (strafprozessuale) Prozessfähigkeit zu bestimmen ist; unter welchen Bedingungen also eine nebenklageberechtigte Person selbst wirksam einen Nebenklageantrag stellen kann. Die herrschende Meinung stellt auf das Kriterium der *zivilprozessualen Prozessfähigkeit* ab.[1062] Andere Teile der Rechtsprechung und Literatur stellen demgegenüber auf die Verstandesreife des Nebenklageberechtigten ab.[1063] Zwar ist letzterer Ansicht zuzugeben, dass nach dem Wortlaut der §§ 395 f. StPO die Handlungsfähigkeit des Nebenklageberechtigten nicht auf die Prozessfähigkeit beschränkt ist,[1064] indes hat der Gesetzgeber im Rahmen der Neuordnung des Nebenklagerechts[1065] – trotz Kenntnis der auf die Entscheidung des Reichsgerichts vom 26. Januar 1904 zurückgehenden ständigen Rechtsprechung des Bundesgerichtshofs – keine hiervon abweichende Regelung der Handlungsfähigkeit des Nebenklageberechtigten eingeführt.[1066] Überdies ist zur Vermeidung eines Wertungswiderspruches zwischen den Strafantragsvoraussetzungen und dem wirksamen Nebenklageanschluss ein Gleichlauf erforderlich: Wie bereits dargestellt, kann ein geschäftsunfähiger oder beschränkt geschäftsfähiger Verletzter keinen wirksamen Strafantrag stellen.[1067]

489 Die Prozessfähigkeit des Nebenklägers ist mithin Prozessvoraussetzung und bestimmt sich nach den §§ 51, 52 ZPO.[1068] Ist der grundsätzlich zum Anschluss befugte Nebenkläger prozessunfähig, muss dessen gesetzlicher Vertreter den Anschluss erklären und die Nebenklagerechte wahrnehmen.[1069] Die Prozessfähigkeit fehlt dem Betreuten nur, wenn er natürlich geschäftsunfähig ist (§ 52 ZPO i.V.m. § 104 Nr. 2 BGB).[1070] Die Fiktion des § 53 ZPO ist nicht anzuwenden. Die Nebenklage ist im Unterschied zur Klage im Zivilprozess keine Klage in einem Parteiverfahren,

1062 RGSt 37, 63 (63); KG, BeckRS 2010, 01059 m.w.N.; *Meyer-Goßner*/Schmitt, StPO, § 395 Vorb. Rn. 7; *Hilger*, in: Löwe-Rosenberg, StPO, § 395 Rn. 28; OLG Köln, Beschluss vom 22. Februar 2013 – III-2 Ws 100/13, 2 Ws 100/13 –, Rn. 9, juris; Hanseatisches Oberlandesgericht Hamburg, Beschluss vom 17. Dezember 2012–2 Ws 175/12 –, Tz 9, juris; vgl. BGHR StPO § 401 Abs. 1 S. 1, Zulässigkeit 3: „wegen Minderjährigkeit prozeßunfähig".

1063 LG Berlin, Beschluss vom 27. November 2009–530–37/09, (530) 5 Ju Js 343/07 (37/09) – Rn. 3, juris; *Eisenberg*, GA 1998, 32 (38).

1064 KG, Beschluss vom 22. März 2010, – 4 Ws 6/10, 4 Ws 6/10–1 AR 48/10 -, Rn. 12, juris.

1065 Die Neuordnung erfolgte durch das Opferschutzgesetz vom 18.12.1986 und das 2. Opferschutzgesetz vom 29.7.2009 (*Senge*, in: KK, StPO, § 397 Rn. 1).

1066 KG, Beschluss vom 22. März 2010, – 4 Ws 6/10, 4 Ws 6/10–1 AR 48/10 -, Rn. 35, juris.

1067 Hierzu bereits unter Rn. 431 f.

1068 Vgl. OLG Köln, Beschluss vom 22. Februar 2013 – III-2 Ws 100/13, 2 Ws 100//13 -, Rn. 9, juris.

1069 *Meyer-Goßner*/Schmitt, StPO, § 395 Vorb. Rn. 7 m.w.N.

1070 Insoweit kann auf die Ausführungen unter Rn. 478 ff. verwiesen werden.

sondern „Annex“ zur öffentlichen Klage der Staatsanwaltschaft.[1071] Der Nebenkläger entscheidet mithin nicht über den Gegenstand des Verfahrens, sondern ist beschränkt auf die Wahrnehmung seiner eigenen Interessen.[1072] Eine vergleichbare Gefährdungslage, welche § 53 ZPO zugrunde liegt, ist im Rahmen der Nebenklage nicht gegeben. Auch ist der Sinn der Nebenklage nicht, gleich dem Adhäsionsverfahren, die Chancen des Betroffenen für die Durchsetzung zivilrechtlicher Schadensersatzansprüche zu verbessern.[1073] Vielmehr dient die Nebenklage in erster Linie der Genugtuung.

Ist der Betreute in diesem Sinn prozessunfähig, kann nur ein Betreuer als gesetzlicher Vertreter des Betreuten in dessen Namen die Nebenklage erheben. Im konkreten Fall ist hierfür wieder erforderlich, dass der Aufgabenkreis des Betreuers die strafprozessuale Fürsorge umfasst. 490

Die Anschlusserklärung hat der Betreuer bei dem Gericht schriftlich einzureichen, vgl. § 396 Abs. 1 S. 1 StPO. Er erhebt die Nebenklage *im Namen* des Betreuten. Das Gericht lässt nach Prüfung der Nebenklagevoraussetzungen[1074] jedoch nicht den Betreuer, sondern den Betreuten als Nebenklageberechtigten zu. 491

Der Betreuer ist als gesetzlicher Vertreter des prozessunfähigen Betreuten berechtigt, dessen Nebenklagebefugnisse für diesen auszuüben. Dem Betreuer stehen darüber hinaus keine eigenen selbstständigen Rechte zu. Die Rechte des Nebenklägers sind in § 397 StPO geregelt. Dabei normiert § 397 Abs. 1 S. 1 StPO das Anwesenheitsrecht des Nebenklägers. Der Nebenkläger ist nach einem wirksamen Anschluss zur ununterbrochenen Anwesenheit in der Hauptverhandlung berechtigt, auch wenn er als Zeuge vernommen werden soll, vgl. § 397 Abs. 1 S. 1 StPO.[1075] Hingegen besteht für den Nebenkläger keine Anwesenheitspflicht.[1076] Mithin ist der Betreuer im Falle der Prozessunfähigkeit des Nebenklägers zur Anwesenheit in der Hauptverhandlung berechtigt. Darüber hinaus steht dem Betreuer des prozessunfähigen Nebenklägers entsprechend § 397 Abs. 2 S. 3 StPO die Befugnis zur Ablehnung eines Richters nach §§ 24, 31 StPO oder eines Sachverständigen nach § 74 StPO, das Recht, Fragen an den Angeklagten, die Zeugen und Sachverständige zu stellen (§ 240 Abs. 2 StPO), das Recht zur Beanstandung von Anordnungen des Vorsitzenden nach § 238 Abs. 2 StPO und von Fragen nach § 242 StPO, das Beweisantragsrecht nach 244 Abs. 3 bis 6 StPO sowie das Recht zur Abgabe von Erklärungen nach §§ 257, 258 StPO zu. Des Weiteren ist der Betreuer des prozessunfähigen Nebenklägers in demselben Umfang zuzuziehen und zu hören wie die Staatsanwaltschaft, vgl. § 397 Abs. 1 S. 4 StPO.[1077] Dies gilt insbesondere vor der Einstellung des 492

1071 *Eisenberg*, GA 1998, 32 (33); KG, Beschluss vom 22. März 2010, – 4 Ws 6/10, 4 Ws 6/10–1 AR 48/10 -, Rn. 16, juris.
1072 *Eisenberg*, GA 1998, 32 (33).
1073 *Eisenberg*, GA 1998, 32 (37).
1074 Hierzu *Senge*, in: KK, StPO, § 396 Rn. 5.
1075 Vgl. *Senge*, in: KK, StPO, § 397 Rn. 2.
1076 Vgl. *Senge*, in: KK, StPO, § 397 Rn. 8.
1077 Vgl. *Senge*, in: KK, StPO, § 397 Rn. 4.

Verfahrens, obwohl diese nicht von der Zustimmung des Nebenklägers abhängt.[1078] Der Nebenkläger hat nach § 401 Abs. 1 StPO eine eigene Rechtsmittelbefugnis.[1079]

493 Der Betreuer kann Prozesserklärungen des prozessunfähigen Nebenklägers rechtswirksam genehmigen; indes setzt dies bei fristgebundenen Prozesserklärungen, beispielsweise der Rechtsmitteleinlegung, voraus, dass die Genehmigung binnen der Frist erfolgt.[1080]

4. Der Betreuer als Vertreter im Adhäsionsverfahren

494 Der Verletzte kann nach § 403 StPO gegen den Beschuldigten einen aus der Straftat erwachsenen vermögensrechtlichen Anspruch, der zur Zuständigkeit der ordentlichen Gerichte gehört und noch nicht anderweitig gerichtlich anhängig gemacht ist, im Strafverfahren geltend machen. Dieses sog. Adhäsionsverfahren ist ein in das Strafverfahren eingegliedertes Zivilverfahren.

495 Das Strafgericht führt ein Adhäsionsverfahren durch, wenn der Verletzte dies wirksam beantragt (vgl. § 404 Abs. 1 StPO). Der Antrag ist eine hybride Prozesshandlung, da sie strafprozessuale und zivilprozessuale Wirkungen hat. Notwendig ist daher, dass der Verletzte (auch) im zivilprozessualen Sinn prozessfähig (§§ 51 ff. ZPO) ist.[1081] Ist dies nicht der Fall, muss für ihn sein gesetzlicher Vertreter handeln.[1082]

496 Dies hat für einen betreuten Verletzten zur Folge, dass er keinen wirksamen Adhäsionsantrag stellen kann, wenn er prozessunfähig iSd ZPO ist, also wenn er im natürlichen Sinne geschäftsunfähig ist, aufgrund eines angeordneten Einwilligungsvorbehaltes hinsichtlich des Adhäsionsverfahrens einer beschränkt geschäftsfähigen Person gleich gestellt wird oder durch den Betreuer im Adhäsionsverfahren gemäß § 53 ZPO vertreten wird.

497 Zu beachten ist, dass die Fiktionswirkung des § 53 ZPO auch für den Adhäsionsantrag gilt. Dies hat zur Folge, dass der Betreuer den Adhäsionsantrag wirksam für einen an sich nach § 52 ZPO prozessfähigen Verletzten stellen kann. Denn aufgrund des § 53 ZPO wird die Prozessunfähigkeit des Verletzten fingiert. Dass § 53 ZPO auch für das Adhäsionsverfahren gilt, ergibt sich aus folgenden Erwägungen: Bei dem Adhäsionsverfahren handelt es sich um ein in das Strafverfahren eingegliedertes *Zivilverfahren.* Zweck des Adhäsionsverfahrens ist zum einen die Vermeidung mehrerer Gerichtsverfahren in derselben Sache mit möglicherweise einander widersprechender Entscheidungen (Prozessökonomie) und zum anderen, dem Opfer zu ermöglichen, schneller und einfacher Ersatz zu erlangen (Opferschutz).[1083] Diese Ziele würden unterlaufen, wenn der Betreuer ein gesondertes Zivilverfahren anstrengen müsste.

1078 Vgl. *Senge*, in: KK, StPO, § 397 Rn. 4.
1079 Hierzu umfassend nur *Senge*, in: KK, StPO, § 401 Rn. 1.
1080 Vgl. *Hilger*, in: Löwe-Rosenberg, StPO, § 395 Rn. 28.
1081 *Zabeck*, in: KK, StPO, § 404 Rn. 2; vgl. BGH, NStZ 2009, 586.
1082 *Zabeck*, in: KK, StPO, § 404 Rn. 2.
1083 *Dallmeyer*, JuS 2005, 327 (328).

Ist der betreute Verletzte (nach § 52 ZPO) prozessunfähig, muss zwingend der Betreuer den Adhäsionsantrag als dessen gesetzlicher Vertreter stellen, damit ein wirksamer Antrag vorliegt. Der Betreuer ist jedoch nur innerhalb des ihm zugewiesenen Aufgabenkreises der gesetzliche Vertreter des Verletzten (vgl. § 1902 BGB). Mithin müssen die ihm zugewiesenen Aufgabenkreise auch die Vertretung im Adhäsionsverfahren umfassen. Der Antrag im Adhäsionsverfahren hat nach § 404 Abs. 2 S. 1 StPO dieselben Wirkungen wie die Erhebung der Klage im bürgerlichen Rechtsstreit. Eine gesonderte Zuweisung des Aufgabenkreises der Geltendmachung von bürgerlich-rechtlichen Ersatzansprüchen im Adhäsionsverfahren ist nicht erforderlich, da das Adhäsionsverfahren ein in das Strafverfahren eingegliedertes Zivilverfahren[1084] ist. Mithin gelten die dargestellten Grundsätze für die Aufgabenkreise bezüglich der Vertretung des Betreuten im Zivilverfahren entsprechend auch für die Vertretung im Adhäsionsverfahren.[1085] 498

Der Betreuer hat als gesetzlicher Vertreter des Betreuten das Recht, an der Hauptverhandlung teilzunehmen (vgl. § 404 Abs. 3 StPO). Dieses Teilnahmerecht umfasst das Recht angehört zu werden, Fragen zu stellen, Anordnungen des Vorsitzenden nach § 238 Abs. 2 StPO zu beanstanden, Beweisanträge zu stellen sowie einen Richter wegen Befangenheit abzulehnen.[1086] 499

1084 Vgl. *Meyer-Goßner*/Schmitt, StPO, Vor § 403 Rn. 1.
1085 Dazu bereits ausführlich unter Rn. 233 ff.
1086 *Zabeck*, in: KK, StPO, § 404 Rn. 10.

F. Die Betreuung im Verwaltungsverfahren

In diesem Abschnitt wird untersucht, wie sich das Betreuungsrechtsverhältnis auf das Verwaltungsverfahren auswirkt. Denn auch der Betreute bleibt potentieller Adressat der Verwaltung. Als illustrierendes Beispiel mögen die jährlich wiederkehrenden Steuerbescheide dienen. Betrachtungsebene ist dabei allein das allgemeine Verwaltungsverfahrensrecht des Bundes, soweit es auf den Erlass eines Verwaltungsaktes gerichtet ist, also das Verwaltungsverfahren im Sinne des § 9 VwVfG. 500

I. Die Beteiligungsfähigkeit des Betreuten

Als natürliche Person ist der Betreute im Verwaltungsverfahren beteiligungsfähig (vgl. § 11 Nr. 1 VwVfG). Indes hat die Beteiligungsfähigkeit des Betroffenen lediglich zur Folge, dass dieser selbst unter seinem Namen am Verwaltungsverfahren als Antragsteller oder Antragsgegner (vgl. § 13 Abs. 1 Nr. 1 VwVfG), als Adressat eines Verwaltungsaktes (vgl. § 13 Abs. 1 Nr. 2 VwVfG), als Partei eines öffentlich-rechtlichen Vertrages (§ 13 Abs. 1 Nr. 3 VwVfG) oder als von der Behörde Hinzugezogener (vgl. 13 Abs. 1 Nr. 4 VwVfG) teilnehmen kann.[1087] 501

II. Die verwaltungsverfahrensrechtliche Handlungsfähigkeit des Betreuten

Die Beteiligungsfähigkeit des Betreuten sagt nichts darüber aus, ob er auch in der Lage ist, das Verwaltungsverfahren *selbst zu führen*. Dies ist vielmehr eine Frage der in § 12 VwVfG normierten Handlungsfähigkeit.[1088] Sie ist das verwaltungsverfahrensrechtliche Pendant zur Prozessfähigkeit. 502

Die Handlungsfähigkeit zerfällt der Sache nach in zwei Aspekte. Der erste Aspekt kommt in § 12 Abs. 1 VwVfG schon im Wortlaut zum Ausdruck; dieser legt fest, ob Verfahrensbeteiligte selbst wirksam Verfahrenshandlungen vornehmen können (sog. aktive Handlungsfähigkeit). Darüber hinaus gehört zur Handlungsfähigkeit auch der Aspekt, ob gegenüber dem Beteiligten selbst wirksam Verfahrenshandlungen vorgenommen werden können (sog. passive Handlungsfähigkeit).[1089] 503

Ist der Betreute handlungsunfähig, kann das Verfahren nur durch einen Betreuer als gesetzlichen Vertreter betrieben werden.[1090] Eine Vertretung des handlungsunfähigen Betreuten durch einen von ihm selbst bestellten Bevollmächtigten ist keine gangbare Alternative, da ein Vertreter nach § 14 VwVfG nur von einem

1087 Vgl. *Gerstner-Heck*, Beck-OK, VwVfG, § 12 Rn. 1.
1088 Vgl. *Gerstner-Heck*, Beck-OK, VwVfG, § 12 Rn. 1.
1089 *Schmitz*, in: Stelkens/Bonk/Sachs, VwVfG, § 12 Rn. 4.
1090 Vgl. *Kopp/Ramsauer*, VwVfG, § 12 Rn. 1.

handlungsfähigen Beteiligten bestellt werden kann.[1091] Im Folgenden wird daher dargestellt, wann ein Betreuter handlungsunfähig iSd § 12 VwVfG ist. Dies ist das Kriterium, welches darüber entscheidet, wann ein Betreuer als gesetzlicher Vertreter in das Verwaltungsverfahren einzubinden ist, um es ordnungsgemäß durchzuführen.

1. Grundlagen zur verwaltungsverfahrensrechtlichen Handlungsfähigkeit

504 Die verwaltungsverfahrensrechtliche Handlungsfähigkeit natürlicher Personen bestimmt sich primär nach deren bürgerlich-rechtlichen Geschäftsfähigkeit (§ 12 Abs. 1 Nr. 1 VwVfG): Handlungsfähig ist, wer voll geschäftsfähig ist. Der Kreis der Handlungsfähigen wird erweitert durch § 12 Abs. 1 Nr. 2 VwVfG. Danach sind auch beschränkt geschäftsfähige Personen verwaltungsverfahrensrechtlich handlungsfähig, wenn sie für den Verfahrensgegenstand nach bürgerlichem Recht geschäftsfähig sind oder durch Vorschriften des öffentlichen Rechts als handlungsfähig anerkannt sind.

505 Neben diesen allgemeinen Vorgaben zur Handlungsfähigkeit natürlicher Personen, enthält § 12 Abs. 2 VwVfG explizit Vorgaben für *geschäftsfähige Betreute*, wenn ein Einwilligungsvorbehalt besteht. Betrifft der Verfahrensgegenstand einen Einwilligungsvorbehalt, so ist der Betreute insoweit handlungsfähig, „als er nach den Vorschriften des bürgerlichen Rechts ohne Einwilligung des Betreuers handeln kann oder durch Vorschriften des öffentlichen Rechts als handlungsfähig anerkannt ist“. Eine weitere, implizit betreutenbezogene Regelung enthält § 12 Abs. 3 VwVfG durch den Verweis auf § 53 ZPO.

506 Da die Betreuung eine Person nicht in den Zustand beschränkter Geschäftsfähigkeit versetzen kann[1092], bestehen folgende Möglichkeiten:

- der Betreute ist geschäftsunfähig (vgl. § 104 Nr. 2)
- der Betreute ist geschäftsfähig
    - die Betreuung erstreckt sich auf sämtliche Angelegenheiten
        - es ist kein Einwilligungsvorbehalt angeordnet
        - es ist ein Einwilligungsvorbehalt angeordnet
            - der Einwilligungsvorbehalt ist umfassend
            - der Einwilligungsvorbehalt ist beschränkt
    - die Betreuung erstreckt sich auf ausgewählte Angelegenheiten
        - es ist kein Einwilligungsvorbehalt angeordnet
        - es ist ein Einwilligungsvorbehalt angeordnet
        - der Einwilligungsvorbehalt ist umfassend
        - der Einwilligungsvorbehalt ist beschränkt

1091 Vgl. *Kopp/Ramsauer*, VwVfG, § 12 Rn. 3; vgl. *Gerstner-Heck*, in: Beck-OK, VwVfG, § 12 Rn. 4.

1092 Hierzu bereits ausführlich unter Rn. 171 ff.

2. Die Handlungsfähigkeit des Betreuten ohne Einwilligungsvorbehalt

Wie bereits dargestellt,[1093] hat die Bestellung eines Betreuers *ohne* Anordnung eines Einwilligungsvorbehaltes keine Auswirkungen auf die Geschäftsfähigkeit des Betreuten. Demzufolge sind diese betreuten Personen handlungsfähig, soweit sie nicht natürlich geschäftsunfähig sind (§ 104 Nr. 2 BGB).[1094] Sie können grundsätzlich selbst Verfahrenshandlungen im Verwaltungsverfahren aktiv vornehmen und die seitens der Behörde ihr gegenüber vorgenommenen Verfahrenshandlungen wirksam (passiv) entgegennehmen.[1095] 507

Zu beachten ist indes, dass nach § 12 Abs. 3 VwVfG der § 53 ZPO auch im Verwaltungsverfahren entsprechende Anwendung findet. § 53 ZPO fingiert die Prozessunfähigkeit des an sich prozessfähigen Betreuten, wenn er von seinem Betreuer vertreten wird. In entsprechender Anwendung bedeutet dies für das Verwaltungsverfahren, dass der an sich nach § 12 Abs. 1 Nr. 1 VwVfG handlungsfähige Betreute als handlungsunfähig gilt, wenn er im Verwaltungsverfahren von seinem Betreuer vertreten wird. 508

Wie bereits im Zusammenhang mit § 53 ZPO erörtert wurde,[1096] setzt die Vertretung des Betreuers auch in einem Verwaltungsverfahren voraus, dass eine Betreuung für den Betroffenen eingerichtet wurde, das Verwaltungsverfahren von einem Aufgabenkreis der Betreuung umfasst ist und der Betreuer das Verfahren tatsächlich an sich zieht.[1097] Der Betreuer muss dabei durch eine entsprechende (Übernahme-) Erklärung eindeutig zum Ausdruck bringen, dass er das Verfahren an sich ziehen und anstelle des Betreuten führen will.[1098] Dies kann er dadurch, dass er das Verfahren positiv betreibt oder zum Ausdruck bringt, dass er die (Weiter-)Führung des Verfahrens ablehnt.[1099] Die bloße Meldung des Betreuers unter Hinweis auf seine Betreuerbestellung genügt nicht.[1100] 509

Der Betreute wird ab dem Zeitpunkt der Vertretung durch seinen Betreuer einer nicht handlungsfähigen Person gleichgestellt (ex-nunc-Wirkung).[1101] Die bis zum 510

1093 Hierzu oben Rn. 171.

1094 *Laubinger/Repkewitz*, VerwArch 85 (1994), 86 (96); *Schmitz*, in: Stelkens/Bronk/Sachs, VwVfG, § 12 Rn. 21, vgl. auch BT-Drs. 11/4528, S. 189: zu § 3 (Verwaltungsverfahrensgesetz) Zu Nummer 1 (§ 12).

1095 So ausdrücklich *Laubinger/Repkewitz*, VerwArch 85 (1994), 86 (96).

1096 Hierzu die Ausführungen unter Rn. 203 ff.

1097 BVerwG, Beschluss vom 10. Oktober 1994–3 B 48/93 –, Rn. 5 (juris); *Kopp/Ramsauer*, VwVfG, § 12 Rn. 17a; *Laubinger/Repkewitz*, VerwArch 85, 86 (96).

1098 *Kopp/Ramsauer*, VwVfG, § 12 Rn. 17a.

1099 *Kopp/Ramsauer*, VwVfG, § 12 Rn. 17.

1100 BVerwG, Beschluss vom 10. Oktober 1994–3 B 48/93 –, Rn. 5 (juris).

1101 *Gerstner-Heck*, in: BeckOK, VwVfG, § 12 Rn. 14; *Kopp/Ramsauer*, VwVfG, § 12 Rn. 15a; *Schmitz*, in: Stelkens/Bonk/Sachs, VwVfG, § 12 Rn. 22.

Eintritt des Betreuers von dem Betreuten oder diesem gegenüber vorgenommenen Verfahrenshandlungen bleiben demnach wirksam.[1102]

511 Wie im Zivilprozess soll mit der entsprechenden Anwendung des § 53 ZPO auch im Verwaltungsverfahren verhindert werden, dass die Verfahrenshandlungen von Betreuer und Betreutem einander widersprechen.[1103] Dies ergibt sich ausdrücklich aus der Begründung des Gesetzgebers zum Betreuungsgesetz: „Soweit für einen geschäftsfähigen Volljährigen ein Betreuer bestellt ist, ist durch die Verweisung auf § 53 ZPO eine Regelung vorhanden, wenn es zu widersprüchlichen Erklärungen im Verfahren kommt."[1104] Im Falle der Vertretung durch den Betreuer soll im Interesse eines sachgemäßen Verfahrensverlaufes erreicht werden, dass die Führung des Verfahrens allein in den Händen des Betreuers liegt und der Betreute sich ihr nicht widersetzen kann.[1105]

3. Handlungsfähigkeit des unter Einwilligungsvorbehalt stehenden Betreuten

512 Steht der Betreute unter Einwilligungsvorbehalt (§ 1903 BGB), entfällt die Handlungsfähigkeit unter den Voraussetzungen des § 12 Abs. 2 VwVfG. Der holprig formulierte § 12 Abs. 2 VwVfG besagt zwei Dinge: (1.) Im Grundsatz ist ein Betreuter handlungsunfähig, wenn der Einwilligungsvorbehalt den Gegenstand des Verwaltungsverfahrens betrifft. (2.) Ausnahmsweise ist ein geschäftsfähiger Betreuter jedoch insoweit handlungsfähig, als er nach dem bürgerlichen Recht ohne Einwilligung des Betreuers handeln kann oder seine Handlungsfähigkeit durch öffentlich-rechtliche Vorschriften anerkannt ist.

513 Diese Vorschrift bezweckt den Schutz des Betreuten. In der Gesetzesbegründung zum Betreuungsgesetz heißt es insoweit: „Ist darüber hinaus für eine Angelegenheit ein Einwilligungsvorbehalt gemäß § 1903 BGB-E angeordnet, muß zur Verwirklichung des damit angestrebten Schutzes des Betreuten auch seinen Verfahrenshandlungen die Wirksamkeit abgesprochen werden".[1106]

514 Der vom Gesetzgeber gewählte Schutzmechanismus erweist sich vor dem Hintergrund als fragwürdig, dass sich ein Einwilligungsvorbehalt nur auf rechtsgeschäftliche Angelegenheiten beziehen kann. Der Einwilligungsvorbehalt

---

1102 *Kopp/Ramsauer*, VwVfG, § 12 Rn. 15a; *Gerstner-Heck*, in: BeckOK, VwVfG, § 12 Rn. 14; *Laubinger/Repkewitz*, VerwArch 85, 86 (96); *Schmitz*, in: Stelkens/Bonk/Sachs, VwVfG, § 12 Rn. 22.

1103 *Kopp/Ramsauer*, VwVfG, § 12 Rn. 15a; *Laubinger/Repkewitz*, VerwArch 85, 86 (96).

1104 BT-Drs. 11/4528, S. 189: zu § 3 (Verwaltungsverfahrensgesetz) Zu Nummer 1 (§ 12).

1105 *Gerstner-Heck*, in: BeckOK, VwVfG, § 12 Rn. 14.

1106 BT-Drs. 11/4528, S. 189: zu § 3 (Verwaltungsverfahrensgesetz) Zu Nummer 1 (§ 12).

dient seiner Funktion nach dazu, die Fähigkeit des Betreuten, wirksam rechtsgeschäftlich und rechtsgeschäftsähnlich zu handeln, zu beschränken.[1107] Insoweit ist unklar, was es heißt, dass der Einwilligungsvorbehalt den Gegenstand des Verwaltungsverfahrens *betrifft*. Weitergehende Analysen finden sich hierzu nicht. *Schmitz*[1108] und *Huck*[1109] paraphrasieren diesen Ausdruck mit sich „inhaltlich auf diesen Gegenstand bezieht". *Ziekow* umschreibt dies mit: „das Verfahren entweder die Bereiche betrifft, in denen seine Handlungen nicht unter den Einwilligungsvorbehalt fallen".[1110] *Ramsauer* schreibt insoweit: „Fällt der Gegenstand des Verfahrens unter einem vom Gericht besonders angeordneten Einwilligungsvorbehalt".[1111] *Riedl* erklärt, dass der Einwilligungsvorbehalt den Gegenstand des Verwaltungsverfahrens betreffe, wenn er „Verfahrensrelevanz" aufweise.[1112] Es bietet sich eine schutzzweckbezogene Auslegung des Betreffenskriteriums an. Der Einwilligungsvorbehalt zeigt einen besonderen Schutzbedarf an, dem über § 12 Abs. 2 VwVfG auch verwaltungsverfahrensrechtlich Rechnung getragen werden soll. Der Einwilligungsvorbehalt bezieht sich notwendig auf bestimmte, übertragene Aufgabenbereiche (vgl. § 1903 Abs. 1 BGB). Insoweit ist zu fragen, ob das konkrete Verwaltungsverfahren einem der Aufgabenkreise angehört, die unter Einwilligungsvorbehalt gestellt wurden. Insoweit bietet sich eine Umformung der Fragestellung an: Dürfte der *Betreuer* wegen der ihm übertragenen Aufgabenkreise, die unter Einwilligungsvorbehalt stehen, das konkrete Verwaltungsverfahren auch selbst betreiben? Dies ist beispielsweise der Fall, wenn ein Betreuter, der unter Vermögenssorge samt hierauf bezogenem Einwilligungsvorbehalt steht, eine Gaststättenerlaubnis beantragt, da der Betrieb einer Gaststätte notwendig und in erheblichem Umfang mit finanziellen Dispositionen verbunden ist. Nicht erfasst wäre aber insoweit die Erteilung einer waffenrechtlichen Genehmigung, da sie keinen Bezug zu Vermögensdispositionen hat. Eröffnet ist der Anwendungsbereich des § 12 Abs. 2 VwvVfG aber im – freilich seltenen – Fall einer Totalbetreuung mit umfassendem Einwilligungsvorbehalt.[1113]

Die Ausnahmevorschriften des bürgerlichen Rechts wurden bereits erörtert.[1114] 515
Der Betreute ist nach Ermächtigung seines Betreuers gemäß § 1903 Abs. 1 S. 2 i. V. m. §§ 112, 113 BGB auch in einem Verwaltungsverfahren handlungsfähig, dessen Gegenstand das selbstständige Erwerbsgeschäft, ein Dienst- oder

1107 Vgl. *Götz*, in: Palandt, BGB § 1903 Rn. 1; *Jürgens*, in: Jürgens, Betreuungsrecht § 1903 Rn. 7.
1108 in: Stelkens/Bonk/Sachs, § 13 Rn. 23.
1109 *Huck*/Müller, VwVfG, § 12 Rn. 10.
1110 *Ziekow*, VwVfG, § 12 Rn. Rn. 8.
1111 Kopp/*Ramsauer*, VwVfG, § 12 Rn. 16.
1112 *Riedl*, in: Obermayer, VwVfG, § 12 Rn. 50.
1113 Vgl. BVerwG, Beschluss vom 26. Januar 1996–5 B 219.95 –, Rn. 2 (juris): zu § 62 Abs. 2 VwGO.
1114 Siehe bereits unter Rn. 186 ff.

Arbeitsverhältnis betrifft.[1115] Betrifft der Gegenstand des Verwaltungsverfahrens eine geringfügige Angelegenheit des täglichen Lebens im Sinne des § 1903 Abs. 3 S. 2 BGB, bedarf der Betroffene ebenfalls keiner Einwilligung seines Betreuers. Die umstrittenen Erwägungen, inwieweit § 1903 Abs. 3 S. 2 BGB eine sektorale Prozessfähigkeit gemäß § 52 Abs. 1 ZPO bewirkt, sind auch auf die Handlungsfähigkeit des Betroffenen im Verwaltungsverfahren übertragbar.[1116] Verfahrenshandlungen sind keine geringfügigen Angelegenheiten des täglichen Lebens iSd § 1903 Abs. 3 S. 2 BGB.[1117]

516 Überdies kann der Betroffene auch solche Rechtsgeschäfte ohne die Einwilligung des Betreuers vornehmen, die einen lediglich rechtlichen Vorteil bringen (§ 1903 Abs. 3 S. 1 BGB). Bezugspunkt der Vorteilhaftigkeit sind die konkreten Verfahrenshandlungen, nicht der Verfahrensgegenstand an sich.[1118] Dies zeigt schon der Wortlaut des § 12 Abs. 2 VwVfG, der sich auf die „Vornahme von Verfahrenshandlungen" bezieht. Soweit eine Verfahrenshandlung eine Kostenlast auslöst, ist sie nicht mehr lediglich rechtlich vorteilhaft.[1119]

517 Die Vorschriften des öffentlichen Rechts, welche die Handlungsfähigkeit des Betreuten trotz Anordnung des Einwilligungsvorbehaltes wiederherstellen, müssen den Betreuten als handlungsfähig anerkennen (§ 12 Abs. 2 a.E. VwVfG). Hierfür ist erforderlich, dass die Handlungsfähigkeit unter grundsätzlich ausdrücklicher Bezugnahme auf ein bestehendes Betreuungsverhältnis anerkannt wird.[1120] Derzeit existieren wohl keine solch expliziten öffentlich-rechtlichen Vorschriften.[1121] Die Frage, ob Vorschriften des Minderjährigenrechts solchen Vorschriften gleichgestellt werden können, wird weiter unten dargestellt.[1122]

4. Fehlende Handlungsfähigkeit und Heilung

518 Fehlt dem Betroffenen die Handlungsfähigkeit und wird er nicht durch einen gesetzlichen Vertreter vertreten, kann die Behörde das Verwaltungsverfahren nicht ordnungsgemäß durchführen.[1123] In Antragsverfahren ist der Antrag als unzulässig

---

1115 Vgl. BT-Drs. 11/4528, S. 189: zu § 3 (Verwaltungsverfahrensgesetz) Zu Nummer 1 (§ 12): „z. B. weil ein Betreuer für alle Vermögensangelegenheiten gemäß § 112 BGB allgemein die Erlaubnis zum Betrieb eines Erwerbsgeschäfts erteilt hat".

1116 Zu diesem Streit unter Rn. 189 ff.

1117 BVerwG, Beschluss vom 26. Januar 1996–5 B 219/95 –, Rn. 3 (juris); *Laubinger/Repkewitz*, VerwArch 85, 86 (97).

1118 So aber *Gerstner-Heck*, in: BeckOK, VwVfG, § 12 Rn. 17; *Laubinger/Repkewitz*, VerwArch 85, 86 (97).

1119 Vgl. BVerwG, Beschluss vom 26. Januar 1996–5 B 219.95 –, Rn. 3 (juris).

1120 *Gerstner-Heck*, in: BeckOK, VwVfG, § 12 Rn. 17.

1121 *Riedl*, in: Obermayer, VwVfG, § 12 Rn. 55.

1122 Siehe unter Rn. 582 f.

1123 *Gestner-Heck*, in: BeckOK, VwVfG, § 12 Rn. 21.

abzulehnen;[1124] in von Amts wegen durchzuführenden Verfahren muss die Behörde zunächst versuchen, die Handlungsfähigkeit des Betroffenen herbeizuführen.[1125] Dies kann sie dadurch bewirken, indem sie sich – sofern bereits bestellt – an den Betreuer des Betroffenen als dessen gesetzlichen Vertreter wendet, den Eintritt bzw. die Wiederherstellung der Handlungsfähigkeit abwartet[1126] oder bei Vorliegen der in § 16 VwVfG genannten Voraussetzungen selbst beim Betreuungsgericht einen Antrag auf Bestellung eines Betreuers stellt oder die Anordnung einer Betreuung anregt.[1127] Bis zur Bestellung eines Betreuers hat die Behörde dann das Verfahren auszusetzen.[1128]

Kann der Mangel der Handlungsunfähigkeit nicht behoben werden, ist der von dem Handlungsunfähigen gestellte Antrag als unzulässig abzulehnen und ein den Handlungsunfähigen belastender Verwaltungsakt darf nicht ergehen.[1129] 519

Indes kann der Betreuer den Mangel der Handlungsfähigkeit des Betreuten dadurch heilen, dass er die gegenüber dem oder von dem Betroffenen vorgenommenen Verfahrenshandlungen genehmigt.[1130] Diese Genehmigung kann ausdrücklich oder durch schlüssiges Verhalten des Betreuers erfolgen.[1131] In der bloßen Entgegennahme der Zustellung bzw. Bekanntgabe eines Verwaltungsaktes durch den Betreuer liegt indes keine schlüssig erklärte Genehmigung.[1132] Tritt keine Heilung ein, bleiben diese Verfahrenshandlungen unwirksam. 520

Der handlungsunfähige Betreute kann auch dann keine wirksamen Verfahrenshandlungen vornehmen, wenn sein Betreuer ihn hierzu ermächtigt.[1133] 521

III. Betreuer als gesetzlicher Vertreter im Verwaltungsverfahren

Ist der Beteiligte nicht nach § 12 VwVfG handlungsfähig, muss er durch einen gesetzlichen Vertreter vertreten werden.[1134] Der Betreuer ist dies jedoch nur im Umfang des ihm zugewiesenen Aufgabenkreises (vgl. § 1902 BGB). Im Folgenden wird 522

1124 Die Behörde kann auch in Antragsverfahren in entsprechender Anwendung des § 16 VwVfG verpflichtet sein, dem Betroffenen einen Vertreter zu bestellen (*Gerstner-Heck*, in: BeckOK, VwVfG, § 12 Rn. 21).

1125 So ausdrücklich *Kopp/Ramsauer*, VwVfG, § 12 Rn. 19.

1126 So ausdrücklich *Kopp/Ramsauer*, VwVfG, § 12 Rn. 19.

1127 *Gerstner-Heck*, in: BeckOK, VwVfG, § 12 Rn. 21; vgl. *Kopp/Ramsauer*, VwVfG, § 16 Rn. 4.

1128 *Gerstner-Heck*, in: BeckOK, VwVfG, § 12 Rn. 21.

1129 *Gerstner-Heck*, in: BeckOK, VwVfG, § 12 Rn. 21.

1130 *Kopp/Ramsauer*, VwVfG, § 12 Rn. 26.

1131 *Kopp/Ramsauer*, VwVfG, § 12 Rn. 26.

1132 Vgl. *Kopp/Ramsauer*, VwVfG, § 12 Rn. 26; *Gerstner-Heck*, in: BeckOK, VwVfG, § 12 Rn. 23.

1133 Vgl. *Gerstner-Heck*, in: BeckOK, VwVfG, § 12 Rn. 4.

1134 *Schmitz*, in: Stelkens/Bonk/Sachs, VwVfG, § 12 Rn. 5.

dargestellt, wann zugewiesene Aufgabenkreise die Vertretung in Verwaltungsverfahren erfassen. Dabei wird zwischen der Zuweisung materieller und verfahrensrechtlicher Aufgabenkreise differenziert.

523 Hinsichtlich der Zuweisung materieller Aufgabenkreise gilt das bereits für das zivilprozessuale Verfahren Gesagte: Entscheidend für die gesetzliche Vertretungsmacht des Betreuers ist, dass der dem Verwaltungsverfahren zugrunde liegende Tatsachenkomplex von dem ihm zugewiesenen Aufgabenkreis erfasst ist. Wurde dem Betreuer beispielsweise der materielle Aufgabenkreis der ausländerrechtlichen Angelegenheiten zugewiesen, kann der Betreuer den Betreuten in einem Asylverfahren vertreten.

524 Wie bereits ausgeführt, handelt es sich bei der in der Praxis häufig verwendeten Aufgabenkreisbezeichnung „Vertretung vor Behörden und Gerichten“ grundsätzlich um eine inhaltsleere Floskel, welcher als bloßen Wiederholung der gesetzlichen Vertretungsmacht des § 1902 BGB keine konstitutive Bedeutung zukommt.[1135] Das Betreuungsgericht kann dem Betreuer aber auch ausdrücklich den verfahrensrechtlichen Aufgabenkreis der Vertretung in einem bestimmten Verwaltungsverfahren zuweisen. Das Betreuungsgericht kann dem Betreuer auch einen bestimmten Typus von Verwaltungsverfahren zuweisen.

IV. Bestellung eines Vertreters von Amts wegen (§ 16 VwVfG)

525 § 16 VwVfG regelt die Bestellung eines Vertreters von Amts wegen für Fälle, in denen dies zur Wahrung der Rechte von Beteiligten, die selbst aus tatsächlichen oder rechtlichen Gründen nicht oder nicht ausreichend dazu in der Lage sind, erforderlich erscheint.[1136] Die Vorschrift dient sowohl dem Schutz des Betroffenen als auch dem öffentlichen Interesse und dem Interesse der übrigen Beteiligten. Ohne eine Vertreterbestellung könnte aus Gründen der Rechtsstaatlichkeit ein sachlich unumgängliches Verwaltungsverfahren nicht durchgeführt werden.[1137] § 16 VwVfG setzt voraus, dass für den Betroffenen (bislang) kein Vertreter vorhanden ist. Dies ist nicht nur dann der Fall, wenn für den Betroffenen bis dato keine Betreuung eingerichtet wurde, sondern auch, wenn dem bestellten Betreuer nicht der Aufgabenkreis der Interessenvertretung in dem betreffenden Verwaltungsverfahren zugewiesen wurde.

526 Im Rahmen dieser Arbeit ist § 16 Abs. 1 *Nr. 4* VwVfG von Interesse. Danach hat das Betreuungsgericht auf Ersuchen der Behörde einen geeigneten Vertreter für einen Beteiligten zu bestellen, der infolge einer psychischen Krankheit oder

1135 Dazu unter Rn. 237 ff.
1136 Vgl. *Kopp/Ramsauer*, VwVfG, § 16 Rn. 1.
1137 *Schmitz*, in: Stelkens/Bonk/Sachs, VwVfG, § 16 Rn. 1.

körperlichen, geistigen oder seelischen Behinderung nicht in der Lage ist, in dem Verwaltungsverfahren selbst tätig zu werden. Die Formulierung orientiert sich dabei an § 1896 Abs. 1 BGB.[1138]

1. Besondere Voraussetzungen des § 16 Abs. 1 Nr. 4 VwVfG

Nach § 16 Abs. 1 Nr. 4 VwVfG kann ein Vertreter für einen Beteiligten bestellt werden, wenn der Beteiligte „infolge einer psychischen Krankheit oder körperlichen, geistigen oder seelischen Behinderung nicht in der Lage ist, in dem Verwaltungsverfahren selbst tätig zu werden". Damit sind vier materielle Anforderungen normiert: (1) Bei der zu vertretenen Person muss es sich um einen Beteiligten (§ 13 VwVfG) handeln. (2) Bei dem Beteiligten muss ein krankheitsbedingtes Defizit vorliegen. (3) Er darf nicht in der Lage sein, in dem Verfahren selbst tätig zu werden. (4) Diese Unfähigkeit muss Folge des krankheitsbedingten Defizits sein. Näherer Erklärung bedarf das dritte Erfordernis.

Der Beteiligte muss infolge der Krankheit bzw. Behinderung außerstande sein, 527
die sachlich gebotenen Verfahrenshandlungen vorzunehmen.[1139] Dies erfasst jedenfalls Beteiligte, die im natürlichen Sinne geschäfts- und damit handlungsunfähig sind (§ 12 Abs. 1 Nr. 1 VwVfG i.V.m. § 104 Nr. 2 BGB).[1140] Unklar ist jedoch, ob damit auch verlangt wird, dass der Beteiligte handlungsunfähig iSd § 12 Abs. 1 Nr. 1 VwVfG sein *muss.* In der Literatur wird angenommen, dass § 16 Abs. 1 Nr. 4 VwVfG nicht notwendig voraussetzt, dass der Betroffene geschäftsunfähig und damit handlungsunfähig im Sinne des § 12 Abs. 1 Nr. 1 VwVfG ist.[1141] Rechtsprechung zu dieser Frage gibt es, soweit ersichtlich, nicht.

Dieser Auffassung ist zuzustimmen. Schon der Wortlaut spricht hierfür, da darauf 528
abgestellt wird, dass der Betroffene „nicht in der Lage ist, in dem Verwaltungsverfahren *selbst tätig* zu werden". Für einen Verweis auf die Handlungsunfähigkeit iSd § 12 Abs. 1 Nr. 1 VwVfG hätte eine andere Formulierung näher gelegen. Aber auch der geforderte Ursachenzusammenhang spricht gegen ein solches Verständnis. Der geforderte Krankheitsbezug wäre überflüssig, wenn auf die Handlungsunfähigkeit iSd § 12 Abs. 1 Nr. 1 VwVfG abgestellt würde. Bei Erwachsenen ist die Handlungsunfähigkeit an die natürliche Geschäftsunfähigkeit gebunden, die wiederum per definitionem krankheitsbedingt ist. § 104 Nr. 2 BGB setzt einen die „freie Willensbestimmung ausschließenden Zustand krankhafter Störung der Geistestätigkeit" voraus. Auch ist nicht erkennbar, wie eine körperliche Behinderung iSd § 16 Abs. 1

1138 Vgl. *Kopp/Ramsauer*, VwVfG, § 16 Rn. 1; *Birk*, in: BeckOK, VwVfG, § 16 Rn. 16; *Kopp/Ramsauer*, VwVfG, § 16 Rn. 20.

1139 *Laubinger/Repkewitz*, VerwArch 85, 86 (100).

1140 *Laubinger/Repkewitz*, VerwArch 85, 86 (101); vgl. auch Oberverwaltungsgericht Berlin-Brandenburg, Beschluss vom 11. August 2014 – OVG 11 M 28.14 –, juris.

1141 *Dombert*, in: Mann/Sennekamp/Uechtritz, VwVfG, § 16 Rn. 25; *Riedl*, in: Obermayer, VwVfG, § 16 Rn. 57; *Laubinger/Repkewitz*, VerwArch 85, 86 (101).

Nr. 4 VwVfG zur Handlungsunfähigkeit iSd § 12 Abs. 1 Nr. 1 VwVfG führen könnte. Die Gesetzesbegründung legt vielmehr nahe, dass eine Vertreterbestellung unter den gleichen Voraussetzungen wie eine Betreuerbestellung in Betracht kommt: „Die in § 16 Abs. 1 Nr. 4 vorgesehene Bestellung eines Vertreters für einen Beteiligten, der nicht in der Lage ist, im Verwaltungsverfahren selbst tätig zu werden, knüpft nunmehr an die in § 1896 BGB-E geregelten Voraussetzungen für die Bestellung eines Betreuers an statt an die im bisherigen § 1910 BGB normierten Fälle der Gebrechlichkeitspflegschaft".[1142] Die Geschäftsunfähigkeit ist keine Voraussetzung der Betreuerbestellung nach § 1896 BGB.

529 § 16 Abs. 1 Nr. 4 VwVfG regelt die materiellen Voraussetzungen der Vertreterbestellung nicht abschließend.[1143] § 16 Abs. 4 VwVfG[1144] ist nicht lediglich als Verweis auf das formelle Betreuungsrecht zu verstehen. Dies zeigt sich schon daran, dass die betreuungsrechtlichen Vorschriften auch für „das Amt des Vertreters" entsprechend gelten. Aufgrund der entsprechenden Geltung des gesamten Betreuungsrechts kommt dem Willen des Betroffenen maßgebliche Bedeutung zu. Wenn es sich um einen freien Willen handelt, kommt ihm sogar entscheidende Wirkung zu, und dies schon bei der Frage, ob überhaupt ein Vertreter zu bestellen ist (§ 16 Abs. 4 VwVfG i.V.m. § 1896 Abs. 1a BGB[1145]).

530 Die Bestellung eines Vertreters nach § 16 Abs. 1 VwVfG ist verbunden mit einem Autonomieverlust des Beteiligten, da ein Dritter für ihn das Verwaltungsverfahren beeinflussen kann. Wegen dieser „Eingriffswirkung" ist daher unter dem Aspekt des Schutzes der autonomen Lebensgestaltung Zurückhaltung geboten.[1146] § 16 Abs. 1 Nr. 4 VwVfG dient dem Schutz des Beteiligten, nicht der Erleichterung der Verfahrensführung. Ist der Betroffene noch zur Bestellung eines Bevollmächtigten nach § 14 VwVfG und zur Kommunikation mit diesem in der Lage, ist eine Bestellung eines Vertreters nach § 16 VwVfG ausgeschlossen.[1147]

2. Verfahrensbezogene Voraussetzungen

531 Die Bestellung eines Vertreters nach § 16 VwVfG setzt ein Ersuchen der Behörde an das Betreuungsgericht voraus. Hinsichtlich dieses Ersuchens ist der Behörde ein Ermessensspielraum eingeräumt.[1148] Dabei kann das Ermessen jedoch auf Null

---

1142 BT-Drs. 11/4528, S. 189: zu Nummer 2 (§ 16).

1143 A A. wohl *Schmitz*, in: Stelkens/Bonk/Sachs, VwVfG, § 16 Rn. 6.

1144 § 16 Abs. 4 VwVfG lautet: Im Übrigen gelten für die Bestellung und für das Amt des Vertreters in den Fällen des Absatzes 1 Nr. 4 die Vorschriften über die Betreuung, in den übrigen Fällen die Vorschriften über die Pflegschaft entsprechend.

1145 Dazu bereits die Ausführungen unter Rn. 45 ff.

1146 *Dombert*, in: Mann/Sennekamp/Uechtritz, VwVfG, § 16 Rn. 25.

1147 *Birk*, in: BeckOK, VwVfG, § 16 Rn. 16; *Schmitz*, in: Stelkens/Bonk/Sachs, VwVfG, § 16 Rn. 24.

1148 *Schmitz*, in: Stelkens/Bonk/Sachs, VwVfG, § 16 Rn. 8; *Birk*, in: BeckOK, VwVfG, § 16 Rn. 3.

reduziert sein, wenn für die Behörde erkennbar ist, dass das Verwaltungsverfahren ohne eine Vertreterbestellung nicht durchgeführt werden kann und dadurch zugleich Rechte Dritter verletzt werden.[1149] Dies ist bei drittrechtsbezogenen Verwaltungsverfahren per se der Fall, wenn der Betroffene im natürlichen Sinn geschäftsunfähig (§ 104 Nr. 2 BGB) ist.

Die Bestellung des Vertreters erfolgt im Falle der Volljährigkeit des Betroffenen 532
durch das Betreuungsgericht. Das Betreuungsgericht darf aber nicht von Amts wegen, sondern nur nach einem entsprechenden Ersuchen der Behörde tätig werden. Es ist indes nicht an diesen Antrag der Behörde gebunden, sondern hat selbstständig die Voraussetzungen des § 16 Abs. 1 VwVfG und des Betreuungsrechts (§ 16 Abs. 4 VwVfG) zu prüfen.[1150] Liegen diese vor, *„hat"* das Betreuungsgericht einen Vertreter zu bestellen.[1151] Mithin trifft das Betreuungsgericht auch die Pflicht zur Auswahl eines geeigneten Vertreters.[1152] Insoweit kann auf die Ausführungen zur Auswahl des Betreuers nach den Vorschriften des Betreuungsrechts verwiesen werden.[1153] Geeignet ist der Vertreter nur dann, wenn er selbst geschäftsfähig ist und aufgrund seiner Kenntnisse und Fähigkeiten in der Lage ist, in dem Verwaltungsverfahren die Rechte des Vertretenen angemessen wahrzunehmen.[1154]

3. Rechte und Pflichten eines bestellten Vertreters

Hinsichtlich der Rechte und Pflichten des nach § 16 Abs. 1 Nr. 4 VwVfG bestellten 533
Vertreters wird auf die Vorschriften der Betreuung verwiesen (§ 16 Abs. 4 VwVfG). Insoweit ist der Vertreter der gesetzliche Vertreter des Betroffenen, wobei die Vertretungsbefugnis auf das Verwaltungsverfahren begrenzt ist, für welches er bestellt worden ist (§ 16 Abs. 4 VwVfG i.V.m. § 1902 BGB).[1155] Die Vertreterbestellung durch das Betreuungsgericht ist zwangsläufig auf das konkrete Verwaltungsverfahren begrenzt, für welches die Behörde ein entsprechendes Ersuchen gestellt hat. Der zuzuweisende Aufgabenkreis entspricht mithin der Vertretung in diesem konkreten Verwaltungsverfahren. Als gesetzlicher Vertreter des Betroffenen kann dieser im Verwaltungsverfahren alle Verfahrenshandlungen mit Bindungswirkung für den Betroffenen vornehmen.[1156]

1149 *Schmitz*, in: Stelkens/Bonk/Sachs, VwVfG, § 16 Rn. 8.

1150 Vgl. *Schmitz*, in: Stelkens/Bonk/Sachs, VwVfG, § 16 Rn. 6.

1151 So nur *Birk*, in: BeckOK, VwVfG, § 16 Rn. 20.

1152 *Schmitz*, in: Stelkens/Bonk/Sachs, VwVfG, § 16 Rn. 9.

1153 Dazu unter Rn. 78 ff.

1154 So nur *Birk*, in: BeckOK, VwVfG, § 16 Rn. 4.

1155 *Schmitz*, in: Stelkens/Bonk/Sachs, VwVfG, § 16 Rn. 10; *Laubinger/Repkewitz*, VerwArch 85, 86 (113).

1156 *Schmitz*, in: Stelkens/Bonk/Sachs, VwVfG, § 16 Rn. 10; *Kopp/Ramsauer*, VwVfG, § 16 Rn. 11.

4. Auswirkungen der Vertreterbestellung auf die Handlungsfähigkeit

534 Hat das Betreuungsgericht einen Vertreter im Sinne des § 16 Abs. 1 Nr. 4 VwVfG bestellt, stellt sich die Frage, welche Auswirkungen die Bestellung eines Vertreters auf die Handlungsfähigkeit des Betroffenen hat. Rechtsprechung hierzu ist nicht ersichtlich.[1157] Im Schrifttum werden unterschiedliche Lösungen präsentiert. So wird vertreten, dass die Vertreterbestellung zum Verlust der Handlungsfähigkeit führe.[1158] Andere differenzieren danach, nach welcher Nummer des § 16 Abs. 1 VwVfG ein Vertreter bestellt wurde: Soweit ein Vertreter nach Nr. 4 bestellt wurde, bleibe der Vertretene selbst handlungsfähig.[1159]

535 Vorab sei an dieser Stelle klargestellt, dass sich dieses Problem lediglich bei geschäfts- und damit handlungsfähigen Personen stellt. Ist der Betroffene hingegen im natürlichen Sinne geschäftsunfähig (§ 104 Nr. 2 BGB), ist er (unabhängig von einer Vertreterbestellung) auch handlungsunfähig.

536 Die Vertreterbestellung an sich macht den Betroffenen nicht verwaltungsverfahrensrechtlich handlungsunfähig. § 16 VwVfG enthält keine ausdrückliche Anordnung, dass die Handlungsfähigkeit entfällt. Vielmehr lässt sich – jedenfalls für die Nummer 4 – eine gegenteilige Regelungsanordnung ausmachen. Nach § 16 Abs. 4 VwVfG gelten die Vorschriften über die Betreuung entsprechend. So wie die Betreuerbestellung die Geschäftsfähigkeit des Betroffenen nicht entfallen lässt[1160], lässt dann aber auch die Vertreterbestellung die Handlungsfähigkeit des Betroffenen unberührt.[1161] Zum Verlust der Handlungsfähigkeit kommt es jedoch, wenn der Vertreter das Verfahren übernimmt, also den Betroffenen nicht lediglich unterstützt. Unter die „Vorschriften über die Betreuung" iSd § 16 Abs. 4 VwVfG fallen nicht nur die §§ 1896 ff. BGB, sondern alle Regelungen, die an die Betreuung anknüpfen. Hierzu zählt auch § 12 Abs. 3 VwVfG i.V.m. § 53 ZPO.[1162]

V. Anhörungspflicht des Betreuers und Betreuten nach § 28 VwVfG

537 Es soll nunmehr betrachtet werden, wie sich die Betreuung auf die Anhörungspflicht nach § 28 Abs. 1 VwVfG auswirkt. Die verwaltungsverfahrensrechtliche Anhörungspflicht erfüllt verschiedene Funktionen. In subjektiv-rechtlicher Hinsicht ist mit der

---

1157 Keine Ausführungen hierzu insbesondere in BVerwG, NJW 1990, 60: zu § 19 BDO.

1158 So *Schmitz*, in: Stelkens/Bonk/Sachs, VwVfG, § 16 Rn. 10 m. w. N.; *Birk*, in: BeckOK, VwVfG, § 16 Rn. 5.

1159 Für Fortdauer der Handlungsfähigkeit: *Kopp/Ramsauer*, VwVfG, § 16 Rn. 11 m.w.N.; *Ritgen*, in: Knack/Henneke, VwVfG, § 16 Rn. 12.

1160 Hierzu kann auf die Ausführungen unter Rn. 171 ff. verwiesen werden.

1161 *Ritgen*, in: Knack/Henneke, VwVfG, § 16 Rn. 12; *Kopp/Ramsauer*, VwVfG, § 16 Rn. 11 und 32.

1162 Vgl. *Laubinger/Repkewitz*, VerwArch 85, 86 (114); wohl auch *Birk*, in: BeckOK, VwVfG, § 16 Rn. 5.

Anhörungspflicht ein Anspruch auf rechtliches Gehör verbunden.[1163] Insoweit ist die Anhörung Grundrechtsschutz durch Verfahren, weil der Betroffene schon *vor* der eigentlichen Entscheidung seine Sicht der Dinge in das Verfahren einbringen kann und so gegebenenfalls Eingriffe unterbleiben. Zugleich ist die Anhörung Ausdruck eines fairen und menschenwürdigen Verfahrens, in dem der Einzelne nicht zum bloßen Objekt obrigkeitsstaatlicher Entscheidung gemacht wird.[1164] Neben der subjektiv-rechtlichen Funktion dient die Anhörung auch dem originären Eigeninteresse der Verwaltung. Sie ist Instrument der nach § 24 VwVfG gebotenen amtswegigen Sachverhaltsaufklärung.[1165] Denn vielfach ist es der Betroffene selbst, der am ehesten über die entscheidungserheblichen Informationen verfügt.

Anhörungsberechtigt sind Beteiligte im Sinne von § 13 Abs. 1 VwVfG.[1166] Steht 538
ein Beteiligter im Sinne des § 13 Abs. 1 VwVfG unter Betreuung, ändert dies nichts an seinem formellen Status als Beteiligter. Auch eine fehlende Handlungsfähigkeit des Beteiligten lässt seine im Sinne von § 13 VwVfG begründete Beteiligtenstellung unberührt. Fraglich ist jedoch, ob die Behörde in dem Fall, in dem der Beteiligte unter Betreuung steht, diesen selbst und/oder den Betreuer als dessen gesetzlichen Vertreter anhören muss.

Ausdrücklich findet der gesetzliche Vertreter in § 28 VwVfG keine Erwähnung. 539
Teilweise wird im Schrifttum vertreten, dass auch die Vertreter oder Bevollmächtigten der Beteiligten anhörungsberechtigt seien.[1167] Den Beteiligten stehe ein Wahlrecht zu, ob sie von ihrem Anhörungsrecht selbst oder durch einen Bevollmächtigten oder Vertreter Gebrauch machen.[1168] Umgekehrt sei die Behörde nicht verpflichtet, neben der Anhörung eines Bevollmächtigten auch noch den Beteiligten selbst zu hören.[1169] Etwas anderes gelte nur dann, wenn das Verfahren höchstpersönliche Rechte betreffe oder schwerwiegende Eingriffe in Persönlichkeitsrechte drohen.[1170]

Dieser Ansicht kann indes nicht uneingeschränkt gefolgt werden. Vielmehr 540
bedarf es eines differenzierenden Ansatzes. Die Anhörung stellt eine *Verfahrenshandlung* dar. Die Behörde erfüllt ihre gesetzliche Anhörungspflicht nach § 28 Abs. 1 VwVfG daher nur, wenn wirksam angehört wurde. Wirksam erklären kann sich ein handlungsunfähiger Beteiligter nicht. Insoweit muss die Behörde dem gesetzlichen Vertreter Gelegenheit zur Stellungnahme geben.[1171] Dies ergibt sich auch aus der subjektiv-rechtlichen Funktion der Anhörung. Dient die Anhörung

1163 *Kallerhoff*, in: Stelkens/Bonk/Sachs, VwVfG, § 28 Rn. 2.
1164 *Kallerhoff*, in: Stelkens/Bonk/Sachs, VwVfG, § 28 Rn. 2.
1165 Vgl. nur *Kallerhoff*, in: Stelkens/Bonk/Sachs, VwVfG, § 28 Rn. 3.
1166 *Schwarz*, in: Hk-VerwR, VwVfG, § 28 Rn. 21.
1167 *Schwarz*, in: Hk-VerwR, VwVfG, § 28 Rn. 21.
1168 *Schwarz*, in: Hk-VerwR, VwVfG, § 28 Rn. 23.
1169 *Schwarz*, in: Hk-VerwR, VwVfG, § 28 Rn. 23.
1170 *Schwarz*, in: Hk-VerwR, VwVfG, § 28 Rn. 23.
1171 So im Ergebnis auch *Grünewald*, in: Knack/Hennecke, VwVfG, § 28 Rn. 27.

der Verwirklichung des Anspruches auf rechtliches Gehör, kann dieser Anspruch gegenüber dem Beteiligten selbst *nicht ausreichend* erfüllt werden, wenn dieser nicht mehr in der Lage ist, seinen Willen kundzutun bzw. einen freien Willen überhaupt noch zu bilden.[1172] Insofern besteht die Aufgabe des Betreuers darin, gegenüber der Behörde den Willen des Betreuten kundzutun und dessen Anspruch auf rechtliches Gehör zu verwirklichen.

541 Darüber hinaus kann jedoch auch eine Anhörung des Betreuten selbst geboten sein. Ob und inwieweit *neben* der Anhörung des Betreuers eine solche Anhörung des handlungsunfähigen Beteiligten selbst erforderlich ist, hängt von den Umständen des konkreten Einzelfalles ab.[1173] Der Anspruch auf rechtliches Gehör setzt keinen freien Willen des Betroffenen voraus. Die Frage ist mithin, ob dem Anspruch des Betroffenen durch die Anhörung seines gesetzlichen Vertreters ausreichend genüge getan wird. Dies ist in Fällen schwerwiegender Grundrechtseingriffe abzulehnen. Zur Abwehr schwerer Eingriffe in das Persönlichkeitsrecht (z. B. Freiheitsentziehung) ist zusätzlich die Anhörung des Betroffenen geboten, da das Persönlichkeitsrecht des Betroffenen auch unmittelbar geschützt werden muss und er auch bei natürlicher Einsichtsfähigkeit nicht einseitig zum bloßen Objekt behördlicher Maßnahmen gemacht werden darf.[1174] Zudem kann sich das Erfordernis einer zusätzlichen Anhörung des Betroffenen auch vor dem Hintergrund des Amtsermittlungsgrundsatzes der Behörde (§ 24 VwVfG) ergeben. Die Anhörung dient neben der Gewährung rechtlichen Gehörs auch der Sachverhaltsaufklärung. Vor dem Hintergrund der Informationsgewinnung kann eine Anhörung des Beteiligten selbst zweckmäßig sein, da dieser trotz seiner Handlungsunfähigkeit in der Lage sein kann, zur Tatsachenaufklärung beizutragen. Dies gilt insbesondere für Tatsachen, die in eigenen Handlungen des Beteiligten bestehen oder Gegenstand seiner Wahrnehmung gewesen sind (vgl. § 455 Abs. 2 ZPO). Auch in den Fällen, in denen die Handlungsunfähigkeit ausschließlich dadurch bewirkt wird, dass der Betreuer das Verfahren für den Betreuten im Sinne des § 53 ZPO übernimmt, ist der Beteiligte in der Regel in der Lage, sich zu dem Sachverhalt zu äußern.

542 Ist der unter Betreuung stehende Beteiligte hingegen handlungsfähig, hat die Behörde den unter Betreuung stehenden Beteiligten auch selbst anzuhören. Ein Wahlrecht der Behörde zwischen dem Betreuer und dem Betreuten steht der Behörde auch in diesem Fall nicht zu.[1175] Indes steht es der Behörde frei, neben dem

1172 Vgl. zur Aufgabenstellung des Verfahrenspflegers BGH, NJW-RR 2012, 66 (67).

1173 Eine solche zusätzliche Anhörung des Handlungsunfähigen selbst wohl ablehnend: *Grünewald*, in: Knack/Hennecke, VwVfG, § 28 Rn. 27: „Anstelle des Beteiligten ist in folgenden Fällen dessen Vertreter anzuhören (...)“.

1174 So ausdrücklich *Schmitz*, in: Stelkens/Bonk/Sachs, VwVfG, § 12 Rn. 6, 9.

1175 So wohl auch *Grünewald*, in: Knack/Hennecke, VwVfG, § 28 Rn. 26, 27; a.A. wohl *Schwarz*, in: Hk-VerwR, VwVfG, § 28 Rn. 23.

handlungsfähigen Betreuten auch noch dessen Betreuer anzuhören.[1176] Gegebenenfalls ist die Behörde vor dem Hintergrund des Amtsermittlungsgrundsatzes hierzu auch verpflichtet.

Ist für den Beteiligten gemäß § 16 Abs. 1 Nr. 4 VwVfG ein Vertreter von Amts wegen bestellt worden, gelten dieselben Grundsätze einer Anhörungspflicht wie für die Bestellung eines Betreuers. Ist der Beteiligte handlungsunfähig, hat die Behörde den von Amts wegen bestellten Vertreter anzuhören.[1177] Dies wird in der Praxis der Regelfall sein, da der Vertreter das Verfahren nach seiner Bestellung für den Betroffenen im Sinne des § 53 ZPO übernehmen wird und insofern der Betroffene einem Handlungsunfähigen gleichgestellt wird. 543

VI. Akteneinsichtsrecht des Betreuers nach § 29 VwVfG

Die Behörde hat nach § 29 Abs. 1 S. 1 VwVfG den Beteiligten Einsicht in die das Verfahren betreffenden Akten zu gestatten, soweit deren Kenntnis zur Geltendmachung oder Verteidigung ihrer rechtlichen Interessen erforderlich ist.[1178] Der berechtigte Personenkreis ist grundsätzlich auf die *Beteiligten* im Sinne des § 13 VwVfG beschränkt (formeller Beteiligtenbegriff).[1179] Der Antrag auf Akteneinsicht nach § 29 VwVfG ist eine Verfahrenshandlung, zu deren Wirksamkeit der Antragsteller handlungsfähig im Sinne des § 12 VwVfG sein muss.[1180] 544

Soweit der Betreuer den handlungsunfähigen Betreuten in einem Verwaltungsverfahren gesetzlich vertritt, kann er *als Vertreter* des Betreuten das Akteneinsichtsrecht des Betreuten geltend machen.[1181] Dies setzt notwendig voraus, dass der von dem Verwaltungsverfahren betroffene Sachbereich von einem dem Betreuer zugewiesenen Aufgabenkreis umfasst ist. Dies hat die Behörde vor Gewährung der Akteneinsicht entsprechend zu prüfen. 545

Ist der Betreute selbst handlungsfähig, kann an sich nur er ein Akteneinsichtsgesuch an die Behörde richten. Der Betreuer kann in diesem Fall insoweit nicht als gesetzlicher Vertreter handeln. Erörterungswürdig erscheint jedoch, ob dem Betreuer nicht insoweit ein Akteneinsichtsrecht zuzubilligen ist, damit er prüfen kann, ob er das Verwaltungsverfahren gemäß § 12 Abs. 3 VwVfG i.V.m. § 53 ZPO an sich zieht. Untunlich wäre es, allein in dem Gesuch um Akteneinsicht bereits eine Übernahmeerklärung iSd § 53 ZPO zu erblicken, da dieses – jedenfalls ohne weitere 546

1176 So für den Bevollmächtigten und den Vertreter nach §§ 17, 18 VwVfG *Grünewald*, in: Knack/Hennecke, VwVfG, § 28 Rn. 32.

1177 Für eine generelle Anhörungspflicht des Vertreters hingegen *Grünewald*, in: Knack/Hennecke, VwVfG, § 28 Rn. 29.

1178 Umfassend zum Akteneinsichtsrecht nach § 29 VwVfG: *Troidl*, Akteneinsicht im Verwaltungsrecht, Rn. 224 ff.

1179 *Troidl*, Akteneinsicht im Verwaltungsrecht, Rn. 240.

1180 *Gerstner-Heck*, in: BeckOK, VwVfG, § 12 Rn. 2.

1181 Vgl. *Grünewald*, in: Knack/Hennecke, VwVfG, § 29 Rn. 10.

Umstände – keinen Schluss darauf zulässt, dass der Betreuer die Verfahrensführung an sich ziehen will. Dem Betreuer steht jedoch in entsprechender Anwendung des § 29 VwVfG ein Einsichtsrecht zu, wenn die Voraussetzungen dafür vorliegen, dass er das Verfahren nach § 12 Abs. 3 VwVfG i.V.m. § 53 ZPO übernehmen könnte. Für eine entsprechende Anwendung spricht, dass so vermieden wird, dass der Betreuer das Verfahren formal an sich ziehen muss, damit er prüfen kann, ob er es dem Betreuten nicht doch wieder überlassen kann. Insoweit liegt darin auch ein grundrechtsschonendes Vorgehen, das eine autonome Verfahrensführung durch den Betreuten weitestgehend ermöglicht.

547 Ist gemäß § 16 Abs. 1 Nr. 4 VwVfG ein Vertreter bestellt worden, stehen diesem die gleichen Rechte zu, die einem Betreuer zustehen. Mithin kann auch der Vertreter das Akteneinsichtsrecht des Betroffenen für diesen ausüben.[1182]

VII. Bekanntgabe von Verwaltungsakten

548 Will die Behörde einen Verwaltungsakt bekanntgeben, stellt sich bei unter Betreuung stehenden Personen häufig das Problem, ob die Bekanntgabe an den Betreuer oder an die betreute Person selbst zu erfolgen hat. Dieser Fragestellung wird im Folgenden nachgegangen.

549 Das Verwaltungsverfahrensgesetz regelt selbst nicht, was unter dem Bekanntgeben eines Verwaltungsaktes zu verstehen ist. Es enthält in § 41 VwVfG Vorgaben, wem gegenüber die Bekanntgabe zu erfolgen hat. Dem § 43 Abs. 1 VwVfG lässt sich entnehmen, dass die Bekanntgabe Existenzvoraussetzung eines Verwaltungsaktes ist. Wie der Begriff der Bekanntgabe zu verstehen ist, wird dabei weitgehend durch die Funktion der Bekanntgabe bestimmt. Sie dient der Verhinderung von Geheimverwaltung und ist als Publizitätserfordernis rechtsstaatliches Minimum für regelnde Hoheitsakte. Unter Bekanntgabe wird daher gemeinhin die Eröffnung des Inhalts eines Verwaltungsaktes verstanden.[1183] Sie ist der Akt des *Zur-Kenntnisgebens*, damit der Adressat weiß, was für ihn rechtens sein soll und damit er sich dementsprechend verhalten kann.[1184]

550 Die Bekanntgabe setzt einen entsprechenden Willen der Behörde voraus.[1185] Die Behörde muss den Erklärungsträger bewusst in Richtung auf den Adressaten in Umlauf gebracht haben (*Mitteilungswille*). Und die Behörde muss damit die Absicht verbinden, den Regelungsinhalt gegenüber dem Adressaten wirksam werden zu lassen (*Regelungsabsicht*). An der Regelungsabsicht fehlt es beispielsweise, wenn die

---

1182 *Grünewald*, in: Knack/Hennecke, VwVfG, § 29 Rn. 10.

1183 Vgl. BVerwG, Urteil vom 23. Juli 1965 – VII C 175.64 –, Rn. 6 (juris); *Tiedemann*, in: BeckOK, VwVfG, § 41 Rn. 3.

1184 Vgl. *Stelkens*, in: Stelkens/Bonk/Sachs, VwVfG, § 41 Rn. 1.

1185 BVerwG, Urteil vom 23. Juli 1965 – VII C 175.64 –, Rn. 6 (juris); BFH, NVwZ 1987, 632.

Behörde einen als solchen erkennbaren Bescheidentwurf übersendet, um dem Betroffenen Gelegenheit zu geben, auf den endgültigen Inhalt Einfluss zu nehmen.[1186] Maßgeblich für die Bestimmung des Mitteilungswillens ist der natürliche Wille des die Behörde repräsentierenden Amtswalters.[1187] Dabei muss es sich um einen vertretungsbefugten Amtswalter handeln.[1188] Die behördeninterne Geschäftsverteilung ist jedoch unerheblich.[1189]

Mitteilungs- und Regelungswille müssen auf eine bestimmte Person bzw. einen 551
bestimmten Personenkreis bezogen sein. Wem gegenüber der Inhalt eröffnet werden soll, wer also gleichsam im Adresskopf steht, ist der sog. Bekanntgabeadressat.[1190] Wem gegenüber die Regelung wirksam werden soll, ist der Inhaltsadressat oder der materielle Adressat.[1191] Bekanntgabe- und Inhaltsadressat sind im Regelfall personengleich, jedoch ist dies nicht zwingend.[1192] Wer Inhaltsadressat ist, ob dieser also mit dem Bekanntgabeadressaten übereinstimmt, ist durch Auslegung (§§ 133, 157 BGB analog) zu ermitteln.[1193]

Ein Sonderfall der Bekanntgabe ist die Zustellung, bei der es sich um eine förmliche Bekanntgabe handelt.[1194] Geregelt sind die Förmlichkeiten der Zustellung im Zustellungsgesetz des Bundes (VwZG) und den Zustellungsgesetzen der Länder. Im Folgenden wird das Bundeszustellungsgesetz zugrunde gelegt. Hinzuweisen ist darauf, dass für die Zustellung von Widerspruchsbescheiden stets das VwZG gilt (§ 73 Abs. 3 S. 1 und 2 VwGO). Im Folgenden wird zunächst die Zustellung dargestellt, da sich im VwZG besondere Vorgaben für die Zustellung an Betreute finden. Erst danach wird die formlose Bekanntgabe betrachtet.

1. Förmliche Bekanntgabe nach dem VwZG

Die Zustellung wird legaldefiniert als die Bekanntgabe eines schriftlichen oder elek- 552
tronischen Dokuments in der im Verwaltungszustellungsgesetz vorgeschriebenen Form (§ 2 Abs. 1 VwZG). Das Zustellungsverfahren findet Anwendung, soweit dies durch Rechtsvorschrift oder behördliche Anordnung bestimmt ist, § 1 Abs. 2

1186 Vgl. Oberverwaltungsgericht für das Land Mecklenburg-Vorpommern, Beschluss vom 09. Mai 2012–2 L 330/11 –, Rn. 9 f. (juris).
1187 BFH, NJW 1987, 632.
1188 *Tiedemann*, in: BeckOK, VwVfG, § 41 Rn. 7.
1189 *Tiedemann*, in: BeckOK, VwVfG, § 41 Rn. 7.
1190 Vgl. BVerwG, Beschluss vom 21. Juli 2014–3 B 70.13 –, Rn. 8 (juris): „Die Frage, an wen sich ein Bescheid richtet, wer also so genannter Bekanntgabeadressat der Regelungen des Bescheides ist".
1191 Zu diesem Begriff *Stelkens*, in: Stelkens/Bonk/Sachs, VwVfG, § 37 Rn. 10.
1192 OVG Lüneburg, Urteil vom 19. Dezember 2002–8 L 1823/99 –, Rn. 30 (juris).
1193 Vgl. BVerwG, Urteil vom 12. März 2014–8 C 32.12 –, Rn. 45 (juris); NVwZ 2012, 1413, Rn. 11; NJW-RR 1995, 73 (74).
1194 BVerwG, Urteil vom 23. Juli 1965 – VII C 175.64 –, Rn. 6 (juris).

VwZG. Kommt das Zustellungsverfahren zur Anwendung, bestimmt die Behörde, an welche Person sie zustellt. Indes kann ausschließlich an *handlungsfähige* Personen zugestellt werden.

a. Zustellung an Geschäftsunfähige und beschränkt Geschäftsfähige (§ 6 Abs. 1 S. 1 VwZG)

553 Nach § 6 Abs. 1 S. 1 VwZG ist bei Geschäftsunfähigen oder beschränkt Geschäftsfähigen an ihre gesetzlichen Vertreter zuzustellen. Die Zustellung an geschäftsunfähige oder beschränkt geschäftsfähige Personen ist grundsätzlich unwirksam.[1195] Dabei kommt es nicht darauf an, dass die Behörde den Mangel der Geschäftsfähigkeit kennt.[1196] Im öffentlichen Recht gibt es keinen Schutz des guten Glaubens der Behörde an die Geschäftsfähigkeit des Betroffenen.[1197]

554 Ist der Betreute im natürlichen Sinne geschäftsunfähig (§ 104 Nr. 2 BGB), hat die Behörde nach § 6 Abs. 1 S. 1 VwZG an den gesetzlichen Vertreter zuzustellen. Dies kann nur ein Betreuer sein, der angesichts der ihm übertragenen Aufgabenkreise *für das konkrete Verfahren* der gesetzliche Vertreter des Betreuten ist. Es genügt nicht, dass überhaupt ein Betreuer bestellt ist, da dessen Stellung als gesetzlicher Vertreter relativ zu den übertragenen Aufgabenkreisen ist (vgl. § 1902 BGB).

555 Ist der Betreute im natürlichen Sinn geschäftsfähig, ist § 6 Abs. 1 S. 1 VwZG nicht anzuwenden. Die Betreuungsanordnung führt nicht dazu – selbst wenn ein Einwilligungsvorbehalt angeordnet ist –, dass der Betroffene geschäftsunfähig wird oder den *Status* einer beschränkt geschäftsfähigen Person erhält.[1198]

b. Zustellung an Betreute (§ 6 Abs. 1 S. 2 VwZG)

556 Für Betreute ordnet § 6 Abs. 1 S. 2 VwZG an: „Gleiches [= Pflicht zur Zustellung an den gesetzlichen Vertreter] gilt bei Personen, für die ein Betreuer bestellt ist, soweit der Aufgabenkreis des Betreuers reicht."

557 Damit kann dem Wortlaut nach nur an den Betreuer zugestellt werden, wenn das Verfahren einem Aufgabenkreis des Betreuers unterfällt. Und zwar selbst dann, wenn der Betreute iSd § 12 VwVfG uneingeschränkt handlungsfähig ist.

558 Dies entspricht der Regelungsabsicht des Gesetzgebers. Die Regelung ist durch Art. 7 § 2 des Betreuungsgesetzes eingefügt worden. In der Gesetzesbegründung heißt es: „§ 7 Abs. 1 VwZG schreibt die Zustellung an den gesetzlichen Vertreter bei Geschäftsunfähigen oder beschränkt Geschäftsfähigen vor; geschäftsunfähig ist

---

1195 *Glotzbach*, in: Engelhardt/App/Schlatmann, VwVG/VwZG, § 6 Rn. 1; *Sadler*, VwVG/VwZG, § 6 VwZG Rn. 3.

1196 Vgl. *Glotzbach*, in: Engelhardt/App/Schlatmann, VwVG/VwZG, § 6 Rn. 1; *Sadler*, VwVG/VwZG, § 6 VwZG Rn. 3.

1197 *Ronellenfitsch/Rost*, in: BeckOK, VwVfG, § 6 VwZG Rn. 6.

1198 Dazu die Ausführungen unter Rn. 171 ff.

nach dem bisher geltenden Recht auch der wegen Geisteskrankheit Entmündigte (§ 104 Nr. 3 BGB), beschränkt geschäftsfähig der wegen Geistesschwäche, Verschwendung, Trunksucht oder Rauschgiftsucht Entmündigte (§ 114 BGB). Mit dem Wegfall der Entmündigung erfaßt die Vorschrift nur noch den Minderjährigen bzw. im natürlichen Sinne Geschäftsunfähigen (§ 104 Nr. 2 BGB). Um den Schutz einer künftig unter Betreuung stehenden Person vor nachteiligen Wirkungen der Zustellung (z. B. Ablauf von Fristen) auch für den Fall sicherzustellen, daß sie nicht im natürlichen Sinne geschäftsunfähig ist, bedarf Absatz 1 der Ergänzung. *Eine Zustellung in einer Angelegenheit, die in den Aufgabenkreis eines Betreuers fällt, muß an diesen gerichtet werden.*"[1199]

Insoweit besteht ein erheblicher Unterschied zum Zustellungsrecht der ZPO. 559
Zivilgerichtliche Entscheidungen, die auch die Rechtsmittelfristen auslösen können, können dem Betreuten ohne Weiteres wirksam zugestellt werden, sofern er nicht nach §§ 52, 53 ZPO prozessunfähig ist oder als prozessunfähig gilt (vgl. § 170 Abs. 1 ZPO). Gleiches gilt für verwaltungsgerichtliche Entscheidungen aufgrund der Verweisung des § 56 Abs. 2 VwGO in das Zustellungsrecht der ZPO. Insoweit besteht ein offener Wertungswiderspruch, da nicht erkennbar ist, wieso der Betreute im Verwaltungsverfahren schutzbedürftiger ist als im verwaltungs- und zivilgerichtlichen Verfahren.

Dieser Wertungswiderspruch ist jedoch vor dem Hintergrund des klaren Wort- 560
lauts und der deutlich erkennbaren Regelungsabsicht hinzunehmen.[1200] Insoweit ist die Norm auch keiner teleologischen Reduktion zugänglich. „Eine Interpretation, die als richterliche Rechtsfortbildung den klaren Wortlaut des Gesetzes hintanstellt, keinen Widerhall im Gesetz findet und vom Gesetzgeber nicht ausdrücklich oder – bei Vorliegen einer erkennbar planwidrigen Gesetzeslücke – stillschweigend gebilligt wird, greift unzulässig in die Kompetenzen des demokratisch legitimierten Gesetzgebers ein".[1201]

2. Formlose Bekanntgabe nach dem VwVfG

Für die formlose Bekanntgabe enthält das VwVfG keine dem § 6 Abs. 1 S. 1 VwZG 561
entsprechende Bestimmung. Insoweit bestimmt sich die „Bekanntgabefähigkeit" grundsätzlich allein nach Maßgabe der verwaltungsverfahrensrechtlichen

1199 BT-Drs. 11/4528, S. 189: zu § 2 Verwaltungszustellungsgesetz (Hervorhebung nicht im Original).

1200 A.A. *Schlatmann*, in: Engelhardt/App/Schlatmann, VwVG/VwZG, § 6 VwZG Rn. 2: „Soweit die rechtliche Handlungsfähigkeit des Betreuten reicht, ist an diesen selbst als Adressaten zuzustellen."; *Kruse*, in: Tipke/Kruse, § 6 VwZG Rn. 3; für das Sozialrecht *Heße*, in: BeckOK-Sozialrecht, § 65 SGB X Rn. 1: „Bei Betreuerbestellung oder Mangel der Geschäftsfähigkeit ist nach § 6 Abs. 1 VwZG an den ges. Vertreter zuzustellen, es sei denn, es besteht Handlungsfähigkeit nach § 36 SGB I."

1201 BVerfG, NJW 2011, 836 (838): zum nachehelichen Unterhalt.

Handlungsfähigkeit iSd § 12 VwVfG.[1202] Danach könnte dem Betreuten ein Verwaltungsakt formlos bekannt gegeben werden, soweit er nicht natürlich geschäftsunfähig (§ 12 Abs. 1 Nr. 1 VwVfG i.V.m. § 104 Nr. 2 BGB) ist, das Verfahren keinen Aufgabenkreis betrifft, für den ein Einwilligungsvorbehalt angeordnet ist (§ 12 Abs. 2 VwVfG) und der Betreuer das Verfahren nicht an sich gezogen hat (§ 12 Abs. 3 VwVfG i.V.m. § 53 ZPO).

562 Vor dem Hintergrund der Schutzfunktion des § 6 Abs. 1 S. 2 VwZG ist jedoch eine analoge Anwendung für die Fälle der formlosen Bekanntgabe geboten.[1203] Es ist nicht ersichtlich, warum der mit § 6 Abs. 1 S. 2 VwZG bezweckte Schutz bei der formlosen Bekanntgabe nicht geboten ist. Der Gesetzgeber bezweckte den Schutz „vor nachteiligen Wirkungen der Zustellung (z. B. Ablauf von Fristen)".[1204] Von einer formlosen Bekanntgabe gehen aber keine anderen Wirkungen aus als von einer förmlichen Bekanntgabe bzw. Zustellung. Die Wirkungen knüpfen an die Handlungsform des Verwaltungsaktes an und nicht an den Modus der Bekanntgabe. Vor diesem Hintergrund ist auch nicht anzunehmen, dass es sich um eine planmäßige Regelungslücke des Gesetzgebers handelt.

563 Für unter Betreuung stehende Betroffene bedeutet dies also: Sofern die Betreuung auch das betreffende Sachgebiet des Verwaltungsverfahrens erfasst, fallen Inhaltsadressat und Bekanntgabeadressat des Verwaltungsaktes notwendig auseinander, da der Verwaltungsakt dem Betreuer bekanntzugeben ist. Sind mehrere Betreuer bestellt, genügt die Bekanntgabe an einen von ihnen (§ 6 Abs. 3 VwZG analog).[1205]

3. Möglichkeit der Heilung bei fehlerhafter Bekanntgabe

564 Da weder eine förmliche noch eine formlose Bekanntgabe gegenüber dem Betreuten selbst möglich ist, liegt kein existenter Verwaltungsakt vor, wenn der Betreute Bekanntgabeadressat ist (vgl. § 43 Abs. 1 VwVfG). Klärungsbedürftig ist, ob dieser Mangel durch andere Umstände geheilt werden kann.

a. Heilung nach § 8 VwZG (analog) durch Kenntnisnahme des Betreuers

565 Wenn der Betreute die tatsächliche Verfügungsgewalt über den Erklärungsträger, wie eine Bescheidurkunde, erhalten hat, wirft dies die Frage auf, ob der Mangel der Bekanntgabe geheilt wird, wenn der Betreuer Kenntnis von diesem Bekanntgabebzw. Regelungsversuch erhält. So ist es denkbar, dass der Betreute seinem Betreuer

---

1202 Vgl. BVerwG, NJW 1994, 2633 (2634); NJW 1985, 576 (576 f.); OVG Schleswig, NVwZ-RR 1994, 484.

1203 BFH, Beschluss vom 10. Mai 2007 – VIII B 125/06 –, Rn. 12 (juris); VG München, Urteil vom 21. Juli 2009 – M 4 K 08.2518 –, Rn. 33 (juris); *Stelkens*, in: Stelkens/Bonk/Sachs, VwVfG, § 41 Rn. 50.

1204 BT-Drs. 11/4528, S. 189: zu § 2 (Verwaltungszustellungsgesetz).

1205 Vgl. *Tiedemann*, in: BeckOK, § 41 Rn. 38; *Stelkens*, in: Stelkens/Bonk/Sachs, VwVfG, § 41 Rn. 50.

ein behördliches Schreiben übergibt. In der Praxis ist die Kenntnis des Betreuers vielfach rein zufällig bedingt oder erfolgt im Zusammenhang mit dem Aufgabenkreis „Öffnung und Entgegennahme von Post".

566 Das VwVfG trifft keine Regelungen zur Heilung von Fehlern bei der Bekanntgabe. Eine explizite Regelung enthält jedoch das Zustellungsrecht in § 8 VwZG. Nach § 8 VwZG gilt: „Lässt sich die formgerechte Zustellung eines Dokumentes nicht nachweisen oder ist es unter Verletzung zwingender Zustellungsvorschriften zugegangen, gilt es als in dem Zeitpunkt zugestellt, in dem es dem Empfangsberechtigten tatsächlich zugegangen ist (...)". Der Regelungsgedanke des § 8 VwZG gilt entsprechend auch bei der formlosen Bekanntgabe.[1206]

567 Nach § 8 VwZG tritt die Heilung ein, wenn dem Empfangsberechtigten das Dokument tatsächlich zugegangen ist.[1207] Empfangsberechtigt ist derjenige, an den die Zustellung nach dem Gesetz zu richten war oder gerichtet werden konnte.[1208] Gelangt das Schriftstück so in den Machtbereich des Empfangsberechtigten, dass er unter normalen Umständen die Möglichkeit hat, von ihrem Inhalt Kenntnis zu nehmen, ist es tatsächlich zugegangen.[1209] Dies ist in jedem Fall dann anzunehmen, wenn der Empfangsberechtigte das zuzustellende Schriftstück „in die Hand bekommen hat".[1210]

568 Von Teilen der Rechtsprechung[1211] und Literatur[1212] wird es abgelehnt, dass mit der bloßen tatsächlichen Kenntnisnahme durch den Betreuer die unwirksame Bekanntgabe geheilt wird. Andere halten die Heilungsvorschriften demgegenüber für anwendbar.[1213]

569 Die ablehnende Ansicht verweist teilweise zur Begründung auf die Aspekte der *Rechtssicherheit und Verfahrensklarheit.*[1214] Dies erscheint jedoch wenig überzeugend. Es bleibt unklar, welche konkreten schutzwürdigen Aspekte sich hinter diesen Begriffen verbergen. Jedenfalls verzichtet schon das VwZG mit der Möglichkeit der Heilung nach § 8 VwZG auf die durch das Zustellungsverfahren an sich gewollte

---

1206 Vgl. BVerwG, NJW-RR 1995, 73 (75); BFH, NVwZ 2005, 1462 (1463); *Stelkens*, in: Stelkens/Bonk/Sachs, VwVfG, § 41 Rn. 232.

1207 *Ronellenfitsch/Rost*, in: BeckOK, VwVfG, § 8 VwZG Rn. 10.

1208 *Ronellenfitsch/Rost*, in: BeckOK, VwVfG, § 8 VwZG Rn. 13.

1209 *Ronellenfitsch/Rost*, in: BeckOK, VwVfG, § 8 VwZG Rn. 10.

1210 Vgl. BGH, NJW 2001, 1946 (1948); *Ronellenfitsch/Rost*, in: BeckOK, VwVfG, § 8 VwZG Rn. 10.

1211 Verwaltungsgerichtshof Baden-Württemberg, Urteil vom 02. November 2010–11 S 2079/10 –, Rn. 23 (juris): zum entsprechenden § 9 VwZG BW; VG Würzburg, Beschluss vom 24. April 2014 – W 4 S 14.320, W 4 K 14.319 –, Rn. 13 (juris).

1212 Vgl. *Schlatmann*, in: Engelhardt/App/Schlatmann, VwVG/VwZG, § 6 VwZG Rn. 6; *Ronellenfitsch/Rost*, in: BeckOK, VwVfG, § 8 VwZG Rn. 9.

1213 VG München, Urteil vom 21. Juli 2009 – M 4 K 08.2518 –, Rn. 34 (juris); VG Hannover, Urteil vom 12. Mai 2014–13 A 7701/13 –, Rn. 59 (juris).

1214 VGH Baden-Württemberg, B. v. 8.3.2005, AZ: 1 S 254/05, Rn. 6 (juris); *Stelkens*, in: Stelkens/Bonk/Sachs, § 41 Rn. 51 m.w.N.

Sicherheit und Klarheit hinsichtlich des Zeitpunktes des Zugangs. Eine Unklarheit über die Person des Inhaltsadressaten kann ohnehin nicht durch § 8 VwZG geheilt werden. In der Praxis wird hierüber auch kaum Unklarheit herrschen. Der lebensnahe Fall ist, dass der Behörde die Betreuung unbekannt ist und sie deshalb den (unerkannt unter Betreuung stehenden) Inhaltsadressaten auch als Bekanntgabeadressaten ausgewählt hat.

570 Nach zutreffender Begründung kommt eine Heilungsmöglichkeit durch die tatsächliche Kenntnisnahme des Betreuers mangels des *erforderlichen Bekanntgabewillens* der Behörde gegenüber dem Betreuer nicht in Betracht.[1215] Der Bekanntgabewille muss sich nicht nur auf die Bekanntgabe an sich, sondern auch auf den richtigen Bekanntgabeadressaten beziehen.[1216] Kann die Behörde einen Verwaltungsakt nur wirksam an den Betreuer bekanntgeben, muss sich ihr Bekanntgabewille auch auf ihn beziehen. Ein Bekanntgabewille, welcher sich ausschließlich auf den handlungsunfähigen oder unter Betreuung stehenden Betroffenen bezieht, läuft ins Leere, da sie diesem gegenüber nicht wirksam bekanntgeben kann.

571 Der Bekanntgabewille der Behörde muss sich demnach auf denjenigen beziehen, der auch zum Empfang berechtigt ist. Hatte die Behörde jedoch keinen Bekanntgabewillen gegenüber dem ausschließlich Empfangsberechtigten Betreuer, liegt de facto kein Bekanntgabewille der Behörde vor. Eine Heilung des fehlenden Bekanntgabewillens nach § 8 VwZG kann nicht angenommen werden. Der fehlende Bekanntgabewille ist kein Zustellungsmangel, sondern unabdingbare Voraussetzung der Bekanntgabe bzw. Zustellung.[1217] § 8 VwZG kann hingegen nur solche Fehler heilen, die bei der *Ausführung* der Zustellung unterlaufen; nicht erfasst sind hingegen Fehler, die die Bekanntgabe der Entscheidung als solche betreffen.[1218] Mangelt es der Behörde an dem Willen, die Zustellung an den Empfangsberechtigten vorzunehmen, ist dies ein Fehler, der die Bekanntgabe als solche betrifft.[1219] Mithin bewirkt in den Fällen, in denen die Behörde keine Kenntnis von der Betreuung oder der Handlungsunfähigkeit des Betroffenen hatte, die zufällige Kenntnisnahme des Bescheids durch den Betreuer keine Heilung nach § 8 VwZG.

Für die Angemessenheit dieses Ergebnisses spricht auch ein Vergleich mit den Vorgaben des materiellen Zivilrechts. Gemäß § 131 Abs. 1 und Abs. 2 S. 1 BGB (i.V.m. § 1903 Abs. 1 S. 2 BGB) wird eine Willenserklärung, die einem Geschäftsunfähigen oder einem beschränkt Geschäftsfähigen gegenüber abgegeben wurde, mit dem Zugang beim gesetzlichen Vertreter wirksam. Es entspricht der herrschenden Auffassung, dass die bloß zufällige Kenntnisnahme des gesetzlichen Vertreters

---

1215 VGH Mannheim, BeckRS 2011, 45432; VG Würzburg, Beschluss vom 24. April 2014 – W 4 S 14.320, W 4 K 14.319 –, Rn. 13 (juris); OVG Münster, NJW 1989, 120 (121); vgl. VG Potzdam, NVwZ 1999, 214 (215).

1216 Vgl. OVG Münster, NJW 1989, 120 (121); vgl. VGH Mannheim, BeckRS 2011, 45432.

1217 Vgl. VGH Mannheim, NVwZ 1989, 76 (77); vgl. BVerwG, Urteil vom 19. Juni 1963 – V C 198.62 –, Rn. 15 (juris).

1218 OVG Münster, NJW 1989, 120 (121).

1219 OVG Münster, NJW 1989, 120 (121).

hierfür nicht genügt, sondern die Willenserklärung in Richtung auf den gesetzlichen Vertreter abgegeben werden muss.[1220]

b. Heilung durch Genehmigung

Erlangt der Betreuer zufällig Kenntnis von einem an seinen Betreuten gerichteten Bescheid, hat er die Möglichkeit den unzureichenden bzw. fehlenden Bekanntgabewillen der Behörde zu heilen, indem er die fehlerhafte Bekanntgabe genehmigt.[1221] Die Genehmigung des Betreuers wirkt ex tunc.[1222] Ob eine solche Genehmigung dem Wohl des Betroffenen entspricht (vgl. § 1901 Abs. 2 S. 1 BGB), hat der Betreuer im Einzelfall anhand der konkreten Umstände zu beurteilen. 572

c. Heilung durch „rügelose Einlassung" des Betreuers

In der Rechtsprechung wird vielfach vertreten, der Betroffene könne die fehlerhafte Bekanntgabe nicht mehr rügen, wenn er vorbehaltlos die Handlung vornehme, die ihm der Verwaltungsakt aufgebe, oder wenn er die gegen den Verwaltungsakt vorgesehenen Rechtsbehelfe einlege, ohne die fehlerhafte Bekanntgabe zu rügen.[1223] Zur dogmatischen Fundierung dieser Folge wird teils darauf abgestellt, dass es sich um einen Fall der *Heilung* handle. Andere verweisen demgegenüber auf das Institut der *Verwirkung* oder des *Verzichts*. Alle Ansätze überzeugen jedoch nicht.[1224] 573

Wollte die Behörde den Bescheid nicht an den Empfangsberechtigten richten, erlangt dieser mangels Bekanntgabewillens keine Wirksamkeit.[1225] Die Heilung setzt jedoch zumindest einen existenten Verwaltungsakt voraus. Die rügelose Einlassung kann nicht die Wirksamkeit des Bescheides selbst herbeiführen. Dies stünde mit dem Rechtsstaatsprinzip nicht in Einklang, da § 43 Abs. 1 VwVfG die Existenz des Verwaltungsaktes von dessen Bekanntgabe abhängig macht. 574

Gleiches gilt für die Verwirkung. Diese hat lediglich den Rechtsverlust zur Folge, kann jedoch nicht selbst die Wirksamkeit eines Verwaltungsaktes herbeiführen. Überdies kann eine Verwirkung nicht mit der bloßen Nichtreaktion auf eine gescheiterte Bekanntgabe begründet werden, da das für die Annahme einer Verwirkung 575

1220 Vgl. BGH, Beschluss vom 13.04.1989 – V ZR 145/88 (BeckRS 2011, 04601); BAG, NJW 2011, 872, Rn. 24; AG Brandenburg, Beschluss vom 18. Dezember 2008–31 C 249/08 – , Rn. 9 (juris); *Wendtland*, in: BeckOK, BGB, § 131 Rn. 4; a. A. *Boemke/ Schönfelder*, JuS 2013, 7 (9) m.w.N.

1221 VGH Mannheim, BeckRS 2011, 45432; vgl. BVerwG, NJW 1985, 576 (577); *Stelkens*, in: Stelkens/Bonk/Sachs, VwVfG, § 41 Rn. 51.

1222 Vgl. *Stelkens*, in: Stelkens/Bonk/Sachs, VwVfG, § 41 Rn. 51.

1223 VGH Kassel, NVwZ 1986, 137; OVG Münster, NVwZ 1995, 395 (396); weitere Nachweise bei *Fröhlich*, in: Mann/Sennekamp/Uechtritz, VwVfG, § 41 Rn. 98.

1224 OVG Münster, NJW 1989, 120 (121); a.A. VG Würzburg, Beschluss vom 24. April 2014 - W 4 S 14.320, W 4 K 14.319 –, Rn. 13 (juris).

1225 OVG Münster, NJW 1989, 120 (121).

erforderliche Umstandsmoment fehlt.[1226] Eine Obliegenheit zur Rüge des fehlenden Bekanntgabewillens lässt sich dem Rechtsgedanken der Verwirkung nicht entnehmen.[1227] Vielmehr setzt dies ein bestimmtes Verhalten des Berechtigten voraus, das geeignet ist, bei dem anderen Teil die Vorstellung zu begründen, das Recht werde nicht mehr geltend gemacht.[1228]

576 Der Sache nach dürften diejenigen, die von einer Verwirkung sprechen, eher eine Präklusion meinen. Vor dem Hintergrund des Art. 19 Abs. 4 GG ist hierfür jedoch eine gesetzliche Grundlage zu fordern.

Abzulehnen ist auch ein Rügeverlust durch Verzicht. Es ist schon unklar, ob damit ein materiell-rechtliches oder ein prozessrechtliches Institut angesprochen werden soll. Jedenfalls setzt ein Verzicht einen für Dritte erkennbaren Verzichtswillen voraus. Dass ein Beteiligter iSd § 63 VwGO einen rechtlichen Aspekt nicht rügt, führt jedoch nicht zu einem „Verzicht" oder einer Beschränkung der Rechtskontrolle. Die „fehlende Rüge" wird im Regelfall Ausdruck fehlender Rechtskenntnis sein und nicht Ausdruck eines Verzichtswillens. Die Existenz eines Verwaltungsaktes ist eine Rechtsfrage, die das Gericht von Amts zu prüfen hat.

d. Heilung infolge Aufhebung der Betreuung

577 Der nachträgliche Wegfall der Betreuung kann dazu führen, dass eine Heilung nach § 8 VwZG (analog) eintritt.[1229] Es ist anerkannt, dass „eine wirksame Bekanntgabe eines Verwaltungsakts auch dann vorliegt, wenn und sobald der – im Zeitpunkt des Zugangs geschäfts- und handlungsunfähig gewesene – Empfänger später wieder geschäfts- und handlungsfähig wird und in diesem Zustand von dem Verwaltungsakt Kenntnis hat oder erhält".[1230] Dies gilt auch für den handlungsfähigen Betreuten mit Betreuungsaufhebung.

1226 OVG Lüneburg, Urteil vom 08.10.2013–1 LB 162/13 -, BeckRS 2013, 57132.

1227 OVG Lüneburg, Urteil vom 08.10.2013–1 LB 162/13 -, BeckRS 2013, 57132; ähnlich wohl auch *Fröhlich*, in: Mann/Sennekamp/Uechtritz, VwVfG, § 41 Rn. 98.

1228 OVG Lüneburg, Urteil vom 08.10.2013–1 LB 162/13 -, BeckRS 2013, 57132.

1229 VG Düsseldorf, Urteil vom 10. Februar 2012–6 K 5127/10 –, Rn. 33 (juris).

1230 BVerwG, Beschluss vom 11. Februar 1994–2 B 173.93 –, Rn. 4 (juris).

G. Die Betreuung im Verwaltungsprozess

Im Folgenden werden wesentliche Auswirkungen der Betreuung auf das verwaltungsgerichtliche Verfahren dargestellt. Die Ausführungen zeigen eine gewisse Kürze, da die VwGO in den wesentlichen, betreuungsrechtlich relevanten Punkten auf die ZPO verweist. Insoweit werden nur die Besonderheiten dargestellt. 578

I. Die Prozessfähigkeit im Verwaltungsprozess

Die Prozessfähigkeit im Verwaltungsprozess (§ 62 VwGO) richtet sich wie im Zivilprozess nach der Geschäftsfähigkeit im Sinne des bürgerlichen Rechts. Nach § 62 Abs. 1 VwGO sind zur Vornahme von Verfahrenshandlungen fähig, die nach bürgerlichem Recht Geschäftsfähigen (Nr. 1) und die nach bürgerlichem Recht in der Geschäftsfähigkeit Beschränkten, soweit sie durch Vorschriften des bürgerlichen oder öffentlichen Rechts für den Gegenstand des Verfahrens als geschäftsfähig anerkannt sind (Nr. 2). 579

Es wurde bereits ausgeführt, dass sich die Betreuungsanordnung auf den rechtsgeschäftlichen Status des Betreuten nicht auswirkt.[1231] Entweder ist der Betreute nach § 104 Nr. 2 BGB geschäftsunfähig oder er ist geschäftsfähig. Auch die Anordnung eines Einwilligungsvorbehaltes (§ 1903 BGB) ändert hieran nichts.[1232] Dies zeigt auch § 62 Abs. 2 VwGO, der für unter Einwilligungsvorbehalt stehende Betreute eine besondere Anordnung trifft. 580

Aus § 62 Abs. 2 VwGO ergibt sich, dass der Betreute im Umfang eines Einwilligungsvorbehaltes prozessunfähig ist.[1233] Er ist dann „nur insoweit zur Vornahme von Verfahrenshandlungen fähig, als er nach den Vorschriften des bürgerlichen Rechts ohne Einwilligung des Betreuers handeln kann oder durch Vorschriften des öffentlichen Rechts als handlungsfähig anerkannt ist". § 62 Abs. 2 VwGO ist wortgleich mit § 12 Abs. 2 VwVfG, sodass auf die Ausführungen zu § 12 Abs. 2 VwVfG verwiesen werden kann.[1234] Es wird lediglich auf Besonderheiten bei der Auslegung des § 62 Abs. 2 VwGO eingegangen. Hingewiesen werden soll jedoch auf ein Urteil des Bundesverwaltungsgerichts: Die Einlegung eines Rechtsmittels ist nicht lediglich rechtlich vorteilhaft iSd § 62 Abs. 2 i.V.m. § 1903 Abs. 3 S. 1 BGB, wenn diese mit einem Kostenrisiko verbunden ist.[1235] 581

1231 Hierzu unter Rn. 171 ff.

1232 Ausführlich unter Rn. 172 ff.

1233 Unklar *Saurenhaus*, in: Wysk, VwGO, § 62 Rn. 6: „Die Prozesshandlung ist in diesen Fällen grundsätzlich von der Einwilligung des Betreuers abhängig."

1234 Siehe hierzu unter Rn. 512 ff.

1235 BVerwG, Beschluss vom 26.01.1996–5 B 219.95 -, Rn. 3 (juris).

582 Teilweise wird dafür plädiert, zu den Vorschriften des öffentlichen Rechts, die eine Handlungsfähigkeit des Betreuten begründen, nicht nur solche zu zählen, die sich explizit auf Betreute beziehen, sondern auch Vorschriften, die beschränkt geschäftsfähige Minderjährige als sektoral handlungsfähig anerkennen.[1236] Im öffentlichen Recht werden Minderjährige vielfach aufgrund bereichsspezifischer verwaltungsrechtlicher Vorschriften als prozessfähig anerkannt,[1237] beispielsweise bei der Entscheidung über das religiöse Bekenntnis und die Teilnahme am Religionsunterricht ab 14 Jahren (§ 5 KErzG), im Ausländerrecht ab 16 Jahren (§ 68 Abs. 1 AuslG) sowie in Wehrdienstangelegenheiten (§ 19 Abs. 3, § 44 Abs. 1 S. 5 WPflG). Nach einer engeren Ansicht werden diese Minderjährige betreffenden öffentlich-rechtlichen Vorschriften nur dann auf unter Einwilligungsvorbehalt stehende (volljährige) Betreute angewendet, wenn eine Auslegung der Vorschrift ergibt, dass der betreute Volljährige in dem konkreten Sachbereich einem Minderjährigen gleichstehen soll.[1238] Diese Ansichten sind abzulehnen.

583 Der Sache nach handelt es sich dabei um eine analoge Anwendung, deren Voraussetzungen jedoch nicht vorliegen, sodass sie abzulehnen ist. Dabei wird nicht verkannt, dass eine *gewisse* Vergleichbarkeit der Schutz- und Interessenlage von Betreuten und Minderjährigen besteht. Zwar wird der Betreute, der einem Einwilligungsvorbehalt unterliegt, nicht seinem Status[1239] nach einem beschränkt Geschäftsfähigen gleichgestellt, wohl aber in der Behandlung (vgl. § 1903 Abs. 1 S. 2 BGB). Die Statusregelung des § 114 BGB a.F., nach der die Entmündigung zur beschränkten Geschäftsfähigkeit führte, wurde bewusst aufgehoben.[1240] Billigt der Gesetzgeber Minderjährigen für bestimmte Sachbereiche ab einem bestimmten Alter (pauschalisierend) eine ausreichende Verstandesreife zu, so ist dies auf Betreute aber nicht ohne Weiteres übertragbar. Ob und in welchem Umfang Einsichtsfähigkeit und Schutzbedarf bei Betreuten bestehen, ist keine Frage des Alters, sondern der krankheitsbedingten Defizite. Ob ein Betreuter der Einsichtsfähigkeit nach einem durchschnittlichen 14-Jährigen gleichsteht (vgl. § 5 KErzG), kann daher nicht abstrakt beantwortet werden. Gegen eine Beurteilung der Einsichtsfähigkeit im Einzelfall spricht die notwendige Klarheit des Prozessrechts. Insoweit ist der Gesetzgeber gefordert, (typisierende) Normen für Betreute zu schaffen.

584 Gemäß § 62 Abs. 4 VwGO findet § 53 ZPO auch im Verwaltungsprozess entsprechende Anwendung: Wird der Betreute in einem Rechtsstreit durch seinen

1236 *Kintz*, in: BeckOK, VwGO, § 62 Rn. 9; *Kopp/Schenke*, VwGO, § 62 Rn. 13; *Saurenhaus*, in: Wysk, VwGO, § 62 Rn. 6; *von Albedyll*, in: Bader/Funke-Kaiser/Stuhlfauth/von Albedyll, VwGO, § 62 Rn. 11.

1237 Zum Folgenden: *Bier*, in Schoch/Schneider/Bier, VwGO, § 62 Rn. 10.

1238 *Bier*, in: Schoch/Schneider/Bier, VwGO, § 62 Rn. 14; wohl auch *Czybulka*, in: Sodan/Zierkow, VwGO, § 62 Rn. 34.

1239 Vgl. BT-Drs. 11/4528S. 136: zu § 1903.

1240 *Czybulka*, in: Sodan/Zierkow, VwGO, § 62 Rn. 34.

Betreuer in dem Prozess vertreten, so steht er für diesen Rechtsstreit einer nicht prozessfähigen Person gleich. An dieser Stelle kann auf die obigen Ausführungen zu § 53 ZPO verwiesen werden.[1241] Es ist lediglich zu wiederholen, dass auch hier der Regelungszweck darin besteht, ein „mögliches Neben- und Gegeneinander von Prozesshandlungen des Betreuten einerseits und des Betreuers andererseits" zu vermeiden.[1242] Das Interesse an einem sachgemäßen Prozessverlauf wird geschützt, indem die Prozessführung allein in die Hände des Betreuers gelegt wird.[1243]

II. Die Vertretung durch den Betreuer

Der Betreuer kann nur dann den prozessunfähigen Betroffenen in einem Verwal- 585
tungsprozess wirksam vertreten bzw. das Verfahren nach § 53 ZPO (i.V.m. § 62 Abs. 4 VwGO) übernehmen, wenn der ihm übertragene Aufgabenkreis auch den Gegenstand des Verwaltungsprozesses erfasst.[1244]

Hat das Betreuungsgericht die Führung eines konkreten Verfahrens in dem Be- 586
stellungsbeschluss beispielsweise mittels Angabe des Aktenzeichens oder für den Fall eines beabsichtigten Verfahrens mittels Angabe der Parteien sowie des Streitgegenstandes als (prozessualen) Aufgabenkreis konkretisiert, ist es für das Verwaltungsgericht eindeutig, dass der dem Betreuer zugewiesene Aufgabenbereich das konkrete Verfahren erfasst. Selbiges gilt für den Fall der sog. Totalbetreuung.[1245] In diesem Fall ist dem Betreuer die Besorgung aller Angelegenheiten übertragen worden; mithin auch die gerichtliche Vertretung in sämtlichen verwaltungsrechtlichen Angelegenheiten. Inwieweit die Anordnung einer solchen Totalbetreuung gegebenenfalls aufgrund eines Verstoßes gegen den Erforderlichkeitsgrundsatz unzulässig ist, hat das Prozessgericht grundsätzlich nicht zu überprüfen.[1246] Indes ist die Anordnung einer Totalbetreuung in der Praxis nicht der Regel-, sondern soll aufgrund des Erforderlichkeitsgrundsatzes der Ausnahmefall sein. Daher ist regelmäßig zu prüfen, ob die dem Betreuer übertragenen Aufgabenkreise auch den Verfahrensgegenstand umfassen. Dies ist durch Auslegung der übertragenen Aufgabenkreise zu ermitteln. Insoweit wird auf die oben gemachten Ausführungen zur Auslegung verwiesen.[1247]

1241 Dazu ausführlich unter Rn. 203 ff.

1242 *Von Albedyll*, in: Bader/Funke-Kaiser/Stuhlfauth/von Albedyll, VwGO, § 62 Rn. 14; vgl. auch *Kugele*, VwGO, § 62 Rn. 12.

1243 *Von Albedyll*, in: Bader/Funke-Kaiser/Stuhlfauth/von Albedyll, VwGO, § 62 Rn. 14.

1244 Dazu bereits unter Rn. 232 ff.

1245 Vgl. BVerwG, Beschluss vom 26. Januar 1996–5 B 219.95 –, Rn. 2 (juris).

1246 Hierzu bereits unter Rn. 207 f.

1247 Dazu Rn. 91 ff. und Rn. 454 ff.

III. Der Betreuer als Zustellungsadressat

587 Die Zustellung im Verwaltungsprozess ist nicht deckungsgleich mit den Zustellungsvorschriften im Verwaltungsverfahren. Vielmehr verweist § 56 Abs. 2 VwGO auf das Zustellungsverfahren der Zivilprozessordnung. Dieser Verweis wurde jedoch erst mit dem Zustellungsreformgesetz eingeführt.[1248] Vor dem 1.7.2002 nahm § 56 Abs. 2 VwGO auf das Verwaltungszustellungsgesetz des Bundes Bezug.[1249] Ausweislich der amtlichen Begründung ist die Vereinheitlichung des Verfahrens bei gerichtlicher Zustellung ein grundsätzliches Anliegen der Änderung gewesen.[1250] Seitdem gilt der Grundsatz, dass die Zivilgerichte und die Fachgerichtsbarkeiten nach der Zivilprozessordnung und die Verwaltungsbehörden nach dem Verwaltungszustellungsgesetz zustellen.[1251]

588 Mithin ist im Verwaltungsprozess wie im Zivilprozess nur dann an den Betreuer zuzustellen, wenn die unter Betreuung stehende Person prozessunfähig ist (§ 170 Abs. 1 S. 1 ZPO). Allein die Tatsache, dass der Betroffene unter Betreuung steht, führt im Gegensatz zur Zustellung nach dem VwZG[1252] nicht dazu, dass der Betreuer der gesetzliche Zustellungsadressat ist.

589 Dieser Unterschied in der Zustellung im Verwaltungsverfahren und im Verwaltungsprozess lässt sich indes nicht rechtfertigen. Der Gesetzgeber hat die an den Betreuer gerichtete Zustellungsnotwendigkeit im Verwaltungsverfahren mit der Schutzbedürftigkeit des Betreuten gerechtfertigt. So sei auch diejenige unter Betreuung stehende Person vor den nachteiligen Wirkungen einer Zustellung, insbesondere vor den durch den Ablauf von Fristen begründeten Nachteilen zu schützen, die geschäftsfähig sei.[1253] Daher müsse die Zustellung in einer Angelegenheit, die in den Aufgabenkreis eines Betreuers falle, an diesen selbst erfolgen.[1254] Indes setzt nicht nur die Zustellung eines Verwaltungsaktes Fristen in Gang; auch die Zustellung einer (rechtsmittelfähigen) gerichtlichen Entscheidung (Urteil, Beschluss, Gerichtsbescheid) löst den Lauf von Rechtsmittelfristen aus (vgl. §§ 84 Abs. 2, 124a, 133 Abs. 3, 139 Abs. 1, 147 Abs. 1 VwGO).

590 Da sich die Zustellung im Verwaltungsprozess nach geltender Rechtslage nach den Vorschriften der Zivilprozessordnung richtet, ist lediglich die Zustellung an den *prozessunfähigen* Betreuten unwirksam, vgl. § 170 Abs. 1 S. 2 ZPO. Dies gilt unabhängig von der Kenntnis des Prozessgerichts.[1255] Der Betreuer kann den Mangel einer wirksamen Zustellung mit ex nunc Wirkung dadurch heilen, dass er die

1248 *Meissner*, in: Schoch/Schneider/Bier, VwGO, § 173 Rn. 34.
1249 *Meissner*, in: Schoch/Schneider/Bier, VwGO, § 173 Rn. 34.
1250 BT-Drs. 14/4554, S. 28; *Meissner*, in: Schoch/Schneider/Bier, VwGO, § 173 Rn. 34.
1251 BT-Drs. 14/4554, S. 28.
1252 Hierzu oben unter Rn. 556 f.
1253 BT-Drs. 11/4528, S. 189.
1254 BT-Drs. 11/4528, S. 189.
1255 *Kimmel*, in: BeckOK, VwGO, § 56 Rn. 16.

Zustellung nachträglich genehmigt.[1256] Diese Genehmigung kann ausdrücklich oder auch konkludent erfolgen.[1257] Die tatsächliche Kenntnisnahme des Betreuers ist für sich gesehen indes keine schlüssige Genehmigungserklärung.[1258] Im Weiteren wird auf die Ausführungen zur Zustellung nach § 170 ZPO verwiesen.[1259]

IV. Rechte und Pflichten des Betreuers im Verwaltungsprozess

Die Rechte und Pflichten des Betreuers im Verwaltungsprozess decken sich im 591
Wesentlichen mit denjenigen im Zivilprozess. Dies ergibt sich aus den weitgefassten Verweisungen der VwGO auf die Vorschriften der Zivilprozessordnung (vgl. insbesondere §§ 173, 98, 56 VwGO).

Nach § 98 VwGO sind auf die Beweisaufnahme die Vorschriften der §§ 358 bis 592
444 und 450 bis 494 der Zivilprozessordnung entsprechend anzuwenden. Da die Vorschriften der Zivilprozessordnung zur Zeugen- und Parteivernehmung umfassend in Bezug genommen werden, kann auf die Ausführungen zur Stellung des Betreuers als Zeuge und Partei im Zivilprozess vollumfänglich verwiesen werden.[1260] Die Frage, wann der Betreuer als Zeuge, wann als Beteiligter zu vernehmen ist, richtet sich nach denselben Grundsätzen wie im Zivilverfahren.[1261] § 98 VwGO verweist auch umfassend auf das Zeugnisverweigerungsrecht aus persönlichen Gründen nach § 383 ZPO; mithin kann auch diesbezüglich auf die obigen Ausführungen hierzu, einschließlich der Ausführungen zur Ausübung der prozessualen Verweigerungsrechte durch den Betreuer Bezug genommen werden.[1262]

Auch hinsichtlich der Frage, ob der Anwaltsbetreuer als Prozessbevollmäch- 593
tigter des Betroffenen im Prozesskostenhilfeverfahren beigeordnet werden kann, ist ebenfalls auf die obigen Ausführungen zu verweisen: Nach § 166 Abs. 1 S. 1 VwGO gelten die Vorschriften der Zivilprozessordnung über die Prozesskostenhilfe entsprechend.

Das Akteneinsichtsrecht bestimmt sich nach § 100 VwGO. Danach können die 594
Beteiligten die Gerichtsakten und die dem Gericht vorgelegten Akten einsehen (§ 100 Abs. 1 VwGO). Der berechtigte Personenkreis ist mithin grundsätzlich auf die *Beteiligten* im Sinne des § 63 VwGO beschränkt, d. h. auf den Kläger, Beklagten, Beigeladenen sowie den Vertreter des Bundesinteresses beim Bundesverwaltungsgericht oder den Vertreter des öffentlichen Interesses, falls er von seiner

---

1256 Vgl. statt aller *Kimmel*, in: BeckOK, VwGO, § 56 Rn. 16.
1257 Vgl. statt aller *Kimmel*, in: BeckOK, VwGO, § 56 Rn. 16.
1258 A.A. wohl *Meissner/Schenk*, in: Schoch/Schneider/Bier, VwGO, § 56 Rn. 25.
1259 Dazu bereits unter Rn. 312 ff.
1260 Hierzu ausführlich unter Rn. 270 ff.
1261 *Garloff*, in: BeckOK, VwGO, § 98 Rn. 6.
1262 Dazu unter Rn. 293 ff. und Rn. 302 ff.

Beteiligungsmöglichkeit Gebrauch macht. Ist der Betreute im Sinne des § 63 VwGO am Verfahren beteiligt und prozessfähig, hat der Betreuer kein Akteneinsichtsrecht nach § 100 Abs. 1 VwGO. Vielmehr bleibt der Betreute, soweit er Beteiligter ist, akteneinsichtsberechtigt. Ist der unter Betreuung stehende Beteiligte hingegen prozessunfähig, muss das Akteneinsichtsgesuch von seinem Betreuer als dessen gesetzlicher Vertreter ausgeübt werden.[1263] Darüber hinaus ist dem Betreuer, wenn der Streitgegenstand seinen Aufgabenkreis unterfällt, Akteneinsicht nach §§ 173 VwGO i.V.m. § 299 Abs. 2 ZPO[1264] zu gewähren, damit er prüfen kann, ob er das Verfahren nach § 62 Abs. 4 VwGO i.V.m. § 53 ZPO an sich ziehen möchte.[1265] Das bloße Akteneinsichtsgesuch ist ohne Hinzutreten besonderer Umstände keine Übernahmeerklärung iSd § 53 ZPO.

595 Das Verwaltungsgericht kann wie das Zivilgericht das persönliche Erscheinen eines Beteiligten anordnen (vgl. § 95 Abs. 1 S. 1 VwGO). Die Anordnungsbefugnis ermöglicht dem Gericht neben einer effektiven Ermittlung des Sachverhaltes auch eine gütliche Einigung zwischen den Beteiligten zu fördern.[1266] Ist ein Betreuter am Verwaltungsprozess beteiligt, kann das Gericht somit dessen persönliches Erscheinen anordnen. Dies gilt im Unterschied zur Beteiligtenvernehmung unabhängig davon, ob der Betreute prozessfähig ist. Auch das persönliche Erscheinen des prozessunfähigen Betreuten kann angeordnet werden.[1267] Eine solche Anordnung dürfte indes nur dann zweckmäßig sein, wenn der prozessunfähige Betreute auch in der Lage ist, zur Sachverhaltsaufklärung bzw. zur gütlichen Einigung einen Beitrag zu leisten.

596 Fraglich ist, ob auch der Betreuer – neben oder anstelle des Betreuten – angehört und das persönliche Erscheinen entsprechend angeordnet werden kann. Es ist allgemeine Meinung, dass das persönliche Erscheinen des gesetzlichen Vertreters einer *prozessunfähigen* natürlichen Person angeordnet werden kann.[1268] Dies gilt indes auch für den *prozessfähigen* Betreuten, wenn der Betreuer in Ansehung des Streitgegenstandes dessen gesetzlicher Vertreter ist. Da die Anordnung des persönlichen Erscheinens sowohl ein Instrument zur Sachverhaltsaufklärung als auch zur gütlichen Einigung ist, ist es zweckmäßig, natürliche Personen zu laden, die sich auch zur Sache äußern können. Vielfach sind die betreuten Personen krankheitsbedingt nicht (mehr) in der Lage zu erscheinen bzw. sich zu bestimmten Tatsachen zu äußern. Da

1263 Vgl. *Grünewald*, in: Knack/Hennecke, VwVfG, § 29 Rn. 10.

1264 Hierzu unter Rn. 284 ff.

1265 *Rudisile*, in: Schoch/Schneider/Bier, VwGO, § 100 Rn. 12; a.A. *Posser*, in: BeckOK, VwGO, § 100 Rn. 16 m.w.N.

1266 *Garloff*, in: BeckOK, VwGO, § 95 vor Rn 1.

1267 Vgl. *Garloff*, in: BeckOK, VwGO, § 95 Rn. 1; vgl. *Rudisile*, in: Schoch/Schneider/Bier, VwGO, § 95 Rn. 11.

1268 Vgl. statt aller *Lang*, in: Sodan/Ziekow, VwGO, § 95 Rn. 21; Kopp/*Schenke*, VwGO, § 95 Rn. 2; *Kothe*, in: Redeker/von Oertzen, VwGO, § 95 Rn. 2; *Geiger*, in: Eyermann, VwGO, § 95 Rn. 4.

der Betreuer die Angelegenheiten für die von ihm betreute Person wahrnimmt, ist er in der Regel auch durch eigene Wahrnehmung mit der Angelegenheit betraut und kann dementsprechend zur Sachverhaltsaufklärung beitragen. Selbiges gilt für das Ziel, den Rechtsstreit gütlich zu beenden. Häufig ist dem Betreuer die Vermögenssorge übertragen, sodass er einen Überblick über die finanziellen Möglichkeiten des Betroffenen hat, welche oft die Grundvoraussetzung für eine gütliche Einigung bildet.

Thesen

I. Verfassungsrecht

1. Die Kategorie der Grundrechtsmündigkeit ist für Volljährige, die an Selbstbestimmungsdefekten leiden, abzulehnen. Es ist eine Frage des Schutzbereichs des einzelnen Grundrechts, ob eine fehlende Einsichtsfähigkeit des Betroffenen relevant wird.
2. Der Betreuer vertritt den Betreuten nicht in dessen Grundrechtsausübung. Der Betreuer ist vielmehr Grundrechtsverpflichteter im Sinne des Art. 1 Abs. 3 GG. Dies gilt auch, wenn die Eltern des Betreuten zu Betreuern bestellt werden.

II. Zivilprozessrecht

1. Die prozessuale Vertretungsbefugnis des Betreuers ist davon abhängig, dass der Prozess eine Angelegenheit betrifft, die in einen ihm übertragenen Aufgabenkreis fällt.
2. Als Aufgabenkreis kann unabhängig von § 1902 BGB auch isoliert die verfahrensrechtliche Vertretung übertragen werden (verfahrensbezogener Aufgabenkreis). Ob dies der Fall ist, ist durch Auslegung zu ermitteln. Die Tenorierung „Vertretung vor Behörden und Gerichten“ und Ähnliches ist im Regelfall jedoch nicht als Aufgabenkreisübertragung einzuordnen, sondern als deklaratorischer Hinweis auf § 1902 BGB.
3. Das Wesen der Prozessführungsbefugnis des Betreuers hängt davon ab, ob der Betreute im Sinne des § 52 ZPO prozessfähig ist. Ist er dies nicht, ist nur der Betreuer prozesshandlungsfähig und gesetzlicher Vertreter im Sinne des § 51 Abs. 1 ZPO. Ist der Betreute prozessfähig, ist sowohl der Betreute nach § 52 ZPO als auch dessen Betreuer nach § 1902 BGB prozesshandlungsbefugt (abstrakte Verdopplung der Prozesshandlungsfähigkeit). Der Betreuer ist in diesem Fall nicht gesetzlicher Vertreter im Sinne des § 51 Abs. 1 ZPO.
4. Die Fiktion der Prozessunfähigkeit des Betreuten nach § 53 ZPO tritt erst ein, wenn der Betreuer die Prozessführung anstelle des Betreuten übernimmt. Dies setzt eine Erklärung voraus, der sich entnehmen lässt, dass der Betreuer den Betreuten von der Prozessführung ausschließen will. Die Wirksamkeit der Übernahmeerklärung ist grundsätzlich nicht vom Willen des Betreuten abhängig. Ein entgegenstehender Wille des Betreuten berührt grundsätzlich nur das Innenverhältnis zwischen Betreuer und Betreutem, aber nicht das Außenverhältnis zum Gericht und zum Prozessgegner.
5. Erst wenn der Betreute nach § 53 ZPO einer prozessunfähigen Person gleichgestellt wird, wird der Betreuer gesetzlicher Vertreter im Sinne des § 51 Abs. 1 ZPO.

III. Strafprozessrecht

1. Wenn die StPO auf den gesetzlichen Vertreter verweist, ist darunter der gesetzliche Vertreter iSd des bürgerlichen Rechts zu verstehen. Der StPO liegt daher nicht der Begriff des gesetzlichen Vertreters, wie ihn § 51 Abs. 1 ZPO definiert, zugrunde.
2. Die Betreuerbestellung hat keinen Einfluss auf die Verhandlungsfähigkeit des Betroffenen. Folgen für die Verhandlungsfähigkeit kann lediglich das krankheitsbedingte Defizit des Betreuten haben.
3. Der Betreuer kann Beistand iSd § 149 Abs. 2 StPO sein.
4. Die Rechtsmittelbefugnis des Betreuers nach § 298 StPO ist beschränkend auszulegen. Ungeschriebene Voraussetzung ist die fehlende Geschäftsfähigkeit des Beschuldigten.
5. Eine Strafantragsbefugnis des Betreuers nach § 77 Abs. 3 StGB setzt voraus, dass ihm der Aufgabenkreis der Personensorge übertragen wurde. Darüber hinaus kann das Betreuungsgericht die Strafantragsbefugnis auch zuweisen, wenn nicht die gesamte Personensorge übertragen wurde. Dies muss nicht ausdrücklich erfolgen.

IV. Verwaltungsverfahren und Verwaltungsprozessrecht

1. Die Zustellungsvorschriften, die im Verwaltungsverfahren gelten, sind strenger als die Zustellungsvorschriften im Verwaltungsprozess. Ein sachlicher Grund hierfür ist nicht erkennbar.
2. Die Bekanntgabe von Verwaltungsakten, die einen zur Betreuung übertragenen Aufgabenkreis betreffen, kann nur gegenüber dem Betreuer erfolgen – unabhängig davon, ob der Betreute verwaltungsverfahrensrechtlich handlungsfähig ist oder nicht. Eine zufällige Kenntnisnahme durch den Betreuer führt nicht zur Heilung.

V. Rechtsgebietsübergreifend

1. Der Umfang der übertragenen Aufgabenkreise ist im Wege der Auslegung des Tenors des betreuungsgerichtlichen Beschlusses zu bestimmen. Zur Auslegung dürfen die Gründe des Beschlusses, aber auch beschlussexterne Umstände, wie der Akteninhalt herangezogen werden.
2. Die Auswirkungen des Einwilligungsvorbehaltes (§ 1903 BGB) im Prozessrechtsverhältnis sind strukturbedingt unklar. Es handelt sich um ein materiellrechtliches Institut. Sein Funktionsbereich ist das rechtsgeschäftliche Handeln, sodass die Berücksichtigung im Prozessrechtsverhältnis Probleme aufwirft.

Literaturverzeichnis

Bader, Johann/ Ronellenfitsch, Michael, Beck'scher Online-Kommentar, VwVfG, München 2014.

Bader, Johann/ Funke-Kaiser, Michael/ von Albedyll, Jörg/ Kuntze, Stefan, Verwaltungsgerichtsordnung, 5. Auflage, 2011 Heidelberg u.a.

Bamberger, Heinz Georg/ Roth, Herbert, Beck'scher Online-Kommentar, BGB, Edition 32, München, Stand: 1.8.2014.

Baumbach, Adolf, Zivilprozessordnung mit FamFG, GVG und anderen Nebengesetzen, 72. Auflage, München 2014.

Bienwald, Werner, Zum Verhältnis von § 1902 BGB und § 53 ZPO, Zugleich eine Stellungnahme zu Deinerts Nachtrag zu seinem Beitrag „Die gerichtliche Vertretung von Betreuten", BtPrax 2/2001, 66, in: BtPrax 4/2001, 146, 198, BtPrax 2001, S. 198–199.

Bienwald, Werner, Zur Vertretung der Betreuten vor Gericht, BtPrax 2001, S. 150–151.

Bleckmann, Albert, Staatsrecht II – Die Grundrechte, 3. Auflage, Berlin z.B. 1989.

Bleckmann, Albert, Probleme des Grundrechtsverzichts, JZ 1988, S. 57–62.

Boemke, Burkhard, Schönfelder, Johanna, Wirksamwerden von Willenserklärungen gegenüber nicht voll Geschäftsfähigen (§ 131 BGB), JuS 2013, S. 7–12.

Bork, Reinhard, Die Prozeßfähigkeit nach neuem Recht, MDR 1991, S. 97–99.

Bork, Reinhard/Jacoby, Florian/Schwab, Dieter, FamFG Kommentar zum Gesetz über das Verfahren in Familiensachen und in den Angelegenheiten der freiwilligen Gerichtsbarkeit, 2. Auflage, Bielefeld 2013.

Borowski, Martin, Die Glaubens- und Gewissenfreiheit des Grundgesetzes, Tübingen 2006.

Bürgle, Helmut, Auf dem Weg zu einem neuen Betreuungsrecht, NJW 1988, S. 1881–1888.

Cypionka, Bertram, Die Auswirkungen des Betreuungsgesetzes auf die Praxis des Notars, DNotZ 1991, S. 571–590.

Dallmeyer, Jens, Das Adhäsionsverfahren nach der Opferrechtsreform, JuS 2005, S. 327–330.

Damrau, Jürgen/Zimmermann, Walter, Betreuungsrecht, Kommentar zum materiellen und formellen Recht, 3. Auflage, Stuttgart 2001.

Degenhart, Christoph, Staatsrecht I, Staatsorganisationsrecht, Mit Bezügen zum Europarecht, 29. Auflage, Heidelberg u.a. 2013.

Deinert, Horst, Die gerichtliche Vertretung von Betreuten, BtPrax 2001, S. 66–68.

Deinert, Horst, Eintritt des Betreuers in Gerichtsverfahren nötig?, BtPrax 2001, S. 146–148.

Diekmann, Andrea, Erforderlichkeit der Betreuung und der Vorrang anderer Hilfen, BtPrax 2011, S. 185–188.

Dietlein, Johannes, Die Lehre von den grundrechtlichen Schutzpflichten, 2. Auflage, Berlin 2005.

Dodegge, Georg, Die Entwicklung des Betreuungsrechts bis Anfang Juni 2013, NJW 2013, S. 2639–2645.

Dreier, Horst, Grundgesetz, Kommentar, 2. Auflage, Band I, Präambel, Artikel 1–19, Tübingen 2004.

Dünnebier, Hanns, Ausschließung von Verteidigern und Beschränkung der Verteidigung, Verfahren – Rechtsmittel – Vollstreckung, NJW 1976, S. 1–7.

Elzer, Oliver, Die Teilnahme von Betreuern an Strafverfahren, BtPrax 2000, S. 139–142.

Eisenberg, Ulrich, Unzulässigkeit der Nebenklage Minderjähriger gegen ihren Willen, GA 1998, S. 32–39.

Engelhardt, Hanns/App, Michael/Schlatmann, Arne, Verwaltungsvollstreckungsgesetz, Verwaltungszustellungsgesetz, 10. Auflage, München 2014.

Epping, Volker/Hillgruber, Christian, Beck'scher Online-Kommentar GG, Edition 25, München, Stand 01.06.2015 (zitiert als BeckOK-GG).

Erman, Walter, Handkommentar zum Bürgerlichen Gesetzbuch, 1. Band, 8. Auflage, Münster 1989.

Erman, Bürgerliches Gesetzbuch, Handkommentar mit AGG, EGBGB (Auszug), ErbbauRG, LpartG, ProdHaftG, UklaG, VBVG, VersAusglG und WEG, 13. Auflage, Köln 2011.

Eyermann, Erich/Fröhler, Ludwig, VwGO Verwaltungsgerichtsordnung, 14. Auflage, München 2014.

Fehling, Michael/ Berthold, Kastner/ Strömer, Rainer, Verwaltungsrecht, VwVfG, VwGO, Nebengesetze, Handkommentar, 3. Auflage, Baden-Baden 2013.

Fischer, Thomas, Strafgesetzbuch mit Nebengesetzen, 60. Auflage, München 2013.

Fischinger, Philipp S., Der Grundrechtsverzicht, JuS 2007, S. 808–813.

Gernhuber, Joachim/Coester-Waltjen, Familienrecht, 5. Auflage, München 2006.

Gessaphe, Karl August, Prinz von Sachsen, Der Betreuer als gesetzlicher Vertreter eingeschränkt Selbstbestimmungsfähiger, Tübingen 1999.

Gessaphe, Karl August, Prinz von Sachsen, Vorsorgevollmacht für den Zivilprozess, in: Sonnenfeld (Hrsg.), Festschrift für Werner Bienwald, Bielefeld 2006, S. 273–291.

Goldhammer, Michael, Grundrechtsberechtigung und -verpflichtung gemischtwirtschaftlicher Unternehmen, JuS 2014, S. 891–896.

Graf, Peter Jürgen, Strafprozessordnung, Mit Gerichtsverfassungsgesetz und Nebengesetzen, Kommentar, München 2010.

Graf von Kielmasegg, Sebastian, Grundfälle zu den allgemeinen Grundrechtslehren, JuS 2009, S. 216–221.

Grunsky, Wolfgang, Anmerkung zum Urteil des BGH v. 14.07.1966, IV ZR 37/65, FamRZ 1966, S. 571–573.

Guckelberger, Annette, Die Drittwirkung der Grundrechte, JuS 2003, S. 1151–1157.

Hahn, C., Die gesammten Materialien zu den Reichs-Justizgesetzen, Die gesammten Materialien zur Zivilprozeßordnung und dem Einführungsgesetz zu derselben vom 30. Januar, Zweiter Band, Erste Abteilung, Berlin 1880.

Hahn, C., Die gesammten Materialien zu den Reichs-Justizgesetzen, Die gesammten Materialien zur Strafprozeßordnung und dem Einführungsgesetz zu derselben vom 1. Februar 1877, Dritter Band, Erste Abteilung, Berlin 1880.

Hahn, C./Mudgan, B., Die gesammten Materialien zu den Reichs-Justizgesetzen, Achter Band, Materialien zum Gesetz betr. Änderungen der Zivilprozeßordnung, Gerichtsverfassungsgesetz und Strafprozessordnung, Berlin 1898.

Hannich, Rolf, Karlsruher Kommentar zur Strafprozessordnung mit GVG, EGGVG und EMRK, 7. Auflage, München 2013.

Henn-Baier, Petra, Die rechtliche Betreuung im Spannungsfeld zwischen Hilfe und Bevormundung, Frankfurt am Main 2005.

Hesse, Konrad, Grundzüge des Verfassungsrechts der Bundesrepublik Deutschland, 18. Auflage, Karlsruhe 1991.

Hohm, Karl-Heinz, Grundrechtsträgerschaft und „Grundrechtsmündigkeit" Minderjähriger am Beispiel öffentlicher Heimerziehung, NJW 1986, S. 3107–3115.

Huber, Michael, Grundwissen – Zivilprozessrecht: Partei- und Prozessfähigkeit, JuS 2010, S. 201–203.

Huck, Winfried/Müller, Martin, Verwaltungsverfahrensgesetz, Beck'scher Kompakt-Kommentar, München 2011.

Isensee, Josef/Kirchhof, Paul, Handbuch des Staatsrechts der Bundesrepublik Deutschland, Band VI Freiheitsrechte, Heidelberg 1989.

Jakobs, Horst Heinrich/Schubert, Werner, Die Beratung des Bürgerlichen Gesetzbuches in Systematischer Zusammenstellung der unveröffentlichten Quellen, Einführungsgesetz zum Bürgerlichen Gesetzbuch und Nebengesetze (Zivilprozeßordnung, Konkursordnung und Gesetz über die Angelegenheiten der freiwilligen Gerichtsbarkeit), 1. Teilband, Berlin 1990.

Jarass, Hans D./Pieroth, Bodo, Grundgesetz für die Bundesrepublik Deutschland, Kommentar, 12. Auflage, München 2012.

Jürgens, Andreas, Betreuungsrecht, Kommentar, 5. Auflage, München 2014.

Kahl, Wolfgang/Waldhoff, Christian/Walter, Christian, Bonner Kommentar zum Grundgesetz, Stand:173. Erg.-Lfg. (Juni 2015), Heidelberg u.a. (zitiert als BK-GG).

Kästner, Karl-Hermann, Das Grundrecht des Schülers auf freie Meinungsäußerung, DÖV 1977, S. 500–507.

Kaum, Markus, Der Beistand im Strafprozeßrecht, München 1992.

Kemper, Karl, Anmerkung zum Beschluss des BayObLG vom 14.11.1961, NJW 1962, S. 677–679.

Kett-Straub, Gabriele, Die Glaubwürdigkeitsbegutachtung minderjähriger Zeugen, ZStW 117 (2005), S. 354–378.

von Kielmansegg, Sebastian, Grundfälle zu den allgemeinen Grundrechtslehren, JuS 2009, S. 216–221.

Kissel, Rudolf, 125 Jahre Reichsjustizgesetze NJW 2004, S. 2872–2876.

Knack, Joachim/Hennecke, Hans-Günter, Verwaltungsverfahrensgesetz (VwVfG), 9. Auflage, Köln 2010.

Kopp, Ferdinand O./Ramsauer, Ulrich, Verwaltungsverfahrensgesetz, Kommentar, 15. Auflage, München 2014.

Kopp, Ferdinand O./ Schenke, Wolf-Rüdiger, VwGO Verwaltungsgerichtsordnung, 20. Auflage, München 2014.

Kollmer, Norbert, Selbstbestimmung im Betreuungsrecht, München 1992.

Krüger, Hildegard, Grundrechtsausübung durch Jugendliche (Grundrechtsmündigkeit) und elterliche Gewalt, FamRZ 1956, S. 329–335.

Kugele, Dieter, VwGO, Kommentar zur Verwaltungsgerichtsordnung, 1. Auflage, Köln 2013.

Larenz, Karl, Methodenlehre der Rechtswissenschaft, 6. Auflage, Berlin u.a. 1991.

Laubinger, Hans-Werner/ Repkewitz, Ulrich, Der Betreute im Verwaltungsverfahren und Verwaltungsprozeß, Handlungsunfähigkeit und Bestellung von Vertretern im Verwaltungsverfahren (§§ 12 und 16 VwVVfG, §§ 79 und 81 AO, §§ 11 und 15 SGB X) sowie Prozeßfähigkeit im Verwaltungsprozeß (§ 62 VwGO, § 58 FGO, § 72 SGG) nach Inkrafttreten des Betreuungsgesetzes, VerwArch 85 (1994), S. 86–121.

Laufhütte, Heinrich Wilhelm/Rissing-van Saan, Ruth/Tiedemann, Klaus, Strafgesetzbuch, Leipziger Kommentar; Großkommentar, 12. Auflage, Berlin 2008.

Lipp, Volker, Freiheit und Fürsorge: Der Mensch als Rechtsperson, Zur Funktion und Stellung der rechtlichen Betreuung im Privatrecht, Tübingen 2000.

Lipp, Volker, Erwachsenenschutz und Verfassung – Betreuung, Unterbringung und Zwangsbehandlung, FamRZ 2013, S. 913–923.

Löwe, Ewald/Rosenberg, Werner, Die Strafprozessordnung und das Gerichtsverfassungsgesetz, Großkommentar, 26. Auflage, Berlin 2006–2014.

Mann, Thomas/Sennekamp, Christoph/Uechtritz, Michael, Verwaltungsverfahrensgesetz, Großkommentar, 1. Auflage, Baden-Baden 2014.

Maunz, Theodor/Dürig, Günter, Kommentar zum Grundgesetz, Stand: 73. Erg-Lfg. (Dez. 2014), München 2015.

Meyer-Goßner, Lutz/Schmitt, Bertram, Strafprozessordnung, Gerichtsverfassungsgesetz, Nebengesetze und ergänzende Bestimmungen, 57. Auflage, München 2014.

Meyer, Karl E./Scheffler, Georg, Das Bürgerliche Gesetzbuch mit besonderer Berücksichtigung der Rechtsprechung des Reichsgerichts und des Bundesgerichtshofes, Kommentar, §§ 1589–1921, IV. Band, 2. Teil, 10. und 11. Auflage, Berlin 1964.

Müller, Gabriele, Betreuung und Geschäftsfähigkeit, Bielefeld 1998.

Mugdan, B., Die gesammten Materialien zum Bürgerlichen Gesetzbuch für das Deutsche Reich, I. Band, Einführungsgesetz und Allgemeiner Teil, Berlin 1899.

Musielak, Hans-Joachim, Zivilprozessordnung mit Gerichtsverfassungsgesetz, Kommentar, 11. Auflage, München 2014.

Musielak, Hans-Joachim/Borth, Helmut, Familiengerichtliches Verfahren, 1. und 2. Buch, 4. Auflage, München 2013.

Müther, Peter-Hendrik, Verfahrensrechtliche Probleme des Betreuungsverfahrens, FÜR 2012, S. 1–4.

Oberheim, Rainer, Zivilprozessrecht für Referendare, 8. Auflage, Köln 2009.

Oberheim, Rainer, Erfolgreiche Taktik im Zivilprozess, 5. Auflage, Köln 2011.

Obermayer, Klaus, Kommentar zum Verwaltungsverfahrensgesetz, 3. Auflage, Neuwied u.a. 1999.

Olzen, Dirk/Metzmacher, Angela, Zulässigkeit der Zwangsbehandlung untergebrachter Personen, BtPrax 2011, S. 233–239.

Ossenbühl, Fritz/Cornils, Matthias, Staatshaftungsrecht, 6. Auflage, München 2013.

Palandt, Otto, Bürgerliches Gesetzbuch mit Nebengesetzen, 72. Auflage, München 2013.

Pardey, Karl-Dieter, Staatshaftung für Vormünder, Pfleger und Betreuer?, FamRZ 1989, S. 1030–1034.

Pardey, Karl- Dieter, Schutz persönlicher Daten Betreuter, BtPrax 1998, S. 92–97.

Pawlowski, Hans-Martin, Methodenlehre für Juristen, Theorie der Norm und des Gesetzes, Ein Lehrbuch, 2. Auflage, Heidelberg 1991.

Pestalozza, Christian, Verfassungsprozeßrecht, Die Verfassungsgerichtsbarkeit des Bundes und der Länder mit einem Anhang zum Internationalen Rechtsschutz, 3. Auflage, München 1991.

Petersen, Die Prozeß- und Geschäftsfähigkeit unter Pflegschaft stehender Gebrechlicher, ZZP 47 (1918), S. 377–386.

Pfeiffer, Gerd, Strafprozessordnung, Kommentar, 5. Auflage, München 2005.

Piroth, Bodo/ Schlink, Bernhard, Kingreen, Thorsten, Poscher, Ralf, Grundrechte Staatsrecht II, 30. Auflage, Heidelberg 2014.

Pieroth, Bodo/Schlink, Bernhard, Grundrechte, Staatsrecht II, 29. Auflage, Heidelberg u.a. 2013.

Posser, Herbert/Wolff, Heinrich Amadeus, Beck'scher Online-Kommentar, VwGO, München 2014.

Prütting, Hanns/Gehrlein, Markus, ZPO Kommentar, 6. Auflage, Köln 2014.

Prütting, Hanns/Wegen, Gerhard/Weinreich, Gerd, BGB Kommentar, 9. Auflage, Köln 2014.

Prütting, Hanns/Helms, Tobias, FamFG Kommentar mit FamGKG, 3. Auflage, Köln 2014.

Rauscher, Thomas/ Krüger, Wolfgang, Münchener Kommentar zur Zivilprozessordnung mit Gerichtsverfassungsgesetz und Nebengesetzen, Band 2, 4. Auflage, München 2013.

Rauscher, Thomas, Münchener Kommentar zum FamFG, Gesetz über das Verfahren in Familiensachen und in den Angelegenheiten der freiwilligen Gerichtsbarkeit (FamFG) mit Internationalem und Europäischem Zivilverfahrensrecht in Familiensachen (IZVR, EuZVR), 2. Auflage, München 2013.

Redeker, Konrad/Von Oertzen, Hans-Joachim, Verwaltungsgerichtsordnung, Kommentar, 14. Auflage, Stuttgart 2004.

Reinicke, Michael, Der Zugang des Minderjährigen zum Zivilprozeß, Ein Problem der „Grundrechtsmündigkeit", Berlin 1989.

Reuter, Dieter, Die Grundrechtsmündigkeit – Problem oder Scheinproblem?, FamRZ 1969, S. 622–625.

Roell, Monika, Die Geltung der Grundrechte für Minderjährige, Konstanz 1984.

Rolfs, Christian/Kreikebohm, Ralf/Giesen, Richard/Udsching, Peter, Beck'scher Online Kommentar, Sozialrecht, München 2014.

Rosenberg, Leo/Schwab, Karl Heinz/Gottwald, Peter, Zivilprozessrecht, 17. Auflage, München 2010.

Roth, Wolfgang, Die Grundrechte Minderjähriger im Spannungsfeld selbstständiger Grundrechtsausübung, elterlichen Erziehungsrechts und staatlicher Grundrechtsbindung, Berlin 2003.

Sachs, Michael, Grundgesetz, Kommentar, 6, Auflage, München 2011.

Sachs, Susanne, Die Aufhebung der Betreuung wegen „Unbetreubarkeit" aus anwaltlicher Sicht, FamRZ 2011, S. 1550–1553.

Säcker, Franz Jürgen/ Rixecker, Roland, Münchener Kommentar zum Bürgerlichen Gesetzbuch, Band 8, Familienrecht II, §§ 1589–1921, SGB VIII, 6. Auflage, München 2012.

Sadler, Gerhard, Verwaltungsvollstreckungsgesetz Verwaltungszustellungsgesetz, Kommentar anhand der Rechtsprechung, 8. Auflage, Heidelberg 2011.

Saenger, Ingo, Zivilprozessordnung, FamFG, Europäisches Verfahrensrecht, Handkommentar, 5. Auflage, Baden-Baden 2013.

Satzger, Helmut/Schluckebier, Wilhelm/Widmaier, Gunter, Strafgesetzbuch Kommentar, 2. Auflage, Köln 2014.

Schellhammer, Kurt, Familienrecht nach Anspruchsgrundlagen samt Verfahren in Familien-, Kindschafts- und Betreuungssachen, 4. Auflage, Heidelberg u.a. 2006.

Schlegelberger, Franz, Kommentar zum Bürgerlichen Gesetzbuch und seinen Nebengesetzen, Gesetz über die Angelegenheiten der Freiwilligen Gerichtsbarkeit, Erster Band §§ 1–124, 7. Auflage, Köln, Berlin 1956.

Schmidt-Bleibtreu, Bruno/Hofmann, Hans/Hopfauf, Axel, GG, Kommentar zum Grundgesetz, 12. Auflage, Bonn 2011.

Schoch, Friedrich/Bier, Wolfgang/Schneider, Jens-Peter (Hrsg.), Verwaltungsgerichtsordnung, Kommentar, Band I, München 2014.

Schönke, Adolf/Schröder, Horst, Strafgesetzbuch, Kommentar, 29. Auflage, München 2014.

Schumacher, Ulrich, Rechtsstaatliche Defizite im neuen Unterbringungsrecht, FamRZ 1991, S. 280–284.

Schwab, Dieter, Das neue Betreuungsrecht, Bericht über die verabschiedete Fassung des Betreuungsgesetzes (BtG), FamRZ 1990, S. 681–693.

Schwarz, Torsten/Rene Sengbusch, Zur Wirksamkeit von Strafanträgen minderjähriger Verletzter, NStZ 2006, S. 673–680.

Schweitzer, Karl-Heinz, Heilbehandlung und Selbstbestimmung, – Zur Frage der Zulässigkeit ambulanter Zwangsbehandlung psychisch Kranker –, FamRZ 1996, S. 1317–1324.

Sodan, Helge, Grundgesetz, Beck'scher Kompakt-Kommentar, 1. Auflage, München 2009.

Sodan, Helge/Ziekow, Jan, Verwaltungsgerichtsordnung, Großkommentar, 4. Auflage, Baden-Baden 2014.

Soergel, Theodor Hans, Bürgerliches Gesetzbuch mit Einführungsgesetz und Nebengesetzen, Band 20, Familienrecht 4, §§ 1741–1921, 13. Auflage, Stuttgart 2000.

Staudinger, Ansgar/Steinrötter, Björn, Minderjährige im Zivilrecht, JuS 2012, S. 97–105.

Staudinger, J. von, Staudinger, BGB, Kommentar zum Bürgerlichen Gesetzbuch mit Einführungsgesetz und Nebengesetzen, Berlin 2013 (§§ 1896–1921).

Stein, Friedrich Wilhelm Victor Albert/Jonas, Martin, Kommentar zur Zivilprozessordnung, Band 2, §§ 41–127a, 22. Auflage, Tübingen 2004.

Stelkens, Paul/Bonk, Heinz Joachim/Sachs, Michael, Verwaltungsverfahrensgesetz, Kommentar, 8. Auflage, München 2014.

Stern, Klaus, Das Staatsrecht der Bundesrepublik Deutschland, Band III Allgemeine Lehren der Grundrechte, 2. Halbband, Grundrechtstatbestand, Grundrechtsbeeinträchtigungen und Grundrechtsbegrenzungen, Grundrechtsverluste und Grundpflichten, Schutz der Grundrechte. Grundrechtskonkurrenzen, Grundrechtssystem, München 1994.

Storr, Stefan, Der Staat als Unternehmer – Öffentliche Unternehmen in der Freiheits- und Gleichheitsdogmatik des nationalen Rechts und des Gemeinschaftsrechts, Tübingen 2001.

Tipke, Klaus/Kruse, Heinrich Wilhelm, Abgabenordnung, Finanzgerichtsordnung, Kommentar, Köln, Stand: September 2014.

Thomas, Heinz/Putzo, Hans, Zivilprozessordnung, FamFG, Verfahren in Familiensachen, GVG, Einführungsgesetze, EU-Zivilverfahrensrecht, Kommentar, 35. Auflage, München 2014.

Troidl, Thomas, Akteneinsicht im Verwaltungsrecht, Informationszugang gemäß VwVfG, VwGO, UIG, VIG, IFG u.a., München 2013.

Unruh, Peter, Zur Dogmatik der grundrechtlichen Schutzpflichten, Berlin 1996.

von Mangoldt, Hermann/ Klein, Friedrich/Starck, Christian, Kommentar zum Grundgesetz, Band 1: Präambel, Artikel 1 bis 19, 6. Auflage, München 2010.

von Münch, Ingo/Kunig, Philip, Grundgesetz Kommentar, Band 1: Präambel bis Art. 69, 6. Auflage, München 2012.

von Mutius, Albert, Grundrechtsfähigkeit, Jura 1983, S. 30–42.

- Grundrechtsmündigkeit, Jura 1987, S. 272–275.

Vorwerk, Volkert/Wolf, Christian, Beck'scher Online-Kommentar, ZPO, München, Stand: 15.9.2014.

Wassermann, Rudolf, Kommentar zum Grundgesetz für die Bundesrepublik Deutschland, Band I Art. 1–37, 2. Auflage, Darmstadt 1989 (zitiert als: AK-GG).

Weimar, Wilhelm, Die partielle Geschäftsfähigkeit des Arbeitsmündigen, MDR 1963, S. 651–653.

Wolter, Jürgen, SK-StPO, Systematischer Kommentar zur Strafprozessordnung, Band VI, 4. Auflage, Köln 2013.

Wysk, Peter, Verwaltungsgerichtsordnung, Beck'scher Kompakt-Kommentar, München 2011.

Ziekow, Jan, Verwaltungsverfahrensgesetz, Kommentar, Stuttgart 2006.

Zimmermann, Michael J., Umfang des Wirkungskreises „Vertretung in Behördenangelegenheiten“, FamFR 2011, S. 312–312.

Zimmermann, Walter, Zivilprozessordnung mit FamFG (Allgemeiner Teil sowie Verfahren in Familiensachen), GVG, EGGVG, EGZPO, EU-Zivilverfahrensrecht 9. Auflage, Köln 2010.

Zimmermann, Walter/Damrau, Jürgen, Das neue Betreuungs- und Unterbringungsrecht, NJW 1991, S. 538–546.

Zöller, Richard, Zivilprozessordnung mit FamFG (§§ 1–185, 200–270, 433–484) und Gerichtsverfassungsgesetz, den Einführungsgesetzen, mit Internationalem Zivilprozessrecht, EU-Verordnungen, Kostenanmerkungen Kommentar, 30. Auflage, Köln 2014.

www.ingramcontent.com/pod-product-compliance
Ingram Content Group UK Ltd.
Pitfield, Milton Keynes, MK11 3LW, UK
UKHW021826051026
8980IPUK00041B/1109

9 783631 785164